新《公司法》
裁判精要与实务指南
（股权转让卷）

王俊凯　许涛涛　穆银丽　著

ESSENTIAL JUDGMENTS AND PRACTICAL GUIDE UNDER
THE NEW COMPANY LAW
(EQUITY TRANSFER VOLUME)

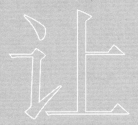

图书在版编目（CIP）数据

新《公司法》裁判精要与实务指南. 股权转让卷 / 王俊凯，许涛涛，穆银丽著. -- 北京：北京大学出版社，2025.2. -- ISBN 978-7-301-35962-4
Ⅰ. D922.291.91-62
中国国家版本馆 CIP 数据核字第 2025QE6083 号

书　　　名	新《公司法》裁判精要与实务指南（股权转让卷） XIN《GONGSIFA》CAIPAN JINGYAO YU SHIWU ZHINAN（GUQUAN ZHUANRANG JUAN）
著作责任者	王俊凯　许涛涛　穆银丽　著
策 划 编 辑	陆建华
责 任 编 辑	韦赛楠　费　悦
标 准 书 号	ISBN 978-7-301-35962-4
出 版 发 行	北京大学出版社
地　　　址	北京市海淀区成府路 205 号　100871
网　　　址	http://www.pup.cn　http://www.yandayuanzhao.com
电 子 邮 箱	编辑部 yandayuanzhao@pup.cn　总编室 zpup@pup.cn
新 浪 微 博	@北京大学出版社　@北大出版社燕大元照法律图书
电　　　话	邮购部 010-62752015　发行部 010-62750672 编辑部 010-62117788
印 刷 者	天津中印联印务有限公司
经 销 者	新华书店 720 毫米×1020 毫米　16 开本　22.5 印张　364 千字 2025 年 2 月第 1 版　2025 年 2 月第 1 次印刷
定　　　价	88.00 元

未经许可，不得以任何方式复制或抄袭本书之部分或全部内容。
版权所有，侵权必究
举报电话：010-62752024　电子邮箱：fd@pup.cn
图书如有印装质量问题，请与出版部联系，电话：010-62756370

分工

王俊凯 撰写了第一章、第二章、第三章、第四章、第五章、第六章,负责全书统稿。

许涛涛 撰写了第七章、第八章、第九章、第十章。

穆银丽 撰写了第十一章、第十二章、第十三章、第十四章。

一、本书法律、行政法规名称中的"中华人民共和国"省略,其余一般不省略,例如,《中华人民共和国民法典》简称《民法典》。

二、"新《公司法》"为2023年12月29日修订《中华人民共和国公司法》。

三、《民事诉讼法》为2023年9月1日修正《中华人民共和国民事诉讼法》。

四、本书中下列司法解释及司法文件的全称及对应的简称:

1.《最高人民法院关于审理商品房买卖合同纠纷案件适用法律若干问题的解释》,简称《商品房买卖合同司法解释》;

2.《最高人民法院关于适用〈中华人民共和国合同法〉若干问题的解释(二)》,简称《合同法司法解释(二)》;

3.《最高人民法院关于当前形势下审理民商事合同纠纷案件若干问题的指导意见》,简称《民商事合同指导意见》;

4.《最高人民法院关于审理外商投资企业纠纷案件若干问题的规定(一)》,简称《外商投资企业司法解释(一)》;

5.《最高人民法院关于适用〈中华人民共和国公司法〉若干问题的规定(一)》,简称《公司法司法解释(一)》;

6.《最高人民法院关于适用〈中华人民共和国公司法〉若干问题的规定(二)》,简称《公司法司法解释(二)》;

7.《最高人民法院关于适用〈中华人民共和国公司法〉若干问题的规定(三)》,简称《公司法司法解释(三)》;

8.《最高人民法院关于适用〈中华人民共和国公司法〉若干问题的规定(四)》,简称《公司法司法解释(四)》;

9.《最高人民法院关于适用〈中华人民共和国公司法〉若干问题的规定(五)》,简称《公司法司法解释(五)》;

10.《最高人民法院关于审理买卖合同纠纷案件适用法律问题的解释》,简称《买卖合同司法解释》;

11.《最高人民法院关于审理民间借贷案件适用法律若干问题的规定》,简称《民间借贷司法解释》;

12.《最高人民法院关于人民法院网络司法拍卖若干问题的规定》,简称《网络司法拍卖司法解释》;

13.《最高人民法院关于审理矿业权纠纷案件适用法律若干问题的解释》,简称《矿业权司法解释》;

14.《最高人民法院关于人民法院民事执行中拍卖、变卖财产的规定》,简称《拍卖变卖司法解释》;

15.《最高人民法院关于人民法院民事执行中查封、扣押、冻结财产的规定》,简称《查封司法解释》;

16.《最高人民法院关于人民法院办理执行异议和复议案件若干问题的规定》,简称《执行异议和复议司法解释》;

17.《最高人民法院关于适用〈中华人民共和国企业破产法〉若干问题的规定(二)》,简称《企业破产法司法解释(二)》;

18.《全国法院民商事审判工作会议纪要》,简称《九民会议纪要》;

19.《最高人民法院关于适用〈中华人民共和国民法典〉时间效力的若干规定》,简称《民法典时间效力规定司法解释》;

20.《最高人民法院关于审理民事案件适用诉讼时效制度若干问题的规定》,简称《诉讼时效司法解释》;

21.《最高人民法院关于适用〈中华人民共和国民法典〉物权编的解释(一)》,简称《民法典物权编司法解释(一)》;

22.《最高人民法院关于适用〈中华人民共和国民法典〉有关担保制度的解释》,简称《民法典担保制度司法解释》;

23.《最高人民法院关于适用〈中华人民共和国民法典〉婚姻家庭编的解释(一)》,简称《民法典婚姻家庭编司法解释(一)》;

24.《最高人民法院关于印发〈全国法院贯彻实施民法典工作会议纪要〉的通知》,简称《民法典工作会议纪要》;

25.《最高人民法院关于适用〈中华人民共和国民法典〉总则编若干问题的解释》,简称《民法典总则编司法解释》;

26.《最高人民法院关于适用〈中华人民共和国民法典〉合同编通则若干问题的解释》,简称《民法典合同编通则司法解释》;

27.《最高人民法院关于适用〈中华人民共和国公司法〉时间效力的若干规定》,简称《公司法时间效力司法解释》;

28.《最高人民法院关于适用〈中华人民共和国民事诉讼法〉的解释》,简称《民事诉讼法司法解释》;

29.《最高人民法院关于执行和解若干问题的规定》,简称《执行和解司法解释》。

序言

一、本卷的缘起

股权转让纠纷案,是我们接触的公司类纠纷案中最常见的案件类型之一。如果将股东出资比喻为公司的"血液",那么股权转让就是关于"血液"如何流转的问题,关乎股东的进入与退出。所谓"流水不腐,户枢不蠹",股权转让路径的顺通与否,直接关系到公司有无活力与生命力。在公司的生命周期里,无论是在公司内部的治理关系上,还是在公司与外部的关系上,每个环节都可能涉及股权转让。

一本书的价值,首先体现在各章节具有内在的关联性,据此形成的体系具有逻辑性和可拓展性,以使读者可在此基础上自行补充实务知识,最终形成自己的实务体系。股权转让纠纷案件虽为常见,但若要整理形成系统性的知识,亦非易事。本卷框架的设计历经相当长时间的调整,最初是以专题形式对股权转让进行设计,这样的简单堆积显然是节省了时间,提高了效率,但每章之间很难形成具有逻辑性的体系,难与本系列图书"新《公司法》"的定位相符。

考虑到在通常的印象中,承载股权转让法律关系最常见的载体是合同,股权转让合同是股权转让课题中重点研究的对象。同时,股权转让关系是公司法这部组织法中的经典关系,股权转让行为首先受到公司法的规制,其次才受到合同法和其他法律的规制。

因此,在历经长时间的反复设计后,本书确定分为两大部分:

第一部分,即股权转让中的公司法,包括第一章至第六章,该部分的内容与新《公司法》的内容直接密切相关,在请求权基础规范的引用上,首先是援引新《公司法》,据此作出相关章节的设计,各章相对独立,属于专题形式,完全契合了本书属于"新《公司法》"系列图书的定位;

第二部分,即股权转让中的合同法,包括第七章至第十四章,该部分的内容与《民法典》中合同编及司法解释的规定直接密切相关,是合同法在股权转让场景中的具体投射。既然与合同法直接密切相关,就必须涉及股权转让合同的成立、效力、履行、解除、终止、违约责任等问题,并据此来设计相关章节。

当然，两者并非截然分离，股权转让中的公司法与合同法也是相互依存，密不可分的。比如股权转让中的代持股问题，一般都是依据股权代持协议进行认定，本质还是合同法的问题；又比如，股权转让中的对赌问题，一般也都依据对赌协议进行认定，本质也还是合同法的问题。公司法与合同法，两者相互观照，各有侧重点。

二、本卷的框架

现在对各章概括解释如下：

第一章，股权转让与股权代持。股权转让作为一种具体的民事行为，从行为主体的角度来看，股权通常在股东之间、股东与外部第三人之间发生转让，而在异议股东请求回购股权、公司主动回购股权的情形下是以公司作为股权的受让主体。股权代持情形中的股权转让较为特别，转让股权的主体加入了实际出资人，产生实际出资人与名义股东之间的股权转让、名义股东与其他股东甚至第三人之间的股权转让关系。本章主要解决的问题是，股权代持协议的效力，比如上市公司股权代持协议的效力和非上市公司股权代持协议的效力；股权代持的法律后果；实际出资人股东资格的认定及显名程序在新《公司法》语境下的特殊之处等。

第二章，股权转让与善意取得。股权取得也适用善意取得制度，需结合《民法典》物权编相关规定来处理。本章主要解决的问题是，股权转让后，股权取得是否构成善意取得；股权受让人能否排除强制执行等。

第三章，股权转让与优先购买权。在向公司外部人员转让股权的情况下，其他股东是否享有优先购买权。本章主要解决的问题是，侵害优先购买权的股权转让合同的效力是否有效，抑或可撤销；关于优先购买权的行使程序和救济途径，在新《公司法》中作了详尽规定；股权转让人能否行使转让股权事项的反悔权；对新增资本的认缴本质上也是属于股权转让的一种形态，如何保护股东此种固有权利不被侵害等。同时注意，在股权继承、离婚财产分割、国有股权划转等特别场合的优先购买权问题。

第四章，股权转让与股权回购。股权回购可以分为异议股东请求公司回购股权，公司主动行使股权回购权，或者基于公司章程规定的情形发生的股权回购。无论何种形态的股权回购，本质上均属于股权转让。本章主要解决的问题是，股权回购的构成要件；股权回购的行使及救济途径等。

第五章，股权转让与对赌协议。股权对赌是商业交易中较为常见的做法，通常以对赌协议的形式固定双方的权利义务，但这种约定可能因违反新《公司法》的强制性规定(比如,违反股东不得抽逃出资的规定)而无效。本章主要解决的问题是,股权回购条件的触发;回购金额如何计算;股权回购中的减资等。

第六章,股权转让与婚姻家事。婚姻家事领域中的股权继承、有限责任公司出资额的分割,本质上也都属于股权转让,但有其特别之处。本章主要解决的问题是,股东资格能否继承;继承股东资格与公司章程的关系;有限责任公司的出资额是否属于夫妻共同财产,如何分割出资额等。

第七章,批准生效的股权转让合同。前六章主要涉及股权转让中公司法的专题实务问题,与新《公司法》直接相关,从本章开始主要涉及股权转让中合同法的专题实务问题,与《民法典》合同编及司法解释直接相关。《民法典》及相关司法解释规定了合同有效、无效、可撤销、确定不发生效力这四大类型,如果确定不能办理审批手续,则属于合同确定不发生效力。对于股权转让合同的效力之判断,除了依据新《公司法》的规定之外,同时要结合《民法典》及相关司法解释的规定。本章主要解决的问题是,国有股权转让的特别程序性规定;外资企业股权转让的特殊规定;涉及矿权股权转让合同的效力问题;未生效的股权转让合同之后果等。

第八章,可撤销的股权转让合同。股权转让合同可撤销的理由是欺诈、胁迫、重大误解、显失公平。本章主要解决的问题是,在股权转让合同场景中明确欺诈、胁迫、重大误解、显失公平之构成要件;股权转让合同行使撤销权的条件;法律尽职调查报告对预防股权转让合同被撤销的重要性,实施法律尽职调查的步骤等。

第九章,无效的股权转让合同。通谋虚伪意思表示,违反法律、行政法规的强制性规定,行为人与相对人恶意串通损害他人合法权益,这三类情形的股权转让合同均无效。在通谋虚伪意思表示的情况下,特别阐述了让与担保、明股实债现象。本章主要解决的问题是,股权转让合同无效的具体表现;什么是管理性强制性规定和效力性强制性规定;股权转让合同无效性的审查等。

第十章,股权转让中当事人的义务。股权转让合同中,股权转让人的主要义务是办理股权过户手续,交付股权,主要权利是接收股权转让款;股权受让人的主要义务是支付股权转让款,主要权利是获得股权,取得股东资格,因而需要在合同中作出关于合同履行的许多细化规定。本章主要解决的问题是,股权转让合同双方的主要权利义务是什么及如何履行;股权转让合同中的从义务、附随义务是什么;股权转让合同中可以考虑运用以物抵债、抵销权、代位权来履行合同,其各自的构成要件是什么等。

第十一章,股权转让的三大抗辩权。在股权转让合同的履行中,存在各种权利可供当事人灵活使用,以保障自身的合法权益。同时履行抗辩权、先履行抗辩权、不安抗辩权是合同履行中最常见的三大权利类型,其权利的行使与股权转让合同双方是否存在先后履行顺序直接相关。本章主要解决的问题是,同时履行抗辩权、先履行抗辩权、不安抗辩权的构成要件;如何运用这些权利在股权转让场合进行抗辩等。

第十二章,股权转让合同的解除。股权转让合同的解除,是终止双方在合同中约定的行使主要权利与履行主要义务的标志。本章主要解决的问题是,合同解除的类型包括协商解除、法定解除、约定解除及各自的构成要件;如何行使合同解除权;合同解除时间的确定等。

第十三章,股权转让的违约责任。即使终止、解除股权转让合同,双方的违约责任也不必然免除。本章主要解决的问题是,股权转让合同中的违约责任,自然也包括实际损失,违约金、定金的支付,其各自是否还有细化的分类;这些违约责任名目各自的运用规则是什么等。

第十四章,股权转让纠纷案的诉讼时效。股权转让法律关系往往与其他法律关系掺杂在一起出现在案件中,导致认定股权转让的诉讼时效出现一定的障碍。本章主要解决的问题是,股权转让中,哪些情形是没有超过诉讼时效的,哪些是超过诉讼时效的,哪些不受诉讼时效的限制等。

三、本卷的章节

本系列图书的定位为律师实务书籍,为律师办案提供实用的帮助。律师办案的基本思路首先是了解案情,查看证据;其次是思考与案件密切关联的法律依据,也就是检索请求权基础规范;再次是查阅裁判案例、提炼裁判观点,确认能否与案件"对号入座";最后是阅读律师相关的实务文章,希望能从中找到实务操作的建议或得到法律理解上的启发。针对律师办案的基本思路,本卷设定每章内容由三小节组成:

第一节,请求权基础规范。该节由两个层次的法律规定组成,一是新《公司法》的规定,将其置于前面,与"新《公司法》系列图书"的定位吻合;二是其他法律规定,包括《民法典》、公司法司法解释、其他相关解释的规定。同时,收录司法政策文件,比如《九民会议纪要》的规定,方便读者查阅,也能让读者对法律规定有全面的理解。

需要注意的是,在股权转让中需关注几种视角,一是公司法视角,二是合同法视角,三是外资企业法视角、四是国有企业法视角,五是证券法、资本市场法视角,六是强制执行视角。笔者对该部分请求权基础规范的搜集引用,尽量都考虑到了上述六种视角或者层面,如有缺漏之处,请读者们自行补充。

第二节,裁判精要。本节的内容,对大量的裁判案例进行归纳梳理,提炼与本章内容相关的裁判观点,也就是判决书中"法院认为"的部分,同时对该部分亦作了处理:首先是简化表达,极少数案例的观点难以切割才全面引用;其次是为了节约版面不引用案情简介,读者需要查看案情简介的,可以通过裁判观点前的案号自行检索;最后基于不同角度的裁判观点组合,再用大的观点来进行概括,搭建起关于本章内容的实务框架体系。这亦符合了本系列图书属于"裁判精要"的定位。

第三节,实务指南。该节是笔者关于本章内容的实务心得,内容包含对新《公司法》条文的理解、某些方面的实务操作指引、不同实务要点之间的对比等。

新《公司法》颁布后,股权转让实务中仍存在一些需要研究探讨的问题,本书是从笔者亲历的实务经验出发所作的总结提炼,见解粗浅,其中难免存在不足,甚至错误之处,恳请各位读者不吝指教。

王俊凯　许涛涛　穆银丽

2025年1月1日

第一部分　股权转让中的公司法

第一章　股权转让与股权代持 ... **003**

第一节　请求权基础规范 ... 003
一、新《公司法》规定 ... 003
二、其他法律规定 ... 004

第二节　裁判精要 ... 009
一、股权代持协议的效力 ... 009
二、股权代持的法律后果 ... 015

第三节　实务指南 ... 018
一、实际出资人股东资格的认定 ... 018
二、显名化：实际出资人股东资格的取得 ... 019
三、名义股东擅自转让股权的效力 ... 020
四、上市公司股权代持效力的分析 ... 021
五、非上市公众公司股权代持效力的分析 ... 024

第二章　股权转让与善意取得 ... **027**

第一节　请求权基础规范 ... 027
一、新《公司法》规定 ... 027
二、其他法律规定 ... 027

第二节　裁判精要 ... 030
一、是否构成善意取得 ... 030
二、股权转让中的强制执行 ... 035

第三节　实务指南 ... 041
一、无权处分与股权变动的标准 ... 041

二、股权善意取得的认定 ·· 042

第三章　股权转让与优先购买权 ·· **044**

第一节　请求权基础规范 ·· 044
　　一、新《公司法》规定 ·· 044
　　二、其他法律规定 ·· 045

第二节　裁判精要 ·· 048
　　一、优先购买权 ·· 048
　　二、优先认缴权 ·· 061

第三节　实务指南 ·· 065
　　一、对行使优先购买权中"同等条件"的理解 ·· 065
　　二、股权司法拍卖中的优先购买权 ·· 066
　　三、侵害优先购买权的若干实务问题 ·· 068

第四章　股权转让与股权回购 ·· **071**

第一节　请求权基础规范 ·· 071
　　一、新《公司法》规定 ·· 071
　　二、其他法律规定 ·· 074

第二节　裁判精要 ·· 075
　　一、股权回购的构成要件 ·· 075
　　二、股权回购权的行使 ·· 078

第三节　实务指南 ·· 079
　　一、股权回购的实务问题 ·· 079
　　二、股东可以行使股权回购请求权的情形 ·· 081

第五章　股权转让与对赌协议 ·· **084**

第一节　请求权基础规范 ·· 084
　　一、新《公司法》规定 ·· 084
　　二、其他法律规定 ·· 085

第二节　裁判精要 ·· 091
　　一、股权回购条件的触发 ·· 091
　　二、股权回购金额的计算 ·· 095
　　三、股权回购中的减资 ·· 098

　　　　四、对赌协议 …………………………………………………… 100
　第三节　实务指南 …………………………………………………… 118
　　　　一、对赌协议的类型 …………………………………………… 118
　　　　二、对赌协议的效力 …………………………………………… 118

第六章　股权转让与婚姻家事 …………………………………… 122

　第一节　请求权基础规范 …………………………………………… 122
　　　　一、新《公司法》规定 ………………………………………… 122
　　　　二、其他法律规定 ……………………………………………… 122
　第二节　裁判精要 …………………………………………………… 124
　　　　一、股权转让与股权继承 ……………………………………… 124
　　　　二、股权转让与股权分割 ……………………………………… 128
　　　　三、有限责任公司章程限制股权转让条款的效力 …………… 132
　第三节　实务指南 …………………………………………………… 135
　　　　一、股权继承的实务问题 ……………………………………… 135
　　　　二、公司章程中限制继承股东资格条款的设计 ……………… 136
　　　　三、股权变更登记瑕疵的救济路径 …………………………… 139

第二部分　股权转让中的合同法

第七章　批准生效的股权转让合同 ……………………………… 145

　第一节　请求权基础规范 …………………………………………… 145
　　　　一、《民法典》规定 …………………………………………… 145
　　　　二、其他法律规定 ……………………………………………… 146
　第二节　裁判精要 …………………………………………………… 153
　　　　一、国有股权转让 ……………………………………………… 153
　　　　二、外资企业股权转让 ………………………………………… 155
　　　　三、涉及矿权的股权转让 ……………………………………… 158
　第三节　实务指南 …………………………………………………… 161
　　　　一、未生效合同的法律后果 …………………………………… 161
　　　　二、需经批准备案的合同类型总结 …………………………… 163

第八章 可撤销的股权转让合同 …… **165**

第一节 请求权基础规范 …… 165
- 一、《民法典》规定 …… 165
- 二、其他法律规定 …… 166

第二节 裁判精要 …… 170
- 一、欺诈、胁迫 …… 170
- 二、重大误解、显失公平 …… 173

第三节 实务指南 …… 174
- 一、合同撤销权的行使 …… 174
- 二、股份有限公司发起人在禁售期内转让股份的效力认定 …… 175
- 三、股权投资中的法律尽职调查 …… 177

第九章 无效的股权转让合同 …… **181**

第一节 请求权基础规范 …… 181
- 一、《民法典》规定 …… 181
- 二、其他法律规定 …… 181

第二节 裁判精要 …… 188
- 一、通谋虚伪意思表示 …… 188
- 二、恶意串通损害他人合法权益 …… 201
- 三、违反法律的强制性规定 …… 205

第三节 实务指南 …… 223
- 一、效力性强制性规定的判定 …… 223
- 二、合同无效要素的审查 …… 225
- 三、股权让与担保的若干实务问题 …… 227

第十章 股权转让中当事人的义务 …… **231**

第一节 请求权基础规范 …… 231
- 一、《民法典》规定 …… 231
- 二、其他法律规定 …… 232

第二节 裁判精要 …… 234
- 一、股权变更登记 …… 234
- 二、支付股权转让款 …… 237

三、从义务、随附义务 …………………………………………… 243

　第三节　实务指南 …………………………………………………… 244
　　一、股权转让中的以物抵债 ……………………………………… 244
　　二、合同保全的两大措施：代位权、撤销权 …………………… 247
　　三、低价转让股权是否属于滥用股东权利 ……………………… 252

第十一章　股权转让的三大抗辩权　255

　第一节　请求权基础规范 …………………………………………… 255
　　一、《民法典》规定 ……………………………………………… 255
　　二、其他法律规定 ………………………………………………… 255

　第二节　裁判精要 …………………………………………………… 256
　　一、同时履行抗辩权 ……………………………………………… 256
　　二、先履行抗辩权 ………………………………………………… 258
　　三、不安抗辩权 …………………………………………………… 260

　第三节　实务指南 …………………………………………………… 262
　　一、不安抗辩权和预期违约的衔接 ……………………………… 262
　　二、股权转让纠纷案中的抗辩要点 ……………………………… 263

第十二章　股权转让合同的解除　266

　第一节　请求权基础规范 …………………………………………… 266
　　一、《民法典》规定 ……………………………………………… 266
　　二、其他法律规定 ………………………………………………… 267

　第二节　裁判精要 …………………………………………………… 272
　　一、协商解除 ……………………………………………………… 272
　　二、法定解除 ……………………………………………………… 276
　　三、约定解除 ……………………………………………………… 279

　第三节　实务指南 …………………………………………………… 286
　　一、合同解除的分类及注意事项 ………………………………… 286
　　二、合同解除时间的确定 ………………………………………… 287

第十三章　股权转让的违约责任　289

　第一节　请求权基础规范 …………………………………………… 289
　　一、《民法典》规定 ……………………………………………… 289

二、其他法律规定 · 291
第二节　裁判精要 · 297
　　一、违约损失 · 297
　　二、违约金 · 305
　　三、定金规则 · 312
第三节　实务指南 · 318
　　一、如何确定股权转让合同终止的时间 · 318
　　二、如何确定股权转让中的可得利益 · 321

第十四章　股权转让纠纷案的诉讼时效　326

第一节　请求权基础规范 · 326
　　一、《民法典》规定 · 326
　　二、其他法律规定 · 326
第二节　裁判精要 · 327
第三节　实务指南 · 332
　　一、新《公司法》连带责任全梳理 · 332
　　二、新《公司法》赔偿责任全梳理 · 335
　　三、新《公司法》补充责任全梳理 · 337

第一部分

股权转让中的公司法

第一章　股权转让与股权代持

第一节　请求权基础规范

一、新《公司法》规定

第 34 条　公司登记事项发生变更的,应当依法办理变更登记。

公司登记事项未经登记或者未经变更登记,不得对抗善意相对人。

第 56 条　有限责任公司应当置备股东名册,记载下列事项:(一)股东的姓名或者名称及住所;(二)股东认缴和实缴的出资额、出资方式和出资日期;(三)出资证明书编号;(四)取得和丧失股东资格的日期。

记载于股东名册的股东,可以依股东名册主张行使股东权利。[①]

第 86 条　股东转让股权的,应当书面通知公司,请求变更股东名册;需要办理变更登记的,并请求公司向公司登记机关办理变更登记。公司拒绝或者在合理期限内不予答复的,转让人、受让人可以依法向人民法院提起诉讼。

股权转让的,受让人自记载于股东名册时起可以向公司主张行使股东权利。[②]

第 87 条　依照本法转让股权后,公司应当及时注销原股东的出资证明书,向新股东签发出资证明书,并相应修改公司章程和股东名册中有关股东及其出资额的记载。对公司章程的该项修改不需再由股东会表决。

第 140 条　上市公司应当依法披露股东、实际控制人的信息,相关信息应当真实、准确、完整。

禁止违反法律、行政法规的规定代持上市公司股票。

[①]　名字记载于股东名册上,是取得股东资格的标志。

[②]　名字记载于股东名册上,是股权权属变更的标志。

二、其他法律规定

（一）公司法层面

1.《公司法司法解释(三)》

第21条 当事人向人民法院起诉请求确认其股东资格的,应当以公司为被告,与案件争议股权有利害关系的人作为第三人参加诉讼。

第22条 当事人之间对股权归属发生争议,一方请求人民法院确认其享有股权的,应当证明以下事实之一:(一)已经依法向公司出资或者认缴出资,且不违反法律法规强制性规定;(二)已经受让或者以其他形式继受公司股权,且不违反法律法规强制性规定。①

第24条 有限责任公司的实际出资人与名义出资人订立合同,约定由实际出资人出资并享有投资权益,以名义出资人为名义股东,实际出资人与名义股东对该合同效力发生争议的,如无法律规定的无效情形,人民法院应当认定该合同有效。

前款规定的实际出资人与名义股东因投资权益的归属发生争议,实际出资人以其实际履行了出资义务为由向名义股东主张权利的,人民法院应予支持。名义股东以公司股东名册记载、公司登记机关登记为由否认实际出资人权利的,人民法院不予支持。

实际出资人未经公司其他股东半数以上同意,请求公司变更股东、签发出资证明书、记载于股东名册、记载于公司章程并办理公司登记机关登记的,人民法院不予支持。②

第25条 名义股东将登记于其名下的股权转让、质押或者以其他方式处分,实际出资人以其对于股权享有实际权利为由,请求认定处分股权行为无效的,人民法院可以参照民法典第三百一十一条的规定处理。

名义股东处分股权造成实际出资人损失,实际出资人请求名义股东承担赔偿责任的,人民法院应予支持。③

2.《公司法时间效力司法解释》

第3条 公司法施行前订立的与公司有关的合同,合同的履行持续至公司法施行后,因公司法施行前的履行行为发生争议的,适用当时的法律、司法解释的规定;

---

① 确认股权归属的标准,在形式上对股东资格作出推定。
② 实际出资人的投资权益与股东资格的取得。
③ 名义股东转让其名下股权的效力。

因公司法施行后的履行行为发生争议的下列情形,适用公司法的规定:(一)代持上市公司股票合同,适用公司法第一百四十条第二款的规定;(二)上市公司控股子公司取得该上市公司股份合同,适用公司法第一百四十一条的规定;……

→附录参考:司法政策文件《九民会议纪要》

8.【有限责任公司的股权变动】当事人之间转让有限责任公司股权,受让人以其姓名或者名称已记载于股东名册为由主张其已经取得股权的,人民法院依法予以支持,但法律、行政法规规定应当办理批准手续生效的股权转让除外。未向公司登记机关办理股权变更登记的,不得对抗善意相对人。

28.【实际出资人显名的条件】实际出资人能够提供证据证明有限责任公司过半数的其他股东知道其实际出资的事实,且对其实际行使股东权利未曾提出异议的,对实际出资人提出的登记为公司股东的请求,人民法院依法予以支持。公司以实际出资人的请求不符合公司法司法解释(三)第24条的规定为由抗辩的,人民法院不予支持。

(二)民法典层面

1.《民法典》

第65条 法人的实际情况与登记的事项不一致的,不得对抗善意相对人。

第311条 无处分权人将不动产或者动产转让给受让人的,所有权人有权追回;除法律另有规定外,符合下列情形的,受让人取得该不动产或者动产的所有权:(一)受让人受让该不动产或者动产时是善意;(二)以合理的价格转让;(三)转让的不动产或者动产依照法律规定应当登记的已经登记,不需要登记的已经交付给受让人。

受让人依据前款规定取得不动产或者动产的所有权的,原所有权人有权向无处分权人请求损害赔偿。

当事人善意取得其他物权的,参照适用前两款规定。

2.《民法典物权编司法解释(一)》

第18条 民法典第三百一十一条第一款第二项所称"合理的价格",应当根据转让标的物的性质、数量以及付款方式等具体情况,参考转让时交易地市场价格以及交易习惯等因素综合认定。

(三)外资企业层面

《外商投资企业司法解释(一)》

第14条 当事人之间约定一方实际投资、另一方作为外商投资企业名义股东,实际投资者请求确认其在外商投资企业中的股东身份或者请求变更外商投资企业股东的,人民法院不予支持。同时具备以下条件的除外:(一)实际投资者已经实际投资;(二)名义股东以外的其他股东认可实际投资者的股东身份;(三)人民法院或当事人在诉讼期间就将实际投资者变更为股东征得了外商投资企业审批机关的同意。

第 15 条 合同约定一方实际投资、另一方作为外商投资企业名义股东,不具有法律、行政法规规定的无效情形的,人民法院应认定该合同有效。一方当事人仅以未经外商投资企业审批机关批准为由主张该合同无效或者未生效的,人民法院不予支持。

实际投资者请求外商投资企业名义股东依据双方约定履行相应义务的,人民法院应予支持。

双方未约定利益分配,实际投资者请求外商投资企业名义股东向其交付从外商投资企业获得的收益的,人民法院应予支持。外商投资企业名义股东向实际投资者请求支付必要报酬的,人民法院应酌情予以支持。

第 16 条 外商投资企业名义股东不履行与实际投资者之间的合同,致使实际投资者不能实现合同目的,实际投资者请求解除合同并由外商投资企业名义股东承担违约责任的,人民法院应予支持。

第 17 条 实际投资者根据其与外商投资企业名义股东的约定,直接向外商投资企业请求分配利润或者行使其他股东权利的,人民法院不予支持。

第 18 条 实际投资者与外商投资企业名义股东之间的合同被认定无效,名义股东持有的股权价值高于实际投资额,实际投资者请求名义股东向其返还投资款并根据其实际投资情况以及名义股东参与外商投资企业经营管理的情况对股权收益在双方之间进行合理分配的,人民法院应予支持。

外商投资企业名义股东明确表示放弃股权或者拒绝继续持有股权的,人民法院可以判令以拍卖、变卖名义股东持有的外商投资企业股权所得向实际投资者返还投资款,其余款项根据实际投资者的实际投资情况、名义股东参与外商投资企业经营管理的情况在双方之间进行合理分配。

第 19 条 实际投资者与外商投资企业名义股东之间的合同被认定无效,名义股东持有的股权价值低于实际投资额,实际投资者请求名义股东向其返还现有股权的等值价款的,人民法院应予支持;外商投资企业名义股东明确表示放弃股权或者拒绝继续持有股权的,人民法院可以判令以拍卖、变卖名义股东持有的外商投资企业股权所得向实际投资者返还投资款。

实际投资者请求名义股东赔偿损失的,人民法院应当根据名义股东对合同无效是否存在过错及过错大小认定其是否承担赔偿责任及具体赔偿数额。

第 20 条 实际投资者与外商投资企业名义股东之间的合同因恶意串通,损害国家、集体或者第三人利益,被认定无效的,人民法院应当将因此取得的财产收归国家所有或者返还集体、第三人。

第 21 条 外商投资企业一方股东或者外商投资企业以提供虚假材料等欺诈或者其他不正当手段向外商投资企业审批机关申请变更外商投资企业批准证书所载股东,导致外商投资企业他方股东丧失股东身份或原有股权份额,他方股东请求确认股东身份或原有股权份额的,人民法院应予支持。第三人已经善意取得该股权的除外。

他方股东请求侵权股东或者外商投资企业赔偿损失的,人民法院应予支持。

(四)证券法层面

1.《证券法》

第 63 条 通过证券交易所的证券交易,投资者持有或者通过协议、其他安排与他人共同持有一个上市公司已发行的有表决权股份达到百分之五时,应当在该事实发生之日起三日内,向国务院证券监督管理机构、证券交易所作出书面报告,通知该上市公司,并予公告,在上述期限内不得再行买卖该上市公司的股票,但国务院证券监督管理机构规定的情形除外。

投资者持有或者通过协议、其他安排与他人共同持有一个上市公司已发行的有表决权股份达到百分之五后,其所持该上市公司已发行的有表决权股份比例每增加或者减少百分之五,应当依照前款规定进行报告和公告,在该事实发生之日起至公告后三日内,不得再行买卖该上市公司的股票,但国务院证券监督管理机构规定的情形除外。

投资者持有或者通过协议、其他安排与他人共同持有一个上市公司已发行的有表决权股份达到百分之五后,其所持该上市公司已发行的有表决权股份比例每增加或者减少百分之一,应当在该事实发生的次日通知该上市公司,并予公告。

违反第一款、第二款规定买入上市公司有表决权的股份的,在买入后的三十六个月内,对该超过规定比例部分的股份不得行使表决权。

第 73 条 采取协议收购方式的,收购人收购或者通过协议、其他安排与他人共同收购一个上市公司已发行的有表决权股份达到百分之三十时,继续进行收购的,应当依法向该上市公司所有股东发出收购上市公司全部或者部分股份的要约。但是,按照国务院证券监督管理机构的规定免除发出要约的除外。

收购人依照前款规定以要约方式收购上市公司股份,应当遵守本法第六十五条第二款、第六十六条至第七十条的规定。

第 78 条 发行人及法律、行政法规和国务院证券监督管理机构规定的其他信息披露义务人,应当及时依法履行信息披露义务。

信息披露义务人披露的信息,应当真实、准确、完整,简明清晰、通俗易懂,不得有虚假记载、误导性陈述或者重大遗漏。

证券同时在境内境外公开发行、交易的,其信息披露义务人在境外披露的信息,应当在境内同时披露。

2.《上市公司信息披露管理办法》

第 3 条 信息披露义务人应当及时依法履行信息披露义务,披露的信息应当真实、准确、完整,简明清晰、通俗易懂,不得有虚假记载、误导性陈述或者重大遗漏。

信息披露义务人披露的信息应当同时向所有投资者披露,不得提前向任何单位和个人泄露。但是,法律、行政法规另有规定的除外。

在内幕信息依法披露前,内幕信息的知情人和非法获取内幕信息的人不得公开或者泄露该信息,不得利用该信息进行内幕交易。任何单位和个人不得非法要求信息披露义务人提供依法需要披露但尚未披露的信息。

证券及其衍生品种同时在境内境外公开发行、交易的,其信息披露义务人在境外市场披露的信息,应当同时在境内市场披露。

第 4 条 上市公司的董事、监事、高级管理人员应当忠实、勤勉地履行职责,保证披露信息的真实、准确、完整,信息披露及时、公平。

3.《商业银行股权管理暂行办法》

第 10 条 商业银行股东应当严格按照法律法规和银监会规定履行出资义务。

商业银行股东应当使用自有资金入股商业银行,且确保资金来源合法,不得以委托资金、债务资金等非自有资金入股,法律法规另有规定的除外。

第 12 条 商业银行股东不得委托他人或接受他人委托持有商业银行股权。

商业银行主要股东应当逐层说明其股权结构直至实际控制人、最终受益人,以及其与其他股东的关联关系或者一致行动关系。

4.《保险公司股权管理办法》

第 31 条 投资人不得委托他人或者接受他人委托持有保险公司股权。

第二节 裁判精要

一、股权代持协议的效力

（一）上市公司股权代持

1. 对上市公司而言，上市前必须真实披露股权代持信息；上市后，法律基于市场监管、保护众多投资者的利益、稳定金融市场的考虑，禁止上市公司隐名代持股权，违反该方面效力性强制性规定的股权代持行为无效。

在(2017)最高法民申2454号案中，再审法院认为：关于诉争协议的法律性质。本案中，杨某某与林某某签订的《委托投资协议书》及《协议书》，从形式上看为双方之间的股权转让协议，但该协议签订于亚玛顿公司上市之前，且双方签订协议的基础是亚玛顿公司上市之后对于股权转让的事实不予披露，双方交易的股权不予过户，该股权仍以林某某的名义持有，并由杨某某与林某某按比例共享公司上市后的股权收益；结合亚玛顿公司于本案双方签订协议之后上市的事实，以及亚玛顿公司上市后仍由林某某持有股权，并代行股东权利等基本特征，本案的上述协议实质上构成上市公司股权的隐名代持。因此，本案诉争协议的性质并非一般的股权转让，而是属于上市公司股权之代持。

关于诉争协议之法律效力。其一，《首次公开发行股票并上市管理办法》第13条规定："发行人的股权清晰，控股股东和受控股股东、实际控制人支配的股东持有的发行人股份不存在重大权属纠纷。"《证券法》第12条规定："设立股份有限公司公开发行股票，应当符合《中华人民共和国公司法》规定的条件和经国务院批准的国务院证券监督管理机构规定的其他条件。"《证券法》第63条规定："发行人、上市公司依法披露的信息，必须真实、准确、完整，不得有虚假记载、误导性陈述或者重大遗漏。"《上市公司信息披露管理办法》第3条规定："发行人、上市公司的董事、监事、高级管理人员应当忠实、勤勉地履行职责，保证披露信息的真实、准确、完整、及时、公平。"

根据上述规定可以看出，上市公司发行人必须股权清晰，且股份不存在重大权属纠纷，公司上市需遵守如实披露的义务，披露的信息必须真实、准确、完整，这是证券行业监管的基本要求，也是证券行业的基本共识。由此可见，上市公司发行人必须真实，不允许在发行过程中隐匿真实股东，否则公司股票不得上市发行。通俗而言,即上市公司股权不得隐名代持。本案中,在亚玛顿公司上市前,林某某代杨某某持有股份,以林某某的名义参与公司上市发行,实质上隐瞒了真实股东或投资人杨某某的身份,违反了发行人如实披露的义务,为上述规定明令禁止。

其二,中国证券监督管理委员会根据《证券法》授权对证券行业进行监督管理,是为保护广大非特定投资者的合法权益。要求拟上市公司的股权必须清晰,不得隐名代持股权,系对上市公司监管的基本要求,否则若上市公司真实股东都不清晰的话,其他对于上市公司系列信息的披露要求、关联交易审查、高级管理人员任职回避等监管举措必然落空,必然损害到广大非特定投资者的合法权益,从而危及资本市场基本交易秩序与基本交易安全,危及金融安全与社会稳定,危及社会公共利益。据此,杨某某与林某某签订的《委托投资协议书》与《协议书》,违反公司上市的系列监管规定,而这些规定中,部分属于法律明确应当遵循之规定,部分虽属于部门规章,但经法律授权且与法律并不冲突,属于证券行业监管的基本要求与业内共识,对广大非特定投资人的利益形成重要保障,对社会公共利益亦形成必要保障,因此诉争协议应认定为无效。

2. 名义股东持有上市公司股份,以自身名义参与公司的上市发行,隐瞒了实际投资人的真实身份,双方行为构成了发行人隐名代持股份,违反证券市场的公共秩序,损害证券市场的公共利益,股权代持行为无效。

在(2019)粤03民终24178号案中,二审法院认为:案涉《股权转让协议》的出让方系索菱公司的实际控股股东肖某某,协议约定肖某某将所持索菱公司0.2186%的股权共30万股转让给张某,同时张某委托肖某某代持前述股权直至双方交易完成。《股权转让协议》包含了股权转让、股权代持及收益支付、股权回购等内容。其中,收益支付约定按索菱公司IPO公开发行满一年后连续10个交易日的收盘均价为每股单价计算张某的总收益,肖某某同意索菱公司IPO公开发行满一年后回购总收益(扣除税费)的30%,公开发行满二年后再回购总收益(扣除税费)的30%,余款扣除税费在公开发行满三年后一次付清。如索菱公司不能在2015年12月30日前完成IPO,则肖某某应按张某的购买价(扣除因股权所获收益)回购股权,同时按照年利率12%支付张某投资资金所使用的利息。上述交易安排实质构成了案涉股份的隐名代持。

本案中,双方当事人均未提交证据证明在索菱公司首次公开发行股票并上市时曾向索菱公司或监管部门披露过股权代持情况,索菱公司发行上市后案涉股份一直登记在肖某某名下。《证券法》第63条规定:"发行人、上市公司依法披露的信息，必须真实、准确、完整，不得有虚假记载、误导性陈述或者重大遗漏。"第68条第3款规定："上市公司董事、监事、高级管理人员应当保证上市公司所披露的信息真实、准确、完整。"《首次公开发行股票并上市管理办法》第13条规定："发行人的股权清晰，控股股东和受控股股东、实际控制人支配的股东持有的发行人股份不存在重大权属纠纷。"据此，发行人应当如实披露股份权属情况，禁止发行人隐名代持股份属于证券市场中应当遵守的公共秩序。本案中，索菱公司上市前肖某某代张某持有案涉股份，以自身名义参与索菱公司的上市发行，隐瞒了实际投资人张某的真实身份，张某与肖某某的行为构成了发行人隐名代持股份，违反了证券市场的公共秩序，损害了证券市场的公共利益，案涉《股权转让协议》应认定为无效。

3. 股权转让协议构成上市公司股权代持，股权转让协议无效。

在（2019）京01民再172号案中，再审法院认为：关于诉争协议的法律性质。程某与余某签订《股权转让协议》，从形式上看为双方之间的《股权转让协议》，但该协议签订于晓程公司上市之前，且双方在协议中约定将购买后的股票挂于程某名下，按照股东出资比例对余某进行利润分配，双方对《股权转让协议》的内容进行保密。虽未实际履行《股权转让协议》，但协议约定将购买后的股票挂于程某名下。结合程某和余某当时在晓程公司的身份，程某与余某于证监会受理晓程公司首次公开发行股票的申请前后，在较短的时间内签订两份性质相近的股权转让协议，以及晓程公司于双方签订协议之后上市等事实，应认定诉争协议构成上市公司股权代持。

根据相关法律法规及中国证券监督管理委员会关于上市公司监管的规定，上市公司发行人必须股权清晰，且股份不存在重大权属纠纷，公司上市需遵守如实披露的义务，披露的信息必须真实、准确、完整。因此，上市公司发行人必须真实，不允许在发行过程中隐匿真实股东，否则公司股票不得上市发行，即上市公司股权不得隐名代持。中国证券监督管理委员会根据《证券法》的授权对证券行业进行监督管理，是为了保护广大非特定投资者的合法权益。要求拟上市公司股权必须清晰，不得隐名代持股权，系对上市公司监管的基本要求，否则如上市公司真实股东都不清晰的话，其他对于上市公司系列信息的披露要求、关联交易审查、高级管理人员任职回避等监管举措必然落空，必然损害到广大非特定投资者的合法权益，从而危及资本市场基本交易秩序与基本交易安全，危及金融安全与社会稳定，危及社会公共利益。根据《合同法》的相关规定，合同具有损害社会公共利益的情形应属无效。本案程某与余某签订的《股权转让协议》，违反相关法律法规及规章对于公司上市监管的规定，且相关规定涉及金融安全、市场秩序，对广大非特定投资人的利益和社会公共利益形成重要保障，本案上述诉争协议应认定为无效。

4. 签订股权代持协议时公司尚未被其他公司兼并重组，不涉及上市公司股权代持争议，协议合法有效；反之，在公司准备上市，股权转让双方对此事实均知晓的，签订的股权代持协议无效。

在（2019）沪民终295号案中，二审法院认为：系争《股权代持协议书》虽约定，陈某向陆某某承诺明匠公司将被上市公司按照估值不低于3.5亿元的价格收购，但该协议签订时，明匠公司尚未被黄河旋风公司兼并重组，不涉及上市公司股权代持争议，故该协议合法有效。但2015年10月19日，双方签订的协议系在黄河旋风公司收购明匠公司100%股权的基础上，为使黄河旋风公司收购明匠公司股权的事项平稳获得证监会核准批文，以及确保陆某某委托陈某代持股份的协议所签订，系争协议约定的"购买股权""出售股票"等时间均与明匠公司和黄河旋风公司之间股权交易的时间点提前一一对应。无论是协议的内容还是签订协议的过程，都涉及明匠公司与上市公司间的股权交易，也即双方明知陈某为陆某某代持的明匠公司股权将可溢价转化为上市公司股票。明匠公司被上市公司兼并重组前，陈某代陆某某持有股份，以自身名义参与黄河旋风公司通过发行股份并募集配套资金的方式，收购明匠公司股权，成为上市公司前十大股东，隐瞒了实际投资人的真实身份。陆某某和陈某的行为构成了上市公司定向增发股份的隐名代持，违反了证券市场的公共秩序，损害了证券市场的公共利益，系争协议应无效。

（二）有限责任公司股权代持

1. 对非上市公司而言，实际出资人与名义股东对合同效力发生争议的，可以从双方是否对代持关系存在异议、参与公司经营的实际状况、双方的身份背景等角度来判断股东权利的行使应以哪一方的意思表示为准。如不存在法律规定的无效情形，人民法院应当认定股权代持协议有效。

在（2020）沪02民终2334号案中，二审法院认为：李某某及叶某某均确认双方为股权代持关系，叶某某为股权实际所有人，而《增资协议》《补充协议》并非其二人签字，亦未授权他人签字，故其二人均不承担股权回购的责任，但叶某某知晓《增资协议》约定的事项，该合同亦已履行完毕，故对其效力予以确认。由于李某某、叶某某及曾某某均确认李某某并不参与公司经营，故相应股东权利的行使应以叶某的意思表示为准。虽然笔迹鉴定结论表明《增资协议》及《补充协议》均非李某某或叶某某签字,但结合查明的事实仍可推定案涉合同系叶某某授权他人代为签订,故《增资协议》及《补充协议》对其均具有约束力。

2. 由于股权转让协议成立但未生效,受让人不能依据股权转让协议取得拟转让的股权,受让人再与其他主体签订股权代持协议不产生股权代持的法律效力。

在(2020)最高法民终202号案中,二审法院认为:《商业银行法》第28条规定,任何单位和个人购买商业银行的股份总额百分之五以上的,应当事先经国务院银行业监督管理机构批准。巨浪公司在同一日与蚌埠农商行的多个股东签订《股份转让合同》,拟受让蚌埠农商行64.93%(诉讼时为32.465%)的股份,已经远超蚌埠农商行股份总额的5%,依法需要经过国务院银行业监督管理机构批准。案涉《股份转让合同》未经国务院银行业监督管理机构批准,《股份转让合同》成立但未生效。《股份转让合同》签订后,巨浪公司依约支付了转让价款,因《股份转让合同》成立但未生效,巨浪公司不能依据《股份转让合同》取得拟转让股份。巨浪公司与恒生阳光公司签订的《股份代持协议》约定,由恒生阳光公司代巨浪公司持有蚌埠农商行公司的股份,因巨浪公司未取得拟转让的股份,其无权处分拟转让股份,故《股份代持协议》不发生股权代持的法律效力。

3. 股权代持协议合法有效,股权受让人对实际出资人的身份进行了确认,实际出资人有权将股权进行转让,股权转让不属于无权处分,双方应按约定履行义务。

在(2018)最高法民终862号案中,二审法院认为:关于《收购协议书》的效力问题。正邦公司、马某某上诉主张该协议存在良顺公司无权处分及正邦公司的股权代持协议违反法律规定存在重大瑕疵等问题,应属于效力待定的协议,原审认定有效,但适用法律错误。法院认为,正邦公司、马某某的该上诉理由不能成立。

其一,双方当事人签订的《收购协议书》是在平等、自愿的基础上,经充分协商达成一致的,应为当事人的真实意思表示,且其内容亦不违反法律禁止性规定。二审审理期间,正邦公司、马某某主张案涉转让价款包含转让目标公司的资产,良顺公司应为无权处分。但根据查明的事实,良顺公司拥有目标公司100%的股权,良顺公司陈述转让价款6亿元就是实际的股权转让价款,其中5640万元是在工商登记簿上记载的股权价格,多余部分为股权溢价。从《收购协议书》的内容来看,虽表述为"收购标的为目标公司100%的股权、资产、权益",但实质上是正邦公司、马某某收购良顺公司所拥有的目标公司100%的股权,进而取得目标公司名下的资产、采矿权以及经营管理权。双方对目标公司资产的清点、经营管理权的交接、财务会计凭证的移交均是协助履行股权转让而进行的履约行为,目标公司的资产所有权并未发生变更。因此,双方当事人之间为股权转让法律关系,正邦公司、马某某认为良顺公司无权处分的主张不能成立。

其二,关于股权代持协议的效力。根据《公司法司法解释(三)》的规定,有限责任公司的实际出资人与名义出资人订立合同,约定由实际出资人出资并享有投资权益,以名义出资人为名义股东,实际出资人与名义股东对该合同效力发生争议的,如无法律规定的特别情形,人民法院应当认定该合同有效。根据工商登记记载,山西和顺正邦良顺煤业公司(即目标公司)为其他有限责任公司。正邦公司与良顺公司签订《协议书》,确认良顺公司为目标公司的实际出资人,目标公司实际股权的100%归良顺公司所有。现正邦公司对该《协议书》的效力提出异议,但并未提出该《协议书》存在法律规定的无效情形。结合双方在《收购协议书》中再次对良顺公司作为目标公司实际全资出资人的确认,能够确定正邦公司在签订《协议书》时自愿替良顺公司代持目标公司股份的事实。故正邦公司、马某某认为股权代持协议无效的主张亦不成立。一审法院关于《收购协议书》有效的认定正确,签约双方应严格按合同约定履行各自的权利和义务。

4. 名义股东没有得到实际出资人的授权而处分股权,股权受让人明知股权没有经过实际出资人的同意而受让股权,股权转让行为无效。

在(2016)最高法民申828号案中,再审法院认为:《收购协议》签订后,蒋某某向张某某支付定金100万元,未再履行其他付款义务。由于《收购协议》和《股权转让出资合同》归于无效,蒋某某不是鑫顺公司的股东。在蒋某某明知自己没有按《收购协议》的约定支付股权转让款,仅是鑫顺公司工商登记中形式上的股东,并不具有鑫顺公司的实际股东资格,不享有对股权的处分权,张某某仍为该公司股权的实际所有人的情况下,未经张某某授权而处分股权,主观上具有过错。蒋某某未经张某某的授权处分张某某的股权,该股权转让行为侵犯了张某某的合法股东权益,故蒋某某与张某2订立的《股权转让出资合同》系无效合同。受让方张某2在《合作协议书》已经约定"此项目合作协议签字后生效,原签订的协议一律作废"的情况下,即明知道张某某与蒋某某所签《收购协议》无效,仍受让蒋某某名下公司50%的股权,违反《合作协议书》《保证书》之约定,也属于违法行为。因此,张某2与蒋某某所签订的转让协议,虽然办理了工商变更登记,在形式上是合法的,但因属于无权处分而不受法律保护。

二、股权代持的法律后果

(一)返还投资款

1. 考虑当事人对股权代持协议的过错因素,判令返还股权转让款及占用股权转让款所造成的损失。

在(2020)最高法民终 1081 号案中,二审法院认为:关于国轩控股公司应否返还股权转让款及资金占有费的问题。案涉《股份转让合同》《债权转让协议书》《股权转让协议书》应当解除,一审判决国轩控股公司返还依据前述合同取得的蚌埠农商行的股份转让款、债权转让款、华祥公司的股权转让款并无不当。具有股权代持关系的《股份转让合同》因违反《中国银监会农村中小金融机构行政许可事项实施办法》《商业银行股权管理暂行办法》的规定而不再具有经银行监管机构批准的可能性,故双方对于《股份转让合同》《债权转让协议书》《股权转让协议书》的解除均具有过错,法院酌定按中国人民银行公布的同期同类贷款基准利率的标准计算国轩控股公司因占用股权转让款、债权转让款、华祥公司的股权转让款而对巨浪公司造成的损失并无不当。国轩控股公司主张巨浪公司因经营蚌埠农商行而对其造成损失,因该主张所涉及的法律关系与本案不属于同一法律关系,其关于以损失抵扣部分资金占用费的上诉理由不能成立。

2. 尽管向股权受让人返还投资款,但因股权代持协议仍具有约束力,可以继续主张按协议约定要求股权转让人回购股权。

在(2021)藏民终 48 号案中,二审法院认为:关于西藏易明股份公司及高某是否应向胡某返还代持投资款及股权收益 48213192 元的问题。高某已于 2013 年 7 月 26 日将胡某的投资款 1000 万元予以返还,则案涉《协议书》中关于投资收益的约定已无适用条件,胡某要求西藏易明股份公司和高某返还代持投资款及股权收益的诉讼请求缺乏事实和法律依据;胡某认为即便案涉《协议书》被认定为无效,其仍有权要求被上诉人支付与其投资款所对应的股权数量及当前市值,并请求公平分割相关投资利益,或按照《协议书》"上市前任何时间,如甲方需要退出股份,乙方按一倍的股值回购"之约定,支付相应的股值。对此,法院认为,根据前述《协议书》对胡某和高某个人仍然具有约束力的分析,根据现有证据,高某将 1000 万元投资款返还给胡某时,双方未就股权代持事项达成新的协议,则高某应按照《协议书》第 1 条第 2 款的约定按一倍的股值回购,对此胡某作为请求权人可以在高某将 1000 万元返还时进行主张。

3. 补偿款已转为投资款，再主张利息损失无事实和法律依据，不存在支持利息返还的问题。

在（2020）浙06民终2624号案中，二审法院认为：《补偿协议》中关于股权代持的约定无效，案涉109万股股权（现已增为152.6万股）归工贸公司所有。由于其股权价值目前与实际投资的13904447.79元不相等，对于盈利或亏损的价值由徐某、工贸公司各自享有和负担60%、40%，故工贸公司应当折价支付徐某相关款项，应当支付的款项为：13904447.79元±盈利/亏损的价值×60%。徐某主张以13904447.79元为基数的利息损失，但徐某用13904447.79元购买109万股股份后，补偿款已转为投资款，因而主张利息损失无事实和法律依据，不予支持。

（二）分担投资损益

1. 经实际出资人同意，名义股东将股权转让，实际出资人已丧失了相关权益，无权主张股权的收回投资款和分红权。

在（2019）最高法民申5848号案中，再审法院认为：《股东会决议》载明刘某某为泽盛公司的显名股东，合法持有公司32.4%的股权。罗某某为泽盛公司的隐名股东，合法持有公司10%的股权。罗某某所持公司10%的股权由刘某某代持，罗某某可直接享有泽盛公司10%股权的收回投资款和分红权，刘某某名义上合计持有泽盛公司42.4%的股权。后来通过一系列的股权转让，刘某某将所持泽盛公司42.4%的股权已经陆续转让给王某某12%、王某甲11%、陈某某2.4%、罗某某8%、袁某某9%。2015年6月14日，聂某某与刘某某、王某某签订《协议书》，其中约定："本协议生效后，刘某某完全退出泽盛公司及泰和中心城项目，在该项目中不享有任何权利和义务，即刘某某既非泽盛公司的显名或隐名股东，也非泰和中心城项目的实际投资人，刘某某在泽盛公司不享有任何股东权益及其他权益。"协议签订时，罗某某作为见证人在该《协议书》上签名确认。由此可见，罗某某对于刘某某不再持有泽盛公司的股权且完全退出泽盛公司是明知且不持异议的。因刘某某已经将持有的泽盛公司42.4%的股权全部转让，故其在泽盛公司不享有任何股东权益和其他权益，那么罗某某也不再享有作为泽盛公司隐名股东的相应权益，罗某某作为隐名股东的权利也因此消灭，无权主张10%股权的收回投资款和分红权，其主张刘某某是在其不知情的情况下处分股权的事实与理由不成立。

2. 虽然股权代持协议无效，但并不意味着否认了当事人在此过程中提供服务并按约定收取服务费的权利。

在（2020）津民终1424号案中，二审法院认为：王某主张冯某、郝某某因违反

《股权代持协议书》的约定,将为王某代持的文投控股股票对外质押,导致其无法抛售处分,故要求冯某、郝某某分别按照该二人在都玩公司的持股比例向王某支付所代持的文投控股股票对应的现金价值,并赔偿因股票下跌所造成的损失。对此,法院认为,王某的诉讼请求需建立在其依据案涉《股权代持协议书》取得案涉股票的前提下,现因案涉《股权代持协议书》无效,王某并不能依此而取得案涉股票,故其依据该协议要求冯某、郝某某支付相应股票对应的现金价值,并赔偿因股票下跌造成的损失,不予支持。

但本案系因履行《融资财务顾问协议》中以股权支付部分"成功费"而引发的争议,案涉《股权代持协议书》系王某与都玩公司签订的《融资财务顾问协议》中关于以股权支付50%"成功费"的一种实现方式。虽然该股权代持协议无效,但并不意味着否认了王某为都玩公司在被松辽汽车公司并购上市过程中提供服务并按约定收取服务费的权利。冯某、郝某某作为都玩公司、智道投资中心、安泰投资中心的股东,在松辽汽车公司并购都玩公司重组上市的过程中,其二人作为都玩公司股权转让的最终受益人,应当按照其在都玩公司的持股比例向王某支付相应的服务费(其中,冯某应承担的金额为17136000元×36.01%=6170673.6元;郝某某应承担的金额为17136000元×31.46%=5390985.6元),并按照同期全国银行间同业拆借中心公布的贷款市场报价利率,计算向王某支付自2019年8月20日起至实际付清之日止的利息。

3. 股权代持协议无效,但当事人因所受到的损失依照过错原则要求对方赔偿损失等权利不受影响。

在(2019)川03民终1827号案中,二审法院认为:虽然《股权转让合同》《担保函》以及《关于〈股权转让合同〉之补充合同》《股权转让合同之补充协议》中的主要内容应认定为无效,但熊某某仍享有根据所受到的损失依照过错原则要求王某某赔偿损失等权利。现熊某某提起的诉讼系在案涉合同有效的前提下要求判令王某某向熊某某支付补偿款,因案涉合同均无效,经法院释明,要求熊某某变更诉讼请求,但熊某某坚持案涉合同有效,不同意变更请求,故因合同无效,其要求判令王某某按合同约定向熊某某支付补偿款8485400元并支付利息的请求不予支持。

第三节 实务指南

一、实际出资人股东资格的认定

实际出资人是指实际出资,享有投资权益但并不被记载于公司文件的投资者。名义股东与实际出资人是相对的概念,指没有出资,基于与实际出资人的约定代实际出资人持有股权,享有投资收益并行使股东权利,其名字被记载于公司文件的人。

实践中,常使用隐名股东的称谓来代替实际出资人,但这并非严格的表述方式。从字面上看,既为"隐名股东",说明已是股东,其名字便应公开显示在公司文件上,但这又与"隐名"相矛盾。另外,隐名者若要成为股东,必须依法经过显名程序,在没有经过显名程序之前,当然不是股东,但这又与"隐名股东"相矛盾;此外,既是"隐名股东",说明已是股东,也就不存在代持关系,也不会产生基于此类关系发生的任何纠纷,但这恰恰与现实又产生矛盾。也就是说,"隐名股东"这个词语本身就存在语义解释与逻辑结构上的冲突。

在司法解释中,从未出现过"隐名股东"的表述,仅是使用"实际出资人"的术语,故建议律师在各类场合中不使用隐名股东的说法,严格回归司法解释的表述,使用"实际出资人"作为表述术语。

表面上看,实际出资人与名义股东是股权代持关系,因为实际出资人需要承担公司的盈亏风险。但实质上,实际出资人与名义股东是隐名投资关系。确定实际出资人是否享有股东资格,有两个观点:一是实质说。即从出资的角度,认定实际出资人基于出资事实而享有股东资格;二是形式说。即从公司文件上所记载名字的角度,确认哪一方的名字记载在公司文件上,哪一方就是股东,公司文件包括出资证明书、股东名册、公司章程、工商登记等,也就是说,实际出资人不享有股东资格。

实践中,确认实际出资人的股东资格,应实行区别对待原则。如前所述,实际出资人与名义股东之间是投资关系,这是一种内部关系,可以基于双方签署的股权代持协议、合作协议来进行,而不是依据股东名册、工商登记等公示证据来认定实际出资人的权利。也就是说,实际出资人完全可以依据自己与名义股东之间的协议和出资的证据,请求法院对自己的股东资格作出认定,推翻形式上的登记状况。

新《公司法》第56条规定:"有限责任公司应当置备股东名册,记载下列事项:(一)股东的姓名或者名称及住所;(二)股东认缴和实缴的出资额、出资方式和出资日期;(三)出资证明书编号;(四)取得和丧失股东资格的日期。记载于股东名册的股东,可以依股东名册主张行使股东权利。"该条款意味着,名字记载于股东名册上,是取得股东资格的标志,但这并非唯一标志,还应结合各种因素来判断。

《公司法司法解释(三)》第24条第1款、第2款规定:"有限责任公司的实际出资人与名义出资人订立合同,约定由实际出资人出资并享有投资权益,以名义出资人为名义股东,实际出资人与名义股东对该合同效力发生争议的,如无法律规定的无效情形,人民法院应当认定该合同有效。前款规定的实际出资人与名义股东因投资权益的归属发生争议,实际出资人以其实际履行了出资义务为由向名义股东主张权利的,人民法院应予支持。名义股东以公司股东名册记载、公司登记机关登记为由否认实际出资人权利的,人民法院不予支持。"

从上述规定可以看出,法律认可实际出资人与名义股东所签订合同的效力。但应注意,该合同必须可以直接体现双方的投资合作关系才能适用上述规定,如果双方所签订合同未作约定,或约定不明,或约定有歧义,即便实际出资人提供了出资的证据,但资金的来源与代持股关系不能等同,法院可能将双方的纠纷认定为债权债务关系甚至赠与关系,而非投资合作关系。

二、显名化:实际出资人股东资格的取得

基于有限责任公司人合性的显著特点,各股东之间需要彼此了解信任,才不会对公司经营管理造成影响,故要成为公司的新股东,必须得到其他股东的认可,在法律上履行显名程序。

《公司法司法解释(三)》第24条第3款规定:"实际出资人未经公司其他股东半数以上同意,请求公司变更股东、签发出资证明书、记载于股东名册、记载于公司章程并办理公司登记机关登记的,人民法院不予支持。"即实际出资人要成为显名股东,需取得公司其他股东半数以上的同意。

实际出资人股东资格的认定,属于公司的内部事宜,不涉及第三人的利益。因此,需要注意两方面的问题:

第一,公司全体股东均知晓实际出资人的存在,也知晓实际出资人与名义股东之间的股权代持关系,各股东不但没有表示反对,而且允许实际出资人也在一定程度上参与公司的经营管理。此种情况下相当于实际出资人是事实上真正的股东,

可以享有股东资格,行使股东权利,这已被很多司法判例所支持。因此,实际出资人虽然在名义上处于"隐藏"状态,但为了切实保护自己的合法权益,应把与名义股东合作投资的事实在公司内部"广而告之",让全体股东知情。当然,有些实际出资人出于各种原因,完全不想外界知晓股权代持关系的存在,那么与名义股东签订一份详尽的股权代持协议、合作投资协议就是最好的保障。

第二,实际出资人显名需经过公司其他股东半数以上的同意,这与股东对外转让股权具有相似之处。新《公司法》第84条第2款规定:"股东向股东以外的人转让股权的,应当将股权转让的数量、价格、支付方式和期限等事项书面通知其他股东,其他股东在同等条件下有优先购买权。股东自接到书面通知之日起三十日内未答复的,视为放弃优先购买权。两个以上股东行使优先购买权的,协商确定各自的购买比例;协商不成的,按照转让时各自的出资比例行使优先购买权。"该条款是关于优先购买权的规定。但实际出资人在显名程序中,法律并未赋予其他股东对被代持股权发生变动所产生的优先购买权,其他股东不能依据该规定来主张优先购买权,其他股东只享有同意或者不同意实际出资人成为显名股东的权利。

三、名义股东擅自转让股权的效力

工商登记制度在解决股权代持法律关系中具有极为重要的作用,工商登记虽然是设权登记,但具有公示作用。此种制度的设计主要是基于保护善意相对人利益的需要,因为善意相对人是出于对工商登记的信赖而与股权转让人进行交易的,存在信赖利益。

比如,善意相对人基于股权登记在名义股东名下,他只能推定工商登记的信息是合法和准确的,无法了解股权背后是否存在代持关系,否则将极大提高交易成本,阻碍交易进行,从而影响社会经济的发展,故需要遵从公示原则和外观主义原则,认定名义股东与善意相对人签订的股权转让合同有效。

同时,尽管实际出资人与名义股东作了约定,未经实际出资人许可不得转让股权,但因股权登记在名义股东名下,工商变更登记亦无须进行实质审查,名义股东擅自将股权转让给他人不存在较大障碍,这就容易产生纠纷。将这些纠纷归结为两类,一是名义股东将股权擅自转让给公司以外的人,二是名义股东将股权擅自转让给公司内部的人。无论何种情形的股权转让,都涉及对股权受让人是否存在善意的判断。股权受让人是善意的,股权转让合同有效,受让人取得股东资格;股权受让人是非善意的,股权转让合同可能有效,但因为不符合善意取得的要件,不发生股权权属变动的效果;如果名义股东与股权受让人恶意串通损害实际出资人的利益,则依据《民法典》第 154 条"行为人与相对人恶意串通,损害他人合法权益的民事法律行为无效"之规定,认定股权转让合同无效,股权当然也不发生权属变动的效果。

由此可见,在股权代持关系中,应区分股权转让合同的效力与股权权属的变动。对于前者,依据《民法典》关于民事行为效力的相关规定,对股权转让合同作出无效、有效、可撤销、确定不发生效力这几种效力类型的判断。而对于后者,取决于是否符合善意取得制度的构成要件,同时还需符合履行办理工商变更登记手续的条件。

关于何为"善意",存在许多判断标准,最重要的是受让人是否知情、是否知晓该股权存在代持关系,也即是否清楚作为股权转让人的名义股东实际上对股权不享有处分权。但对于这一点通常难以证明。此外,要看转让的价格是否合理,受让人是否实际支付股权转让款。而对于何为"合理价格",《民法典物权编司法解释(一)》第 18 条规定,应当根据转让标的物的性质、数量以及付款方式等具体情况,参考转让时交易地市场价格以及交易习惯等因素综合认定。

另外,在股权代持关系中,既会产生名义股东未经实际出资人同意而转让股权的情形,也会产生实际出资人将股权转让给他人的情形。此时,一般会受到名义股东的反对,其依据就是根据工商登记,股权登记于名义股东名下。实际出资人唯有提起股东资格确认纠纷之诉,请求法院确认其享有股东资格,方能继续进行股权转让的手续。此时股权交易的对方应当知晓实际出资人存在股权代持关系,因为实际出资人无法提供股权登记在其名下的证据,其就应如实告知股权交易的对方存在股权代持关系。

如果法院没有确认实际出资人的股东资格,则实际出资人与第三人的股权转让行为实质上就是债权债务转让关系,实际出资人不享有股权,享有的是基于代持关系中的投资收益权,实际出资人转让的就是投资收益权。

如果名义股东对实际出资人转让股权的行为未表示反对,则股权转让可以继续进行,第三人在取得公司其他股东过半数同意后,办理工商变更登记,由此取代了名义股东的地位,成为公司新的股东,实际出资人与第三人的股权转让交易完成闭环。

四、上市公司股权代持效力的分析

新《公司法》第 140 条第 2 款规定:"禁止违反法律、行政法规的规定代持上市公司股票。"该条款是指原则上代持上市公司股票的行为有效，但在违反法律、行政法规规定的情形下，代持上市公司股票的行为无效。对上市公司股票代持的效力作如下分析：

第一，上市公司的股票代持行为因违反法律、行政法规的强制性规定，违背公序良俗而无效。

这是指上市公司的股票代持行为违反了《证券法》关于股权结构必须清晰、持股情况应公开披露的强制性规定，违反了上市公司监管的基本要求。

《证券法》(2014年)第12条规定，设立股份有限公司公开发行股票，应当符合《中华人民共和国公司法》规定的条件和经国务院批准的国务院证券监督管理机构规定的其他条件。第63条规定，发行人、上市公司依法披露的信息，必须真实、准确、完整，不得有虚假记载、误导性陈述或者重大遗漏。

同时，《九民会议纪要》第73条规定，在确定卖方机构适当性义务的内容时，应当以合同法、证券法、证券投资基金法、信托法等法律规定的基本原则和国务院发布的规范性文件作为主要依据。相关部门在部门规章、规范性文件中对高风险等级金融产品的推介、销售，以及为金融消费者参与高风险等级投资活动提供服务作出的监管规定，与法律和国务院发布的规范性文件的规定不相抵触的，可以参照适用。

在上市公司股票代持的场景中，中国证监会自行制定或依授权制定了较多部门规章、规范性文件，且与法律并不冲突，属于证券行业监管的基本要求与业内共识，对广大非特定投资人的利益形成重要保障，对社会公共利益亦为必要保障，根据上述规定，可以参照适用。比如：

《首次公开发行股票并上市管理办法》第13条规定，发行人的股权清晰，控股股东和受控股股东、实际控制人支配的股东持有的发行人股份不存在重大权属纠纷。

《上市公司信息披露管理办法》第4条规定，上市公司的董事、监事、高级管理人员应当忠实、勤勉地履行职责，保证披露信息的真实、准确、完整、及时、公平。

因上市公司的股票代持行为会导致上市公司的信息披露要求、关联交易审查、高级管理人员任职回避等监管举措落空，损害广大投资者的合法权益，影响资本市场的基本交易秩序与金融安全，从而也违背公序良俗，因此在认定上市公司的股票代持行为无效时，往往是将违背公序良俗与违反法律、行政法规的强制性规定一同作为阐述的依据。

故,根据《民法典》第 153 条"违反法律、行政法规的强制性规定的民事法律行为无效。但是,该强制性规定不导致该民事法律行为无效的除外。违背公序良俗的民事法律行为无效"之规定,上市公司的股票代持行为因违反法律、行政法规的强制性规定,违背公序良俗而无效。

第二,即使上市公司的股票代持行为违反了法律、行政法规的强制性规定,也需要区分情形详细分析,并非绝对无效。

《民法典合同编通则司法解释》第 16 条第 1 款对效力性强制性规定作了区分,在判断上市公司股票代持行为的效力时,应考虑是否存在如下情形:(1)强制性规定虽然旨在维护社会公共秩序,但是合同的实际履行对社会公共秩序造成的影响显著轻微,认定合同无效将导致案件处理结果有失公平公正;(2)强制性规定旨在维护政府的税收、土地出让金等国家利益或者其他民事主体的合法利益而非合同当事人的民事权益,认定合同有效不会影响该规范目的的实现;(3)强制性规定旨在要求当事人一方加强风险控制、内部管理等,对方无能力或者无义务审查合同是否违反强制性规定,认定合同无效将使其承担不利后果;(4)当事人一方虽然在订立合同时违反强制性规定,但是在合同订立后其已经具备补正违反强制性规定的条件却违背诚信原则不予补正;(5)法律、司法解释规定的其他情形。

该条第 2 款同时指出,法律、行政法规的强制性规定旨在规制合同订立后的履行行为,当事人以合同违反强制性规定为由请求认定合同无效的,人民法院不予支持。但是,合同履行必然导致违反强制性规定或者法律、司法解释另有规定的除外。

结合该条第 1 款第 1 项"合同的实际履行对社会公共秩序造成的影响显著轻微"所列举的情形,所谓的"影响显著轻微",在上市公司股票代持的场合,主要是指代持股权比例大小的问题,对于中小股东持股比例低于法定比例而代持股权的情况,实务中未必会判决上市公司的股票代持行为无效。

《证券法》第 36 条规定,依法发行的证券,《中华人民共和国公司法》和其他法律对其转让期限有限制性规定的,在限定的期限内不得转让。上市公司持有百分之五以上股份的股东、实际控制人、董事、监事、高级管理人员,以及其他持有发行人首次公开发行前发行的股份或者上市公司向特定对象发行的股份的股东,转让其持有的本公司股份的,不得违反法律、行政法规和国务院证券监督管理机构关于持有期限、卖出时间、卖出数量、卖出方式、信息披露等规定,并应当遵守证券交易所的业务规则。

也就是说,如果股东持有上市公司股权的比例低于 5%,不受持有期限、卖出时间、卖出数量、卖出方式、信息披露等规定的限制。若该股权被代持,不必然会被法院认定为无效。这是从"持股比例"的角度作出的初步判断,从"持股目的"来看,如果是为了逃避监管而代持股权,仍然会认定该代持行为无效。

但是,上市公司若存在破产重整、重大资产重组等对上市公司影响重大的情形时,因需要公开招募遴选重整投资人,因此需要充分披露重整投资人代持股权的情况,此时无论代持股权的比例是多少,代持行为均无效。

五、非上市公众公司股权代持效力的分析

新《公司法》第134条规定,上市公司是指其股票在证券交易所上市交易的股份有限公司。可见,上市公司的一大特征就是可以公开发行股票,并在证券交易所进行交易,比如深圳证券交易所、上海证券交易所、北京证券交易所。这表明上市公司的股票被不特定的众多投资者所持有,面向社会不特定的投资群体。

《非上市公众公司监督管理办法》第2条规定,非上市公众公司是指有下列情形之一且其股票未在证券交易所上市交易的股份有限公司:(1)股票向特定对象发行或者转让导致股东累计超过200人;(2)股票公开转让。可见,非上市公众公司的股票虽然没有在证券交易所上市交易,但也被不特定的众多投资者所持有,与上市公司一样,面向的是社会不特定的投资群体。

该共同点决定了非上市公众公司股票代持行为的效力与上市公司股票代持行为的效力可谓异曲同工,对非上市公众公司股权代持的效力作如下分析:

第一,非上市公众公司的股票代持行为违反法律、行政法规的强制性规定,违背公序良俗而无效。

实务中通常是这样进行阐述的:公司在新三板挂牌上市公开交易,系属于非上市公众公司的范畴。公司董事及高级管理人员,应当按照《证券法》及新三板监管要求的相关法律规定确保股权清晰、如实披露股份权属,不得隐名代持股权。投资者与董事、公司之间签订《股份认购协议书》,约定由投资者认购董事持有的公司定向发行的股份,在锁定期内由董事代持,致使公司股权结构不清,股权归属不明确。同时,董事通过协议采取代持的方式向众多非新三板合格投资者出让股票,且未真实、完整、及时披露相关信息,构成违规并被采取自律监管措施,协议的内容扰乱了证券市场交易基本秩序,进而损害社会公共利益,《股份认购协议书》应属无效。

简言之,非上市公众公司同属全国证券市场主体之一,受证券管理监督机构的监督管理,对股权代持同样需要进行信息披露,确保股权结构清晰。违反规定,也将严重影响金融市场稳定和交易安全,影响广大投资者的利益,从而违背公序良俗。

根据《民法典》第153条"违反法律、行政法规的强制性规定的民事法律行为无效。但是,该强制性规定不导致该民事法律行为无效的除外。违背公序良俗的民事法律行为无效"之规定,非上市公众公司的股票代持行为因违反法律、行政法规的强制性规定,违背公序良俗而无效。

至于违反法律法规的规定,可见《证券法》第3条规定,证券的发行、交易活动,必须遵循公开、公平、公正的原则。亦可见第7条规定,国务院证券监督管理机构依法对全国证券市场实行集中统一监督管理。

违反部门规章的规定,可见《非上市公众公司监督管理办法》第3条规定,公众公司应当按照法律、行政法规、本办法和公司章程的规定,做到股权明晰,合法规范经营,公司治理机制健全,履行信息披露义务。亦可见第4条规定,公众公司公开转让股票应当在全国中小企业股份转让系统进行,公开转让的公众公司股票应当在中国证券登记结算公司集中登记存管。亦可见第21条规定,公司及其他信息披露义务人应当按照法律、行政法规和中国证监会的规定履行信息披露义务,所披露的信息应当真实、准确、完整,不得有虚假记载、误导性陈述或者重大遗漏。公司及其他信息披露义务人应当及时、公平地向所有投资者披露信息。公司的董事、监事、高级管理人员应当忠实、勤勉地履行职责,保证公司披露信息的真实、准确、完整。

还比如《全国中小企业股份转让系统股票挂牌审查业务规则适用指引第1号》"股东信息披露与核查"部分指出,申请挂牌公司应当真实、准确、完整地披露股东信息,历史沿革中存在股权代持情形的,应当在申报前解除还原,并在相关申报文件中披露代持的形成、演变、解除过程。主办券商及律师应当关注代持关系是否全部解除,是否存在纠纷或潜在纠纷,相关人员是否涉及规避持股限制等法律法规规定的情形。申请挂牌公司股东入股交易价格明显异常的,主办券商及律师应当关注前述股东或其最终持有人是否与公司、中介机构及相关人员存在关联关系,前述股东的入股背景、入股价格依据,前述入股行为是否存在股权代持、不当利益输送事项。

第二,非上市公众公司与上市公司在监管方面可能存在差异,这导致对非上市公众公司股票代持行为的效力认定相对宽松,即非上市公众公司的股票代持行为有效。

实务中通常是这样进行阐述的:公司、董事与投资者签订的《股份认购协议书》

系双方的真实意思表示,内容不违反法律、行政法规的强制性规定,应属合法有效,双方当事人应依约全面履行合同义务。此种观点避开了对股权代持行为效力的认定,将股权代持行为视为股权转让行为。两者的区别在于"动机"不同,如果股权变动的意图是为了占有股权本身,则构成股权转让;反之,如果最终目的是确保"股权转让人"的利益,则构成股权代持。

第二章　股权转让与善意取得

第一节　请求权基础规范

一、新《公司法》规定

第 34 条　公司登记事项发生变更的,应当依法办理变更登记。

公司登记事项未经登记或者未经变更登记,不得对抗善意相对人。

第 39 条　虚报注册资本、提交虚假材料或者采取其他欺诈手段隐瞒重要事实取得公司设立登记的,公司登记机关应当依照法律、行政法规的规定予以撤销。

第 250 条　违反本法规定,虚报注册资本、提交虚假材料或者采取其他欺诈手段隐瞒重要事实取得公司登记的,由公司登记机关责令改正,对虚报注册资本的公司,处以虚报注册资本金额百分之五以上百分之十五以下的罚款;对提交虚假材料或者采取其他欺诈手段隐瞒重要事实的公司,处以五万元以上二百万元以下的罚款;情节严重的,吊销营业执照;对直接负责的主管人员和其他直接责任人员处以三万元以上三十万元以下的罚款。

二、其他法律规定

(一)民法典层面

1.《民法典》

第 311 条　无处分权人将不动产或者动产转让给受让人的,所有权人有权追回;除法律另有规定外,符合下列情形的,受让人取得该不动产或者动产的所有权:(一)受让人受让该不动产或者动产时是善意;(二)以合理的价格转让;(三)转让的不动产或者动产依照法律规定应当登记的已经登记,不需要登记的已经交付给受让人。

受让人依据前款规定取得不动产或者动产的所有权的,原所有权人有权向无处分权人请求损害赔偿。

当事人善意取得其他物权的,参照适用前两款规定。

2.《民法典物权编司法解释(一)》

第14条 受让人受让不动产或者动产时,不知道转让人无处分权,且无重大过失的,应当认定受让人为善意。

真实权利人主张受让人不构成善意的,应当承担举证证明责任。

第15条 具有下列情形之一的,应当认定不动产受让人知道转让人无处分权:(一)登记簿上存在有效的异议登记;(二)预告登记有效期内,未经预告登记的权利人同意;(三)登记簿上已经记载司法机关或者行政机关依法裁定、决定查封或者以其他形式限制不动产权利的有关事项;(四)受让人知道登记簿上记载的权利主体错误;(五)受让人知道他人已经依法享有不动产物权。

真实权利人有证据证明不动产受让人应当知道转让人无处分权的,应当认定受让人具有重大过失。

第16条 受让人受让动产时,交易的对象、场所或者时机等不符合交易习惯的,应当认定受让人具有重大过失。

第17条 民法典第三百一十一条第一款第一项所称的"受让人受让该不动产或者动产时",是指依法完成不动产物权转移登记或者动产交付之时。

当事人以民法典第二百二十六条规定的方式交付动产的,转让动产民事法律行为生效时为动产交付之时;当事人以民法典第二百二十七条规定的方式交付动产的,转让人与受让人之间有关转让返还原物请求权的协议生效时为动产交付之时。

法律对不动产、动产物权的设立另有规定的,应当按照法律规定的时间认定权利人是否为善意。

第18条 民法典第三百一十一条第一款第二项所称"合理的价格",应当根据转让标的物的性质、数量以及付款方式等具体情况,参考转让时交易地市场价格以及交易习惯等因素综合认定。

第19条 转让人将民法典第二百二十五条规定的船舶、航空器和机动车等交付给受让人的,应当认定符合民法典第三百一十一条第一款第三项规定的善意取得的条件。

（二）公司企业层面

1.《公司法司法解释(三)》

第27条 股权转让后尚未向公司登记机关办理变更登记,原股东将仍登记于其名下的股权转让、质押或者以其他方式处分,受让股东以其对于股权享有实际权利为由,请求认定处分股权行为无效的,人民法院可以参照民法典第三百一十一条的规定处理。

原股东处分股权造成受让股东损失,受让股东请求原股东承担赔偿责任、对于未及时办理变更登记有过错的董事、高级管理人员或者实际控制人承担相应责任的,人民法院应予支持;受让股东对于未及时办理变更登记也有过错的,可以适当减轻上述董事、高级管理人员或者实际控制人的责任。[1]

第 28 条 冒用他人名义出资并将该他人作为股东在公司登记机关登记的,冒名登记行为人应当承担相应责任;公司、其他股东或者公司债权人以未履行出资义务为由,请求被冒名登记为股东的承担补足出资责任或者对公司债务不能清偿部分的赔偿责任的,人民法院不予支持。

2.《外商投资企业司法解释(一)》

第 21 条 外商投资企业一方股东或者外商投资企业以提供虚假材料等欺诈或者其他不正当手段向外商投资企业审批机关申请变更外商投资企业批准证书所载股东,导致外商投资企业他方股东丧失股东身份或原有股权份额,他方股东请求确认股东身份或原有股权份额的,人民法院应予支持。第三人已经善意取得该股权的除外。

他方股东请求侵权股东或者外商投资企业赔偿损失的,人民法院应予支持。

3.《市场主体登记管理条例》

第 40 条第 1 款 提交虚假材料或者采取其他欺诈手段隐瞒重要事实取得市场主体登记的,受虚假市场主体登记影响的自然人、法人和其他组织可以向登记机关提出撤销市场主体登记的申请。

(三)买卖合同层面

《买卖合同司法解释》

第 6 条 出卖人就同一普通动产订立多重买卖合同,在买卖合同均有效的情况下,买受人均要求实际履行合同的,应当按照以下情形分别处理:(一)先行受领交付的买受人请求确认所有权已经转移的,人民法院应予支持;(二)均未受领交付,先行支付价款的买受人请求出卖人履行交付标的物等合同义务的,人民法院应予支持;(三)均未受领交付,也未支付价款,依法成立在先合同的买受人请求出卖人履行交付标的物等合同义务的,人民法院应予支持。

第 32 条 法律或者行政法规对债权转让、股权转让等权利转让合同有规定的,

---

[1] 原股东二次转让股权的效力。

依照其规定;没有规定的,人民法院可以根据民法典第四百六十七条和第六百四十六条的规定,参照适用买卖合同的有关规定。

权利转让或者其他有偿合同参照适用买卖合同的有关规定的,人民法院应当首先引用民法典第六百四十六条的规定,再引用买卖合同的有关规定。①

(四)执行层面

1.《执行异议和复议司法解释》

第25条第1款 对案外人的异议,人民法院应当按照下列标准判断其是否系权利人:

……

(三)银行存款和存管在金融机构的有价证券,按照金融机构和登记结算机构登记的账户名称判断;有价证券由具备合法经营资质的托管机构名义持有的,按照该机构登记的实际投资人账户名称判断;

(四)股权按照工商行政管理机关的登记和企业信用信息公示系统公示的信息判断;

……

2.《查封司法解释》

第15条 被执行人将其所有的需要办理过户登记的财产出卖给第三人,第三人已经支付部分或者全部价款并实际占有该财产,但尚未办理产权过户登记手续的,人民法院可以查封、扣押、冻结;第三人已经支付全部价款并实际占有,但未办理过户登记手续的,如果第三人对此没有过错,人民法院不得查封、扣押、冻结。

第二节 裁判精要

一、是否构成善意取得

(一)构成善意取得

1. 实际出资人以其对股权享有实际权利为由,主张名义股东处分股权的行为无效,依照善意取得制度的规定处理。

在(2013)民一终字第138号案中,一审法院认为:薛某某主张确认陆某某与边

---

① 权利转让等有偿合同之参照适用。

界公司签署的《股权转让协议》无效,请求陆某某办理股权回转登记,请求第三人明恒公司配合履行股权变更义务的诉讼请求,缺乏法律依据。理由是:

一是,根据《公司法司法解释(三)》的规定,"名义股东将登记于其名下的股权转让、质押或者以其他方式处分,实际出资人以其对于股权享有实际权利为由,请求认定处分股权行为无效的,人民法院可以参照物权法第一百零六条的规定处理"。虽然陆某某无权处分薛某某委托其代为收购、持有的明恒公司85%的股份,但并无证据证明边界公司受让该股权时为恶意,边界公司是以合理价格受让,且已依照法律规定进行了工商变更登记,故边界公司为善意受让人。《买卖合同司法解释》也规定,"当事人一方以出卖人在缔约时对标的物没有所有权或者处分权为由主张合同无效的,人民法院不予支持"。二是,《城市房地产管理法》第38条关于房地产流转的限制性规定并不适用于本案。即使可适用该规定,其性质亦属于管理性强制性规定而非效力性强制性规定,而强制性规定是指效力性强制性规定,因此并不导致案涉《股权转让协议》无效。二审法院持相同观点。

2. 股权受让人不清楚股权转让为无权处分,且已支付股权转让价款,股权已完成工商变更登记,股权受让人取得股权构成善意取得。

在(2013)武中民初字第21号案中,二审法院认为:关于如何认定厉某、赵某某与董某某、董某2、朱某某之间的股权转让行为的效力。原审法院根据查明的事实认定,对厉某持有的武威义乌80%的股权,厉某作为股东有权转让该80%的股权。对赵某某名下武威义乌20%的股权,厉某伪造签名将登记在余某平名下20%的股权无偿转让至朱某飞名下,后又无偿转让至赵某某名下的行为无效,因此厉某、赵某某将赵某某名下20%的股权转让给董某某、董某2、朱某某的行为属于无权处分。但本案并无证据证明董某某、董某2、朱某某在受让赵某某名下20%的股权时明知该转让行为系无权处分,受让方受让股权的行为是其真实意思表示,且本案中董某某、董某2、朱某某已根据《股权转让协议》的约定向厉某、赵某某支付了股权受让款3500万元,故对赵某某转让的20%股权,董某某、董某2、朱某某构成善意取得。兰州义乌虽主张3500万元股权转让价款低于武威义乌名下的房产抵押价值,为明显不合理低价,但股权转让价款与房产抵押价值不同,兰州义乌的该主张缺乏足够证据证明,难以支持。本案相应股权已完成工商变更登记,董某某、董某2、朱某某取得武威义乌20%股权的所有权。兰州义乌作为该20%股权的实际出资人,有权向无处分权人厉某、赵某某请求赔偿损失。

3. 无法证明受让人受让股权时的行为非善意,不能以评估股权价值的方式来证明受让人受让股权时的股权价格不合理,股权受让人的行为属于善意取得。

在(2013)吉中民三终字第158号案中,二审法院认为:关于张某某受让谢某股权的行为是否构成善意取得。第一,贾某某提供的证据不能证明张某某受让谢某股权的行为非善意;第二,谢某陈述股权的交易价格为7万元,与入股时的原价相同,应由张某某举证证明其系以合理价格受让股权。现张某某提交了谢某收取"股金款"37万元的收据,证明双方交易的真实价格为37万元,此价格与入股时原价的溢价比约为500%,张某某已尽举证责任。现贾某某仍认为价格不合理,按"谁主张谁举证"的原则,应由贾某某举证证明。贾某某提请对光大公司的资产进行评估,以此确认股权的实际价值。对此,法院认为,公司资产是影响股权价值的重要因素,但并不是唯一因素,公司的股权价值也受公司的经营状况、获利能力、发展前景、品牌效应、市场环境等诸多因素的影响,贾某某的要求没有事实和法律依据,应认定张某某系以合理价格受让股权。第三,张某某受让股权后,依照法律规定,办理了工商登记手续。综上,张某某受让谢某股权的行为属于法律规定的善意取得。

4. "一股两卖"的情况下,同时存在善意取得与非善意取得两个阶段,均需根据善意取得的法定条件作出判断。

在(2015)苏中商终字第21号案中,二审法院认为:关于袁某某从周某某处受让原属于何某某所有的和顺公司326.6万元股权,是否构成善意取得的问题。

其一,周某某与何某某之间的《股权转让协议》非何某某本人所签,且无何某某本人的授权或追认,对何某某不具有法律效力。现有证据亦不足以证明何某某与周某某之间就转让326.6万元股权形成合意,周某某基于他人的无权处分行为而取得该股权。同时,周某某亦未提供证据证明向何某某支付了转让对价。因此,原属于何某某持有的和顺公司326.6万元股权虽变更登记至周某某名下,但是周某某不属于善意有偿取得,何某某有权追回。

其二,周某某将理应返还何某某的和顺公司326.6万元股权转让给袁某某,周某某系无处分权人。但是,受让人袁某某在取得该股权过程中,存在如下情形:

第一,袁某某受让股权时系善意。周某某与袁某某签订《股权转让协议》的时间是2009年8月19日,此时周某某是和顺公司登记的股东,其名下持有和顺公司383.4万元股权。而何某某自2008年8月离开和顺公司后的一年内,并未对周某某的股东身份提出异议或主张权利。袁某某无从知悉周某某的股权存在权利瑕疵,也没有证据证明袁某某应当知道周某某对其名下和顺公司326.6万元股权无处分权。因此,在没有相反证据的情况下,应当认定袁某某从周某某处受让股权是出于善意。

第二,袁某某受让股权已支付合理对价。2009年8月19日,袁某某、葛某某共同受让和顺公司股权1704万元,占80%;同时,叶某某等原股东又与袁某某、葛某某签订《资产转让协议》,将和顺公司除现有生产设备之外的全部资产以3510万元的价格进行转让,袁某某、葛某某受让80%,需支付对价2808万元。上述资产的所有权属于和顺公司,叶某某、周某某、施某某三股东无权直接取得相应转让款,而袁某某、葛某某可以在取得和顺公司股东资格的同时,通过其股东身份行使和顺公司资产的所有权。因此,袁某某、葛某某因受让和顺公司资产而支付对价,就应当认定其已经为受让股东股权而支付了对价。根据现有证据,表明袁某某已经通过代偿债务等方式履行了《资产转让协议》的付款义务,其支付的款项金额大于袁某某与周某某《股权转让协议》的应付款金额。因此,应当认定袁某某已就其受让周某某的股权支付了合理对价。

第三,袁某某在与周某某签订《股权转让协议》后,双方已办理了工商变更登记,相应的股权已登记在袁某某名下。因此,原属于何某某所有的和顺公司326.6万元股权,虽因无处分权人周某某将其转让给袁某某,但是袁某某取得该股权符合法律规定,何某某无权要求袁某某返还。

(二)不构成善意取得

1. 除非二次受让人符合善意取得的条件,否则将股权再次转让的行为属于无权处分行为,股权原受让人有权追回被处分的股权。

在(2014)民二终字第205号案中,二审法院认为:关于转让合同的效力。公司转让股权后未办理工商变更登记,出让人再次处分该股权,受让人请求认定处分行为无效的,人民法院按照法律关于无权处分及善意取得的规定处理。即,除非二次受让人符合善意取得的条件,否则股权原受让人有权追回被处分的股权。本案中,国能公司根据合作协议取得龙辉公司股权后未办理工商变更登记,股权出让方薛某2、薛某3在此情况下又与王某某、薛某某签订了股权转让合同,将案涉股权再次转让给王某某、薛某某二人,该行为属无权处分行为。由于王某某、薛某某系在明知该股权已被转让给国能公司的情况下与薛某2、薛某3完成的股权转让,且系采用欺骗手段获取龙辉公司相关登记资料后办理的股权变更登记,其行为明显不具有善意;此外,王某某、薛某某受让该股权的价款仅为500万元,不足注册资本5020万元的1/10,与国能公司的转让价款4583万元相比也相差巨大,该转让价款应属不合理对价。综合以上事实,王某某、薛某某受让股权的行为不构成法律规定的

"善意取得"的条件,薛某2、薛某3向其转让股权的行为属无权处分行为,基于该无权处分行为所签订的转让合同应为无效合同。

2. 存在两份股权转让协议,从协议的履行情况看,完全支付了股权转让款、变更了工商登记并实际参与了公司经营管理的,股权转让协议有效,股权受让人取得股东身份;反之,未支付完毕股权转让款、未办理工商变更登记的,股权未发生变动,股权转让协议无效,股权受让人并未取得股东身份,不能行使股东权利。

在(2013)民申字第637号案中,二审法院认为:本案存在两份股权转让协议,即8.13协议及12.7协议。在两份协议均有效时,股权能否继受取得则取决于协议的履行及股权的变动。

其一,从两份协议的履行情况看。胡某某作为12.7协议中的受让方,如约支付了全部股权转让款,即使如纵横置业公司所述,其中三笔资金的支付对象为储某某,但因转让方马鞍山兴海公司的认可,支付对象的改变不影响其履行行为的正当性;同时,马鞍山兴海公司向胡某某移交了当涂兴海公司的公章、营业执照、组织机构代码证、税务登记证等公司资料,将当涂兴海公司交由其管理。反观8.13协议,纵横置业公司在支付50万元的履约保证金后,未再履行协议的其他内容,案涉股权转让款并未支付。

其二,从当涂兴海公司的股东变更情况看。记载于股东名册是股东身份的标志之一,股东可以依股东名册主张行使股东权利。基于12.7协议,当涂兴海公司依据法律和公司章程的规定,召开了股东会、修改了公司章程、变更了股东名册等,完成了公司内部股权变更的相关手续,胡某某成为该公司股东名册上登记的股东;且胡某某接手当涂兴海公司后,对当涂兴海公司履行了管理职责,并对该公司项目用地进行了开发建设及销售,马鞍山兴海公司对胡某某的行为亦予以认可,在收取股权转让款后全面退出对当涂兴海公司的管理,记载于当涂兴海公司股东名册的胡某某可以行使当涂兴海公司的股东权利并已实际行使。对纵横置业公司而言,8.13协议签订后,当涂兴海公司并未发生相应的股权变动。

其三,纵横置业公司认为胡某某不是善意第三人,不能取得案涉股权。而本案中,8.13协议虽已签订,但股权转让款未实际支付,目标公司的股权在协议双方之间未发生转让,纵横置业公司对当涂兴海公司的股权不享有实际权利。

3. 从股权转让有无设置限制性条件、股东对股权转让是否知情同意、是否损害原股东合法权益等方面判断是否构成善意取得。

在(2017)最高法民终248号案中,二审法院认为:陈某某、谭某某与万德米业公司、王某某、王某2在转让案涉股权时,存在恶意串通,损害弘洲实业公司、桂林海创公司、吴某某、王某3利益的行为。

首先,万德米业公司并非善意受让案涉股权。弘洲实业公司、桂林海创公司、吴某某、王某3向陈某某、谭某某转让贵港天河公司的股权时,对陈某某、谭某某再行处分该股权作出了明确限制,即约定陈某某、谭某某在未付清股权转让款及相关借款前,不得对贵港天河公司的股权作任何处分。据庭审证实,万德米业公司对陈某某、谭某某转让股权存在一定限制条件的情况是知道或应当知道的。在该限制条件仍未解除时,即陈某某、谭某某未付清股权转让款及相关借款前,万德米业公司就与陈某某、谭某某达成股权转让的合意,双方均不属于善意。其次,万德米业公司不能证实弘洲实业公司、桂林海创公司、吴某某、王某3对陈某某、谭某某将股权转让给万德米业公司的行为是明知且同意的。最后,陈某某、谭某某向万德米业公司、王某某、王某2转让案涉股权的行为损害了弘洲实业公司、桂林海创公司、吴某某、王某3的合法利益。陈某某、谭某某系在未向弘洲实业公司、桂林海创公司、吴某某、王某3履行大部分付款义务的情况下,将贵港天河公司的股权再行转让并登记至万德米业公司、王某某、王某2名下,该行为直接导致弘洲实业公司、桂林海创公司、吴某某、王某3通过限制陈某某、谭某某处分案涉股权的方式,保障其债权得以清偿的合同目的落空,损害了弘洲实业公司、桂林海创公司、吴某某、王某3根据案涉股权转让合同和借款合同所享有的合法权益。综上,万德米业公司有关其善意取得案涉股权的主张,没有事实和法律依据。

二、股权转让中的强制执行

(一)股权受让人可以排除强制执行

1. 股权转让行为和申请工商变更登记的行为发生在债权人申请财产保全之前,也发生在法院向工商行政管理部门送达民事裁定书和协助执行通知书之前,且根据银行流水账交易记录,股权转让双方不存在虚假交易的事实,则自股权交割之日起股权受让人享有案涉股权的所有权,足以排除债权人对股权的强制执行。

在(2018)闽01民终6095号案中,二审法院认为:根据案涉合同,余某某支付第一笔股权转让款100万元之日,即为本次股权转让之股权交割日,自股权交割日起标的股权即属于余某某所有,众义达公司不再持有标的股权,应确认余某某已取得众义达公司所持有的富地房地产开发有限公司15%的股权。富地房地产开发有限公司于2014年10月14日向霞浦县工商行政管理局提交了股东变更登记申请及相关材料，霞浦县工商行政管理局受理后也于2014年10月17日向富地房地产开发有限公司出具了《受理承诺单》，并承诺：申请材料符合该项目的审批材料目录，予以受理，项目审批时限为7个工作日，并告知富地房地产开发有限公司于2014年10月28日后领取审批证照。

根据前述事实及相关证据，可确认余某某与众义达公司之间的股权转让均发生在吴某某二次向一审法院提出财产保全申请和一审法院二次作出财产保全民事裁定及向霞浦县工商行政管理局送达《民事裁定书》和《协助执行通知书》之前。而霞浦县工商行政管理局之所以未在其向富地房地产开发有限公司出具的《受理承诺单》所承诺的期限内办理完成股东变更登记，正是基于前述因素。故富地房地产开发有限公司15%的股权虽未在有关工商行政管理机关办理完成变更登记，但已经产生了一定的公示效力。余某某虽在一审法院作出财产保全裁定后将余下的股权转让款1868万元全部支付给众义达公司，但一审法院根据吴某某提交的《调查取证申请书》向中国工商银行股份有限公司永泰支行调取了2014年12月永泰县鼎盛汽车贸易有限公司名下账号的交易流水账，而根据前述调取的银行交易流水账及吴某某提供的证据，不足以证实吴某某所主张的余某某与众义达公司存在虚假交易行为。

综上，在无证据证明吴某某所抗辩的众义达公司为逃避债务与余某某恶意串通签订案涉《股权转让合同》的情形下，法院确认案涉《关于富地房地产开发有限公司之股权转让合同》系签约双方的真实意思表示，内容未违反法律法规的强制性规定，合法有效。案涉富地房地产开发有限公司15%的股权在工商行政管理机关虽仍登记在众义达公司名下，但自2014年10月17日起已由余某某持有，余某某对一审法院冻结众义达公司持有的富地公司15%的股权享有足以排除强制执行的民事权益，吴某某主张对众义达公司持有的富地公司15%的股权许可强制执行的诉求不能成立，一审法院不予支持正确。

2. 在采取强制执行措施之前，股份已非被执行人的财产，而是已经归属于股权受让人所有，强制执行应以被执行人名下的财产为限。申请执行人取得的债权属于普通债权，股权受让人的股权即便没有在国家企业信用信息公示系统公示这一权利外观，申请执行人的普通债权相较于股权受让人取得的股权也没有优先性，股权受让人对股权享有足以排除强制执行的民事权益。

在（2020）最高法民再324号案中，再审法院认为：法院已确认案涉股份为滇资公司所有，焦点在于滇资公司对案涉股份是否享有足以排除强制执行的民事权益。

申请强制执行的债权人系对被执行人(债务人)享有债权而经申请由人民法院对债务人的财产采取强制执行措施,故强制执行的财产范围原则上应以被执行人的责任财产为限,而不应扩展至非属被执行人的财产。本案中,在采取强制执行措施之前,案涉股份已非被执行人凌丰公司的财产,而是已经归属于滇资公司所有,孙某申请对凌丰公司的财产强制执行,应以凌丰公司的财产为限,故其主张对案涉股份强制执行,显然与这一原则相悖。

而且,根据孙某在再审庭审中的陈述,其系通过受让的方式取得对被执行人凌丰公司民间借贷的债权,这一权利属于普通债权。同时,孙某辩称,其系基于凌丰公司为临沧临翔沪农商行在国家企业信用信息公示系统公示的发起人和股东,具有债务履行能力才受让债权。就本案而言,在国家企业信用信息公示系统公示股权变更信息既非未上市股份有限公司股份权属转移生效的法定要件,亦非滇资公司的义务。即使案涉股份具备了于冻结之前在国家企业信用信息公示系统公示股权受让信息这一权利外观,孙某的执行权益也并不因此具有优先性。此外,作为民间借贷债权的执行申请人,孙某也并非法律所规定的在股权交易中,基于信赖权利外观而需要保护的民事法律行为的善意第三人。故其该项辩解理由不能成立。

需要注意的是,股份有限公司的股份转让并不属于必须进行工商登记的事项。其一,股份有限公司发起人的姓名或者名称属于必须进行工商登记的事项,而股份转让导致的股东及股权结构变化并非法律规定的工商登记事项,无须到工商行政管理机关办理变更登记。其二,股权不是物权,是复合型权利。股份有限公司的特点是股东的股份更具有流通性,股票转让便捷,仅需背书或者交付即可转让,股东变更的频率更高。如果每次股权转让均需进行公司股东的变更登记,显然不符合股份有限公司股权转让便捷性的要求。因此,虽然《商业银行股权管理暂行办法》《村镇银行管理暂行规定》等规定了商业银行及其股东应当充分披露相关股权信息。但作为股份有限公司,并未有法律明确规定对股权转让必须进行工商变更登记。其三,滇资公司与凌丰公司在《股权转让协议书》第4条约定,凌丰公司应当在股权转让获批之日起五个工作日内将其持有的《股权证》送交临沧临翔沪农商行,并由双方出具股权过户确认书,再交由临沧临翔沪农商行办理股权过户、股东名称变更登记等手续。但是,该协议并未约定"变更登记"为工商变更登记。故孙某关于案涉股权应当进行工商变更登记的抗辩理由没有法定和约定依据,不能成立。综上,滇资公司对案涉股份享有足以排除强制执行的民事权益。

(二)股权受让人不能排除强制执行

1. 股权转让行为发生在《公司法》规定的股份有限公司发起人股份的限制转让期间,在法定的股份转让限制期限届满前,不产生股份转让交付的法律效力,股权转让关系中的当事人异议不足以排除对股权的强制执行。

在(2020)最高法民终422号案中,二审法院认为:关于兰州农商行对案涉民乐农商行、临泽农商行的股权是否享有足以排除强制执行的民事权益。根据《公司法》规定,发起人持有的本公司股份,自公司成立之日起一年内不得转让。① 法律之所以作出这样的规定,原因在于股份有限公司是由发起人作为倡导者设立的,公司的设立宗旨、经营范围、经营方式等一般也都由发起人确定。在公司设立后的一定时间内,发起人应当作为股东留在公司,以保证公司的稳定性和运营的连续性。如果允许发起人在公司成立后很短的时间内就进行股份转让,可能会出现发起人不适当地转移投资风险,甚至以设立公司的名义非法集资或者炒作股票营利。在法律已经明确规定不得为某种行为的情况下,为该种行为,最终导致的后果应当由行为人自己承担。

案涉民乐农商行、临泽农商行的股权于2016年11月8日被冻结,民乐农商行、临泽农商行创立大会分别于2015年11月20日、2015年11月22日召开,两银行创立大会的召开时间与国家企业信用信息公示系统显示的两银行的名称和市场主体类型的变更时间相互佐证,能够证明案涉股权在民乐农商行、临泽农商行作为股份有限公司设立后的一年内被人民法院冻结。致远公司是民乐农商行、临泽农商行的发起人股东,虽然兰州农商行、致远公司、民乐农商行就将致远公司持有的民乐农商行股权转让给兰州农商行事宜签订了股权转让协议,兰州农商行、致远公司就将致远公司持有的临泽农商行股权转让给兰州农商行事宜签订了股权转让协议,兰州农商行支付了案涉两笔股权的转让对价,民乐农商行向兰州农商行颁发了股金证,但上述行为均发生在民乐农商行、临泽农商行作为股份有限公司设立后的一年之内,处于《公司法》规定的股份有限公司发起人股份的限制转让期间,在法定的股份转让限制期限届满前,不产生股份转让交付的法律效力。甘肃省高级人民法院在审理甘肃银行七里河支行与致远公司等金融借款合同纠纷案中,对致远公司持有的民乐农商行、临泽农商行的股权依法采取冻结措施之时,致远公司持有的两银行的股权仍处于法律规定的限制转让期间,案涉股权尚不符合转让交付的时间

---

① 新《公司法》已删除"发起人持有的本公司股份,自公司成立之日起一年内不得转让"之规定。

条件。据此,兰州农商行的异议不足以排除对案涉股权的强制执行。一审确认致远公司在民乐农商行的 1000 万股股权属于兰州农商行所有,并不得执行该股权错误,予以纠正。

2. 已确认股权受让人对于股权享有实体权益的情况下,应考察该实体权益对于申请执行人(债权人)依据生效的他案民事判决所享有的债权是否具有优先效力,进而判定是否可以排除对案涉股权的强制执行。对此的分析中,既涉及对债权人利益的保护,也涉及对股权受让人实体权益的保护,股权受让人虽然基于股权转让关系支付了股款,取得了股权所有权,但并未办理工商变更登记,没有产生对抗第三人(债权人)的效力,故不得排除对案涉股权的强制执行。

在(2017)赣民终 255 号案中,二审法院认为:关于黄某某就争议的执行标的享有的实体权益是否足以排除强制执行的问题。本案属于案外人执行异议之诉,既涉及北京银行南昌分行对徐某某、王某某、人杰公司债权的保护,也涉及对黄某某所享有的实体权益的保护。诉讼中,黄某某的目的在于排除对案涉股权的强制执行,以维护自己的实体权益;而北京银行南昌分行的目的是请求人民法院对该执行标的采取强制执行,以尽早实现自己的债权。案外人执行异议之诉的实质是对于同一执行标的,案外人所享有的实体权益与执行债权人所享有的债权应当优先保护谁的问题。

就本案而言,在已确认黄某某对于案涉股权享有实体权益的情况下,应考察该实体权益对于申请执行人北京银行南昌分行依据生效的他案民事判决所享有的债权是否具有优先效力。黄某某对于案涉股权享有的实体权益是依据《股金转让协议书》之约定以及黄某某依约支付了全部股权转让价款并就受让股份在股东名册、股权证均予以记载,进行变更登记的客观事实。但是,《股金转让协议书》的约定仅约束股权转让的双方当事人,在没有证据证明申请执行人北京银行南昌分行对前述约定知晓或应当知晓的情况下,对北京银行南昌分行不具约束力。《公司法》规定,股份有限公司股东转让其股份,应当在依法设立的证券交易场所进行或者按照国务院规定的其他方式进行。景德镇农村商业银行股份有限公司作为非上市股份有限公司,其转让股份应是按照国务院规定的其他方式进行。故在发起人徐某某向黄某某转让全部股份的情形下,公司发起人的姓名及占股情况发生了重大变更,应当依法依规在 30 日内将发起人徐某某的股权转让事宜在工商登记管理部门据实进行变更登记。

而本案中,仅在景德镇农村商业银行股份有限公司的股东名册和黄某某持有的股权证上对于股份转让事项进行了变更记载,并未进行工商变更登记,这与《公司法》及公司登记管理法规关于股权转让规范的要求严重不符。《公司法》规定,登记事项发生变更的,应当办理变更登记,未经登记或者变更登记的,不得对抗第三人。依法进行的股权变更登记具有公示效力,足以使得社会公众对股权权属登记产生合理的信赖,合理信赖利益应当依法受到保护。未经变更登记的股权转让行为虽不必然导致无效的法律后果,但依法不得对抗第三人。此处的第三人,并不限于与显名股东(徐某某)存在股权交易关系的债权人,与显名股东非基于股权处分存在关系的债权人(如借款合同法律关系中的债权人,北京银行南昌分行)亦应属于法律保护的"第三人"范畴,故黄某某不得以其实际已交付股权转让款为由排除强制执行。就现有的证据和已查明的事实来看,黄某某对于案涉股权享有的实体权益在效力上并不优先于申请执行人北京银行南昌分行的债权,故原审判决驳回黄某某的诉讼请求,具有事实和法律依据,并无不当。

3. 股权虽然经法院生效判决确认归股权受让人所有,但没有办理工商变更登记,不产生对抗第三人的效力。债权人对依法登记的股权所有人享有信赖利益,实际的股权受让人不具有公示股东的地位,应自行承担法律风险,不能排除对股权的强制执行。

在(2016)粤03民终7051号案中,一审法院认为:本案为案外人执行异议之诉。依据生效的他案民事判决书,在执行中被冻结的案涉股权登记于刘某某名下,虽然刘某某已将上述股权转让给杜某某并由杜某某履行股东权利,且经法院生效判决确认上述股权为杜某某所有。但是,相关的变更事项并未到工商行政管理机关进行变更登记。登记事项发生变更的,应当办理变更登记,未经登记或者变更登记的,不得对抗第三人。故,刘某某作为依法登记的股东具有对外公示的效力,杜某某在公司对外关系上不具有公示股东的法律地位,杜某某不能以其与刘某某之间的约定为由对抗外部债权人张某某对刘某某主张的正当权利。因此,当刘某某因其未能清偿到期债务而成为被执行人时,其债权人张某某依据工商登记中记载的股权归属,有权向人民法院申请对该股权强制执行。

案涉股权工商登记记载的持有股东为刘某某,张某某依据另案生效判决向法院申请冻结并强制执行刘某某名下的案涉股权,具有事实和法律依据。杜某某与刘某某约定转让案涉股权并支付股权转让款后,未及时到工商行政管理机关进行工商变更登记,应自行承担相应的法律风险。因此,对于杜某某要求停止对刘某某名下持有的信威电子公司10%股权(对应出资额35.71万元)的强制执行并解除相关冻结措施的主张，不予支持。

第三节　实务指南

一、无权处分与股权变动的标准

新《公司法》第 34 条规定："公司登记事项发生变更的，应当依法办理变更登记。公司登记事项未经登记或者未经变更登记，不得对抗善意相对人。"该条款是确认股东资格的依据，也是确认股权权属的依据。如前小节所述，对于股东资格的确认，涉及外部第三人的，采取公示主义与商事外观主义，以工商登记为准。对于股权权属的确认，也采用同样的思路。

正常情况下，在确认股权权属后，才进行股权转让，此时就会产生股权在什么时候发生变动的问题。关于股权变动的模式，有两种标准：

第一种是形式主义，即要履行必要的程序和手续。比如，股权转让合同需合法且生效，同时要办理股东名册变更登记或工商登记。新《公司法》第 86 条规定："股东转让股权的，应当书面通知公司，请求变更股东名册；需要办理变更登记的，并请求公司向公司登记机关办理变更登记。公司拒绝或者在合理期限内不予答复的，转让人、受让人可以依法向人民法院提起诉讼。股权转让的，受让人自记载于股东名册时起可以向公司主张行使股东权利。"该条款意味着，名字记载在股东名册上，是股权转让关系中股权权属变更的标志。当然这也不是唯一的标志，需要结合各种因素综合判断。

第二种是意思主义，即股权转让合同生效之日即为股权权属变更之日，无须履行各种程序和手续。股权转让合同是当事人双方协商一致，意思自治的结果，故称为"意思主义"。

《公司法司法解释（三）》第 27 条第 1 款规定："股权转让后尚未向公司登记机关办理变更登记，原股东将仍登记于其名下的股权转让、质押或者以其他方式处分，受让股东以其对于股权享有实际权利为由，请求认定处分股权行为无效的，人民法院可以参照民法典第三百一十一条的规定处理。"该条款规定的是"一股多卖"的问题，第一手股权受让人因为没有办理股权的工商变更登记或股东名册变更登记，导致第二手股权受让人购买了该股权，在这一系列过程中，必定有一环节体现了股权转让人无权处分，此时，股权归谁所有？股权权属何时发生变动？

新《公司法》第34条第2款规定："公司登记事项未经登记或者未经变更登记，不得对抗善意相对人。"由此可以推断出，当股权转让合同合法生效且第一手股权受让人支付了股权转让款，但因未办理工商变更登记，根据前述"形式主义"的标准，工商登记具有公示主义和商事外观主义之特性，第二手股权受让人对工商登记产生了信赖，认为股权转让人即是真正的权利人，与股权转让人达成了交易并且办理了工商变更登记的，第一手股权受让人不能对该股权主张权利并主张第二手股权受让人的股权转让行为无效，除非其可以证明第二手股权受让人应当知道该股权已由自己先行交易的事实，取得第二手股权受让人"非善意"的证据。

对于股权转让人"一股多卖"的无权处分行为，法律给受害人提供了救济途径。《公司法司法解释（三）》第27条第2款规定："原股东处分股权造成受让股东损失，受让股东请求原股东承担赔偿责任、对于未及时办理变更登记有过错的董事、高级管理人员或者实际控制人承担相应责任的，人民法院应予支持；受让股东对于未及时办理变更登记也有过错的，可以适当减轻上述董事、高级管理人员或者实际控制人的责任。"可见，救济途径有两种：一是要求原股东（股权转让人）承担赔偿责任；二是提起诉讼，请求法院对未及时办理变更登记具有过错的董事、高级管理人员或者实际控制人承担相应责任。

二、股权善意取得的认定

（一）善意取得的构成要件

《民法典》第311条确立了善意取得制度，该条规定："无处分权人将不动产或者动产转让给受让人的，所有权人有权追回；除法律另有规定外，符合下列情形的，受让人取得该不动产或者动产的所有权：（一）受让人受让该不动产或者动产时是善意；（二）以合理的价格转让；（三）转让的不动产或者动产依照法律规定应当登记的已经登记，不需要登记的已经交付给受让人。受让人依据前款规定取得不动产或者动产的所有权的，原所有权人有权向无处分权人请求损害赔偿。当事人善意取得其他物权的，参照适用前两款规定。"据此，善意取得的构成要件如下：

第一，转让人对财产无处分权。如果转让人对财产享有处分权，不适用善意取得制度。善意取得只在转让人无处分权的语境下考虑。

第二，受让人受让财产时是善意的。受让人具有恶意，不适用善意取得制度。善意，是指受让人不知道转让人无处分权。《民法典物权编司法解释（一）》第14条第1款规定："受让人受让不动产或者动产时，不知道转让人无处分权，且无重大过失的,应当认定受让人为善意。"确定善意的时间点,为受让财产时。

第三,以合理价格有偿转让财产。无偿转让财产的,不适用善意取得制度。对于何为"合理价格",《民法典物权编司法解释(一)》第18条规定:"民法典第三百一十一条第一款第二项所称'合理的价格',应当根据转让标的物的性质、数量以及付款方式等具体情况,参考转让时交易地市场价格以及交易习惯等因素综合认定。"

第四,财产已经办理产权转移登记手续,或已交付给受让人。即根据财产的性质,依法律规定需要办理产权转移登记手续的,则应办理产权转移登记手续,仅是交付,不适用善意取得制度;如果是动产,则需交付给受让人完成权属的变更转移,不交付的,也不适用善意取得制度。

善意取得涉及三方面的法律关系,产生如下法律后果:

其一,原权利人与受让人之间。因善意取得制度得以适用,故财产权属确定转移到受让人名下,受让人取得了财产所有权,原权利人不得向受让人主张返还财产。

其二,转让人与受让人之间。受让人取得财产所有权,负有向转让人支付价款的义务,双方形成债权债务关系。

其三,原权利人与转让人之间。原权利人丧失了财产的所有权,也不能向受让人主张返还财产,只能向转让人主张相关责任,比如违约责任、侵权责任等。

(二)股权能否适用善意取得制度

《民法典》第311条第3款规定:"当事人善意取得其他物权的,参照适用前两款规定。"可见,善意取得制度不仅包含传统的动产、不动产,也包含其他物权。

通说认为,普通债权因没有公示程序的承载,不适用善意取得制度;证券化的债权属特殊的债权,被视为动产,可以适用善意取得制度;提单、仓单可以适用善意取得制度。股权在表面上既不属于动产,也不属于不动产,但可视为一种"权利动产",既然动产、不动产都可以适用善意取得制度,那么作为权利动产的股权也可以适用善意取得制度。

股权善意取得的构成要件与前面所述一致,即:(1)股权转让人对股权没有处分权;(2)股权转让时,受让人是善意的;(3)受让人支付合理股权转让款;(4)受让的股权办理了工商变更登记,股权转移登记至受让人名下。

第三章 股权转让与优先购买权

第一节 请求权基础规范

一、新《公司法》规定

第 84 条 有限责任公司的股东之间可以相互转让其全部或者部分股权。

股东向股东以外的人转让股权的,应当将股权转让的数量、价格、支付方式和期限等事项书面通知其他股东,其他股东在同等条件下有优先购买权。股东自接到书面通知之日起三十日内未答复的,视为放弃优先购买权。两个以上股东行使优先购买权的,协商确定各自的购买比例;协商不成的,按照转让时各自的出资比例行使优先购买权。

公司章程对股权转让另有规定的,从其规定。①

第 85 条 人民法院依照法律规定的强制执行程序转让股东的股权时,应当通知公司及全体股东,其他股东在同等条件下有优先购买权。其他股东自人民法院通知之日起满二十日不行使优先购买权的,视为放弃优先购买权。②

第 227 条 有限责任公司增加注册资本时,股东在同等条件下有权优先按照实缴的出资比例认缴出资。但是,全体股东约定不按照出资比例优先认缴出资的除外。

股份有限公司为增加注册资本发行新股时,股东不享有优先认购权,公司章程另有规定或者股东会决议决定股东享有优先认购权的除外。③

第 228 条 有限责任公司增加注册资本时,股东认缴新增资本的出资,依照本法设立有限责任公司缴纳出资的有关规定执行。

股份有限公司为增加注册资本发行新股时,股东认购新股,依照本法设立股份有限公司缴纳股款的有关规定执行。

---

① 对外转让股权中的优先购买权。
② 强制执行中的优先购买权。
③ 新增注册资本中的优先购买权。

二、其他法律规定

（一）公司法层面

《公司法司法解释（四）》

第 16 条 有限责任公司的自然人股东因继承发生变化时，其他股东主张依据公司法第七十一条第三款规定行使优先购买权的，人民法院不予支持，但公司章程另有规定或者全体股东另有约定的除外。

第 17 条 有限责任公司的股东向股东以外的人转让股权，应就其股权转让事项以书面或者其他能够确认收悉的合理方式通知其他股东征求同意。其他股东半数以上不同意转让，不同意的股东不购买的，人民法院应当认定视为同意转让。

经股东同意转让的股权，其他股东主张转让股东应当向其以书面或者其他能够确认收悉的合理方式通知转让股权的同等条件的，人民法院应当予以支持。

经股东同意转让的股权，在同等条件下，转让股东以外的其他股东主张优先购买的，人民法院应当予以支持，但转让股东依据本规定第二十条放弃转让的除外。

第 18 条 人民法院在判断是否符合公司法第七十一条第三款及本规定所称的"同等条件"时，应当考虑转让股权的数量、价格、支付方式及期限等因素。

第 19 条 有限责任公司的股东主张优先购买转让股权的，应当在收到通知后，在公司章程规定的行使期间内提出购买请求。公司章程没有规定行使期间或者规定不明确的，以通知确定的期间为准，通知确定的期间短于三十日或者未明确行使期间的，行使期间为三十日。

第 20 条 有限责任公司的转让股东，在其他股东主张优先购买后又不同意转让股权的，对其他股东优先购买的主张，人民法院不予支持，但公司章程另有规定或者全体股东另有约定的除外。其他股东主张转让股东赔偿其损失合理的，人民法院应当予以支持。

第 21 条 有限责任公司的股东向股东以外的人转让股权，未就其股权转让事项征求其他股东意见，或者以欺诈、恶意串通等手段，损害其他股东优先购买权，其他股东主张按照同等条件购买该转让股权的，人民法院应当予以支持，但其他股东自知道或者应当知道行使优先购买权的同等条件之日起三十日内没有主张，或者自股权变更登记之日起超过一年的除外。

前款规定的其他股东仅提出确认股权转让合同及股权变动效力等请求，未同时主张按照同等条件购买转让股权的，人民法院不予支持，但其他股东非因自身原因导致无法行使优先购买权,请求损害赔偿的除外。

股东以外的股权受让人,因股东行使优先购买权而不能实现合同目的的,可以依法请求转让股东承担相应民事责任。

第 22 条 通过拍卖向股东以外的人转让有限责任公司股权的,适用公司法第七十一条第二款、第三款或者第七十二条规定的"书面通知""通知""同等条件"时,根据相关法律、司法解释确定。

在依法设立的产权交易场所转让有限责任公司国有股权的,适用公司法第七十一条第二款、第三款或者第七十二条规定的"书面通知""通知""同等条件"时,可以参照产权交易场所的交易规则。

→附录参考:司法政策文件《九民会议纪要》

9.【侵犯优先购买权的股权转让合同的效力】审判实践中,部分人民法院对公司法司法解释(四)第 21 条规定的理解存在偏差,往往以保护其他股东的优先购买权为由认定股权转让合同无效。准确理解该条规定,既要注意保护其他股东的优先购买权,也要注意保护股东以外的股权受让人的合法权益,正确认定有限责任公司的股东与股东以外的股权受让人订立的股权转让合同的效力。一方面,其他股东依法享有优先购买权,在其主张按照股权转让合同约定的同等条件购买股权的情况下,应当支持其诉讼请求,除非出现该条第 1 款规定的情形。另一方面,为保护股东以外的股权受让人的合法权益,股权转让合同如无其他影响合同效力的事由,应当认定有效。其他股东行使优先购买权的,虽然股东以外的股权受让人关于继续履行股权转让合同的请求不能得到支持,但不影响其依约请求转让股东承担相应的违约责任。

(二)外资企业层面

《外商投资企业司法解释(一)》

第 11 条 外商投资企业一方股东将股权全部或部分转让给股东之外的第三人,应当经其他股东一致同意,其他股东以未征得其同意为由请求撤销股权转让合同的,人民法院应予支持。具有以下情形之一的除外:(一)有证据证明其他股东已经同意;(二)转让方已就股权转让事项书面通知,其他股东自接到书面通知之日满三十日未予答复;(三)其他股东不同意转让,又不购买该转让的股权。

第 12 条 外商投资企业一方股东将股权全部或部分转让给股东之外的第三人,其他股东以该股权转让侵害了其优先购买权为由请求撤销股权转让合同的,人民法院应予支持。其他股东在知道或者应当知道股权转让合同签订之日起一年内未主张优先购买权的除外。

前款规定的转让方、受让方以侵害其他股东优先购买权为由请求认定股权转让合同无效的,人民法院不予支持。

(三)司法拍卖层面

《网络司法拍卖司法解释》

第16条 网络司法拍卖的事项应当在拍卖公告发布三日前以书面或者其他能够确认收悉的合理方式,通知当事人、已知优先购买权人。权利人书面明确放弃权利的,可以不通知。无法通知的,应当在网络司法拍卖平台公示并说明无法通知的理由,公示满五日视为已经通知。

优先购买权人经通知未参与竞买的,视为放弃优先购买权。

第19条 优先购买权人经人民法院确认后,取得优先竞买资格以及优先竞买代码、参拍密码,并以优先竞买代码参与竞买;未经确认的,不得以优先购买权人身份参与竞买。

顺序不同的优先购买权人申请参与竞买的,人民法院应当确认其顺序,赋予不同顺序的优先竞买代码。

第21条 优先购买权人参与竞买的,可以与其他竞买人以相同的价格出价,没有更高出价的,拍卖财产由优先购买权人竞得。

顺序不同的优先购买权人以相同价格出价的,拍卖财产由顺序在先的优先购买权人竞得。

顺序相同的优先购买权人以相同价格出价的,拍卖财产由出价在先的优先购买权人竞得。

第27条 起拍价及其降价幅度、竞价增价幅度、保证金数额和优先购买权人竞买资格及其顺序等事项,应当由人民法院依法组成合议庭评议确定。

(四)特殊场合

【股权继承】

《公司法司法解释(四)》

第16条 有限责任公司的自然人股东因继承发生变化时,其他股东主张依据公司法第七十一条第三款规定行使优先购买权的,人民法院不予支持,但公司章程另有规定或者全体股东另有约定的除外。

【离婚股权分割】

《民法典婚姻家庭编司法解释(一)》

第73条 人民法院审理离婚案件,涉及分割夫妻共同财产中以一方名义在有

限责任公司的出资额,另一方不是该公司股东的,按以下情形分别处理:

(一)夫妻双方协商一致将出资额部分或者全部转让给该股东的配偶,其他股东过半数同意,并且其他股东均明确表示放弃优先购买权的,该股东的配偶可以成为该公司股东;

(二)夫妻双方就出资额转让份额和转让价格等事项协商一致后,其他股东半数以上不同意转让,但愿意以同等条件购买该出资额的,人民法院可以对转让出资所得财产进行分割。其他股东半数以上不同意转让,也不愿意以同等条件购买该出资额的,视为其同意转让,该股东的配偶可以成为该公司股东。

用于证明前款规定的股东同意的证据,可以是股东会议材料,也可以是当事人通过其他合法途径取得的股东的书面声明材料。

【国有产权无偿划转】

《企业国有产权无偿划转管理暂行办法》

第 2 条　本办法所称企业国有产权无偿划转,是指企业国有产权在政府机构、事业单位、国有独资企业、国有独资公司之间的无偿转移。

国有独资公司作为划入或划出一方的,应当符合《中华人民共和国公司法》的有关规定。

第 5 条　被划转企业国有产权的权属应当清晰。权属关系不明确或存在权属纠纷的企业国有产权不得进行无偿划转。被设置为担保物权的企业国有产权无偿划转,应当符合《中华人民共和国担保法》的有关规定。有限责任公司国有股权的划转,还应当遵循《中华人民共和国公司法》的有关规定。

第二节　裁判精要

一、优先购买权

(一)侵害优先购买权的股权转让合同的效力

【有效】

1. 股权转让已经办理工商变更登记,没有证据证明存在法律规定的合同无效的情形,其他股东不能以优先购买权受到侵害为由主张股权转让合同无效,不能主张对股权恢复原状。

在(2017)浙民终610号案中,一审法院认为:叶某某作为工商登记的股东,已多次追认与金某之间的《股权转让协议》,在没有证据证明其追认行为是在受胁迫或重大误解的情况下作出时,对叶某某追认行为的有效性应予以确认。故叶某某虽未亲自在《股权转让协议》上签字,但经过追认,其将名下德氟公司70%的股权通过签订《股权转让协议》的方式转让给金某,该协议依法成立。刘某某未能提供证据证明叶某某与金某存在恶意串通,案涉《股权转让协议》的相对方为金某和叶某某,并不涉及刘某某。刘某某也未能举证《股权转让协议》存在《合同法》规定的导致合同无效的情形,该《股权转让协议》已经工商备案登记,故对该《股权转让协议》的效力予以确认。

关于刘某某主张其优先购买权受到侵害的问题。《公司法》对有限责任公司股权的对外转让及优先购买权的行使作了规定,但该规定并不必然导致合同无效。其一,形式上,案涉股权符合对外转让的条件,有股东会决议及公司章程的变更,并依法进行了工商变更登记,金某作为案外人无从也无义务审查各个股东签名的真实性;其二,事实上,刘某某在举报信中称其早在2013年年底已经听说案涉股权的转让事宜,但直至2016年才向一审法院提起诉讼,其间并未主张过优先购买权,另一股东苏某某在本案起诉至今未参与本案诉讼,亦不能反映出其有主张优先购买权的意愿;其三,叶某某及金某均承认是代李某平持有股份,无论案涉股权登记于其二人谁的名下,均不影响刘某某的股东身份及股东权益。故对刘某某的前述主张不予支持。因案涉《股权转让协议》经确认有效,故刘某某请求将案涉70%的股权返还登记于叶某某名下的诉请,缺乏事实基础及法律依据,且刘某某与叶某某系两个独立的民事主体,其亦无权提起该项诉请。二审法院持相同观点。

2.《公司法》规定,有限责任公司的股东向股东以外的人转让股权,应当经其他股东过半数同意。该条不属于效力性强制性规定,在不存在法定无效的情形下,侵害了优先购买权的股权转让合同依然有效。

在(2017)鲁1323民初59号案中,一审法院认为:关于《水厂出售协议书》第5条约定,"甲方所投入股金30万元,由乙方控制使用,利润分配及风险承担,与其他入股者同等待遇",在本案中,被告高某某将股金30万元的股权转让给沂水县第二中学,构成股权转让。法院认为,虽然《公司法》规定,有限责任公司的股东向股东以外的人转让股权,应当经其他股东过半数同意,但这是关于有限责任公司股东股权转让程序的规定,该条并没有明确规定违反该条将导致合同无效或不成立,不属于效力性强制性规定。

另外,有限责任公司的股东向股东以外的人转让股权,未就其股权转让事项征求其他股东意见,或者以欺诈、恶意串通等手段,损害其他股东的优先购买权,其他股东主张按照同等条件购买该转让股权的,人民法院应当予以支持,但其他股东自知道或者应当知道行使优先购买权的同等条件之日起 30 日内没有主张,或者自股权变更登记之日起超过一年的除外。因原告田某某仅主张要求确认股权转让合同无效,并未主张优先购买权,且根据工商登记,原告田某某的股权已于 2005 年 11 月转让给了案外人靳某廷。故,对于原告田某某要求确认《水厂出售协议书》无效的主张,不予支持。

3. 公司以外的人为购买股权支付了定金,但其他股东反对并且愿意购买该股权的,应支持其他股东行使优先购买权。

在(2015)民申字第 1593 号案中,再审法院认为:富广联兴公司将其在目标公司粤龙公司的股权转让给郭某某而签订的《股权转让协议》有效。郭某某收到富广联兴公司发出的《股权转让通知书》,并在得知第三人马某某欲以 400 万元的价格收购富广联兴公司在粤龙公司持有的 40%的股权后,在法律规定的期限内复函富广联兴公司,明确表示不同意富广联兴公司将所持股权转让给马某某,并愿意以同等价格 400 万元受让富广联兴公司持有的粤龙公司 40%的股权。可见,郭某某受让富广联兴公司股权的行为,系股东行使股权优先购买权。股权优先购买权属于法定优先购买权,即公司现有股东依法优先于第三人行使股权购买权;唯在优先权人放弃优先购买权时,第三人才能购得该股权。

本案中,虽然马某某已经支付给富广联兴公司股权转让金 200 万元并在《永州日报》上发布股权转让声明,称富广联兴公司已将其持有的粤龙公司 400 万元的股权转让给马某某,但上述通知的方式不符合《公司法》关于"股东应就其股权转让事项书面通知其他股东征求同意"的规定。同时,富广联兴公司与马某某签订的《股东股权转让合同》及《合同补充条款》中亦有关于"双方已清楚了解公司法规定,有限责任公司股东转让股权,公司原股东有优先购买权,在同等条件下若发生原股东行使优先购买权,则无条件由原股东优先购买,双方免责"的约定,故原一、二审法院认定马某某主张富广联兴公司与郭某某恶意串通故意损害其利益没有事实依据,并无不当。

【无效】

1. 转让股权不仅未通知其他股东,亦未经其他股东同意,违反了法律及公司章程的相关规定,其行为应认定为无效。与他人恶意串通签订股权转让合同,损害其他股东优先购买权的,股权转让合同当然也无效。其他股东放弃优先购买权的前提是知晓股权向第三人转让的事实和股权转让的条件,转让股权时未征求其他股东的意见,在庭审中才询问其他股东是否放弃优先购买权的,也是侵害优先购买权的行为。

在(2017)湘 0702 民初 754 号案中,一审法院认为:嘉鹏集团公司向蒋某某转让股权不仅未通知陈某某,亦未经陈某某同意,违反了法律及公司章程的相关规定,其行为应认定为无效。同时,嘉鹏常德公司伪造"陈某某"的签名,虚构《股东会会议决议》、修改公司章程,在常德市工商行政管理局进行了嘉鹏常德公司的工商变更登记;且《股东会会议决议》上均有蒋某某及嘉鹏集团公司的签名或盖章,应视为蒋某某对陈某某未参与股东会、亦未对《股东会会议决议》的内容进行表决,对其股权转让不知情的情况是明知的。在此种情形下,蒋某某仍然与嘉鹏集团公司签订了《股权转让协议》,并配合嘉鹏常德公司办理了公司法人及股东的变更登记,其行为严重侵害了陈某某的股东权利,系恶意串通,损害国家、集体或者第三人利益之行为,应认定嘉鹏集团公司与蒋某某签订的《股权转让协议》无效,陈某某作为利益损失的第三人提出上述主张符合法律规定,予以支持。

对于蒋某某辩称,未经其他股东同意向股东以外的人转让股权是有效的,陈某某不同意转让股权,如不购买转让的股权即视为同意转让,那么股权转让可以违背股东意愿进行。而陈某某从未表示其要购买嘉鹏集团公司转让给蒋某某的股权,当庭亦表示不会购买嘉鹏集团公司转让的股权,即可以视为陈某某放弃了优先购买权,故其权利未受到任何侵害。

同时,通知股权转让事项为嘉鹏集团公司的义务,蒋某某不负有此通知义务,且提交《股东会会议决议》等文件向工商登记部门办理变更登记均是嘉鹏集团公司的行为,并非与蒋某某共同行为的意见。法院认为陈某某是否放弃优先购买权的前提条件是,其必须先知晓嘉鹏集团公司有股权转让的意思表示,即2014年8月25日,嘉鹏集团公司与蒋某某签订《股权转让协议》之前是否按公司章程与《公司法》的相关规定履行了告知并征求陈某某意见的行为,这是认定其是否放弃优先购买权的前提条件。在股权转让之初未征求陈某某意见,而当庭再询问其是否同意购买股权不能视为其已放弃优先购买权,该行为已实际侵害了陈某某作为股东的知情权、表决权等股东基本权益。

同时,关于蒋某某是否为善意,法院已作阐述。蒋某某在股权转让事项中确实没有通知陈某某的义务,但《股东会会议决议》和2014年8月25日修改的公司章程中均有蒋某某的签名,应视为其参与了嘉鹏常德公司召开的股东会,且在明知陈某某未参加股东会,对《股东会会议决议》内容不知晓的情形下,仍然选择与嘉鹏集团公司签订《股权转让协议》,应认定其行为系恶意。同时,没有《股东会会议决议》、修改后的公司章程、《股权转让协议》,仅嘉鹏集团公司的个人行为不能对股权进行工商变更登记,故蒋某某的上述辩称意见,与事实不符,不予采纳。

2. 股权转让违反公司章程的规定,侵害了其他股东的优先购买权,股权转让合同无效。合同被确认无效后,转让行为仍须按公司章程执行;各股东对转让行为认可与否、是否行使优先购买权,均处于无法确定的状态。故对诉请行使优先购买权的主张不予支持。

在(2017)陕 0104 民初 3044 号案中,一审法院认为:被告潘某某虽否认与豆某某之间存在股权转让关系,但其对实际转让股权给另一股东王某某的主张,除提交股权转让协议外,无其他相关证据证实二人已实际完成股权转让。而从被告华鼎公司的股东变更时间及变更依据可以证实,被告豆某某持有的 60% 股权,分别受让于被告潘某某及原股东韩某、潘某 1 各 20% 的股权。因此,可以认定被告潘某某与豆某某之间形成了事实上的股权转让关系。但双方之间的股权转让行为明显违反了被告华鼎公司章程有关股权转让的规定,被告华鼎公司虽作出了 2016 年 3 月 14 日公司股东会会议决议,以证明各股东同意潘某某、豆某某二人的股权转让行为,但关于股东会会议的召集、表决及决议内容和股东签名,在另一公司决议效力确认纠纷一案中查实,均为该公司虚构形成,违反《公司法》的规定。因此,原告以被告违反公司章程规定,要求确认被告潘某某与豆某某之间股权转让协议无效的主张成立,应予支持。

鉴于该股权转让协议被确认无效后,20% 股权的持有人仍为被告潘某某,潘某某是否仍要再行转让股权,转让行为仍须按公司章程执行;各股东对转让行为认可与否、是否行使优先购买权,均处于无法确定的状态。因此,原告要求行使优先购买权缺乏事实依据,故对其该项诉求不予支持。判决确认被告潘某某与被告豆某某之间的股权转让协议无效;驳回原告焦某某要求行使股东优先购买权的诉讼请求。

【未生效、可撤销】

1. 股东向股东以外的其他人转让股权不符合《公司法》及公司章程的规定,自行转让股权的行为发生在公司决议以前,对公司不产生法律效力;股权转让合同虽为双方当事人的真实意思表示,但合同要产生当事人预期的法律效果,还必须符合公司章程的规定,否则股权转让合同的生效条件不成就,股权转让合同未生效。

在(2015)沙民二初字第 14 号案中,一审法院认为:关于股东柴某某与两原告签订的《股权转让合同》是否有效的问题。原告主张依法"确认原告股权转让有效并及时办理股权变更相关手续",实际上是既要求确认合同的效力,又要求完成权利的登记公示。虽然本案的原告时某某、时某 2 与被告股东柴某某签订的《股权转让合同》系各方的真实意思表示;股权转让合同依法成立,合同能够在当事人之间产生效力;但合同的成立、生效并不必然能够产生当事人预期的法律效果。

本案的股权转让采用通知参加会议程序。被告长兴运输公司的股东柴某某向两原告转让股权应经被告长兴运输公司的股东会讨论。被告长兴运输公司在2014年10月17日依公司章程召开股东会,有两位股东已明确表示不同意股东柴某某转让股权,并同意由公司内部股东购买该股权。虽不同意转让的股东没有提出以何种条件购买,但本案所涉股权转让,股东柴某某为无偿转让其股权于两原告,否决了股东内部的优先购买权利。因此其他股东是否提出具体条件并不违反公司章程中关于其他股东不同意股权转让就应购买,不购买就视为同意转让的规定。因股东柴某某转让股权是无偿的,实质上是股权权益的赠与。股东的股权权益可以赠与,而股东身份不能赠与。是否能成为新股东,是否有股东资格,股权身份应由股东会依据《公司法》及公司章程的规定办理。

被告长兴运输公司在2014年10月17日依公司章程召开股东会,关于股权转让的议程,在股东会议并未获得通过,故股东柴某某向股东以外的其他人转让股权不符合《公司法》及公司章程的规定,其自行转让股权的行为发生在公司决议以前,对公司不产生法律效力。故被告不为原告办理出资证明书、变更公司章程和股东名册中有关股东及出资额的记载亦不违反法律规定。股东柴某某与两原告时某某、时某2签订《股权转让合同》虽为双方当事人的真实意思表示,但该合同要产生当事人预期的法律效果,还必须符合公司章程的规定。而本案两原告主张其继受股东资格不符合被告长兴运输公司章程的规定,故本案《股权转让合同》的生效条件不成就,该《股权转让合同》未生效。

2. 对于外商投资企业的股权转让合同,股东认为股权转让未征得其同意或者股权转让侵害了其优先购买权,该股东只能请求撤销股权转让合同,但受到一定限制,即如果该股东不同意转让的,就应当购买。既不同意转让,又不购买该转让的股权,则撤销股权转让合同的请求不能成立。

在(2015)西中民四终字第00180号案中,二审法院认为:外商投资企业的股权转让合同,如果未经外商投资企业审批机关批准,应当认定该合同未生效。股东认为股权转让未征得其同意或者股权转让侵害了其优先购买权,该股东只能请求撤销股权转让合同,并且当股东行使该撤销权时,还有一定条件的限制,即如果该股东不同意转让的,就应当购买。既不同意转让,又不购买该转让的股权,撤销股权转让合同的请求不能成立。

西电陕开公司主张产权转让合同为无效合同的主要理由是银河发展公司、银河电力公司伪造董事会决议,在未征得其同意的前提下,擅自向第三人南某利转让了股权,侵害了西电陕开公司的优先购买权,且该股权转让合同也未经外商投资企业审批机关批准。就本案而言,无论董事会决议是否系伪造,西电陕开公司以股权转让未征得其同意及股东优先购买权受到侵害而寻求司法救济的途径只能是,主张撤销股权转让合同,并且应当按照向第三方转让的价格购买该转让的股权。但本案中西电陕开公司不主张撤销该股权转让合同。基于以上分析,西电陕开公司要求确认银河发展公司与第三人南某利签订的产权转让合同为无效合同的诉讼请求,与法律规定不相符,依法不能成立。西电陕开公司要求银河发展公司赔偿损失、银河电力公司与第三人南某利承担连带赔偿责任的诉讼请求缺乏法律依据,依法不能成立。

3. 恶意串通规避并侵犯股东的优先购买权,恶意串通的双方构成共同侵权。因股权转让协议已履行完毕,股东直接行使优先购买权在事实上已无法实现阻断股权转让的效力,此时应赋予优先购买权受侵害的股东以撤销权,从而实现停止侵权行为的法律后果。

在(2014)杭拱商初字第1019号案中,一审法院认为:关于本案所涉《股权转让协议》是否应撤销的问题。被告马某某、万银公司恶意串通规避并侵犯原告对被告马某某拟转让的万国公司股权的优先购买权,构成共同侵权。优先购买权是股权的衍生权利,本案的《股权转让协议》不仅已签订且履行完毕,股东直接行使优先购买权在事实上已无法实现阻断股权转让的效力,此时应赋予优先购买权受侵害的股东以撤销权,从而实现停止侵权行为的法律效果。据此,原告主张撤销被告马某某、万银公司之间签订的《股权转让协议》,予以支持。

(二)优先购买权的行使

1. 公司章程没有规定股东优先购买权的行使期间,以通知确定的期间为准。在该期限内股东并未主张优先购买权的,视为同意转让股权,之后再主张优先购买权受到损害的理由不能成立。

在(2020)最高法民终1253号案中,二审法院认为:关于轨道公司对外转让股权是否未经半数以上股东同意、是否未尽通知义务的问题。案涉股权在山东产权交易中心公开挂牌转让后,中州铁路公司的股东轨道公司又向其他股东即中州控股公司送达《行权通知》,告知其股权挂牌及中州控股公司可行使优先购买权的情况,按照《公司法司法解释(四)》的相关规定,应当认定轨道公司对中州控股公司的股东行使优先购买权尽到了通知义务。中州铁路公司的公司章程并没有规定股东优先购买权的行使期间,《行权通知》明确挂牌期间为2018年11月16日至2018年12月13日,但至2018年12月18日签订《产权交易合同》时,保证了中州控股公司股东优先购买权30日的法定行使期间。轨道公司于2018年10月25日就向中州控股公司送达了拟转让案涉股权的《转让通知》,虽中州控股公司于2018年11月7日在中州铁路公司的股东会决议上表示不同意股权转让并依法保留行使优先购买权的权利。中州控股公司于2019年2月21日在中州铁路公司的股东会上虽反对轨道公司将案涉股权转让给海盾公司,但并未主张行使优先购买权,直至本案诉讼期间亦未明确主张行使优先购买权,应当认定为中州控股公司同意轨道公司转让案涉股权,其后再以行使期间为由主张《产权交易合同》损害其优先购买权明显不能成立。

2. 股权转让份额作为整体一并转让,转让定价也是针对整体份额的统一定价,无法区分每个股东的股权在整体定价中对应的价格,这也会破坏优先购买权中"同等条件"的设置,故优先购买权不能部分行使。

在(2017)浙02民终1283号案中,一审法院认为:陈某某及其他股东整体转让的是51%股权,51%股权的转让代表着受让人对大地公司具有控股权,整体转让的利益明显高于分别转让的利益。在该转让条件下,陈某某的股权转让和其他股东的股权转让不可分割,其股权转让系以和其他股东的股权一并转让作为条件,转让定价也是针对合计51%股权的整体定价,无法确定每个股东的股权在该整体定价中对应的价格。陈某某等拟转让股东多次将整体转让大地公司51%股权的事项书面通知环益公司,告知其可以行使优先购买权,已经尽到了告知义务,也保障了环益公司行使优先购买权的时间。如果环益公司愿意以同等的价格受让陈某某等股东51%的股权,其可以优先于高能公司受让上述股权,而环益公司现在仅要求就部分股东的股权行使优先购买权,同陈某某等股东与高能公司商谈的51%股权的转让条件不属同等条件。

且如陈某某的股权单独转让给环益公司,则会导致转让给高能公司的股权条件不成就,原定的转让目的无法实现,其他股东的正当权益受到损害。陈某某依约也要承担由此给其他股东造成的损失,其利益也会受损,故环益公司提出的受让条件与高能公司提出的受让条件给拟转让股东带来的获益结果亦不同等。陈某某等股东向高能公司转让股权的行为并没有侵犯环益公司的优先购买权。环益公司要求对陈某某转让的大地公司1.5%的股权享有优先购买权的请求不能成立,不予支持。

二审法院认为：关于包括陈某某在内的大地公司 8 名自然人股东就其各自持有的股权合并整体定价，并拟转让给高能公司，环益公司能否单独就陈某某持有的大地公司 1.5% 的股权行使优先购买权的问题。本案中，包括陈某某在内的大地公司 8 名自然人股东就其股权转让与高能公司达成的转让意向为，将包括陈某某的股权在内的合计 51% 的股权以 9588 万元的价格一并转让给高能公司。在该转让条件下，陈某某的股权转让与大地公司其他 7 名自然人股东的股权转让是不可分割的，股权转让系以其他 7 名自然人股东的股权一并转让作为条件，该拟转让价格系以整体转让为条件，并以整体转让确定转让价格，无法确定每一股东在整体转让价格中对应的价格。

且陈某某与大地公司其他 7 名自然人股东已依法将整体转让事宜通知环益公司并征求环益公司的意见，环益公司完全可以按 9588 万元的价格优先受让包括陈某某在内的大地公司 8 名自然人股东 51% 的股权。环益公司仅要求对陈某某持有的大地公司 1.5% 的股权行使优先购买权，与高能公司拟以 9588 万元的价格整体受让大地公司 8 名自然人股东 51% 的股权不属于同等条件。故环益公司要求优先购买陈某某所持 1.5% 的股权，不符合法律规定，难以支持。至于环益公司提出的陈某某在其行使优先购买权之前，并非欲整体转让，陈某某与大地公司其他 7 名自然人股东及高能公司恶意串通，设置原本不存在的"整体转让"和"控制权转让"，损害环益公司的优先购买权，环益公司并未提供相应的证据予以证明，对其主张难以采信。

3. 因无法确定转让股权的财产价值，优先购买权同等条件的确定应以《股权转让协议》中约定的转让条件为同等条件，股东以同等条件发生变化为由，拒绝按照约定的转让条件购买转让的股权，应视为其不愿以同等条件购买转让的股权。

在（2017）川 16 民终 1541 号案中，一审法院认为：李某与刘某某、冯某签订的《股权转让协议》约定了股权转让事项，祝某某作为滴水岩煤业公司的股东，有权知悉该股权转让事宜并行使优先购买权。然而，李某签订《股权转让协议》时未告知祝某某相关事宜，祝某某本人对股权转让并不知情，其行使优先购买权受到侵害。因此，祝某某有权请求撤销该协议，以恢复其受到侵害的权利，并维持公司的人合性。《股权转让协议》被撤销后，李某可在就其股权转让事项书面通知祝某某并征求其同意的前提下，再行转让股权。

二审法院认为：对于本案被上诉人祝某某是否得以撤销上诉人李某与被上诉

人刘某某、冯某签订的《股权转让协议》的实质要件问题。被上诉人祝某某主张,《股权转让协议》中股权转让指向的是滴水岩煤业公司的主要财产即煤矿,该煤矿现已关闭,因煤矿关闭致使《股权转让协议》约定的转让股权的财产价值下降,优先购买权同等条件的确定,应按照《股权转让协议》约定的转让股权的现有财产价值作为同等条件。但现无法确定案涉转让股权的财产价值,且优先购买权同等条件的确定应以《股权转让协议》中约定的转让条件为同等条件。被上诉人祝某某以同等条件发生变化为由,拒绝按照《股权转让协议》中约定的转让条件购买上诉人李某向被上诉人刘某某、冯某转让的股权,应视为祝某某不愿以同等条件购买李某转让的股权。被上诉人祝某某仅以上诉人李某损害了其优先购买权为由主张撤销上诉人李某与被上诉人刘某某、冯某签订的《股权转让协议》,而未主张按照同等条件购买转让股权,对其要求撤销上诉人李某与被上诉人刘某某、冯某签订的《股权转让协议》的诉讼请求,应不予支持。

4. 股东明确表示不放弃优先购买权,股权转让人没有将股权转让情况告知股东,股东已向股权交易机构提出异议并要求先行处理优先购买权,这些事实都证明了股东没有丧失优先购买权。

在(2014)沪二中民四(商)终字第1566号案中,二审法院认为:中静公司并未丧失案涉股权的优先购买权。理由如下:

理由之一,考虑到有限责任公司的人合性特征,《公司法》规定了股东向股东以外的人转让股权的,应当向其他股东充分履行通知义务。其他股东在同等条件下享有优先购买权。此处所涉通知的内容,应当包括拟转让的股权数量、价格、履行方式、拟受让人的有关情况等多项转让条件。在电力公司于新能源公司的股东会议上表示了股权转让的意愿后,中静公司已明确表示不放弃优先购买权。电力公司确定将股权转让给水利公司后,也并未将拟受让人的明确情况告知中静公司。故对中静公司及时、合法的行权造成了障碍。而权利的放弃需要明示,因此不能当然认定中静公司已经放弃或者丧失了该优先购买权。

理由之二,中静公司在联交所的挂牌公告期内向联交所提出了异议,并明确提出了优先购买权的问题,要求联交所暂停挂牌交易,但联交所未予及时反馈,反而继续促成电力公司与水利公司达成交易。并在交易完成之后,方通知中静公司不予暂停交易,该做法明显欠妥。需要说明的是,联交所的性质为经市政府批准设立,不以营利为目的,仅为产权交易提供场所设施和市场服务,并按照规定收取服务费的事业法人。基于此,联交所并非司法机构,并不具有处置法律纠纷的职能,其无权对中静公司是否享有优先购买权等问题作出法律意义上的认定。故当中静公司作为新能源公司的股东在挂牌公告期内向联交所提出异议时，联交所即应当暂停挂牌交易，待新能源公司股东之间的纠纷依法解决后再恢复交易才更为合理、妥当。其不应擅自判断标的公司其余股东提出的异议成立与否，其设定的交易规则也不应与法律规定相矛盾和冲突。

理由之三，虽然电力公司已经与水利公司完成股权转让的交接手续，水利公司也已登记于新能源公司的股东名册。但如若作为新能源公司股东的中静公司在法律规定的期限内依法行权的，则前述登记状态并不能与法律相对抗，即股权已转让并非不可逆，仍有回旋余地。故原审酌情给予中静公司20日的行权期限具有合理依据，并无不妥。

5. 股权划转行为不适用《公司法》关于股权转让的规定，不存在行使优先购买权的基础。

在（2017）最高法民终205号案中，二审法院认为：关于天津鑫茂公司主张甘肃汇能公司与酒泉汇能公司之间股权转让的程序违法，损害其优先购买权的理由是否成立的问题。甘肃鑫汇公司于股东会决议同意甘肃汇能公司将持有的甘肃鑫汇公司39600万元出资额变更为酒泉汇能公司持有。该股东会决议上只有甘肃鑫汇公司和股东甘肃汇能公司的签字，没有天津鑫茂公司的签字。甘肃鑫汇公司章程规定，董事长认为必要时，公司可直接制作股东会决议文本提交各股东分别签署，签字股东所代表的表决权达到本章程规定的比例时，决议构成有效的股东会决议。本案签字的股东甘肃汇能公司所代表的表决权已达到甘肃鑫汇公司章程规定的比例，天津鑫茂公司虽然没有签字，但不能否定股东会决议的效力。

未通知召开股东会、未提前告知股权划转只能证明甘肃鑫汇公司的股东会召开程序存在瑕疵，不能证明甘肃汇能公司与酒泉汇能公司之间的股权转让程序违法。甘肃鑫汇公司章程规定，股东不得将股权无偿赠与他人，但国有资产无偿划拨的规定不在此限，且无偿划拨不适用关于股权转让的规定。甘肃汇能公司和酒泉汇能公司均系国有独资公司。甘肃电力集团召开党政联席会议，决定甘肃汇能公司将持有的甘肃鑫汇公司等股权转移至酒泉汇能公司，转移完成后，收购酒泉汇能公司100%的股权作为电投股份公司非公开发行股票的募集资金收购项目，其后亦取得了甘肃省国资委的同意。甘肃汇能公司向酒泉汇能公司划转股权亦未约定对价，其实质是基于甘肃电力集团的决定对国有资产进行划拨，故该股权划转行为不应当适用关于股权转让的规定。一审法院认定天津鑫茂公司不存在行使优先购买权的基础正确,天津鑫茂公司的该项上诉理由不能成立。

6. 国有股权无偿划转的划出方和划入方本质上均系国家,无第三方加入,不存在影响公司人合性的事实基础,无偿划转的目的在于优化调整国有资产结构,因此不支付相应对价,也即零对价,不适用《公司法》关于股东对外转让股权时其他股东具有优先购买权的规定。

在(2021)津01民终7619号案中,二审法院认为:关于国有产权无偿划转是否适用《公司法》关于优先购买权的规定。本案系国有企业混合所有制改革过程中剥离资产所引发的纠纷。B公司向C公司划转股权未约定对价,其实质是国有企业基于资产管理人的身份对国有资产进行无偿划拨,区别于国有企业对外转让股权,该无偿划转行为不应当适用《公司法》关于股权转让中优先购买权的规定。

其一,《公司法》关于优先购买权制度的规定,实质上是对股权转让自由的一种限制,其目的在于保护有限责任公司的人合性。为了维持公司相对封闭的人合性,保护股东之间的信任关系,第三方加入公司时,出让股东应当征询其他股东过半数以上同意,并赋予其他股东同等条件下的优先购买权。国有股权无偿划转的划出方和划入方本质上均系国家,无第三方加入,不存在影响公司人合性的事实基础,与上述规定以及案涉公司章程中的一般股权转让的情形明显不同。其二,无偿划转的目的在于优化调整国有资产结构,因此不支付相应对价,也即零对价。而有限责任公司其他股东如主张优先购买权,则需要根据《企业国有资产法》的规定在依法设立的产权交易场所公开竞价交易,其无法满足《公司法司法解释(四)》相关规定所要求具备的价格、支付方式等"同等条件",也难以满足《企业国有资产法》关于防止国有资产损失、促进资产增值保值的要求,以及遵循有利于国有经济布局和结构的战略性调整,促进国有资本优化配置的基本原则。

(三)优先购买权与股权转让人的反悔权

1. 原则上支持股权转让人的反悔权。

在(2013)宁商申字第7号案中,再审法院认为:周某某于2009年4月21日在南京地下工程建筑设计院有限公司的股东大会上,不同意张某向第三人转让公司的股权,并主张在同等条件下行使优先购买权,其行为符合法律规定。但此后张某与阎某某协商解除了《股权转让协议》,张某仍系股权持有人。因南京地下工程建筑设计院有限公司是有限责任公司,根据有限责任公司人合性的特征,以及股东意思自治和股权转让自由的原则,张某解除《股权转让协议》是其作为转让股东的自由意志,故原审判决认定张某作为股权持有人享有自由处分其股权的权利并无不当。根据法律规定,其他股东行使优先购买权的前提是股东同意转让股权,如果转让股东解除与第三人的《股权转让协议》,其他股东行使优先购买权的基础便不存在。鉴于张某明确表示放弃转让股权,周某某主张优先购买权的前提已经丧失,认定周某某的诉讼主张缺乏事实和法律依据亦无不当。

2. 其他股东主张行使优先购买权时,股权转让人反悔,其他股东亦不能强制缔约。其他股东要求行使优先购买权的主张不予支持。

在(2017)吉0192民初931号案中,一审法院认为:从双方实际交易的过程看,辛某某及郝某无证据证明双方转让股权已按照法定程序履行了通知义务,将股权转让的数量、价格等交易的实质条件对李某某进行了充分告知,亦未给予李某某一定的合理期限确定是否行使优先购买权。辛某某、郝某在李某某未到场的情况下召开股东会,形成非李某某本人签字确认的股东会决议,并据以完成股权转让变更登记的行为,侵犯了李某某的优先购买权,该股权转让行为依法应认定为无效。

辛某某在李某某主张优先购买权后,明确表示不同意转让股权,在此种情况下,即便李某某主张优先购买权,亦不能强制缔约,对李某某要求优先购买辛某某转让股权的主张不予支持。辛某某与郝某之间转让股权的行为无效,故已完成的股权转让工商变更登记手续亦应予以撤销,四环总装公司应负责办理相关工商变更登记的手续,使其股权登记情况恢复至转让前的状态。

3. 保护其他股东的优先购买权,限制转让股东的反悔权,也是维护诚实信用原则的必然要求。

在(2011)民提字第113号案中,再审法院认为:在本案再审程序中,方某某等8名股东与楼某某协商,将楼某某与天山公司的其他债务及涉及本案的转让股权一并处理,双方重新达成协议,方某某等8名股东又再次明确其转让股权的意思,且双方对股权转让的价格及公司债务的承担等达成一致意见并签署了协议,但双方关于股权转让款先支付到哪一个共管账户的问题未形成一致意见。在楼某某按照协议的约定备足股权转让款时,方某某等8名股东又提出反悔意见。其中,吴某某、徐某某表示全面反悔协议的内容,方某某表示在先支付股权转让款的情况下可以转让股权,其余5名股东表示在保证可以拿到股权转让款的情况下,才愿意履行约定的内容。

方某某等8名股东因转让股权,发生过两次签订合同的行为,第一次是在受理本案之前与伍某某等三人,第二次是在再审程序中与楼某某,但又先后选择放弃合同,对其股权是否转让及转让条件作了多次反复的处理。虽然方某某等8名股东合法持有天山公司的股权,但并不能滥用权利,损害相对人的合法民事权益。作为公司其他股东的楼某某,为受让方某某等8名股东的股权,继续经营公司,两次按照方某某等8名股东的合同要求准备价款,主张行使优先购买权,但方某某等8名股东均以各种理由予以拒绝。尤其是在再审期间,方某某等8名股东已经同意将股权转让给楼某某,并将公司与股东及公司以外的其他债务均一并进行了处理,但方某某等8名股东在签订协议后又反悔。在此情形下,如果本院支持了方某某等8名股东的再审主张,允许方某某等8名股东多次随意变更意思表示,不顾及对交易相对人合理利益的维护,对依法享有优先购买权的公司其他股东明显不公平,同时也纵容了不诚信的行为。

4. 虽然股权转让人与第三人的股权转让协议已解除,但转让人并没有放弃转让股权的意思表示,在其他股东按同等条件行使优先购买权的情况下,以行使"反悔权"的名义,提高股权转让价款继续对外转让股权,以此来阻止其他股东行使优先购买权,有违诚实信用原则,行使"反悔权"的主张不应得到支持。

在(2018)川01民终10503号案中,二审法院认为:关于杨某某能否行使优先购买权的问题。钟某某称,其有权行使"反悔权",因已与陈某解除了《股权转让协议》,所以杨某某无权主张行使优先购买权。对此,法院认为,有限责任公司的转让股东,在其他股东主张优先购买权后又不同意转让股权的,对其他股东行使优先购买权的主张,法院不予支持。这适用于转让股东放弃转让股权的情形,目的是保护有限责任公司的人合性。因为在转让股东"又不同意转让股权"时,可以达到阻止外部人员进入公司的目的,故允许转让股东反悔,不再赋予其他股东过多的权利。从钟某某上诉状所附《通知书》的内容可知,虽然钟某某解除了与陈某的《股权转让协议》,但钟某某并没有放弃转让股权的意思表示,而是在一审法院判决支持杨某某按同等条件行使优先购买权的情况下,以行使"反悔权"的名义,将股权转让价款提高至原协议约定价款的15倍继续对外转让股权,以此来阻止杨某某等其他股东行使优先购买权。钟某某的行为有违诚实信用原则,其所谓行使"反悔权"的主张,不应得到支持。

二、优先认缴权

1. 新增资本时,股东的优先认缴权是法律赋予股东的固有权利,在未经股东明确放弃优先认缴权的情况下,股东会不得以决议的方式予以剥夺。

在(2018)川11民终1387号案中,二审法院认为:关于2017年8月18日股东会决议、2017年8月21日公司章程、2017年8月24日股东会决议是否无效的问题。两被上诉人作为绿环公司的股东,对于增资享有按其实缴的出资比例优先认缴的权利,而公司新增资本时,股东的优先认缴权是法律赋予股东的固有权利,在未经股东明确放弃优先认缴权的情况下,股东会不得以决议的方式予以剥夺。绿环公司于2014年8月18日作出的股东会决议的内容涉及增加公司注册资本以及新增股东事项;2014年8月24日作出的股东会决议的内容涉及增加公司注册资本、股东资本及持股比例确认以及修改公司章程三项内容。上述两次股东会均未通知两被上诉人参加,也未事后取得两被上诉人的同意,两被上诉人均未有明确放弃优先认缴权的意思表示。在此情况下,上诉人主张两被上诉人持股比例小以及是否参加股东会均不影响决议内容等抗辩,均不是其不通知两被上诉人参加股东会并剥夺其优先认缴权的合法理由。因此上述两次股东会决议以及依据股东会决议修改公司章程直接侵犯了两被上诉人按照各自的出资比例优先认缴新增资本的权利,该两次股东会决议以及公司章程无效。

2. 召开股东会会议通知中理应列明需要讨论的具体事项,尤其是股东除名、增资、减资等事关股东重要权益的事项,其未列明必然导致股东对会议的具体讨论事项无法获得清晰的了解,其中增资方案事关公司股东的重要权益,股东会会议通知程序上没有列明增资讨论事项,该瑕疵不应被认定为轻微瑕疵,而是侵犯了股东对新增资本的优先认缴权,决议无效。

在(2018)粤19民终10393号案中,二审法院认为:关于泰生公司于2015年12月10日作出的股东会决议的效力问题。泰生公司在向股东发出该次股东会会议通知时,并未列明该次股东会将讨论泰生公司增资方案的事项。泰生公司上诉主张张某某作为公司股东,熟悉公司章程,知晓公司章程规定的股东会重大事项范围,在知晓该次股东会将讨论公司"重要事项"的情况下,主观上不可能将增资事项排除,因此张某某不出席股东会应视为自行放弃相关权利。

对此,法院认为,股东会是公司的权力机关,股东会制度旨在保障公司按照股东的意志和要求运营,对公司股东权益的保障具有重要意义。公司召开股东会应在会议通知中载明会议的内容,以制约股东会决议事项的范围,保护股东的合法权益。而公司运营过程中的"重要事项"范围众多,泰生公司在召开股东会会议通知中理应列明需要讨论的具体事项,尤其是股东除名、增资、减资等事关股东重要权益的事项,其未列明必然导致股东对会议具体讨论的事项无法获得清晰的了解,也不利于股东作出表决决策,因此泰生公司的前述上诉主张没有依据,不予采纳。同时,案涉争议的决议内容主要为泰生公司的增资方案,该事项事关公司股东的重要权益,故泰生公司在案涉股东会会议通知程序上的瑕疵不应被认定为轻微瑕疵。由于泰生公司召开案涉股东会的通知程序存在瑕疵,侵犯了张某某对新增资本的优先认缴权,一审法院认定案涉股东会决议无效正确,依法予以维持。

3. 未提供证据证明全体股东约定不按照出资比例优先认缴的情形下,股东有权按照变更后的股东名册中其实际出资比例行使对增资的优先认购权。董事会有权制定公司增加注册资本的方案,但不得变相利用股东会的多数决剥夺少数股东对增加注册资本享有的优先认购权。对于股东放弃认缴的部分,增资方案中也应对其他股东是否继续享有优先认购权予以征求意见。

在(2014)宁商终字第 537 号案中,二审法院认为:周某某原持有的出资比例为 1.41%,经过生效判决,杨某、陶某分别将其持有的地下工程公司 8% 和 4.33% 的出资转让给了周某某。在受让两人股权后,周某某实缴出资比例应为 13.74%。在周某某于 2012 年 7 月 20 日将《股权转让协议》交付给地下工程公司后,地下工程公司应当及时修改章程、变更股东名册。在地下工程公司未提供证据证明全体股东约定不按照出资比例优先认缴的情形下,周某某有权按照变更后的股东名册中其实际的出资比例行使对本次增资的优先认购权。

对于地下工程公司认为因周某某提供的材料不完备致使未在工商部门进行股权变更的观点,因有限责任公司股东在工商部门登记的行为是宣示登记,而非生效登记,股东权利的获得与行使并不以工商登记程序的完成为条件。地下工程公司是否在工商部门完成了股东变更登记并不影响周某某按照其实际出资行使股东权利,故对上诉人的上述观点不予支持。

股东在认缴新增资本时的优先权为股东的固有权利,不可以通过股权多数决的方式进行剥夺。董事会有权制定公司增加注册资本的方案,但并不意味着董事会提出的方案可以剥夺股东的优先权,除非该方案经全体股东一致通过,否则,属于变相利用股东会的多数决剥夺少数股东对增加注册资本享有的优先认购权。对于股东放弃认缴的部分,增资方案中也未对其他股东是否继续享有优先认购权予以征求意见,而径行决定由阎某某、叶某某、杨某、江某某四名股东行使,同样违反了股权平等的原则。

关于地下工程公司认为周某某已经放弃其优先认购权的主张。在地下工程公司董事会形成增资方案并邮寄给周某某后,周某某在股东会召开前寄给地下工程公司的函件中对阎某某等四名股东认购全部增资部分提出异议,要求在增资前,应对股东关于公布财务状况及进行分红的要求进行答复,并就增资的理由及收益预期进行详细报告,在此基础上,股东才可以进行合理选择。在函件中周某某还要求公司尽快变更股东名册,以便其行使股东权益。由此可见,虽然上诉人认为在股东会召开之前,已经给被上诉人邮寄资料并给予足够的时间充分考虑,但周某某在股东会召开前表达自己的意见后,上诉人并未予以答复。因而,被上诉人在股东会选票上填写"暂定"等内容,并非放弃优先认购权的意思表示。

4. 股东会决议中有关实质上剥夺股东对新增注册资本行使优先认购权的内容无效,股东有权按照其实缴的出资比例认缴公司的新增注册资本。

在(2020)京02民终7245号案中,二审法院认为:关于案涉《股东会决议》是否应认定为无效。牛街商贸公司于2017年2月24日作出的《股东会决议》已经代表2/3以上表决权的股东通过,该《股东会决议》中关于"牛街商贸公司增加注册资本"的内容,应属有效。但法律规定,除全体股东另有约定外,各股东无论是否在岗,均有权优先按照实缴的出资比例认缴新增注册资本,而《股东会决议》中关于"由全体在岗股东增加注册资本4450000元",虽然关于在岗股东可以认缴新增注册资本的内容,并无不当,但上述决议的内容实质上明确了仅有在岗股东可以认缴新增注册资本,剥夺了冯某某作为牛街商贸公司的股东所依法享有的在其实缴出资比例的范围内对新增注册资本的优先认购权,违反了《公司法》规定,该《股东会决议》中有关实质上剥夺了冯某某对新增注册资本行使优先认购权的内容无效,冯某某有权按照其实缴的出资比例认缴牛街商贸公司的新增注册资本。冯某某如要求行使优先认购权,可另行解决。

5. 公司没有召开股东会议表决确定增资扩股,且无证据证明曾就此征求过股东的意见即允许他人增资入股,剥夺了其他股东对新增资本的优先认缴权。

在(2018)粤06民终4818号案中,二审法院认为:谭某某签订《入股协议》侵犯了谭某2对新增资本的优先认缴权,属无效协议。股东认缴出资的"优先性"主要体现在两个方面:一是优先于其他非股东。有限责任公司具有很强的人合性,在公司为扩大生产经营规模,增加注册资本时,股东得以优先认缴出资,以防止公司外股东的加入而破坏有限责任公司的人合性。二是优先按"实缴出资比例认缴出资"。《公司法》赋予原有股东优先按照实缴出资比例认缴出资,以保护原有股东的比例利益,维持原有股东对公司的比例控制权。股东通过按实缴出资比例认缴出资,能够避免因公司增资而丧失对公司的影响力,维持其在公司中的法律地位。故在确认股东会决议和公司对外签订认购协议的过程中,不能将认购协议的效力强加于股东,不能适用表见代理或越权原则。在擅自增资扩股(包括无股东会决议、超出股东会决议范围、剥夺其他股东优先认购权等)的情形下,应当考虑到瑕疵的纠正和弥补,否则认购协议应当是无效的。本案中,威达斯公司的两位股东谭某某及谭某2之间并未约定在公司新增资本时不按照出资比例优先认缴出资,在签订《入股协议》之前,威达斯公司没有召开股东会议表决确定对公司进行增资扩股,且无证据证明曾就此征求过谭某2的意见,谭某2亦明确否认黄某某的诉求,《入股协议》属无效协议。

第三节 实务指南

一、对行使优先购买权中"同等条件"的理解

新《公司法》第84条第2款规定:"股东向股东以外的人转让股权的,应当将股权转让的数量、价格、支付方式和期限等事项书面通知其他股东,其他股东在同等条件下有优先购买权。股东自接到书面通知之日起三十日内未答复的,视为放弃优先购买权。两个以上股东行使优先购买权的,协商确定各自的购买比例;协商不成的,按照转让时各自的出资比例行使优先购买权。"可见,"同等条件"是其他股东行使优先购买权的前提条件。

对于"同等条件",需要综合考虑被转让股权的数量、价格、支付方式、期限等因素,不能机械地将"同等条件"视为是"绝对同等",这在现实中没有可操作性。通行观点认为,"同等条件"只能是"相对同等",在不同的语境中,依据签约双方的身份、关系、履约能力、支付能力等因素来综合考虑,在被转让股权的数量、价格、支付方式和期限等因素中,价格与支付方式通常被认为是"同等条件"的核心要素。这在《民法典物权编司法解释(一)》第10条中也存在类似规定,民法典第305条所称的"同等条件",应当综合共有份额的转让价格、价款履行方式及期限等因素确定。该条款也使用了"价格、履行方式"的表述。"同等条件"包含如下几方面内容:

第一,转让股东拟将股权转让给公司外部的第三人,这将对有限责任公司的人合性产生影响,因而法律赋予了其他股东优先购买权。如果是转让给公司内部的其他股东,则不存在行使优先购买权的问题,因为有限责任公司的人合性不受影响,股权架构管理模式依然可控,经营管理依然正常运行。

第二,拟与第三人实施的交易条件可以被替代。也就是说,拟交易的价格是公

允价格,公司其他股东也具备购买被转让股权的实力与能力,只是需要看股东愿不愿意作出购买的意思表示。如果股权转让名为转让,实为赠与,所谓的赠与行为属恶意串通,损害、剥夺其他股东优先购买权的,则该赠与行为的效力将被否定,其他股东仍然享有优先购买权。

第三,转让股权的数量问题。根据《民法典》第470条规定,标的、数量是合同的核心条款,其他股东在行使优先购买权时,必须将拟转让股权的数量作为整体来行使,不能将股权的数量分割为部分来行使。如果行使部分优先购买权,实质上是改变了交易的数量,以自己的行为造成了实质上行使条件的"不平等、不同等",视为不同意购买股权,股东有权将股权转让给第三人。当然,这也要看公司章程对部分行使优先购买权有无特别约定,有约定的,从约定。

第四,转让股权的价格问题。价格是合同的核心条款,在"同等条件"的语境下,价格原则上是指相同的价格,这的确有"绝对同等"的意思。但实际上,价格的相同也不意味着完全相同,相差一定的幅度且这个幅度具有明显的合理性,也应当视为是同等条件。

第五,转让股权的支付方式。支付方式可以分为一次性支付、分期支付,还可以依据支付的工具来划分,分为银行转账、现金交付、票据支付等,股权转让人可能会基于该点因素担心其他股东的履约能力,认为这已不属于"同等条件"。

第六,履行期限的问题。这是指其他股东实际支付股权转让款的时间不应迟于第三人同意支付的最后期限,履行期限最终是由股权转让人考虑决定的,如果迟于与第三人拟定的履行期限,往往会对他获取股权转让款后实施其他商业计划造成影响,对履行期限的更改可能不属于"同等条件"。

第七,其他因素的考虑。股权转让中,往往存在从义务、附随义务,不履行从义务如果导致合同目的不能实现的,也成为解除合同的因素。这在《买卖合同司法解释》第19条中有明确规定,该条规定:"出卖人没有履行或者不当履行从给付义务,致使买受人不能实现合同目的,买受人主张解除合同的,人民法院应当根据民法典第五百六十三条第一款第四项的规定,予以支持。"

二、股权司法拍卖中的优先购买权

司法拍卖是一种特殊的买卖方式,法律同样赋予了有限责任公司其他股东享有优先购买权,主要是通过下列程序来保障权利的行使:

(一)通知程序

新《公司法》第84条第2款规定:"股东向股东以外的人转让股权的,应当将股权转让的数量、价格、支付方式和期限等事项书面通知其他股东,其他股东在同等条件下有优先购买权。股东自接到书面通知之日起三十日内未答复的,视为放弃优先购买权。两个以上股东行使优先购买权的,协商确定各自的购买比例;协商不成的,按照转让时各自的出资比例行使优先购买权。"

新《公司法》第 85 条规定:"人民法院依照法律规定的强制执行程序转让股东的股权时,应当通知公司及全体股东,其他股东在同等条件下有优先购买权。其他股东自人民法院通知之日起满二十日不行使优先购买权的,视为放弃优先购买权。"由此可见,在非强制执行场合,其他股东行使优先购买权的时间为接到书面通知之日起 30 日;在强制执行场合,其他股东行使优先购买权的时间为接到书面通知之日起 20 日。

《拍卖变卖司法解释》第 11 条规定:"人民法院应当在拍卖五日前以书面或者其他能够确认收悉的适当方式,通知当事人和已知的担保物权人、优先购买权人或者其他优先权人于拍卖日到场。优先购买权人经通知未到场的,视为放弃优先购买权。"这里的 5 日是指提前通知的时间,并非行使优先购买权的期限,限定的是到场参加拍卖的情形,这与上述的 20 日、30 日不一样。

同时,《网络司法拍卖司法解释》第 16 条规定:"网络司法拍卖的事项应当在拍卖公告发布三日前以书面或者其他能够确认收悉的合理方式,通知当事人、已知优先购买权人。权利人书面明确放弃权利的,可以不通知。无法通知的,应当在网络司法拍卖平台公示并说明无法通知的理由,公示满五日视为已经通知。优先购买权人经通知未参与竞买的,视为放弃优先购买权。"这里的 3 日也是指提前通知的时间,并非指行使优先购买权的期限,限定的是在网络上参与拍卖的情形。

(二)股权司法拍卖中优先购买权"同等条件"的实施

第一,传统的现场司法拍卖中,先由拍卖机构确定最高应价,再以该应价询问优先购买权人。《拍卖变卖司法解释》第 13 条规定:"拍卖过程中,有最高应价时,优先购买权人可以表示以该最高价买受,如无更高应价,则拍归优先购买权人;如有更高应价,而优先购买权人不作表示的,则拍归该应价最高的竞买人。顺序相同的多个优先购买权人同时表示买受的,以抽签方式决定买受人。"

第二,网络司法拍卖中,将竞买过程与优先购买权的询价过程相结合,优先购买权人须在竞拍过程中作出最高报价,不存在单独的询价环节。《网络司法拍卖司法解释》第 21 条规定:"优先购买权人参与竞买的,可以与其他竞买人以相同的价格出价,没有更高出价的,拍卖财产由优先购买权人竞得。顺序不同的优先购买权人以相同价格出价的,拍卖财产由顺序在先的优先购买权人竞得。顺序相同的优先购买权人以相同价格出价的,拍卖财产由出价在先的优先购买权人竞得。"也就是说,优先购买权人可以凭借与一般竞买人在相同报价的条件下获得优先地位,这是法律对优先购买权保障的直接体现。

三、侵害优先购买权的若干实务问题

(一)侵害股东优先购买权的情形

第一,明为尊重优先购买权,实为侵害优先购买权的情形。即表面上依法履行了通知其他股东的义务,但实质上股权转让人与第三人恶意串通,损害了其他股东的优先购买权。比如,转让股权的实际转让价格为300万,通知其他股东拟转让股权的现实价格为500万,从而达到使其他股东放弃优先购买权的目的;亦比如,滥用反悔权,一旦其他股东行使优先购买权就反悔将股权转让给第三人,直到其他股东优先购买的动力衰竭,放弃优先购买权,股权转让人便将股权转让给第三人。此种方式比较隐蔽,需要穿透表面现象,看到问题的本质。

第二,没有履行法定程序就将股权转让给第三人,直接侵害了优先购买权。即没有依照新《公司法》的规定,将股权转让的事实及股权转让的具体条件(数量、价格、支付方式和期限等事项)书面通知其他股东。

(二)侵害股东优先购买权的合同效力

对于股东与第三人签订的侵害其他股东优先购买权的股权转让合同,不能采用一刀切的方式认为是无效的,分析如下:

1. 合同有效

认定合同有效的理由是:

(1)在不具备《民法典》规定的法定无效民事行为的情形时,股东与第三人签订的侵害其他股东优先购买权的股权转让合同原则上有效。

(2)新《公司法》第84条规定股东的优先购买权,不是效力性强制性规定,股东违反规定没有向其他股东履行通知义务的,其与第三人签订的股权转让合同有效。

(3)合同的效力与合同的履行、股权变动的结果没有关系。股东将股权转让给第三人,导致股东与其他股东签订的股权转让合同无法履行,这与合同效力无关;侵害其他股东的优先购买权,如果其他股东仍然存在行使优先购买权的条件并行使之,公司可以暂停对第三人股东资格的认定及股东权利的行使,第三人取得受让股权处于不确定的状态,即股东转让股权给第三人的股权变动结果会受到规制,规

制的是第三人优先于其他股东取得股权的行为,但这种规制与合同的效力亦没有关系。

2. 合同无效

此种情形通常是指违反《民法典》第154条"行为人与相对人恶意串通,损害他人合法权益的民事法律行为无效"之规定,因而判定股东向第三人转让股权的合同无效。

(三)侵害股东优先购买权的救济途径

1. 其他股东可以行使优先购买权的,应继续行使优先购买权

(1)根据新《公司法》第84条第2款规定,其他股东应在收到股权转让事项的书面通知之日起30日内作行使优先购买权的决定。同时,根据《公司法司法解释(四)》第21条第1款规定,股东向第三人转让股权并办理了股权变更登记的,自股权变更登记之日一年之内还可以主张行使优先购买权(这是指股东事后才知晓股权已向第三人转让的事实,以股权变更登记日为起算时间点计算行使优先购买权的最长期限)。故其他股东应在30日内、一年内这两个期限继续行使优先购买权。

(2)根据《公司法司法解释(四)》第21条第2款规定,原则上,诉讼时其他股东需要将行使优先购买权的请求与确认股权转让合同的效力、股权变动的效力等请求一并提出,但其他股东非因自身原因导致无法行使优先购买权且只请求损害赔偿的除外。

2. 对其他股东而言,无法行使优先购买权的,存在如下救济途径

(1)股权尚未变更登记到第三人名下,股东名册上也未记载第三人姓名,其他股东可以向公司提出异议,主张第三人并不具备股东资格,要求公司暂停第三人行使股东权利,这是在公司内部层面的救济方式。

(2)股权已变更到第三人名下,且第三人按合同支付了对价,根据新《公司法》第34条第2款规定,公司登记事项未经登记或者未经变更登记,不得对抗善意相对人。即已存在善意相对人基于股权工商登记产生信赖的交易,则其他股东事实上也无法行使优先购买权,此时可以向股权转让人主张违约责任。

(四)对第三人而言,因其他股东行使优先购买权而不能实现合同目的的救济途径

实务中,股东与其他股东已签订了股权转让合同,其他股东已全部支付了股权转让款甚至办理了股权变更登记。根据《民法典》第580条规定,当事人一方不履行非金钱债务或者履行非金钱债务不符合约定的,对方可以请求履行,但是有下列

情形之一的除外:(一)法律上或者事实上不能履行;……,确定股东与第三人签署的股权转让合同事实上已无法履行,对此,第三人可以主张违约责任,包括赔偿损失。

《公司法司法解释(四)》第 21 条第 3 款规定,股东以外的股权受让人,因股东行使优先购买权而不能实现合同目的的,可以依法请求转让股东承担相应民事责任。同时依据《民法典》第 577 条规定,当事人一方不履行合同义务或者履行合同义务不符合约定的,应当承担继续履行、采取补救措施或者赔偿损失等违约责任。但实务中,准备履行合同和实际履行合同产生的实际损失、赔偿数额是多少,是一个复杂问题。

值得注意的是,股东名册虽然不具有创设权利的效力,但具有股权变动的形式要件之外观作用。新《公司法》第 56 条第 2 款规定,记载于股东名册的股东,可以依股东名册主张行使股东权利。也就是股东名册的变动是股权权属变动的形式要件,虽然其他股东可以在股权变更登记之日起一年内主张行使优先购买权,但在该期限内行使优先购买权之前,第三人作为形式上合法的股东所行使股东权利获得的收益如何处理,亦是个复杂问题。

第四章 股权转让与股权回购

第一节 请求权基础规范

一、新《公司法》规定

（一）涉及公司收购股权

【公司被动收购股权】

第 89 条 有下列情形之一的,对股东会该项决议投反对票的股东可以请求公司按照合理的价格收购其股权:(一)公司连续五年不向股东分配利润,而公司该五年连续盈利,并且符合本法规定的分配利润条件;(二)公司合并、分立、转让主要财产;(三)公司章程规定的营业期限届满或者章程规定的其他解散事由出现,股东会通过决议修改章程使公司存续。

自股东会决议作出之日起六十日内,股东与公司不能达成股权收购协议的,股东可以自股东会决议作出之日起九十日内向人民法院提起诉讼。

公司的控股股东滥用股东权利,严重损害公司或者其他股东利益的,其他股东有权请求公司按照合理的价格收购其股权。

公司因本条第一款、第三款规定的情形收购的本公司股权,应当在六个月内依法转让或者注销。

第 161 条 有下列情形之一的,对股东会该项决议投反对票的股东可以请求公司按照合理的价格收购其股份,公开发行股份的公司除外:(一)公司连续五年不向股东分配利润,而公司该五年连续盈利,并且符合本法规定的分配利润条件;(二)公司转让主要财产;(三)公司章程规定的营业期限届满或者章程规定的其他解散事由出现,股东会通过决议修改章程使公司存续。

自股东会决议作出之日起六十日内,股东与公司不能达成股份收购协议的,股东可以自股东会决议作出之日起九十日内向人民法院提起诉讼。

公司因本条第一款规定的情形收购的本公司股份，应当在六个月内依法转让或者注销。

【公司主动收购股权】

第 162 条 公司不得收购本公司股份。但是，有下列情形之一的除外：(一)减少公司注册资本；(二)与持有本公司股份的其他公司合并；(三)将股份用于员工持股计划或者股权激励；(四)股东因对股东会作出的公司合并、分立决议持异议，要求公司收购其股份；(五)将股份用于转换公司发行的可转换为股票的公司债券；(六)上市公司为维护公司价值及股东权益所必需。

公司因前款第一项、第二项规定的情形收购本公司股份的，应当经股东会决议；公司因前款第三项、第五项、第六项规定的情形收购本公司股份的，可以按照公司章程或者股东会的授权，经三分之二以上董事出席的董事会会议决议。

公司依照本条第一款规定收购本公司股份后，属于第一项情形的，应当自收购之日起十日内注销；属于第二项、第四项情形的，应当在六个月内转让或者注销；属于第三项、第五项、第六项情形的，公司合计持有的本公司股份数不得超过本公司已发行股份总数的百分之十，并应当在三年内转让或者注销。

上市公司收购本公司股份的，应当依照《中华人民共和国证券法》的规定履行信息披露义务。上市公司因本条第一款第三项、第五项、第六项规定的情形收购本公司股份的，应当通过公开的集中交易方式进行。

公司不得接受本公司的股份作为质权的标的。

（二）涉及优先购买权

第 84 条 有限责任公司的股东之间可以相互转让其全部或者部分股权。

股东向股东以外的人转让股权的，应当将股权转让的数量、价格、支付方式和期限等事项书面通知其他股东，其他股东在同等条件下有优先购买权。股东自接到书面通知之日起三十日内未答复的，视为放弃优先购买权。两个以上股东行使优先购买权的，协商确定各自的购买比例；协商不成的，按照转让时各自的出资比例行使优先购买权。

公司章程对股权转让另有规定的，从其规定。

（三）涉及减资、盈余分配

第 214 条 公司的公积金用于弥补公司的亏损、扩大公司生产经营或者转为增加公司注册资本。

公积金弥补公司亏损，应当先使用任意公积金和法定公积金；仍不能弥补的，可以按照规定使用资本公积金。

法定公积金转为增加注册资本时,所留存的该项公积金不得少于转增前公司注册资本的百分之二十五。

第 224 条 公司减少注册资本,应当编制资产负债表及财产清单。

公司应当自股东会作出减少注册资本决议之日起十日内通知债权人,并于三十日内在报纸上或者国家企业信用信息公示系统公告。债权人自接到通知之日起三十日内,未接到通知的自公告之日起四十五日内,有权要求公司清偿债务或者提供相应的担保。

公司减少注册资本,应当按照股东出资或者持有股份的比例相应减少出资额或者股份,法律另有规定、有限责任公司全体股东另有约定或者股份有限公司章程另有规定的除外。①

第 225 条 公司依照本法第二百一十四条第二款的规定弥补亏损后,仍有亏损的,可以减少注册资本弥补亏损。减少注册资本弥补亏损的,公司不得向股东分配,也不得免除股东缴纳出资或者股款的义务。

依照前款规定减少注册资本的,不适用前条第二款的规定,但应当自股东会作出减少注册资本决议之日起三十日内在报纸上或者国家企业信用信息公示系统公告。

公司依照前两款的规定减少注册资本后,在法定公积金和任意公积金累计额达到公司注册资本百分之五十前,不得分配利润。②

第 226 条 违反本法规定减少注册资本的,股东应当退还其收到的资金,减免股东出资的应当恢复原状;给公司造成损失的,股东及负有责任的董事、监事、高级管理人员应当承担赔偿责任。③

(四)涉及公司担保

第 15 条 公司向其他企业投资或者为他人提供担保,按照公司章程的规定,由董事会或者股东会决议;公司章程对投资或者担保的总额及单项投资或者担保的数额有限额规定的,不得超过规定的限额。

公司为公司股东或者实际控制人提供担保的,应当经股东会决议。

前款规定的股东或者受前款规定的实际控制人支配的股东,不得参加前款规

---

① 一般减资。
② 简易减资。
③ 违法减资。

定事项的表决。该项表决由出席会议的其他股东所持表决权的过半数通过。

二、其他法律规定

1.《公司法司法解释（五）》

第 5 条 人民法院审理涉及有限责任公司股东重大分歧案件时，应当注重调解。当事人协商一致以下列方式解决分歧，且不违反法律、行政法规的强制性规定的，人民法院应予支持：（一）公司回购部分股东股份；（二）其他股东受让部分股东股份；（三）他人受让部分股东股份；（四）公司减资；（五）公司分立；（六）其他能够解决分歧，恢复公司正常经营，避免公司解散的方式。

2.《公司法时间效力司法解释》

第 3 条 公司法施行前订立的与公司有关的合同，合同的履行持续至公司法施行后，因公司法施行前的履行行为发生争议的，适用当时的法律、司法解释的规定；因公司法施行后的履行行为发生争议的下列情形，适用公司法的规定：……（三）股份有限公司为他人取得本公司或者母公司的股份提供赠与、借款、担保以及其他财务资助合同，适用公司法第一百六十三条的规定。

第 4 条 公司法施行前的法律事实引起的民事纠纷案件，当时的法律、司法解释没有规定而公司法作出规定的下列情形，适用公司法的规定：……（二）有限责任公司的控股股东滥用股东权利，严重损害公司或者其他股东利益，其他股东请求公司按照合理价格收购其股权的，适用公司法第八十九条第三款、第四款的规定；（三）对股份有限公司股东会决议投反对票的股东请求公司按照合理价格收购其股份的，适用公司法第一百六十一条的规定；……

3.《最高人民法院关于〈中华人民共和国公司法〉第八十八条第一款不溯及适用的批复》

河南省高级人民法院：

你院《关于公司法第八十八条第一款是否溯及适用的请示》收悉。经研究，批复如下：

2024 年 7 月 1 日起施行的《中华人民共和国公司法》第八十八条第一款仅适用于 2024 年 7 月 1 日之后发生的未届出资期限的股权转让行为。对于 2024 年 7 月 1 日之前股东未届出资期限转让股权引发的出资责任纠纷，人民法院应当根据原公司法等有关法律的规定精神公平公正处理。

本批复公布施行后，最高人民法院以前发布的司法解释与本批复规定不一致的,不再适用。

4.《关于支持上市公司回购股份的意见》

三、上市公司股价低于其每股净资产,或者 20 个交易日内股价跌幅累计达到 30%的,可以为维护公司价值及股东权益进行股份回购;上市公司因该情形实施股份回购并减少注册资本的,不适用《上市公司回购社会公众股份管理办法(试行)》第八条关于股票上市已满一年的要求和《关于上市公司以集中竞价交易方式回购股份的补充规定》第九条关于特定期间内不得回购股份的条件限制。

→附录参考:司法政策文件《九民会议纪要》

5.【与目标公司"对赌"】投资方与目标公司订立的"对赌协议"在不存在法定无效事由的情况下,目标公司仅以存在股权回购或者金钱补偿约定为由,主张"对赌协议"无效的,人民法院不予支持,但投资方主张实际履行的,人民法院应当审查是否符合公司法关于"股东不得抽逃出资"及股份回购的强制性规定,判决是否支持其诉讼请求。

投资方请求目标公司回购股权的,人民法院应当依据《公司法》第 35 条关于"股东不得抽逃出资"或者第 142 条关于股份回购的强制性规定进行审查。经审查,目标公司未完成减资程序的,人民法院应当驳回其诉讼请求。

投资方请求目标公司承担金钱补偿义务的,人民法院应当依据《公司法》第 35 条关于"股东不得抽逃出资"和第 166 条关于利润分配的强制性规定进行审查。经审查,目标公司没有利润或者虽有利润但不足以补偿投资方的,人民法院应当驳回或者部分支持其诉讼请求。今后目标公司有利润时,投资方还可以依据该事实另行提起诉讼。

第二节 裁判精要

一、股权回购的构成要件

1. 有限责任公司的异议股东申请公司回购股权,应当符合法定的条件。

在(2017)最高法民申 2154 号案中,再审法院认为:周某涛等 11 人以鸿源公司自 2009 年起至 2014 年连续 5 年盈利却不分配利润为由主张公司回购股权,根据《公司法》规定,应当符合如下条件:(1)公司连续 5 年不向股东分配利润;(2)该 5 年公司连续盈利;(3)符合《公司法》规定的分配利润条件,即公司在弥补亏损和提取公积金后所余税后利润依照《公司法》的规定分配。

本案中，税务机关出具的鸿源公司的纳税证明、完税证明和鸿源公司的纳税申报材料体现了鸿源公司在 2012 年度、2013 年度没有产生企业所得税；周某涛等 11 人虽主张鸿源公司 2012 年度、2013 年度存在税后利润，但其提供的关于鸿源公司对外投资、经营规模的证据并不足以证明鸿源公司在 2013 年度存在税后利润。周某涛等 11 人主张相关税务机关的材料系鸿源公司虚假申报得出，但并未就此提供充分证据。因此，综合现有证据，原审判决关于鸿源公司不存在连续 5 年盈利的事实认定证据较为充分，现亦无充分证据证明认定事实的主要证据系伪造，周某涛等 11 人以鸿源公司连续 5 年盈利却不分配利润为由诉请鸿源公司回购股权的条件不成立，原审判决结果并无不当。

2. 异议股东依据法定情形申请公司回购股权时所涉及的"主要财产"标准之判断：根据公司章程的约定和公司资产的现状，进行日常经营活动所必需的物质基础，应属于公司的主要财产。

在（2008）一中民初字第 02959 号案中，一审法院认为：依据华商公司章程的约定，华商公司的经营范围为房地产开发、房屋租售。原告郭某华在起诉前，华商公司的固定资产包括两栋建筑面积为 10496.22 平方米的标准厂房、8229.45 平方米的 T/F 房屋、4 辆汽车、地下配电设备等。根据公司章程的约定和华商公司资产的现状，两栋标准厂房、T/F 房屋是华商公司进行日常经营活动所必需的物质基础，应属于华商公司的主要财产。2007 年 11 月 22 日，华商公司依据于 2007 年 11 月 21 日作出的华商公司股东会决议，将华商公司标准厂房北楼（房屋建筑面积为 5248.11 平方米）出售给北京金海虹氮化硅有限公司。此表明华商公司依据郭某华投反对票的股东会决议将公司主要财产中的一部分进行了转让，异议股东郭某华丧失了继续留在公司的理由，其有权以此为由要求华商公司按照合理的价格收购其股权，故法院对华商公司有关"华商公司转让的房产并非公司主要财产，亦不属于《公司法》规定的转让主要财产的行为，转让的财产不会影响公司设立的目的及存续，系最大限度维护公司和全体股东利益"的答辩理由不予采纳。

3. 异议股东依据法定情形申请公司回购股权时所涉及的"主要财产"标准之判断：固定资产的出售将直接影响公司章程所确定的相关生产和销售业务，而且拟出售资产的价值占公司净资产比重较高，应当认定交易标的物属于公司的主要财产。

在（2018）黔民初 10 号案中，一审法院认为：钢绳公司于 2012 年 6 月 19 日召开 2012 年第一次临时股东会，会议审议了关于向贵绳股份公司出售资产的议案，该议案确定拟出售资产为其生产经营所需的机器设备、车辆及电子设备等。这些固定资产的出售将直接影响公司章程所确定的相关金属制品的生产和销售业务，而且拟出售资产的价值占公司净资产比重较高，应当认定该议案所确定的交易标的物属于公司的主要财产。公司股东会在审议该项决议时，华融公司投了反对票，钢绳公司辩称华融公司的该投票行为系恶意行使股东权利，并列举了华融公司在公司历次股东会上对与公司整体上市相关的议案投赞成票来支持自己的主张。历次股东会所审议通过的议案中制定了公司整体上市的目标，但在实现该目标的主要措施中均没有出售主要财产的事项，2012年第一次临时股东会上审议出售资产的议案与其他几次股东会上审议的议案不具有同质性。而且，《公司法》赋予了股东通过股东会行使对公司经营管理的权利，股东在股东会上只要依法行使自己的权利，他人均不得干涉。华融公司就钢绳公司出售主要财产的议案行使了否决权之后，在法律规定的期限内未能与公司达成股权收购协议，在90日内向人民法院提起了诉讼，具有事实和法律依据，对其诉请，予以支持。

4. 关于股权的收购价格，首先应看公司章程中是否有相关规定。若无规定，则各方可协商确定。在协商不能的情形下，法院可以指派第三方中介机构对公司的净资产进行审计，以净资产为计算标准，计算异议股东的股权收购价格。

在（2020）苏04民终4071号案中，二审法院认为：在审计单位因无法作出无保留意见的正式审计报告，导致评估单位不能对李某某的股权价格作出准确评估的情况下，直接按照李某某起诉时的诉讼请求金额600万元认定股权回购价格，并无不当。理由如下：

第一，创联公司的"其他业务报告"详细记述了创联公司及其股东蒋某雄多次拒绝提供财务账册、拒绝配合审计的情形，并明确表明因创联公司未能提供审计期间完整的财务账册、凭证等资料，仅能根据该公司提供的财务报表、有关年度部分凭证等资料及常州市钟楼区人民法院转交的有关资料进行审计。通过上述事实可以确认创联公司存在拒绝配合、干扰审计正常进行的行为，无法作出无保留意见的正式审计报告的主要责任在创联公司。

第二，"其他业务报告"显示"截至2019年3月31日，创联公司的净资产为4478260.34元"，二审中创联公司自行委托会计师事务所有限公司审计后出具的专项审计报告显示"截至2020年12月31日，创联公司的净资产为1919049.4元"，结合创联公司提交的财务报表反映的创联公司的净资产自2011年起至今大幅下降的情况，故在李某某具备条件且提起本案股权回购请求之诉时（2017年6月23日），创联公司存在可供分配的净资产、李某某可获得股权回购对价这一事实是明确的。虽然对股权回购"合理价格"的确定,李某某应承担初步举证证明责任,但在明确有净资产可供分配、已经进入且明显可以通过司法审计评估确定净资产数额的情况下,由于创联公司不予配合无法出具无保留意见的正式审计报告,导致股权回购的"合理价格"无法确定,应由创联公司承担不利后果。创联公司关于"李某某未完成600万元股权回购款的举证责任,应直接驳回其诉请"的上诉意见,不予支持。

第三,如上所述,虽然李某某自2011年起曾多次提起股权回购之诉,但至本次诉讼方可确认其具备提起股权回购之诉的条件,故一审向其释明应以本次起诉之日(2017年6月23日)作为确定股权回购价格的基准日,并无不当。李某某自述按照三公司向税务机关报送的2011年12月31日的资产负债表作为计算股权回购价格的依据,并结合补偿征收情况对联成公司名下的房地产价值作相应调整后明确的924万元为股权回购数额,与股权回购价格确定的基准时间不符,无事实依据,不予采信。

二、股权回购权的行使

1. 股东并未提供证据证明其已与公司进行协商,未履行起诉前置程序,要求公司收购其持有的该公司全部股权,不符合法律规定。

在(2020)鄂02民终298号案中,二审法院认为:异议股东行使股权收购请求权的条件为:一是享有股权收购请求权的股东在股东会上对异议股东回购股权的决定情形投反对票;二是异议股东需先在股东会会议决议通过之日起60日内与公司进行协商;三是异议股东与公司协商不成的,须在股东会会议决议通过之日起90日内向法院提起诉讼。本案中,其一,由于德克螺栓公司并未提供证据证明其通知陈某某参加股东会,故陈某某无从了解股东会会议决议的内容,并针对股东会商议的事项投反对票。但是,异议股东回购股权的决定情形意在要求异议股东将反对意见向其他股东示明,故只要异议股东在合理期限内向股东会会议决议提出反对意见即可。结合本案,陈某某作为公司股东和销售部部长,其对公司经营期限应是明知的,即使陈某某未参加股东会无法投反对票,其也应在公司经营期限届满后即可知道公司延长了经营期限,如其不同意应立即向公司明确表示反对。但陈某某并未提供证据证明其在起诉前向德克螺栓公司提出反对意见。其二,陈某某应在法定期限内先与公司协商,协商不成才可向法院提起诉讼。本案异议股东回购之诉的起算日应为公司经营期限届满之日的次日(2019年3月1日作为本案异议股东陈某某行使股权收购请求权期限的起始日较为妥当),陈某某应在 2019 年 3 月 1 日起 60 日内向德克螺栓公司明确表明反对延长经营期限,并与公司协商收购其股权,如在 60 日内协商不成,其可在 90 日内向法院提起诉讼。但是,陈某某并未提供证据证明其已与公司进行协商,履行起诉前置程序。故陈某某要求德克螺栓公司以 26 万元的价格收购其持有的该公司全部股权,不符合法律规定,不予支持。

2. 异议股东行使股权收购请求权的,无须履行前置程序。

在(2020)鲁 06 民终 142 号案中,一审法院认为:原告未被通知参加于 2016 年 5 月 18 日召开的股东会,无从了解股东会决议的内容并针对股东会决议投反对票,被告的行为侵犯了原告的股东权益。故原告有权请求被告以公平合理的价格收购其股权,协议回购并非原告提起诉讼的前置程序。因此被告以协议回购作为诉讼回购的前置程序为由,认为应当驳回原告起诉之抗辩主张,于法无据,不予采纳。

3. 股东对虚假出资的部分,其股东权利的行使受到相应限制。

在(2016)最高法民终 699-4 号案中,二审法院认为:本案系杨某以厚德公司为被告提起的异议股东请求公司收购股份的纠纷,杨某的出资情况以及厚德公司的股权价值均为本案的基本事实,关系到厚德公司的股东会决议能否限制杨某行使回购权以及回购价格的确定。杨某持有厚德公司 40%的股份,其中 31.39%系增资 2439 万元取得,8.61%系从其他股东处受让取得。对于受让取得的部分,虽有生效判决认定杨某未支付股权转让对价,但该纠纷仅涉及股权转让的双方当事人,厚德公司不能通过股东会决议限制杨某行使该部分股份的回购权。但对于杨某增资取得的 31.39%股份,他案生效的民事判决认定杨某虚假出资 2349 万元,并判决杨某向厚德公司支付相应出资款。对于该部分股份,厚德公司股东会可以对杨某在补足出资之前行使回购权作出限制。

第三节 实务指南

一、股权回购的实务问题

(一)股权回购的分类

对于有限责任公司,股权回购常常表现为实收资本的减少,也称减资,请求权基础规范是新《公司法》第 89 条、第 161 条,也称公司被动收购股权,是指基于法定情形,投反对票的股东可以请求公司按照合理的价格收购其股权。

对于股份有限公司,新《公司法》第 162 条对股份回购作了规定,是指基于法定情形,公司可以收购本公司股份,也称公司主动收购股份。

无论是哪种类型的股权回购,都会产生减资的问题(新《公司法》第 162 条第 1 款第 1 项是必须减资的情形,第 2 项至第 4 项是可能需要减资的情形),股权回购除了适用上述请求权基础规范之外,还适用新《公司法》关于减资程序的规定。根据新《公司法》规定,公司减少注册资本应当遵循如下程序:

(1)股东会作出减资决议。
(2)编制资产负债表及财产清单。
(3)通知债权人、公告债权人。
(4)公司变更工商登记。

(二)公司如何进行减资分配

实践中,可以按照注册资本额进行减资分配,也可以按照公司净资产进行分配,甚至可以按照高于公司净资产的标准进行分配。无论何种减资分配,均需要考虑是否会对减资的股东或其他股东的投资权益造成损害。

(三)减资的类型

减资在股权回购(含对赌协议的情形)中非常重要,它主要包含如下几种类型:

一是实质减资。指公司存在资本过剩,为了避免浪费而将多余的资本分配给股东的行为。

二是形式减资。指公司经营亏损,公司实际资产价值远小于公司注册资本额,为了弥补亏损而减少注册资本额的行为。

三是同比例减资。这是指股东按照出资比例或持股比例减少注册资本,减资后股东的持股比例还是不变。

四是不同比减资。指减资只在部分股东之间进行,最终造成各股东持股比例发生了变化。

五是返还出资的减资。新《公司法》第 105 条规定:"公司设立时应发行的股份未募足,或者发行股份的股款缴足后,发起人在三十日内未召开成立大会的,认股人可以按照所缴股款并加算银行同期存款利息,要求发起人返还。发起人、认股人缴纳股款或者交付非货币财产出资后,除未按期募足股份、发起人未按期召开成立大会或者成立大会决议不设立公司的情形外,不得抽回其股本。"

六是免除出资的减资。新《公司法》第 225 条第 1 款规定:"公司依照本法第二百一十四条第二款的规定弥补亏损后,仍有亏损的,可以减少注册资本弥补亏损。

减少注册资本弥补亏损的,公司不得向股东分配,也不得免除股东缴纳出资或者股款的义务。"故,如果是为了弥补亏损进行减资,其间发生免除出资的行为,是违反法律规定的。

(四)有限责任公司异议股东请求行使股权回购的理由得以适当扩张

新《公司法》第89条第3款规定:"公司的控股股东滥用股东权利,严重损害公司或者其他股东利益的,其他股东有权请求公司按照合理的价格收购其股权。"也就是说,股东除了可以依据新《公司法》第89条规定的三种法定情形请求公司回购股权外,还可以基于存在控股股东的滥权行为而主张股权回购。

二、股东可以行使股权回购请求权的情形

股权回购是股东退出公司的路径之一,新《公司法》第89条规定了异议股东的股权回购请求权,在法定情形下可以请求公司回购其股权,实现退出公司的目的。对新《公司法》的规定和实务中的做法进行总结,发生如下情形的,股东可以行使股权回购请求权。

(一)法定股权回购请求权

1. 符合新《公司法》规定的三种情形

新《公司法》第89条规定,"有下列情形之一的,对股东会该项决议投反对票的股东可以请求公司按照合理的价格收购其股权:(一)公司连续五年不向股东分配利润,而公司该五年连续盈利,并且符合本法规定的分配利润条件;(二)公司合并、分立、转让主要财产;(三)公司章程规定的营业期限届满或者章程规定的其他解散事由出现,股东会通过决议修改章程使公司存续"。

也就是说,上述三种法定情形发生的,股东可以行使股权回购请求权,但前提条件是,股东必须在股东会上提出异议,投反对票(一般可以通过股东会会议记录来证明)。如果股东没有提出异议,是否可以适用该条款来向公司主张回购其股权?

答案是可以。实务中一般是指公司故意剥夺了该股东开会的权利,没有通知股东参加股东会,自然也谈不上股东提出异议和投反对票,此时股东可以通过如下途径行使权利救济:

第一,提起股东会会议效力之诉。召开股东会不履行通知程序,出席人数或表决权数均可能不符合法定条件,在程序上属于严重瑕疵,可以请求法院撤销股东会决议,在诉讼中表明对决议内容事项的反对,这属于"投反对票"行为的补正。

第二，如果认为第一种方式成本高，耗时长，且并未能保证结果如愿，股东可以在股东会会议作出之后，根据新《公司法》第113条"股东会应当每年召开一次年会。有下列情形之一的，应当在两个月内召开临时股东会会议：……（四）董事会认为必要时；（五）监事会提议召开时；……"之规定，建议董事会、监事会启动召开临时股东会的程序，在临时股东会会议上表示反对股东会决议内容。

第三，通过第二种方式未能实现权利救济时，股东可以根据新《公司法》第114条第3款"单独或者合计持有公司百分之十以上股份的股东请求召开临时股东会会议的，董事会、监事会应当在收到请求之日起十日内作出是否召开临时股东会会议的决定，并书面答复股东"之规定，自行提议召开临时股东会会议，在临时股东会会议上表示反对股东会决议内容，但应以股东必须具备"单独或者合计持有公司1/10以上股份"作为条件。

第四，通过前三种方式都无法实现权利救济时，可以向股东会直接发函，表示对股东会决议内容的反对，亦属于"投反对票"行为的补正。非因自身过错导致不能参加股东会，无法投反对票的，司法机关对"投反对票"行为的补正之认定持宽松态度。

为了防止大股东压迫，中小股东可以对新《公司法》第89条规定的三种法定股权回购情形之触发条件作出约定，这种触发条件应是比较宽松的，如可以设计"没有经过全体股东同意就转让公司主要财产的，股东可以请求公司回购股权"等条款。

2. 控股股东滥用股东权利严重损害公司或其他股东利益

新《公司法》第89条第3款规定，公司的控股股东滥用股东权利，严重损害公司或者其他股东利益的，其他股东有权请求公司按照合理的价格收购其股权。

此亦属于股东行使股权回购请求权的法定情形，但无须以股东提出异议为条件。该条款规制的是控股股东的滥权行为，以严重损害公司或其他股东利益为结果要件，实质是回归至类似新《公司法》第21条"公司股东应当遵守法律、行政法规和公司章程，依法行使股东权利，不得滥用股东权利损害公司或者其他股东的利益。公司股东滥用股东权利给公司或者其他股东造成损失的，应当承担赔偿责任"之规定中。

3. 解散之诉回购权

《公司法司法解释（二）》第5条规定："人民法院审理解散公司诉讼案件，应当注重调解。当事人协商同意由公司或者股东收购股份，或者以减资等方式使公司存续,且不违反法律、行政法规强制性规定的,人民法院应予支持。当事人不能协商一致使公司存续的,人民法院应当及时判决。经人民法院调解公司收购原告股份的,公司应当自调解书生效之日起六个月内将股份转让或者注销。股份转让或者注销之前,原告不得以公司收购其股份为由对抗公司债权人。"也就是说,在解散公司之诉中,若当事人达成一致同意的,有关股权回购的条款方可以得到法院支持,此亦属法定的股权回购请求权。

(二)章定股权回购请求权

新《公司法》第 89 条关于异议股东股权回购请求权的规定,并不意味着股权回购请求权只有在符合该条款的情形下才能适用,新《公司法》与实务判决并不禁止公司与股东之间就股权回购作出与该条款不一致的约定。因此,股东可以在公司章程中规定股权回购的各种情形,例如,基于离职、死亡、股东严重违反公司制度、公司侵害股东合法权益等情形,即可触发股权回购的条件。只要这种规定不违反新《公司法》关于注册资本维持的基本原则,也不损害第三人的合法权益,公司章程的规定均是有效条款。

(三)约定股权回购请求权

一般情况下,股东是向公司提出股权回购请求,但在一些特殊场合,是向作为自然人的股东提出股权回购请求。比如,《股权对赌协议》约定,在条件触发后,由自然人股东回购投资方的股权。这种约定无损公司资本制度,因此约定有效;亦比如在股权激励场合,一般是用人单位或用人单位的关联公司作为股权激励的实施主体,但并不意味着必须由其回购股权,可以在《股权激励合同》中约定由其他自然人股东来进行回购,这种约定当然也有效。

综上,股东在异议情况下可以请求回购股权,在非异议情况下同样可以请求回购股权。

第五章 股权转让与对赌协议

第一节 请求权基础规范

一、新《公司法》规定

（一）涉及法定回购情形

第 53 条 公司成立后,股东不得抽逃出资。

违反前款规定的,股东应当返还抽逃的出资;给公司造成损失的,负有责任的董事、监事、高级管理人员应当与该股东承担连带赔偿责任。

第 162 条 公司不得收购本公司股份。但是,有下列情形之一的除外:(一)减少公司注册资本;(二)与持有本公司股份的其他公司合并;(三)将股份用于员工持股计划或者股权激励;(四)股东因对股东会作出的公司合并、分立决议持异议,要求公司收购其股份;(五)将股份用于转换公司发行的可转换为股票的公司债券;(六)上市公司为维护公司价值及股东权益所必需。

公司因前款第一项、第二项规定的情形收购本公司股份的,应当经股东会决议;公司因前款第三项、第五项、第六项规定的情形收购本公司股份的,可以按照公司章程或者股东会的授权,经三分之二以上董事出席的董事会会议决议。

公司依照本条第一款规定收购本公司股份后,属于第一项情形的,应当自收购之日起十日内注销;属于第二项、第四项情形的,应当在六个月内转让或者注销;属于第三项、第五项、第六项情形的,公司合计持有的本公司股份数不得超过本公司已发行股份总数的百分之十,并应当在三年内转让或者注销。

上市公司收购本公司股份的,应当依照《中华人民共和国证券法》的规定履行信息披露义务。上市公司因本条第一款第三项、第五项、第六项规定的情形收购本公司股份的,应当通过公开的集中交易方式进行。

公司不得接受本公司的股份作为质权的标的。

（二）涉及减资

第 214 条 公司的公积金用于弥补公司的亏损、扩大公司生产经营或者转为增加公司注册资本。

公积金弥补公司亏损，应当先使用任意公积金和法定公积金；仍不能弥补的，可以按照规定使用资本公积金。

法定公积金转为增加注册资本时，所留存的该项公积金不得少于转增前公司注册资本的百分之二十五。

第 224 条 公司减少注册资本，应当编制资产负债表及财产清单。

公司应当自股东会作出减少注册资本决议之日起十日内通知债权人，并于三十日内在报纸上或者国家企业信用信息公示系统公告。债权人自接到通知之日起三十日内，未接到通知的自公告之日起四十五日内，有权要求公司清偿债务或者提供相应的担保。

公司减少注册资本，应当按照股东出资或者持有股份的比例相应减少出资额或者股份，法律另有规定、有限责任公司全体股东另有约定或者股份有限公司章程另有规定的除外。

第 225 条 公司依照本法第二百一十四条第二款的规定弥补亏损后，仍有亏损的，可以减少注册资本弥补亏损。减少注册资本弥补亏损的，公司不得向股东分配，也不得免除股东缴纳出资或者股款的义务。

依照前款规定减少注册资本的，不适用前条第二款的规定，但应当自股东会作出减少注册资本决议之日起三十日内在报纸上或者国家企业信用信息公示系统公告。

公司依照前两款的规定减少注册资本后，在法定公积金和任意公积金累计额达到公司注册资本百分之五十前，不得分配利润。

第 226 条 违反本法规定减少注册资本的，股东应当退还其收到的资金，减免股东出资的应当恢复原状；给公司造成损失的，股东及负有责任的董事、监事、高级管理人员应当承担赔偿责任。

二、其他法律规定

（一）公司法层面

《公司法司法解释（五）》

第 5 条 人民法院审理涉及有限责任公司股东重大分歧案件时，应当注重调解。当事人协商一致以下列方式解决分歧,且不违反法律、行政法规的强制性规定的,人民法院应予支持:(一)公司回购部分股东股份;(二)其他股东受让部分股东股份;(三)他人受让部分股东股份;(四)公司减资;(五)公司分立;(六)其他能够解决分歧,恢复公司正常经营,避免公司解散的方式。

→附录参考:司法政策文件《九民会议纪要》

5.【与目标公司"对赌"】投资方与目标公司订立的"对赌协议"在不存在法定无效事由的情况下,目标公司仅以存在股权回购或者金钱补偿约定为由,主张"对赌协议"无效的,人民法院不予支持,但投资方主张实际履行的,人民法院应当审查是否符合公司法关于"股东不得抽逃出资"及股份回购的强制性规定,判决是否支持其诉讼请求。

投资方请求目标公司回购股权的,人民法院应当依据《公司法》第35条关于"股东不得抽逃出资"或者第142条关于股份回购的强制性规定进行审查。经审查,目标公司未完成减资程序的,人民法院应当驳回其诉讼请求。

投资方请求目标公司承担金钱补偿义务的,人民法院应当依据《公司法》第35条关于"股东不得抽逃出资"和第166条关于利润分配的强制性规定进行审查。经审查,目标公司没有利润或者虽有利润但不足以补偿投资方的,人民法院应当驳回或者部分支持其诉讼请求。今后目标公司有利润时,投资方还可以依据该事实另行提起诉讼。

22.【上市公司为他人提供担保】债权人根据上市公司公开披露的关于担保事项已经董事会或者股东大会决议通过的信息订立的担保合同,人民法院应当认定有效。

(二)证券法层面

【信息披露】

《证券法》

第19条 发行人报送的证券发行申请文件,应当充分披露投资者作出价值判断和投资决策所必需的信息,内容应当真实、准确、完整。

为证券发行出具有关文件的证券服务机构和人员,必须严格履行法定职责,保证所出具文件的真实性、准确性和完整性。

第78条 发行人及法律、行政法规和国务院证券监督管理机构规定的其他信息披露义务人,应当及时依法履行信息披露义务。

信息披露义务人披露的信息,应当真实、准确、完整,简明清晰,通俗易懂,不得有虚假记载、误导性陈述或者重大遗漏。

证券同时在境内境外公开发行、交易的,其信息披露义务人在境外披露的信息,应当在境内同时披露。

【上市公司股权回购】

《上市公司股份回购规则》

第2条 本规则所称上市公司回购股份,是指上市公司因下列情形之一收购本公司股份的行为:(一)减少公司注册资本;(二)将股份用于员工持股计划或者股权激励;(三)将股份用于转换上市公司发行的可转换为股票的公司债券;(四)为维护公司价值及股东权益所必需。

前款第(四)项所指情形,应当符合以下条件之一:(一)公司股票收盘价格低于最近一期每股净资产;(二)连续二十个交易日内公司股票收盘价格跌幅累计达到百分之二十;(三)公司股票收盘价格低于最近一年股票最高收盘价格的百分之五十;(四)中国证监会规定的其他条件。

第8条 上市公司回购股份应当同时符合以下条件:(一)公司股票上市已满六个月;(二)公司最近一年无重大违法行为;(三)回购股份后,上市公司具备持续经营能力和债务履行能力;(四)回购股份后,上市公司的股权分布原则上应当符合上市条件;公司拟通过回购股份终止其股票上市交易的,应当符合证券交易所的相关规定;(五)中国证监会、证券交易所规定的其他条件。

上市公司因本规则第二条第一款第(四)项回购股份并减少注册资本的,不适用前款第(一)项。

第9条 上市公司回购股份可以采取以下方式之一进行:(一)集中竞价交易方式;(二)要约方式;(三)中国证监会认可的其他方式。

上市公司因本规则第二条第一款第(二)项、第(三)项、第(四)项规定的情形回购股份的,应当通过本条第一款第(一)项、第(二)项规定的方式进行。

上市公司采用要约方式回购股份的,参照《上市公司收购管理办法》关于要约收购的规定执行。

第13条 上市公司实施回购方案前,应当在证券登记结算机构开立由证券交易所监控的回购专用账户;该账户仅可用于存放已回购的股份。

上市公司回购的股份自过户至上市公司回购专用账户之日起即失去其权利,不享有股东大会表决权、利润分配、公积金转增股本、认购新股和可转换公司债券等权利,不得质押和出借。

上市公司在计算相关指标时,应当从总股本中扣减已回购的股份数量。

第17条 上市公司因本规则第二条第一款第(一)项规定情形回购股份的,应当在自回购之日起十日内注销;因第(二)项、第(三)项、第(四)项规定情形回购股份的,公司合计持有的本公司股份数不得超过本公司已发行股份总额的百分之十,并应当在三年内按照依法披露的用途进行转让,未按照披露用途转让的,应当在三年期限届满前注销。

上市公司因本规则第二条第一款第(四)项规定情形回购股份的,可以按照证券交易所规定的条件和程序,在履行预披露义务后,通过集中竞价交易方式出售。

第20条 上市公司因本规则第二条第一款第(一)项规定情形回购股份的,应当由董事会依法作出决议,并提交股东大会审议,经出席会议的股东所持表决权的三分之二以上通过;因第(二)项、第(三)项、第(四)项规定情形回购股份的,可以依照公司章程的规定或者股东大会的授权,经三分之二以上董事出席的董事会会议决议。

上市公司股东大会对董事会作出授权的,应当在决议中明确授权实施股份回购的具体情形和授权期限等内容。

第23条 回购股份方案至少应当包括以下内容:(一)回购股份的目的、方式、价格区间;(二)拟回购股份的种类、用途、数量及占公司总股本的比例;(三)拟用于回购的资金总额及资金来源;(四)回购股份的实施期限;(五)预计回购后公司股权结构的变动情况;(六)管理层对本次回购股份对公司经营、财务及未来发展影响的分析;(七)上市公司董事、监事、高级管理人员在董事会作出回购股份决议前六个月是否存在买卖上市公司股票的行为,是否存在单独或者与他人联合进行内幕交易及市场操纵的说明;(八)证券交易所规定的其他事项。

以要约方式回购股份的,还应当披露股东预受要约的方式和程序、股东撤回预受要约的方式和程序,以及股东委托办理要约回购中相关股份预受、撤回、结算、过户登记等事宜的证券公司名称及其通讯方式。

【对赌协议】

1.《上市公司重大资产重组管理办法》

第35条 采取收益现值法、假设开发法等基于未来收益预期的方法对拟购买资产进行评估或者估值并作为定价参考依据的,上市公司应当在重大资产重组实施完毕后三年内的年度报告中单独披露相关资产的实际盈利数与利润预测数的差异情况,并由会计师事务所对此出具专项审核意见;交易对方应当与上市公司就相关资产实际盈利数不足利润预测数的情况签订明确可行的补偿协议。

预计本次重大资产重组将摊薄上市公司当年每股收益的，上市公司应当提出填补每股收益的具体措施，并将相关议案提交董事会和股东大会进行表决。负责落实该等具体措施的相关责任主体应当公开承诺，保证切实履行其义务和责任。

上市公司向控股股东、实际控制人或者其控制的关联人之外的特定对象购买资产且未导致控制权发生变更的，不适用前两款规定，上市公司与交易对方可以根据市场化原则，自主协商是否采取业绩补偿和每股收益填补措施及相关具体安排。①

2.《监管规则适用指引——发行类第4号》

4-3 对赌协议

投资机构在投资发行人时约定对赌协议等类似安排的，保荐机构及发行人律师、申报会计师应当重点就以下事项核查并发表明确核查意见：一是发行人是否为对赌协议当事人；二是对赌协议是否存在可能导致公司控制权变化的约定；三是对赌协议是否与市值挂钩；四是对赌协议是否存在严重影响发行人持续经营能力或者其他严重影响投资者权益的情形。存在上述情形的，保荐机构、发行人律师、申报会计师应当审慎论证是否符合股权清晰稳定、会计处理规范等方面的要求，不符合相关要求的对赌协议原则上应在申报前清理。

发行人应当在招股说明书中披露对赌协议的具体内容、对发行人可能存在的影响等，并进行风险提示。

解除对赌协议应关注以下方面：(1)约定"自始无效"，对回售责任"自始无效"相关协议签订日在财务报告出具日之前的，可视为发行人在报告期内对该笔对赌不存在股份回购义务，发行人收到的相关投资款在报告期内可确认为权益工具；对回售责任"自始无效"相关协议签订日在财务报告出具日之后的，需补充提供协议签订后最新一期经审计的财务报告。(2)未约定"自始无效"的，发行人收到的相关投资款在对赌安排终止前应作为金融工具核算。

3.《上市公司证券发行注册管理办法》

第66条 向特定对象发行证券，上市公司及其控股股东、实际控制人、主要股东不得向发行对象做出保底保收益或者变相保底保收益承诺，也不得直接或者通

---

① 该条文第1款所述"交易对方应当与上市公司就相关资产实际盈利数不足利润预测数的情况签订明确可行的补偿协议"，表明此情况属于上市公司重大资产重组中的对赌。

过利益相关方向发行对象提供财务资助或者其他补偿。①

4.《最高人民法院关于为深化新三板改革、设立北京证券交易所提供司法保障的若干意见》

9.……在上市过程中,对于为获得融资而与投资方签订的"业绩对赌协议",如未明确约定公司非控股股东与控股股东或者实际控制人就业绩补偿承担连带责任的,对投资方要求非控股股东向其承担连带责任的诉讼请求,人民法院不予支持。在上市公司定向增发等再融资过程中,对于投资方利用优势地位与上市公司及其控股股东、实际控制人或者主要股东订立的"定增保底"性质条款,因其赋予了投资方优越于其他同种类股东的保证收益特殊权利,变相推高了中小企业融资成本,违反了证券法公平原则和相关监管规定,人民法院应依法认定该条款无效。……

5.《挂牌公司股票发行常见问题解答(三)——募集资金管理、认购协议中特殊条款、特殊类型挂牌公司融资》

二、挂牌公司股票发行认购协议中签订的业绩承诺及补偿、股份回购、反稀释等特殊条款应当符合哪些监管要求?

……

(二)认购协议不存在以下情形:1.挂牌公司作为特殊条款的义务承担主体。2.限制挂牌公司未来股票发行融资的价格。3.强制要求挂牌公司进行权益分派,或不能进行权益分派。4.挂牌公司未来再融资时,如果新投资方与挂牌公司约定了优于本次发行的条款,则相关条款自动适用于本次发行认购方。5.发行认购方有权不经挂牌公司内部决策程序直接向挂牌公司派驻董事或者派驻的董事对挂牌公司经营决策享有一票否决权。6.不符合相关法律法规规定的优先清算权条款。7.其他损害挂牌公司或者挂牌公司股东合法权益的特殊条款。

6.《全国中小企业股份转让系统股票挂牌审核业务规则适用指引第1号》

1-8 对赌等特殊投资条款

一、对赌等特殊投资条款的规范性要求

投资方在投资申请挂牌公司时约定的对赌等特殊投资条款存在以下情形的,公司应当清理:(一)公司为特殊投资条款的义务或责任承担主体;(二)限制公司未来股票发行融资的价格或发行对象;(三)强制要求公司进行权益分派,或者不能进行权益分派;(四)公司未来再融资时,如果新投资方与公司约定了优于本次投资的

---

① 该条文属上市公司证券发行中的"定增保底"条款,也属特殊的对赌条款,其效力在实践中存在争议。

特殊投资条款,则相关条款自动适用于本次投资方;(五)相关投资方有权不经公司内部决策程序直接向公司派驻董事,或者派驻的董事对公司经营决策享有一票否决权;(六)不符合相关法律法规规定的优先清算权、查阅权、知情权等条款;(七)触发条件与公司市值挂钩;(八)其他严重影响公司持续经营能力、损害公司及其他股东合法权益、违反公司章程及全国股转系统关于公司治理相关规定的情形。

二、对赌等特殊投资条款的披露

对于尚未履行完毕的对赌等特殊投资条款,申请挂牌公司应当在公开转让说明书中充分披露特殊投资条款的具体内容、内部审议程序、相关条款的修改情况(如有)、对公司控制权及其他方面可能产生的影响,并作重大事项提示。

三、对赌等特殊投资条款的核查

对于尚未履行完毕的对赌等特殊投资条款,主办券商及律师应当对特殊投资条款的合法有效性、是否存在应当予以清理的情形、是否已履行公司内部审议程序、相关义务主体的履约能力、挂牌后的可执行性,对公司控制权稳定性、相关义务主体任职资格以及其他公司治理、经营事项产生的影响进行核查并发表明确意见。

对于报告期内已履行完毕或终止的对赌等特殊投资条款,主办券商及律师应当对特殊投资条款的履行或解除情况、履行或解除过程中是否存在纠纷、是否存在损害公司及其他股东利益的情形、是否对公司经营产生不利影响等事项进行核查并发表明确意见。

第二节 裁判精要

一、股权回购条件的触发

1. 原告与两被告就第三人的业绩进行对赌,以第三人自身的预期经营状态作为对赌标的,而第三人尚在对赌期内就已歇业,已经失去了获得自身业绩增长的可能,股权回购条件触发。

在(2019)沪0106民初32454号案中,一审法院认为:关于原告增资是否到位与第三人主营业收入与业绩增长不达标之间的关系。案涉《增资补充协议》设定了2017年、2018年、2019年三年的业绩增长目标,然而第三人在三年内的业绩增长均未达标。两被告并未提供充足有效的证据证明,原告协助第三人完成全部融资与业绩增长指标是否成就存在直接的因果关系,也并无证据证明系原告主观恶意导致第三人的业绩增长不达标。两被告认为增资金额与主营业收入直接挂钩,由于增资未到位,导致第三人亏损,主营业收入下降。但第三人述称原告的增资款项除增加注册资本的部分外,均已计入资本公积金。而根据《公司法》的规定,资本公积金本不得用于弥补亏损,故两被告辩称的意见与《公司法》关于资本公积金的规定并不相符。且依两被告所述之因果关系,虽原告向第三人增资 530 万元,尚不足 1000 万元,但已缓解了第三人的资金压力,则第三人的主营业收入至少应当增长,而非下降。

此外,与原告同批向第三人增资的另有两家企业,三家企业的融资总额达到 2500 万元,除原告的 470 万元存在增资缺口外,其余增资款均已到位。两被告辩称,因为 470 万元的增资缺口导致第三人无法清偿债务并丧失了大量交易机会,但却并未提供充分的证据证明两者之间存在直接因果关系,实难采信。且原告与两被告就第三人的业绩进行对赌,是以第三人自身的预期经营状态作为对赌标的,而第三人尚在对赌期内就已歇业,已经失去了获得自身业绩增长的可能。如果以原告出资不足免除两被告的股权回购义务,苛求原告继续持有第三人的股权,将置投资者于既不可能实现持股期间股东权益,又不能退出第三人公司的尴尬境地,有悖股权回购协议订立的初衷。

从 IPO 申报的角度分析:第三人并未实现 2019 年成功申报 IPO 的承诺,且原告增资是否到位并非第三人成功申报 IPO 的必要条件,亦无证据证明第三人未按约定完成 IPO 存在可归责于原告的原因。从"扣非"后净利润的角度分析:2018 年、2019 年第三人已处于歇业状态也未进行年度审计,更未达到 2019 年年底净利润不低于 4500 万元的要求。综上,三项关于股权回购的条款均已触发,两被告理应按约承担股权回购义务。

2. 协议可以约定,股东违反任一设定的条件,均视为对赌条件成就,另一方均应履行股权回购义务。

在(2020)沪 02 民终 2334 号案中,二审法院认为:对赌回购条款的设定系当事人特别设立的保护投资人利益的条款,属于缔约过程中当事人对投资合作商业风险的安排,若股权回购条件成就,则一方应依约履行股权回购义务,否则将有违商事活动的诚信原则及公平原则。根据《补充协议》的约定,虎娱公司或其股东违反任一设定的条件,均视为对赌条件成就,立溢中心等均应履行股权回购义务。现宝聚昌公司以所有股权回购的条件均成就为由要求立溢中心等承担股权回购义务,曾某某对此予以确认,且曾某某、朱某某涉及刑事犯罪的事实已由相应刑事判决确认,故宝聚昌公司主张的股权回购条件已经成就,宝聚昌公司要求立溢中心等承担股权回购义务的主张于法有据，予以支持。

3. 在双方对合同中关于"股权回购"条款的内容产生歧义的情况下，对合同文本的解释，应从合同文义、合同目的、整体解释等方面综合进行判断。

在（2019）京 03 民终 8116 号案中，二审法院认为：关于天津平禄公司要求冯某回购诉争股权的条件是否已经触发的问题。天津平禄公司于本案中认为冯某未质押的暴风集团股权的市场价值低于 10 亿元，且暴风体育公司的其他投资方亦向冯某提出股权回购申请，已同时触发双方关于《回购协议》中目标公司暴风体育公司实际控制人冯某的股权回购义务之两种情形，从而有权要求冯某履行股权回购义务。《回购协议》对暴风体育公司回购诉争股权的条件，冯某个人回购诉争股权的条件分别进行了约定，在暴风体育公司 IPO 失败与其他回购条件之间使用了"同时"一词。故对于是否已触发冯某回购股权的条件，冯某主张暴风体育公司 IPO 失败与其他回购条件必须同时满足，始达到双方在协议中约定的冯某回购股权的触发条件；天津平禄公司主张协议中虽使用了"同时"字样，但实质上合同的本意应为并列之意。在双方对合同的内容产生歧义的情况下，对合同文本的解释，应从合同文义、合同目的、整体解释等方面综合进行判断。

第一，从合同文义来看，"同时"一词可理解为在两种不同的情况下，均可以要求对方回购股权，特别是在未达到合格 IPO 之前。因暴风体育公司实际控制人冯某的资信及资金能力下降，而使投资人判断目标公司达到合格 IPO 的希望渺茫，或目标公司实际控制人冯某回购股权的承诺出现较大风险时，投资人即可提出回购要求。故从该条款并不能得出 IPO 失败与其他回购条件必须同时具备，天津平禄公司才有权要求冯某履行股权回购义务的结论。协议此处的"同时"不是指"同时具备"之意，而是指"或者""还有"之意。

第二，从合同目的来看，《回购协议》通常是目标企业为吸引投资人，应投资人要求所签订的，目的为保证投资人的投资利益，使其在不能达到投资目标时可以顺利退出，有担保之意。在回购条件中，若暴风体育公司未能达到合格 IPO，则投资人退出投资，其为最通常的资本退出机制。其他回购条件中约定的情形，均是对目标公司暴风体育公司实际控制人冯某资信能力的要求。在投资人有理由认为冯某对暴风体育公司的实际控制能力降低，减少或丧失其资产控制能力，股权回购承诺的风险增加时，投资人均有权顺利退出。

第三，从整体解释来看，通读协议中有关股权回购条件触发的条款，暴风体育公司 IPO 失败与其他回购条件之间虽使用了"同时"字样，但"同时"一词前后约定的回购主体不同,回购条件不同,分属于两种不同情况,是两种投资退出机制。结合合同文义及双方的庭审陈述,双方订立《回购协议》,确定对赌目标为目标公司暴风体育公司达到合格 IPO。故如在暴风体育公司已达到合格 IPO 的场合,天津平禄公司的股权回购请求权即应消灭。即使出现冯某其后丧失暴风体育公司的控制权等合同列明的事实,天津平禄公司亦不能行使股权回购请求权。

同时,依据证监会有关规定及合同约定,在 IPO 进行过程中,须依规披露和解除对赌,消灭股权回购请求权。故本院认为,冯某上诉称如按天津平禄公司的理解,暴风体育公司完成合格 IPO 后,冯某仍有股权回购义务,因其法律上不能成立,事实上不会出现也不能成立。综上,冯某关于只有暴风体育公司在 2020 年 8 月 31 日前未能完成合格 IPO 的同时,再出现任一如冯某未质押的暴风集团股权的市场价值低于 10 亿元等情况的,投资人才可以按照《回购协议》约定的条件及方式要求冯某进行股权回购的上诉主张,与合同约定不符,不予采纳。

4. 协议可以约定,一方未在约定期限内提供审计报告且未获得对方的事先延期许可或豁免的,视为触发股权回购条件。条件成就后,以对方发出的要求履行股权回购条款的通知之日作为股权回购触发日。

在(2020)最高法民终 575 号案中,二审法院认为:关于股权回购条款是否触发及触发的原因及时间认定问题。案涉《补充协议》约定,"若银润公司最迟于 2017 年 6 月 30 日仍未能提供相关审计报告且未获得华数元启公司的事先延期许可或豁免,即视为本条所约定的股权回购条款触发"。银润公司、陈某某未于 2017 年 6 月 30 日前向华数元启公司提供具有证券从业资格的会计师事务所出具的资产审计报告,其上诉主张当事人之间经过商议共同委托立信会计师事务所进行审计的行为表示华数元启公司同意银润公司、陈某某延期或豁免交付《审计报告》,但其未能提供充分的证据证明华数元启公司明确作出了同意延期或豁免的意思表示,共同委托审计的行为也不足以证明华数元启公司放弃股权回购。华数元启公司于 2017 年 7 月 11 日向银润公司、陈某某发出《关于要求履行回购条款的通知》。2018 年 11 月 23 日,银润公司、陈某某出具的《回复函》中明确表示"解决回购事宜尚需时日"。2018 年 12 月 24 日,银润公司、陈某某出具的《关于回购事宜的建议方案》亦载明,"已配合华数元启公司进行审计,并商谈回购方式"。上述事实表明双方当事人已经以书面函的形式确认了股权回购条款触发的事实,一审法院认定案涉协议的股权回购条款已经触发,并以华数元启公司发出《关于要求履行回购条款的通知》作为触发日,并无不当。

二、股权回购金额的计算

1. 协议中应当明确约定股权回购金额的计算标准和利息的起算时间点。

在(2019)京0113民初21763号案中,一审法院认为:关于股权回购价款金额的计算问题。《补充协议》虽约定,"回购价格应等于投资方对公司的投资额按照12%的年利率计算的本利和单利,扣除投资期间的所得分红",但对于计算回购价款的起止时间并未作出明确约定。庭审中,双方一致认可回购价款中利息的计算起点应为临空投资公司实际给付1000万元投资款的日期,即2011年9月8日,法院对此予以确认。

临空投资公司要求按照12%的年利率计算利息至起诉之日(2019年7月24日),高某某、吕某某则认为协议约定的按照12%的年利率计算利息应截至2015年12月31日,即回购条件触发之日,对于2016年1月1日之后的利息,不应再按12%的年利率标准计收。对此,法院认为,自临空投资公司实际付款之日(2011年9月8日)至2015年12月31日回购条件触发之日这一期间,按照年利率12%计收利息,于法有据。在回购条件触发后,临空投资公司理应在合理期间内及时主张回购股权,双方办理回购事宜并完成股权交割。如临空投资公司在2015年12月31日回购条件触发时即主张权利,回购履行的合理期间定为6个月为宜。对于主张回购权利并履行的合理期间内的利息,亦应按照年利率12%的标准计收。但临空投资公司在长达3年半的时间内未向高某某、吕某某主张权利,并且现有证据表明玖美公司仍然向作为股东的临空投资公司发送电子邮件汇报公司的运营情况,临空投资公司亦行使着股东权利。那么时隔3年半后,临空投资公司才要求回购股权,如始终按照年利率12%的标准计收利息,无疑加重了高某某、吕某某的负担。基于公平原则考虑,酌情予以适当调整,即对于2016年7月1日起至临空投资公司起诉之日(2019年7月24日)这一期间的利息,酌定按照年利率6%的标准计算。综上,自2011年9月8日临空投资公司实际付款日至2019年7月24日起诉日,这一期间的回购价款共计为17614246.58元。

2. 股东会对回购方案中回购款项的计算方式作出调整,属于公司意思自治范畴内的事项,员工股东既可以申请按此方案请求回购股权,也可以继续持有股权,员工股东依然享有选择权,并不违背法律的禁止性规定,股东会决定未对员工股东的权利造成实质性损害。

在(2019)陕01民终13057号案中,二审法院认为:关于股权回购中糖酒公司对回购价款的计算作出调整是否违反了法律禁止性规定的问题。糖酒公司按照分红决议已经将2015年的股权分红款69724.8元支付给薛某某,薛某某主张的款项实质是按照糖酒公司股权回购条款中双方约定的股权回购款的一部分。糖酒公司基于公司经营状况、员工持股比例的年限、每股现有的实际价值、分红等综合因素确定了每股25元的个人股权收购方案。其后糖酒公司根据申请回购股权的股东自2015年之后分红的情况,通过召开股东会并由代表2/3以上表决权的股东一致通过决议,对回购方案中回购款项的计算方式作出了一定调整,即在回购款中扣除2015年之后的分红款。该行为属于糖酒公司意思自治范畴内的事项,员工股东既可以申请按此方案请求回购股权,也可以继续持有股权,员工股东依然享有选择权。

薛某某作为员工股东,在糖酒公司2008年改制中实际出资112980.03元,个人股权收购方案是按照每股25元计算的,即便扣除了2015年之后的分红款,回购款也远远超出了薛某某所持股权的实际价值。糖酒公司对回购价款的计算作出调整并不违背法律禁止性规定,也未对员工股东的权利造成实质性损害。糖酒公司股东会决议在未经法院确认无效或者撤销、不成立的前提下,其当然有效。

3. 根据协议,从文义解释以及整个协议体系的角度分析是否存在股权回购条款,如果缺少需回购的条件、回购的价款、回购的责任主体、回购股权分配等约定,表明协议没有约定股权回购的情况下,股东不得要求各被告连带回购其股权并返还投资款及利息。

在(2019)粤0305民初25183号案中,一审法院认为:复励合伙企业主张各被告回购其股权缺乏事实及法律依据。复励合伙企业主张其提起该诉讼请求依据的是《增资入股协议》第19.1条和第19.3条。对此,法院认为,协议的第19条是关于整个协议"违约责任和协议中止"条款的约定,是对双方当事人违反协议所应承担违约责任的问题。具体而言,第19.1条是对违反协议第1条和第10条"保证和陈述"条款的违约责任的约定,第19.2条是对违反协议第4条"交割条款"的违约责任的约定,第19.3条是对违反协议第6条"补偿机制"条款的违约责任的约定,第19.4条是违约责任的兜底条款,是对违反其他条款的违约责任作出的约定。所以从文义解释以及整个协议的体系来讲,第19条是合同约定的解除以及违约责任承担的条款。如果合同双方进行股权回购,协议需要明确约定回购的条件、回购的价款、回购的责任主体、回购股权的分配等,但是协议均没有约定,复励合伙企业无权要求各被告连带回购其股权并返还投资款及利息。

4. 合同中应明确约定回购价格的计算方式。

在(2018)最高法民终 202 号案中,二审法院认为:就朱某某回购温某 2 股权的价格计算方式,各方有明确的约定。2014 年 5 月 19 日,朱某某、郑某云、温某某三方签订《股权转让协议》,温某某支付 1.8 亿元受让义腾公司 22.5%的股权,但实际上该部分股权登记在温某 2 名下,因此可视为温某 2 承受了温某某的权利,则温某 2 亦应受朱某某、王某、温某某同日所签之《补充协议》的约束。该《补充协议》第 8 条第 2 款约定:回购价格为原始投资额(即 18000 万元)加上持股时间(支付股权转让款之日起至回购价款支付之日止)按 10%年利率的标准计算的利息,扣除持股期间标的公司已分配现金红利后的金额。即回购价格=原始投资额 18000 万元+持股时间按 10%年利率的标准计算的利息。温某 2 的持股时间为 2014 年 5 月 19 日至双方约定的回购时间 2015 年 5 月 9 日,则朱某某应支付的股权回购款为 18000 万元×(1+10%×355/365)≈19750.68 万元。

同理,根据 2014 年 11 月 4 日朱某某与温某 2 签订的《补充协议》第 1 条第 2 款之约定:朱某某回购标的股权的价格为本次标的股权的转让价格×[1+15%×温某 2 向朱某某全额支付股权转让价款之日(不含当日)与朱某某向温某 2 全额支付回购价款之日(不含当日)之间的天数/365]。即朱某某应支付的股权回购价格=股权转让价格 4550 万元+持股时间按溢价 15%计算的款项,温某 2 的持股时间为 2014 年 11 月 4 日至 2015 年 5 月 9 日,则朱某某应支付的股权回购款为:4550 万元×(1+15%×186/365)≈4897.79 万元。综上,截至 2015 年 5 月 9 日,朱某某回购温某 2 持有的义腾公司 27.5%股权的价格为 24648.47 万元。显然,该回购价格与朱某某主张的 24340 万元相比较,差距不大。

5. 协议各方并未约定资金使用期间的利息,但因一方使用了部分资金且时间较长,考虑到该项因素而最终以溢价的方式回购案涉股权,合法有效。

在(2022)京民终 522 号案中,二审法院认为:关于股权回购价款的问题。案涉《协议书》约定,股权回购价款为 5000 万元,盛唐时代公司应于 2021 年 5 月 29 日前支付,不支付或迟延支付上述款项及相关义务的,应每日按逾期款项的 0.1%向星光世纪公司支付违约金。2019 年,星光世纪公司分次向盛唐时代公司支付共计 5000 万元,在 2019 年 6 月 28 日支付最后一笔款项 2500 万元时,盛唐时代公司立即向星光世纪公司返还 1000 万元、向其关联公司高晟财富公司支付 420 万元。星光世纪公司认为股权回购价款为 5000 万元,盛唐时代公司实际融资使用资金为 3580

万元,另 1420 万元系融资成本。

对此,法院认为,盛唐时代公司虽仅使用 3580 万元资金,但使用时间近 2 年,因案涉《协议书》并未约定利息,故该《协议书》约定盛唐时代公司以 5000 万元溢价回购案涉股权并无问题。盛唐时代公司与星光世纪公司作为平等的商事主体,该商事安排不违反法律的禁止性规定,亦无明显不当,故合同到期后盛唐时代公司应按照合同约定支付股权回购价款 5000 万元。2021 年 9 月 18 日,盛唐时代公司已支付 1000 万元,剩余款项为 4000 万元。星光世纪公司要求违约金以 3580 万元为基数,按照全国银行间同业拆借中心公布的贷款市场报价利率 4 倍的标准,从 2021 年 6 月 1 日计算至实际给付之日止,该主张未违反双方协议的约定及法律规定,亦未超出合理限额。

三、股权回购中的减资

1. 股权回购首先应符合公司回购股权的法定情形,同时应符合法律规定的公司和股东在人民法院主持调解下达成回购股权的情形,且需经过股东会或者董事会决议启动减资前置程序,以防止因为股东退股造成公司的偿债能力低于注册资本的水平,且不为公众所知悉而损害公司债权人的利益,否则公司回购股权的请求将被驳回。

在(2020)黔 27 民终 1458 号案中,二审法院认为:关于被上诉人豪仕公司是否应回购上诉人兴斛公司的股权及支付迟延回购期间的资金占用费的问题。第一,根据公司资本维持原则,公司在存续期间应保持与其资本额相当的资产,股权回购对公司、其他股东以及公司债权人等都会产生较大影响。所以,股权回购应严格按照法定和约定的情形及程序进行,公司不得随意进行股权回购。本案不符合《公司法》关于收购股权的法定情形。第二,无论是异议股东请求回购股权还是股份有限公司收购本公司股权的例外情形,都需经过公司股东大会或者董事会决议的程序,兴斛公司并未提供证据证明豪仕公司对收购其股权履行了上述程序。兴斛公司作为豪仕公司的股东依法享有资产收益的权利并承担相应风险,其请求豪仕公司回购股权,应当履行法律规定的减资程序,以防止因为股东退股造成公司的偿债能力低于注册资本的水平,且不为公众所知悉而损害公司债权人的利益。综上,兴斛公司请求豪仕公司回购股权及支付迟延回购期间的资金占用费,缺乏事实和法律依据,不予支持。

2. 公司不同意回购且不愿意主动履行减资程序的情况下,请求公司回购股权、返还其投资款及履行金钱补偿义务有悖公司资本维持原则,且可能损害债权人的利益,该项诉请客观上不具备现实履行条件,不会得到法院支持。

在(2020)新01民终2168号案中,二审法院认为:关于王某请求富布斯公司承担回购义务并返还投资款及补偿款的问题。实践中俗称的"对赌协议",从与投资方"对赌"的主体角度看,包括目标公司的股东或者实际控制人与投资方"对赌",目标公司与投资方"对赌",目标公司的股东和目标公司与投资方"对赌"等形式。所谓目标公司与投资方"对赌",指的是投资方与目标公司签订协议约定,目标公司从投资方融资,投资方成为目标公司的股东,当目标公司在约定期限内实现双方预设的目标时,由投资方给予目标公司奖励;相反,由目标公司按照事先约定的方式回购投资方的股权或者同时向投资方承担金钱补偿义务。

投资人与公司"对赌"属于有效协议,但协议的履行也不得违反法律、行政法规的强制性规定。人民法院在审理"对赌协议"纠纷的案件时,不仅应适用《合同法》的相关规定,还应适用《公司法》的相关规定。在投资人请求目标公司履行回购义务时,目标公司必须先履行减少注册资本的义务,以保护公司债权人的利益。本案中,王某作为富布斯公司的股东,其和富布斯公司的关系,一方面受《合同法》的调整,另一方面也应遵循《公司法》的相关规定。现王某作为富布斯公司的投资方,依据《融资协议》的约定请求目标公司即富布斯公司回购股权并向其承担返还投资款并履行金钱补偿义务,需依据《公司法》的相关规定进行审查。

因王某及富布斯公司对于富布斯公司未完成《融资协议》约定的应达到年利润且处于亏损状态均不持异议,同时,富布斯公司至今亦未能依约获得"新三板挂牌核准文件",故王某主张富布斯公司回购股权、返还其投资款及履行金钱补偿义务符合协议约定。但富布斯公司在庭审中明确表示不同意回购王某所持的该公司的股权,抗辩主张本案股权回购事宜未经公司股东大会决议,富布斯公司也未履行减资程序,不符合《公司法》规定的股权回购条件。公司减资属于公司内部的治理事宜,在富布斯公司不同意回购并且不愿意主动履行减资程序的情况下,王某请求富布斯公司回购股权、返还其投资款及履行金钱补偿义务明显有悖于《公司法》规定的公司资本维持原则,且可能损害公司其他债权人的利益,王某该项诉请客观上并不具备现实履行条件,不予支持。

3. 公司尚未完成减资程序,且可能存在债权人,诉请公司回购股权及支付回购款,不应予以支持。

在(2020)粤06民终12355号案中,一审法院认为:关于大臻公司提出公司尚未履行减资程序、没有利润支付回购款的抗辩。第一,信石公司与大臻公司签订的《增资协议》系双方当事人的真实意思表示,内容不违反法律、行政法规的禁止性规定,合法有效。谱因企业、信石公司、大臻公司、普瑞希麟公司均确认大臻公司的营业额未达到《增资协议》约定的数额,协议中约定的股权回购条件已成就。且如上所述,大臻公司于 2019 年 8 月 3 日作出股东会决议,除普瑞希麟公司回购谱因企业、信石公司股权外的决议内容合法有效,即大臻公司以股东会决议的方式进一步明确公司需向信石公司、谱因企业回购全部股权。第二,大臻公司回购谱因企业、信石公司股权的条款及决议虽属有效,但根据法律规定,公司回购本公司股份的,应当及时注销即办理减资程序,以免损害公司债权人的利益。大臻公司尚未完成减资程序,且可能存在债权人,故谱因企业、信石公司诉请大臻公司回购股权及支付回购款,不予支持。

4. 在股权回购的减资程序中,注意对债权人的保护。

在(2015)苏商终字第 00140 号案中,二审法院认为:在广力公司与万丰公司发生硅料买卖关系时,广力公司的注册资本为 2500 万元,后广力公司的注册资本减资为 500 万元,减少的 2000 万元是丁某某、丁某 2 认缴的出资额。如果广力公司在减资时依法通知其债权人万丰公司,则万丰公司依法有权要求广力公司清偿债务或提供相应的担保。万丰公司作为债权人的上述权利并不因广力公司前期出资已缴付到位、实际系针对出资期限未届期的出资额进行减资而受到限制。但广力公司、丁某某、丁某 2 在明知广力公司对万丰公司负有债务的情形下,在减资时既未依法通知万丰公司,亦未向万丰公司清偿债务,损害了万丰公司的合法权利。而基于广力公司的法人资格仍然存续的事实,原审判决广力公司向万丰公司还款,并判决广力公司的股东丁某某、丁某 2 对广力公司的债务在其减资范围内承担补充赔偿责任,符合法律规定。

四、对赌协议

(一)对赌协议的效力

【有效】

1. 协议包含公司为股东回购股权提供担保的担保条款,因担保事项经过股东会决议,且双方已尽到审慎注意和形式审查义务,公司提供担保有利于自身经营发展需要,并不损害公司及公司中小股东权益,该条款合法有效。

在(2016)最高法民再 128 号案中,再审法院认为:合同无效的判定严格遵循法定主义。本案二审判决否定担保条款效力的裁判理由不符合《合同法》关于合同无效的各类法定情形,该项认定已违反《合同法》的基本规则,构成适用法律错误。案涉《补充协议书》所约定担保条款合法有效,瀚霖公司应当依法承担担保责任,理由如下:

其一,强某某已对瀚霖公司提供担保经过股东会决议尽到审慎注意和形式审查义务。案涉《增资协议书》载明,"瀚霖公司已通过股东会决议,原股东同意本次增资;各方已履行内部程序确保其具有签订本协议的全部权利;各方授权代表已获得本方正式授权"。《补充协议书》载明,"甲方(瀚霖公司)通过股东会决议同意本次增资扩股事项"。因两份协议书约定的内容包括增资数额、增资用途、回购条件、回购价格以及瀚霖公司提供担保等一揽子事项,两份协议书均由瀚霖公司盖章及其法定代表人签名。

对于债权人强某某而言,增资扩股、股权回购、公司担保本身属于链条型的整体投资模式,基于《增资协议书》及《补充协议书》的表述,强某某有理由相信瀚霖公司已对包括提供担保在内的增资扩股等一揽子事项通过股东会决议,曹某某已取得瀚霖公司的授权代表公司对外签订担保条款,且瀚霖公司在本案审理中亦没有提交其他相反证据证明该公司未对担保事项通过股东会决议,故应当认定强某某对担保事项经过股东会决议已尽到审慎注意和形式审查义务,《补充协议书》所约定的担保条款对瀚霖公司已发生法律效力。

其二,强某某的投资全部用于公司经营发展,瀚霖公司全体股东因而受益,故应当承担担保责任。案涉担保条款虽系曹某某代表瀚霖公司与强某某签订,但是3000万元款项并未供曹某某个人投资或消费使用,亦并非完全出于曹某某的个人需要,而是全部投入瀚霖公司的资金账户,供瀚霖公司的经营发展使用,有利于瀚霖公司提升持续盈利能力,符合公司新股东强某某的个人利益,也符合公司全体股东的利益,瀚霖公司本身是最终的受益者。即使确如瀚霖公司所述,并未对担保事项进行股东会决议,但是该担保行为有利于瀚霖公司的自身经营发展需要,并未损害公司及公司中小股东的权益,认定瀚霖公司承担担保责任,符合一般公平原则。

综上,强某某已对瀚霖公司提供担保经过股东会决议尽到审慎注意和形式审查义务,瀚霖公司提供担保有利于自身经营发展需要,并不损害公司及公司中小股东的权益,应当认定案涉担保条款合法有效,瀚霖公司应当对曹某某支付股权转让款及违约金承担连带清偿责任。一审、二审法院关于瀚霖公司担保无效的认定,应予纠正。

2. 投资者与目标公司约定投资者可以取得相对固定的收益,该收益会脱离目标公司的经营业绩,直接或间接地损害公司和公司债权人的利益,应认定为无效;投资者与目标公司约定的补偿承诺条款属当事人意思自治,约定有效,投资者可以据此获得补偿。

在(2012)民提字第11号案中,一审法院认为:《增资协议书》系双方的真实意思表示,但《增资协议书》第7条第2项的内容即世恒公司于2008年的实际净利润应不低于3000万元,否则海富公司有权要求世恒公司补偿的约定,不符合《中外合资经营企业法》关于企业利润根据合营各方注册资本的比例进行分配的规定。同时,该条规定与公司章程的有关条款并不一致,也损害了公司利益及公司债权人的利益,由世恒公司对海富公司承担补偿责任的约定违反了法律、行政法规的强制性规定,该约定无效,故海富公司依据该条款要求世恒公司承担补偿责任的诉请,依法不能支持。由于海富公司要求世恒公司承担补偿责任的约定无效,因此,海富公司要求世恒公司承担补偿责任失去了前提依据。

二审法院认为:海富公司与世恒公司、迪亚公司、陆某四方签订的协议虽名为《增资协议书》,但纵观该协议的全部内容,海富公司支付2000万元的目的并非仅享有世恒公司3.85%的股权(计15.38万美元,折合人民币114.7717万元),海富公司期望世恒公司经股份制改造并成功上市后,获取增值的股权价值才是其缔结《增资协议书》并出资的核心目的。基于上述投资目的,海富公司等四方当事人在《增资协议书》就业绩目标进行了约定,即"世恒公司于2008年的实际净利润应不低于3000万元,否则海富公司有权要求世恒公司予以补偿,如果世恒公司未能履行补偿义务,海富公司有权要求迪亚公司履行补偿义务。补偿金额=(1−2008年实际净利润/3000万元)×本次投资金额"。海富公司等四方当事人就世恒公司于2008年的实际净利润应不低于3000万元的约定,仅是对目标企业的盈利能力提出要求,并未涉及具体的分配事宜;且如实现约定利润,世恒公司及其股东均能获得各自相应的收益,也有助于债权人利益的实现,故并不违反法律规定。

而海富公司等四方当事人就世恒公司于2008年的实际净利润应不低于3000万元,否则海富公司有权要求世恒公司及迪亚公司以一定方式予以补偿的约定,违反了投资领域风险共担的原则,使得不论世恒公司的经营业绩如何,海富公司作为投资者均能取得约定收益而不承担任何风险。参照《关于审理联营合同纠纷案件若干问题的解答》的规定,"企业法人、事业法人作为联营一方向联营体投资,但不参加共同经营,也不承担联营的风险责任,不论盈亏均按期收回本息,或者按期收取固定利润的,是名为联营,实为借贷,违反了有关金融法规,应当确认合同无效",海富公司除已计入世恒公司注册资本的114.7717万元外,其余1885.2283万元资金的性质应属"名为投资,实为借贷"。

再审法院认为:海富公司作为企业法人,向世恒公司投资后与迪亚公司合资经营,故世恒公司为合资企业。世恒公司、海富公司、迪亚公司、陆某在《增资协议书》中约定,如果世恒公司实际净利润低于3000万元,则海富公司有权从世恒公司处获得补偿,并约定了计算公式。这一约定使得海富公司的投资可以取得相对固定的收益,该收益脱离了世恒公司的经营业绩,损害了公司和公司债权人的利益,一审法院、二审法院认定《增资协议书》中的该部分条款无效是正确的。但二审法院认定海富公司1885.2283万元的投资"名为联营,实为借贷",并判决世恒公司和迪亚公司向海富公司返还该笔投资款,没有法律依据,予以纠正。在《增资协议书》中,迪亚公司对于海富公司的补偿承诺并不损害公司及公司债权人的利益,不违反法律法规的禁止性规定,是当事人的真实意思表示,是有效的。迪亚公司对海富公司承诺了众星公司2008年的净利润目标并约定了补偿金额的计算方法。在众星公司2008年的净利润未达到约定目标的情况下,迪亚公司应当依约应海富公司的请求对其进行补偿。迪亚公司对海富公司请求的补偿金额及计算方法没有提出异议,予以确认。

3. 有限责任公司回购本公司股份不当然违反《公司法》的强制性规定,履行法定程序后回购本公司股份不会损害公司股东及债权人的利益,亦不会构成对公司资本维持原则的违反,对赌协议中关于股份回购条款的内容是当事人特别设立的保护投资人利益的条款,属于缔约过程中当事人对投资合作商业风险的安排,系各方当事人的真实意思表示,约定有效。

在(2019)苏民再62号案中,一审法院认为:案涉股权回购约定因违反《公司法》的禁止性规定且违背公司资本维持原则和法人独立财产原则而无效。在公司有效存续期间,股东基于其投资从公司获得财产的途径只能是依法从公司分配利润或者通过减资程序退出公司,而公司回购股东的股权必须基于法定情形并经法定程序。第一,《公司法》对于四种法定情形外公司不得收购本公司的股权作出了明确规定,案涉《补充协议》关于在约定的情形下公司应以现金的形式按约定的计算方法回购股权的约定不符合法定情形,违反了《公司法》的禁止性规定;第二,该约定实际是让华工公司作为股东在不具备法定回购股权的情形以及不需要经过法定程序的情况下,直接由公司支付对价而抛出股权,使股东可以脱离公司经营业绩、不承担公司经营风险而当然获得约定收益，损害了公司、其他股东和公司债权人的权益，与公司资本维持原则、法人独立财产原则相悖。故该股权回购约定当属无效。同时，2011年扬锻公司新公司章程对公司回购股份情形的重新约定系各股东的真实意思表示，构成对《补充协议》约定的否定，对华工公司具有约束力。2011年11月20日，扬锻公司所有股东参加股东会并一致表决通过，并经工商部门变更登记备案的新公司章程对公司回购股份的情形作了重新约定，并规定除约定情形外，公司不得进行买卖本公司股份的活动。该规定符合《公司法》关于股份有限公司不得收购本公司股份的规定，系各股东对股权回购等内容的真实意思表示，亦是对《补充协议》中股权回购约定的否定，对作为股东的华工公司具有约束力。

二审法院认为：华工公司诉讼请求判令扬锻公司及扬锻公司11位原股东共同回购华工公司持有的扬锻公司股份，现一审法院认定约定的回购主体仅为扬锻公司，需确定该情形下回购约定的效力。对此，相关法律和扬锻公司章程均明确公司不能从事该回购事宜，否则明显有悖公司资本维持这一基本原则和法律有关规定，故一审认定回购约定无效的依据充分。

再审法院认为：案涉对赌协议的效力应认定为有效。签订案涉对赌协议时扬锻集团公司系有限责任公司，且该公司全体股东均在对赌协议中签字并承诺确保履行对赌协议的内容。该协议约定扬锻集团公司及其原全体股东应在华工公司书面提出回购要求之日起30日内完成回购股权等有关事项，包括完成股东大会决议，签署股权转让合同以及其他相关法律文件，支付有关股权收购的全部款项，完成工商变更登记；扬锻集团公司的违约行为导致华工公司发生的任何损失，扬锻集团公司及其全体股东承担连带责任。上述约定表明，扬锻集团公司及全部股东对股权回购应当履行的法律程序及法律后果是清楚的，即扬锻集团公司及全部股东在约定的股权回购条款被激活后，该公司应当履行法定程序办理工商变更登记，该公司全体股东负有履行过程中的协助义务及履行结果上的保证责任。

《公司法》并不禁止有限责任公司回购本公司股份，有限责任公司回购本公司股份并不当然违反《公司法》的强制性规定。有限责任公司在履行法定程序后回购本公司股份，不会损害公司股东及债权人的利益，亦不会构成对公司资本维持原则的违反。在有限责任公司作为对赌协议约定的股份回购主体的情形下，投资人作为对赌协议相对方所负担的义务不仅限于投入资金成本，还包括激励完善公司治理结构以及以公司上市为目标的资本运作等。投资人在进入目标公司后，亦应依《公司法》的规定，对目标公司的经营亏损等问题按照合同约定或者持股比例承担相应责任。案涉对赌协议中关于股份回购条款的内容,是当事人特别设立的保护投资人利益的条款,属于缔约过程中当事人对投资合作商业风险的安排,系各方当事人的真实意思表示。扬锻集团公司变更为扬锻公司后,案涉对赌协议的权利义务应由扬锻公司继受,在案涉对赌条款激活后,扬锻公司应按照协议约定履行股份回购义务,潘某虎等原扬锻集团公司股东应承担连带责任。

4. 全国中小企业股份转让系统并未禁止投资人在挂牌公司投资协议中约定股权回购等特殊条款,不能证明案涉回购条款本身存在违反法律、行政法规强制性规定等法定无效的情形或者违反挂牌公司监管禁止性规定,故回购条款在公司挂牌后的存续并不构成对证券市场公序良俗的违反,依然有效。

在(2020)沪民再29号案中,再审法院认为:关于中宝公司挂牌后,案涉回购条款是否丧失法律效力的问题。胡某某、宋某某认为案涉回购条款在挂牌后因违反《全国中小企业股份转让系统业务规则》和证券市场信息披露的规定,有违证券市场公共秩序,有损其他广大投资者的合法权益,理应失效。对此,法院认为,全国中小企业股份转让系统并未禁止投资人在挂牌公司投资协议中约定股权回购等特殊条款,而是通过制定《挂牌公司股票发行常见问题解答(三)——募集资金管理、认购协议中特殊条款、特殊类型挂牌公司融资》《挂牌公司股票发行常见问题解答(四)——特殊投资条款》等业务规则对此类特殊条款提出监管要求。胡某某、宋某某不能证明案涉回购条款本身存在违反法律、行政法规强制性规定等法定无效的情形或者违反挂牌公司监管禁止性规定,故案涉回购条款在中宝公司挂牌后的存续并不构成对证券市场公序良俗的违反。至于案涉回购条款的信息披露问题,系属全国中小企业股份转让系统与证券监管部门的自律监管与行政监管范畴,由此可能产生相关主体接受自律监管措施、纪律处分或者行政处罚等责任后果,并不影响回购条款本身的效力。故对胡某某、宋某某关于案涉回购条款在中宝公司挂牌后即丧失法律效力的主张,不予采纳。

5. 我国法律法规中并无禁止新三板挂牌公司(非上市公众公司)对赌的规定,对赌协议系投资人和目标公司股东之间对赌,并不会损害目标公司和债权人的利益,对赌协议有效。

在(2021)苏06民终783号案中,二审法院认为:案涉《股份认购补充协议》系投资者徐某某与目标公司三建集团公司的股东三建控股公司之间达成的对赌协议,其中约定了触发赎回条件的情形,即三建集团公司于2016年度、2017年度和2018年度经审计后的净利润分别未达到所承诺金额的90%;三建集团公司未能在

2018年12月31日前完成首次公开发行申报、三建集团公司或三建控股公司单方面或主动决定放弃公开上市计划或并购计划，徐某某有权自2019年1月1日起要求三建控股公司回购其所持有的股份。此类对赌协议只要主体合格，当事人的意思表示真实，内容不违反《合同法》《公司法》及其他法律、行政法规的强制性、禁止性规定，即应确认有效。

具体到本案中，第一，我国相关法律法规中并无禁止非上市公众公司进行对赌的规定，且案涉对赌协议系投资人和目标公司的股东之间进行对赌，并不会损害目标公司和债权人的利益。案涉《股份认购补充协议》约定的赎回条款系徐某某在一定条件下退出该投资法律关系并取得一定经济补偿的条款，是当事人基于理性选择和商业判断的前提下对投资合作商业风险作出的安排，对该自治行为应充分予以尊重。第二，徐某某虽出具声明及承诺函保证其与三建集团公司及其实际控制人、控股股东、董事、监事、高级管理人员之间不存在任何对赌协议，主办券商、律师事务所也均在股票发行合法合规性法律意见书中确认不存在对赌协议，但是对赌条款的披露涉及的是对投资者利益的保障及社会公众监督，系属证券监管机构对公司规范发行及运作的监督管理范畴，与回购条款本身的效力并无必然关联。只要协议不违反《公司法》相关规定，不涉及公司资产减少，不构成抽逃公司资本，不影响债权人利益，亦不存在法律规定的合同无效的情形，即应认定合法有效。需要指出的是，对赌协议各方主体理应知晓非上市公众公司关于信息披露的监管规定，但却仍选择隐瞒对赌协议的存在并作出虚假的信息披露，违反了监督管理制度，但三建控股公司据此主张协议无效，缺乏法律依据，不予支持。

【无效】

1. 公司未能举证证实存在法律规定的收购本公司股份的法定情形，有违"资本维持"原则，将损害公司债权人的利益，股份回购条款无效。

在（2019）最高法民申4797号案中，再审法院认为：盘古企业主张要求中基公司回购股份并支付相应款项，梓昆公司为中基公司的款项支付义务承担连带责任，并未要求梓昆公司回购股份。盘古企业要求中基公司、梓昆公司承担责任的主要依据是《补充协议》第3条的约定，该条款的内容为"回购权"，明确约定了在股份回购条件成就时由梓昆公司或中基公司负责支付相应款项，即中基公司和梓昆公司对盘古企业承担相同的责任，不存在梓昆公司为中基公司的款项支付义务承担连带责任的约定。盘古企业出具的《关于再次要求贵两方回购我企业所持梓昆科技全部股权的函》亦能印证中基公司和梓昆公司承担的是相同责任。

因此，根据《补充协议》的约定，梓昆公司需要回购盘古企业持有的梓昆公司的股份。但是，盘古企业未能举证证实存在法律规定的梓昆公司可以收购本公司股份的法定情形，且盘古企业作为梓昆公司的股东，要求梓昆公司回购股份有违"资本维持"原则，将损害梓昆公司及梓昆公司债权人的利益，违反《公司法》的规定。因此，二审判决认定盘古企业和梓昆公司达成的股份回购条款无效，并驳回盘古企业对梓昆公司的诉讼请求，并无不当。

2. 对赌协议没有履行减资程序的，属于合同履行的问题，不属于合同效力的问题，不能以未减资为由而认定对赌协议无效。

在（2020）最高法民申1191号案中，再审法院认为：针对甄投中心要求运货柜公司回购股权这一事项，原判决需围绕运货柜公司是否完成减资的程序进行审查。事实上，公司股权是否可以回购应当分两方面进行审理：一是《补充协议》的效力问题；二是基于合同有效的前提下的履行问题。原判决并未说明《补充协议》存在符合合同无效的法定情形，合同本身应当认定为有效。至于《补充协议》约定的股权回购实际上是否可以履行存在着多种可能性。股权回购是否经过2/3以上有表决权的股东通过、目标公司是否已完成减资程序、债权人是否同意等事项均具有不确定性，原判决在上述事实未经审理的情形下直接认定合同本身必然无效确有不当。

3. 协议中关于在不能上市时由目标公司收购投资方股权的条款，属股东滥用公司法人独立地位和股东有限责任，可能严重损害公司债权人利益，协议无效，投资方请求目标公司以现金价款收购其持有的股权，不应予以支持。

在（2020）最高法民再350号案中，一审法院认为：案涉各份协议中关于在不能上市时由财神岛公司收购广华投资企业股权的条款，属于股东滥用公司法人独立地位和股东有限责任，可能严重损害公司债权人的利益，违反了《公司法》规定，不能得到法律认可而应归于无效。广华投资企业请求财神岛公司以现金价款收购其持有的股权，不应予以支持。同时，因当事人设立主债务的协议条款无效，则广华投资企业请求李某、于某某承担连带债务同样不予支持。

二审法院认为：关于财神岛公司是否应按约定回购广华投资企业所持的财神岛公司20%的股权。广华投资企业于2010年12月10日与李某、于某某共同签订《增资协议》，约定广华投资企业投入现金3000万元成为财神岛公司持股20%的股东；2012年3月30日，财神岛公司与广华投资企业签订《协议书》约定，如财神岛公司不能上市，以"投资额3000万元为基数，以2011年1月1日为始点，以年利率10%为标准"，由财神岛公司全额收购广华投资企业所投资的财神岛公司的股权。

尽管 2012 年 3 月 30 日签订的《协议书》是双方当事人的真实意思表示,但《协议书》中关于财神岛公司回购股权的约定不属于《公司法》和财神岛公司章程所列举的情形,不符合《公司法》关于资本维持的基本原则,广华投资企业请求财神岛公司收购其股权的条件并不具备。原审判决未支持广华投资企业要求财神岛公司按约定价格收购其 20% 股权的诉讼请求,并无不当。

（二）对赌协议的履行

【股权回购的责任主体】

1. 协议中约定了对股权回购承担连带责任,但该协议未经公司股东会批准通过,协议虽有法定代表人签章,但当事人并未对公司法定代表人作出的该项意思表示是否经过股东会决议尽到基本的形式审查义务,不应属于善意的相对人,其请求约定的主体对股权回购承担连带责任不被支持。

在（2017）最高法民再 258 号案中,再审法院认为：关于久远公司是否应对新方向公司回购股权承担连带责任的问题。久远公司在《增资扩股协议》中承诺对新方向公司进行股权回购承担连带责任,虽然有其法定代表人的签章,但并未向通联公司提供相关的股东会决议,事后久远公司亦否认该事项经过其股东会的同意或就此事召开过股东会;基于通联公司未对久远公司法定代表人作出的该项意思表示是否经过股东会决议尽到基本的形式审查义务,其不应属于善意的相对人,久远公司法定代表人的该行为,对通联公司不发生法律效力。通联公司关于其当时尚不是久远公司的股东、不知道公司内部决议程序的抗辩理由不能成立。其依据案涉《增资扩股协议》约定,要求久远公司对新方向公司的股权回购义务承担连带责任的主张,不予支持。

2. 在没有特别约定的情况下,具有股权回购义务的主体是一个整体。合同未约定各方的具体回购比例,回购义务人对回购款承担连带责任。

在（2021）粤 03 民终 4848 号案中,二审法院认为：关于董某某的回购主张是否符合《投资协议书》第 3.5 条的约定以及回购义务人是谁的问题。当事人对合同条款的理解存在争议的,应当按照合同所使用的词句、合同的有关条款、合同的目的、交易习惯以及诚实信用原则,确定合同条款的真实意思。故本案中对回购条款的解释,应探求当事人订立合同时的真实意思表示。

第一,从整个《投资协议书》的内容来看,对乙方权利、义务作出的约定,并不是分别针对作为乙方的原股东吴某民、李某儒、邓某雁、钟某煌、海成企业作出的单独个体约定,而是将乙方作为一个整体,对乙方的权利、义务的约定内容是一致的。

回购条款中也没有对每一个个体回购的具体股权数额作出约定。

第二，从《投资协议书》第3.5条的功能来看，3.3条约定了5000万元的利润目标，3.4该条约定了36个月的投资期限，而3.5条实质上约定的是乙方的回购义务，并对甲方行使该权利设置了期限的限制。该条表述为"通知乙方"，旨在确定乙方是否回购，甲方应在2019年10月31日前对其是否主张回购明确表态，否则将丧失权利，而并非意在设定必须书面通知到乙方每个个体的回购条件。故综合审查《投资协议书》所使用的概念和词句、有关条款的逻辑关系及双方当事人订约的目的，该条款应与合同的整体内容协调一致，在并未出现乙方单独个体的情况下，应视为对乙方整体作出约定。而董某某在本案中要求回购股权的意思表示显然已经明确，符合该条约定。原审对此认定有误，予以纠正。董某某该项上诉请求成立，予以支持。吴某民、邓某雁上诉主张回购条件不成就，与合同约定不符，不能成立。吴某民、李某儒、邓某雁、钟某煌、海成企业均为案涉股权回购义务人，合同未约定各方的具体回购比例，董某某主张上述回购义务人对回购款承担连带责任，有事实及法律依据，予以支持。

3. 协议未明确豁免股权回购义务的主体，存在形式上的瑕疵，但综合合同的签订背景、实际履行情况以及权利义务对等原则等考虑，有理由相信各方就股权回购义务豁免达成合意的情况下，也存在对支付股权回购款之责任的豁免可能。

在（2020）粤01民终21667号案中，二审法院认为：关于是否应豁免保某某对于三泽投资的股权回购义务的问题。

第一，三泽生物、三泽创投、三泽投资虽为独立的法人主体，但从三公司的股权和人员结构来看，存在紧密联系。特别是在案涉《三甲公司增资扩股协议》《三甲公司增资扩股协议之补充协议》的签订和履行过程中，三泽生物、三泽创投、三泽投资系委派同一人员签署合同、提名同一人员代表三公司进入三甲公司董事会并行使权利，有合理理由相信至少在案涉协议的履行过程中，三泽生物、三泽创投、三泽投资在三甲公司的相关行为具有统一性和一致性。保某某也有合理理由相信周某、曾某某的行为可以同时代表三公司。

第二，对赌协议产生的根源在于投资方与融资方信息的不对称，双方对于公司的不同预期需要平衡，为了尽快达成交易而采取事后估值的方法。但是本案中，三泽生物及三泽创投指定的案外人在受让保某某持有的三甲公司全部股权份额后，其在三甲公司的身份地位和影响远超保某某，属于信息资源获得的优势方。而保某某在转让股权后与三甲公司不再存在实质性关联。在此情况下，双方身份地位的对比已发生彻底变化。如果再要求保某某仅基于在先签订的增资扩股协议的约定承担融资方的对赌义务，显然有悖对赌协议设立的初衷，也有违公平原则。

第三，基于保某某在转让股权后的身份变化，其强调愿意出让全部股权给三泽生物及其指定公司的前提必须是，豁免其在三甲公司历次增资过程中对于所有投资方的股权回购义务，该请求具有合理性。保某某在其于2017年9月4日发送给曾某某的电子邮件中特别提到该问题。邮件内容虽并无特别指明三泽投资，但保某某基于对曾某某代表三公司统一对外行动的合理信赖，以及曾某某同意协调免除其他非三泽投资的投资人对于保某某股权回购义务的追责，三泽投资当然豁免保某某的案涉股权回购义务应属双方在签署《三甲公司股权转让协议》时的题中之义。

第四，单从合同的相对性来看，2017年9月14日签订的《三甲公司股权转让协议》未明确约定三泽投资对于保某某股权回购义务的豁免，存在形式上的瑕疵。但综合以上分析，从案涉诸份协议的签订背景、实际履行情况以及权利义务对等原则等考虑，本院有理由相信保某某已与曾某某代表的三泽投资就后者豁免保某某案涉股权回购义务达成合意。三泽投资再要求保某某一并承担案涉股权回购款的支付义务，缺乏事实和法律依据，不予支持。

4. 未能证明公司已依法履行了法定的减资程序，则投资方无权直接要求公司收购自己的股份，但这并不意味着公司无须承担义务，而是意味着履行不能，应根据协议由其他主体承担股权回购义务。

在（2020）最高法民申6234号案中，再审法院认为：领航公司回购股份，应先履行法定的减资程序。润信鼎泰、鼎泰资本、美锦公司未提供证据证明领航公司已依法履行了法定的减资程序，原审法院据此认定润信鼎泰、鼎泰资本、美锦公司在本案中无权直接要求领航公司收购自己公司的股份，但这并不意味着领航公司无须承担义务，而是意味着领航公司履行不能。根据案涉《补充协议》的约定，丙方（即传媒集团）为目标公司（即领航公司）的原股东，原股东对甲方（即领航公司）在本协议中的义务承担连带责任。因此，虽然《补充协议》约定的股权回购主体为领航公司，但在领航公司无法承担回购股份义务时，由传媒集团承担回购股份义务，符合上述合同约定。二审法院认定传媒集团应承担回购股份责任，并据此判决传媒集团应赔偿润信鼎泰、鼎泰资本、美锦公司回购可得利益损失及违约金损失的诉讼请求，并无不当。传媒集团、领航公司提出传媒集团未参与对赌，且原审法院已认定润信鼎泰、鼎泰资本、美锦公司不能向领航公司主张股权回购的情况下，传媒集团无须承担股权回购责任的主张,理据不足,本院不予支持。

传媒集团、领航公司在本案中未提起反诉,而润信鼎泰、鼎泰资本、美锦公司的诉讼请求并未包含返还相应股份,因此,二审法院未判决润信鼎泰、鼎泰资本、美锦公司将持有的领航公司股权返还给传媒集团,符合法律规定。润信鼎泰、鼎泰资本、美锦公司在二审法庭调查中亦已明确表示"如果对方向我方支付了出资额本金4800万,我方所获得的股份就由传媒集团或传媒集团指定的第三方承接。"传媒集团履行二审判决确定的义务后,润信鼎泰、鼎泰资本、美锦公司应向传媒集团或其指定的第三方返还相应股份。

5. 第三人为投资人与目标公司对赌提供担保,如公司减资或分红程序未完成,对赌协议主合同义务尚未成就,担保人无须履行担保义务,亦不存在担保责任。

在(2020)最高法民申2957号案中,再审法院认为:关于股东请求公司回购股份是否应完成减资程序的问题。本案主要涉及股权性融资"对赌协议"。"对赌协议"又称估值调整协议,是指投资方与融资方在达成股权性融资协议时,约定由融资方根据企业将来的经营情况调整投资者的投资条件或给予投资者补偿的协议,估值调整手段主要包含股权回购、金钱补偿等。"对赌协议"主要分为投资方与目标公司的股东或者实际控制人的"对赌"、投资方与目标公司的"对赌"、投资人与目标公司的股东和目标公司同时"对赌"等形式。其中,与目标公司"对赌"指的是投资方与目标公司签订协议约定,目标公司从投资方融资,投资方成为目标公司的股东,当目标公司在约定期限内实现双方预设的目标时,由投资方给予目标公司奖励;相反,由目标公司按照事先约定的方式回购投资方的股权或者向投资方承担金钱补偿义务。

本案即符合投资方与目标公司"对赌"的情形,银海通投资中心为投资方,新疆西龙公司为目标公司。在处理"对赌协议"纠纷的案件时,不仅应适用《合同法》的相关规定,还应适用《公司法》的相关规定,依法平衡投资方、公司股东、公司债权人、公司之间的利益。新疆西龙公司与银海通投资中心签订《增资扩股协议》,通过增资的方式向银海通投资中心融资900万元,并与奎屯西龙公司三方共同签订具有股权回购、担保内容的《补充协议》,该协议均系各方当事人的真实意思表示,不违反法律、行政法规的强制性规定,不存在法律规定的合同无效的情形,应属合法有效,原判决对此认定准确。投资方银海通投资中心与目标公司新疆西龙公司"对赌"失败,请求新疆西龙公司回购股权,不得违反"股东抽逃出资"的强制性规定。新疆西龙公司为股份有限公司,其回购股权属减少公司注册资本的情形,须经股东大会决议，并依据《公司法》规定完成减资程序。现新疆西龙公司未完成前述程序，故原判决驳回银海通投资中心的诉讼请求并无不当，银海通投资中心的该再审申请理由不成立。

6. 公司就股权回购款承担连带保证责任的约定经过全体股东一致同意的决定，决议合法有效，公司应就股权回购款承担连带责任。

在（2020）最高法民申 6603 号案中，再审法院认为：关于巨什公司是否应就毕某某的股权回购款承担连带责任的问题。《公司法》规定，股东会行使公司章程规定的职权时，股东以书面形式一致表示同意的，可以不召开股东会会议，直接作出决定，并由全体股东在决定文件上签名、盖章。巨什公司章程亦约定，为公司股东或者实际控制人提供担保作出决议，可以不召开股东会会议，由全体股东直接作出决定。本案签订增资补充协议时，巨什公司股东毕某某和新什中心均签署了该协议，故该协议关于巨什公司承担连带保证责任的约定属于经过全体股东一致同意的决定，符合法律规定及公司章程约定，合法有效。因此，原审认定巨什公司应当就毕某某的股权回购款向兴博九鼎中心承担连带责任并无不当。

【回购请求权的行使】

1. 融资方拒绝配合导致会计师事务所不能进场审计目标公司的业绩，应当视为回购条件已经成就，公司行使股权回购权的起算时间，应当自融资方回复邮件称其不同意签署业务约定书的时间开始计算。

在（2021）京民终 431 号案中，二审法院认为：关于贾某对一审判决认定《增资协议》的回购条件已成就属于事实认定错误的上诉理由。法院认为，依据本案查明的事实，杭州链反应企业自 2018 年 6 月 6 日至 2018 年 8 月 21 日这一期间数次通过邮件敦促贾某签署《业务约定书》，以保证杭州链反应企业认可的会计师事务所及时进场审计。贾某在明知签署《业务约定书》的目的和意图的情况下，依然以对签署《业务约定书》的意图和目的不清楚为由，拒绝签署《业务约定书》，导致杭州链反应企业认可的会计师事务所不能进场审计。贾某拒不配合杭州链反应企业指定的会计师事务所进场审计，应当视为回购条件已经成就。杭州链反应企业行使股权回购权的起算时间，应当自贾某回复邮件称其不同意签署《业务约定书》的时间开始计算，即自 2018 年 8 月 3 日起计算。杭州链反应企业于 2018 年 9 月向贾某发送了股权回购的函件，亦属于在《增资协议》约定的期限内行使股权回购权。麒麟公司发送给杭州链反应企业的审计报告并未得到杭州链反应企业的认可，故麒麟公司向杭州链反应企业发送审计报告的时间亦不是杭州链反应企业应当行使股权回购权的起算时间。综上，贾某的相关上诉理由不成立,不予采信。

2. 股权回购请求权需在一定期限内行使,这个期限可能是协议中各方约定的,但要注意目标公司在通知各方将履行股权回购请求权时,不能直接采用公告的方式,应当尽量直接通知,不然无法推断出投资方已知触发回购事项的条件发生,该通知义务必然与"行权期限"相关联。

在(2019)京03民终8116号案中,二审法院认为:关于天津平禄公司没有在冯某未质押股权的市值低于10亿元之日起3个月行使回购权,是否已经失权的问题。法院认为,天津平禄公司未失权,分述如下:

首先,从《回购协议》签订的目的及意义看,如前所述,《回购协议》在本质上是投资方与目标公司之间的"对赌协议",目的是促成目标公司提升业绩,合格上市,以期获得巨大的商业利益。更重要的是,保证投资方在一定条件下顺利退出,保障投资方的利益。《回购协议》亦是应投资方的要求所签订,故《回购协议》中约定对投资方实体权利的限制性、排除性的条款缺乏合理性。

其次,"3个月"的约定应系赋权性约定,而非限制性约定。

其一,从合同文义看,《回购协议》并未约定天津平禄公司超过该3个月内行使权利,即丧失股权回购的请求权,也未约定天津平禄公司超过3个月后,或者未以书面形式提出股权回购申请即视为其放弃行使股权回购权的限制性规定。故本院认为,该条款的本义为敦促享有股权回购请求权的一方及时行使股权回购权,而非对其权利加以形式和时间上的限制,甚至剥夺。

其二,虽冯某的未质押暴风集团股权低于10亿元已超过3个月,但其未质押股权的价值低于10亿元自2017年起,至今仍持续处于下降状态,故本院认为冯某的资信能力下降处于持续状态,否定天津平禄公司的回购权并无法律依据。且因诉讼时效等法律相关规定的存在,可阻却天津平禄公司怠于行使自身权利的可能,不会令双方权利义务持续处于不稳定状态。

其三,根据《回购协议》的约定,在冯某未质押的暴风集团股权的市值低于10亿元等回购事项发生后,暴风体育公司应当在10个工作日内及时通知天津平禄公司。但冯某一方并未提交证据证实暴风体育公司在2017年4月7日的回购条件触发之时,或者在该情形持续期间通知过天津平禄公司,虽冯某举证暴风集团已于相关平台发布了相应公告,但该公告并不当然免除其通知义务。因暴风集团的相关公告并不能当然推定出天津平禄公司已知该触发回购事项的条件发生。且该通知义务必然与天津平禄公司所谓"行权期限"相关联。故割裂暴风体育公司的通知义务与 3 个月行权期限之间的关联关系缺乏合理性。天津平禄公司在自行发现回购条件触发时向冯某一方要求行权,具有正当合理性。

最后,如前天津平禄公司所述,除冯某未质押暴风集团股权低于 10 亿元这一条件触发外,另一触发冯某回购义务的事实于一审诉讼期间发生,即其他投资方亦向冯某提出回购请求,故依据这一新发生的事实,冯某有关 3 个月系除权限制规定的主张已不能对抗天津平禄公司。综上,冯某关于天津平禄公司未在 3 个月内行使权利,无权请求股权回购的上诉主张,不予支持。

(三) 对赌协议的违约责任

【股权补偿、现金补偿】

1. 协议可以约定股权回购条件触发时,可以采用股权补偿的方式或现金对价的方式补偿。采取现金补偿方式的,补偿金额需具有现实的合理性,这应从各方是否签订协议、是否考虑了未来发展的不确定性、信息的不对称以及产生代理成本等风险,各方获得巨大投资利益或者遭受巨大投资损失的可能性等因素综合判断。

在(2020)京民终 167 号案中,二审法院认为:关于卜某某要求喀什诚合公司支付现金 1.624 亿元款项的性质。案涉《补充协议一》《补充协议二》约定本次股权转让完成后,目标公司应实现的业绩目标或资本证券化目标,并约定如触发"对赌"条件(即未实现目标公司此等发展目标)时,目标公司的股东喀什诚合公司及其实际控制人徐某某须向卜某某履行现金或股份(股权)补偿义务及(或)承担违约责任,且赋予了卜某某对补偿方式的选择权。

在案涉"对赌"条件确已实际触发后,喀什诚合公司本应按照上述约定及卜某某已经确定选择的股权补偿方式,向卜某某履行转让喀什诚合公司持有的目标公司 8.12%股权的股权补偿义务。但由于喀什诚合公司在未事先通知卜某某,亦未征得卜某某同意的情况下,擅自将其持有的目标公司 19.3787%的股权全部对外进行了质押,导致投资方卜某某依约应取得的股权补偿投资利益随时处于不确定性及信息不对等的风险。为此,相关各方通过签订《补充协议三》确定,若喀什诚合公司、徐某某、星河世界公司到期不能履行上述股权补偿义务的,其除应继续承担并履行《补充协议一》《补充协议二》《四方协议》项下全部义务(应指合同的概括性义务)外,同时对原应补偿给卜某某 8.12%标的的股权进行 1.624 亿元的现金补偿。因此,该 1.624 亿元款项的性质应属于在《补充协议一》《补充协议二》《四方协议》约定的股权补偿方式已无法实现时,融资方应对投资方承担股权补偿义务的延续性对价支付。

故,喀什诚合公司应当按照《补充协议三》的约定,在其到期不能履行股权补偿义务的情况下,对原应补偿给卜某某的目标公司 8.12%标的股权进行 1.624 亿元的现金补偿,即应向卜某某支付现金 1.624 亿元。

2. 协议既约定了业绩补偿条款,也约定了股权回购条款,两个条款独立并行,属于当事人的意思自治范围,应予尊重,可以同时适用。

在(2020)京民终 308 号案中,关于业绩补偿条款与股权回购价款是否可以同时适用的问题。法院认为:首先,《补充协议》中既约定了业绩补偿条款,也约定了股权回购条款,两个条款独立并行。上述条款是各方当事人的真实意思表示,亦未违反法律法规的强制性规定,故应当尊重当事人的意思自治。其次,中信资本公司要求谢某新给付业绩补偿款及股权回购款的依据是目标公司未达到经营目标业绩,导致实际估值与签订对赌协议时的预设估值存在差距,与中信资本公司是否保持股东身份没有因果关系。本案中业绩补偿款的支付主体是谢某新而非目标公司,亦不存在股东身份的障碍。最后,《补充协议》是投融资双方对目标公司未来估值进行调整的协议。投资人在投资当时,对于投资收益的期望本身也包含了每年度业绩收入带来的收益和最终退出时股权产生的溢价两个部分,投资人以高溢价认购公司股权,其中对于目标公司的估值也是以上述两种收益作为基础的。因此,股东或者实际控制人的业绩补偿及股权回购义务是和投资方高溢价认购目标公司股权的义务相对应的,符合合同相对人权利义务相一致的原则,亦不会违反公平原则。

【利息、违约金、逾期付款违约金】

1. 法院可以基于各方的履约情况及合同性质,酌定调整违约金利息的起算时间。

在(2020)最高法民终 575 号案中,二审法院认为:关于一审判决认定的回购金额及违约金的核算是否适当的问题。案涉《补充协议 4》约定,"如果银润公司 2015 年和 2016 年的合计实际净利润低于 2015 年和 2016 年合计目标净利润的 50%,银润公司必须回购华数元启公司届时所持有的公司全部股权,回购利率为每年 8%"。银润公司、陈某某在出具的《关于回购事宜的建议方案》中表示,"……若华数元启公司在年底完成回购,回购款应为本金 2.5 亿元加累计投资利润 8400 万元……"。在银润公司、陈某某未能提供证据证明银润公司 2015 年和 2016 年的合计实际净利润高于 2015 年和 2016 年合计目标净利润的 50%的情况下,一审法院按照上述合同约定计算回购款总计 324193534 元,并无不当。

银润公司、陈某某上诉主张华数元启公司晚于合同约定的时间支付股权转让款及增资款,违约在先。但除 2015 年 7 月 1 日华数元启公司延迟支付 1200 万元款项一天外，剩余 2.38 亿元认购款、增资款，华数元启公司均在合同约定的时间内支付完毕。银润公司、陈某某在公司往来函件中从未对延迟一天支付 1200 万元提出异议，亦未提交证据证明 1200 万元的延期支付对银润公司运行造成不良后果，其主张华数元启公司未按时、足额支付投资款的违约行为导致案涉对赌计划失败，不能成立。银润公司、陈某某主张华数元启公司未履行股东义务，没有对公司运营产生帮助，对对赌计划未完成负有责任，但对此未提供证据证明，本院不予支持。案涉《补充协议》约定陈某某有义务回购华数元启公司所持有的银润公司全部股权，并最迟在不晚于华数元启公司作出书面确认回购要求后的 18 个月内付清全部回购价款，逾期未付清回购价款的，则应按年利率 20%（即每日 5.5‰）的标准另行支付违约金。一审法院基于各方的履约情况及合同性质，将违约金酌定调整为自 2019 年 1 月 12 日开始，以年利率 16% 支付，并无不当。

2. 协议对利息计付标准约定不明的，股权回购款的利息损失应分段计算，即以回购款为基数，2019 年 8 月 20 日之前按照中国人民银行同期同类贷款基准利率计算，之后按照同期全国银行间同业拆借中心公布的贷款市场报价利率计算。

在（2020）最高法民再 350 号案中，再审法院认为：关于李某、于某某是否应对 2250 万元股权收购款及相应利息承担连带清偿责任的问题。2017 年 12 月 15 日，四方《协议书》首部"甲方"处为财神岛公司、李某、于某某，尾部"甲方"处有于某某、李某二人的签名和指印，案涉各方当事人对于该协议书的真实性均无异议，应当认定协议书合法有效。该协议书是各方当事人就如何退还广华投资企业 3000 万元投资款事宜所达成的，实质是为了解决 2012 年 3 月 30 日《协议书》的履行问题而签订。李某、于某某在该协议书甲方处签字，表明其认可作为独立的民事责任主体，与财神岛公司共同承担其中 2250 万元投资款的返还责任，应当认定该四方《协议书》的"甲方"为财神岛公司及其股东李某、于某某，而非仅为财神岛公司。

在如前所述的财神岛公司不具备履行股权回购的法定或约定条件，而广华投资企业不能要求其收购股权并返还投资款的情况下，李某、于某某作为财神岛公司的股东，在该四方《协议书》上签字，表明其作为财神岛公司的股东，同意按照协议书约定独立承担收购广华投资企业持有的财神岛公司股权。在有关协议书的约定系当事人的真实意思表示且不具有法定无效事由的情况下，广华投资企业有权要求李某、于某某就该四方《协议书》约定的股权回购款中的本金 2250 万元及相应利息承担连带清偿责任。一审判决以协议无效为由认定李某、于某某不承担责任，二审判决未审理广华投资企业主张李某、于某某承担责任的上诉请求而径行判决驳回上诉、维持原判,适用法律错误,予以纠正。

在李某、于某某应就案涉四方《协议书》约定的股权回购款中的本金2250万元及相应利息承担连带清偿责任的情况下,应当如何计算利息。综合本案实际情况,李某、于某某支付广华投资企业的利息应分段计算,即以2250万元为基数,2019年8月20日之前按照中国人民银行同期同类贷款基准利率计算;之后按照同期全国银行间同业拆借中心公布的贷款市场报价利率计算。

3. 公司未能及时履行减资程序违反了合同的附随义务,导致其未能在约定时间内足额支付股权回购款,其应承担因未及时履行合同义务而产生的迟延履行违约责任。认定违约金是否过高,一般应当以实际损失为基础进行判断,损失包括合同履行后可以获得的利益。

在(2021)京民终495号案中,二审法院认为:关于北京中投公司是否应当向南京钢研合伙企业支付逾期履行违约金的问题。北京中投公司在二审中提交的公司章程证明南京钢研合伙企业作为股东明知北京中投公司回购股权应履行相关的减资程序,在目标公司股东大会未作出减资决议的情况下,目标公司无法办理任何后续的减资手续,这并非目标公司的原因。对此,法院认为,各方在签订《投资协议》和《补充协议》及履行合同过程中,应当对己方能否履行相应的义务保持合理预期并如实履行,北京中投公司未能及时履行减资程序违反了合同的附随义务,导致其未能在约定时间内足额支付南京钢研合伙企业的赎回价款,其应承担因未及时履行合同义务而产生的迟延履行违约责任。

关于逾期履行违约金的计算标准,北京中投公司主张一审法院在支持15%固定投资回报的基础上,又判决目标公司承担日3‰的违约金,明显过高且构成双重获利。对此,法院认为,认定违约金是否过高,一般应当以实际损失为基础进行判断,这里的损失包括合同履行后可以获得的利益。北京中投公司未按照案涉《补充协议》的约定期限履行给付股权回购款及每年15%投资回报的义务,造成了南京钢研合伙企业的资金损失。北京中投公司主张实际损失过高,但未提供证据予以证明。且违约金兼具补偿性和惩罚性,如前所述,北京中投公司未能履行股权回购条款系其自身原因导致,故一审法院以违约造成的损失为基础,结合合同履行情况、当事人的过错程度以及预期利益等因素综合考量,以南京钢研合伙企业诉讼请求的4897.4万元为基数,按照日3‰酌减逾期付款违约金,并无不当,应予维持。

关于违约金的起止时间,南京钢研合伙企业于2018年9月17日向北京中投公司送达了《赎回通知》,北京中投公司应当按照《补充协议》关于北京中投公司应在送达赎回通知后的60个工作日内无条件支付赎回价款,一审法院据此确认北京中投公司应当自2018年12月15日起支付逾期付款违约金正确。鉴于法院确认向南京钢研合伙企业履行股权回购义务的主体为姜某、苗某某、石某某、张某某、闫某某、张某2、王某,故南京钢研合伙企业无法再要求北京中投公司向其履行股权回购义务,北京中投公司不应再承担判决生效之日后的逾期付款违约责任。

第三节 实务指南

▶ 对赌协议的实务问题

一、对赌协议的类型

对赌协议又称估值调整协议,指投资方与目标公司或者目标公司的股东约定,在目标公司未到达约定的业绩时,如何对投资方进行补偿的协议。

根据上述定义,对赌协议从签约主体上可以划分为两大类型,一是投资方与目标公司对赌,二是投资方与目标公司的股东对赌。

关于第一类对赌协议,如果目标公司使用自有现金进行补偿或对投资方的股权进行回购,影响到公司资本的稳定,则受到资本维持原则的限制。

关于第二类对赌协议,指投资方与目标公司的股东之间存在契约关系,如不直接影响到目标公司本身和债权人的利益,此协议通常被认定为有效。

按照对赌协议的内容划分,最常见的是现金补偿型、股权回购型、股权补偿型三类对赌协议。目标公司未达到业绩要求,付出的代价可以是现金支出,或将股权象征性地转让。如何设定支付条件、条件的触发、责任的承担等都在对赌协议中作了详细约定。

二、对赌协议的效力

如前所述,在投资方与目标公司的股东的对赌协议中,如不存在违反法律强制性规定的情形,应认定协议有效。本部分主要讨论的是投资方与目标公司对赌,此类协议的效力问题,需要结合《九民会议纪要》的精神分析。

《九民会议纪要》第5条之前有部分文字说明,现摘录如下:

(一)关于"对赌协议"的效力及履行

实践中俗称的"对赌协议",又称估值调整协议,是指投资方与融资方在达成股权性融资协议时,为解决交易双方对目标公司未来发展的不确定性、信息不对称以及代理成本而设计的包含了股权回购、金钱补偿等对未来目标公司的估值进行调整的协议。从订立"对赌协议"的主体来看,有投资方与目标公司的股东或者实际控制人"对赌"、投资方与目标公司"对赌"、投资方与目标公司的股东、目标公司"对赌"等形式。人民法院在审理"对赌协议"纠纷案件时,不仅应当适用合同法的相关规定,还应当适用公司法的相关规定;既要坚持鼓励投资方对实体企业特别是科技创新企业投资原则,从而在一定程度上缓解企业融资难问题,又要贯彻资本维持原则和保护债权人合法权益原则,依法平衡投资方、公司债权人、公司之间的利益。对于投资方与目标公司的股东或者实际控制人订立的"对赌协议",如无其他无效事由,认定有效并支持实际履行,实践中并无争议。但投资方与目标公司订立的"对赌协议"是否有效以及能否实际履行,存在争议。对此,应当把握如下处理规则:

接着,就是第 5 条的具体内容:"投资方与目标公司订立的"对赌协议"在不存在法定无效事由的情况下,目标公司仅以存在股权回购或者金钱补偿约定为由,主张"对赌协议"无效的,人民法院不予支持,但投资方主张实际履行的,人民法院应当审查是否符合公司法关于'股东不得抽逃出资'及股份回购的强制性规定,判决是否支持其诉讼请求。

投资方请求目标公司回购股权的,人民法院应当依据《公司法》第 35 条关于'股东不得抽逃出资'或者第 142 条关于股份回购的强制性规定进行审查。经审查,目标公司未完成减资程序的,人民法院应当驳回其诉讼请求。

投资方请求目标公司承担金钱补偿义务的,人民法院应当依据《公司法》第 35 条关于'股东不得抽逃出资'和第 166 条关于利润分配的强制性规定进行审查。经审查,目标公司没有利润或者虽有利润但不足以补偿投资方的,人民法院应当驳回或者部分支持其诉讼请求。今后目标公司有利润时,投资方还可以依据该事实另行提起诉讼。"

该条有 3 款规定,具体分析如下:

第一,说明部分指出了处理对赌协议纠纷的原则。在法律适用层面,不仅应当适用《合同法》的相关规定,还应当适用新《公司法》的相关规定;在贯彻实施细则上,既要坚持鼓励投资方对实体企业特别是科技创新企业投资的原则,从而在一定程度上缓解企业融资难的问题,也要贯彻资本维持原则和保护债权人合法权益原则,依法平衡投资方、公司债权人、公司之间的利益。

第二，第5条第1款确立了对赌协议有效、以实际履行判断取代效力判断的处理原则。在对赌协议不存在法定无效事由的情况下，目标公司仅以存在股权回购或者金钱补偿约定为由，主张"对赌协议"无效的，人民法院不予支持。该条款贯彻的正是上述坚持鼓励投资方对实体企业特别是科技创新企业投资的原则，不轻易否定双方的合同关系，有助于稳定和保护交易的良性发展。

第三，如果当事人没有提出协议的效力问题，而是提出了协议的履行问题，则法院应审查协议的履行是否违背了新《公司法》的效力性强制性规定，比如是否涉嫌抽逃出资，是否符合股权回购的法定程序（如是否进行了减资前置程序），如果违背新《公司法》的效力性强制性规定，则对当事人提出的诉讼请求不予支持，但并不涉及对对赌协议效力的认定判断。这就是以实际履行判断代替效力判断，即不在效力层面否定合同效力，是一种巧妙的处理路径，贯彻的是上述资本维持原则、保护债权人合法权益原则，从而依法平衡投资方、公司债权人、公司之间的利益。

第四，第5条第2款专门针对股权回购条款作了规定，投资方诉请按照对赌协议约定收购股权的，法院应依据新《公司法》相关规定进行审查。一是关于抽逃出资的规定，见新《公司法》第53条"公司成立后，股东不得抽逃出资。违反前款规定的，股东应当返还抽逃的出资；给公司造成损失的，负有责任的董事、监事、高级管理人员应当与该股东承担连带赔偿责任"以及新《公司法》第162条关于公司主动回购股份的规定。经审查，未履行减资前置程序的，驳回投资方的诉讼请求。

第五，第5条第3款专门针对金钱补偿条款作了规定，投资方诉请目标公司承担现金补偿义务的，法院应依据新《公司法》的相关规定进行审查。一是新《公司法》第53条关于抽逃出资的规定；二是新《公司法》第210条关于利润分配的强制性规定。新《公司法》第210条规定："公司分配当年税后利润时，应当提取利润的百分之十列入公司法定公积金。公司法定公积金累计额为公司注册资本的百分之五十以上的，可以不再提取。公司的法定公积金不足以弥补以前年度亏损的，在依照前款规定提取法定公积金之前，应当先用当年利润弥补亏损。公司从税后利润中提取法定公积金后，经股东会决议，还可以从税后利润中提取任意公积金。公司弥补亏损和提取公积金后所余税后利润，有限责任公司按照股东实缴的出资比例分配利润，全体股东约定不按照出资比例分配利润的除外；股份有限公司按照股东所持有的股份比例分配利润，公司章程另有规定的除外。公司持有的本公司股份不得分配利润。"也即，如需用分配的利润填补对赌协议产生的现金补偿缺口，必须先行经过弥补公司亏损、提取公积金后税后利润仍有剩余。这显然是出于资本维持原则、对债权人利益的保护而设计。

另外,股权回购型的对赌协议,实质上是要求目标公司实行非同比例减资。因为这部分股权的持有对象是特定的投资方,投资方退出公司,公司的股权比例必然发生相应变动,新《公司法》第224条第3款规定:"公司减少注册资本,应当按照股东出资或者持有股份的比例相应减少出资额或者股份,法律另有规定、有限责任公司全体股东另有约定或者股份有限公司章程另有规定的除外。"可见,原则上,新《公司法》禁止非同比例减资,因此这也给此类对赌协议的履行带来了新的问题。

第六章　股权转让与婚姻家事

第一节　请求权基础规范

一、新《公司法》规定

第 90 条　自然人股东死亡后,其合法继承人可以继承股东资格;但是,公司章程另有规定的除外。

第 167 条　自然人股东死亡后,其合法继承人可以继承股东资格;但是,股份转让受限的股份有限公司的章程另有规定的除外。

二、其他法律规定

(一)民法典层面

1.《民法典》

第 1062 条　夫妻在婚姻关系存续期间所得的下列财产,为夫妻的共同财产,归夫妻共同所有:(一)工资、奖金、劳务报酬;(二)生产、经营、投资的收益;(三)知识产权的收益;(四)继承或者受赠的财产,但是本法第一千零六十三条第三项规定的除外;(五)其他应当归共同所有的财产。

夫妻对共同财产,有平等的处理权。

第 1122 条　遗产是自然人死亡时遗留的个人合法财产。

依照法律规定或者根据其性质不得继承的遗产,不得继承。

第 1127 条　遗产按照下列顺序继承:(一)第一顺序:配偶、子女、父母;(二)第二顺序:兄弟姐妹、祖父母、外祖父母。

继承开始后,由第一顺序继承人继承,第二顺序继承人不继承;没有第一顺序继承人继承的,由第二顺序继承人继承。

本编所称子女,包括婚生子女、非婚生子女、养子女和有扶养关系的继子女。

本编所称父母,包括生父母、养父母和有扶养关系的继父母。

本编所称兄弟姐妹,包括同父母的兄弟姐妹、同父异母或者同母异父的兄弟姐妹、养兄弟姐妹、有扶养关系的继兄弟姐妹。

第 1129 条 丧偶儿媳对公婆,丧偶女婿对岳父母,尽了主要赡养义务的,作为第一顺序继承人。

第 1130 条 同一顺序继承人继承遗产的份额,一般应当均等。

对生活有特殊困难又缺乏劳动能力的继承人,分配遗产时,应当予以照顾。

对被继承人尽了主要扶养义务或者与被继承人共同生活的继承人,分配遗产时,可以多分。

有扶养能力和有扶养条件的继承人,不尽扶养义务的,分配遗产时,应当不分或者少分。

继承人协商同意的,也可以不均等。

第 1131 条 对继承人以外的依靠被继承人扶养的人,或者继承人以外的对被继承人扶养较多的人,可以分给适当的遗产。

2.《民法典婚姻家庭编司法解释(一)》

第 73 条 人民法院审理离婚案件,涉及分割夫妻共同财产中以一方名义在有限责任公司的出资额,另一方不是该公司股东的,按以下情形分别处理:(一)夫妻双方协商一致将出资额部分或者全部转让给该股东的配偶,其他股东过半数同意,并且其他股东均明确表示放弃优先购买权的,该股东的配偶可以成为该公司股东;(二)夫妻双方就出资额转让份额和转让价格等事项协商一致后,其他股东半数以上不同意转让,但愿意以同等条件购买该出资额的,人民法院可以对转让出资所得财产进行分割。其他股东半数以上不同意转让,也不愿意以同等条件购买该出资额的,视为其同意转让,该股东的配偶可以成为该公司股东。

用于证明前款规定的股东同意的证据,可以是股东会议材料,也可以是当事人通过其他合法途径取得的股东的书面声明材料。

(二)公司法层面

1.《公司法司法解释(三)》

第 22 条 当事人之间对股权归属发生争议,一方请求人民法院确认其享有股权的,应当证明以下事实之一:(一)已经依法向公司出资或者认缴出资,且不违反法律法规强制性规定;(二)已经受让或者以其他形式继受公司股权,且不违反法律法规强制性规定。

2.《公司法司法解释(四)》

第 16 条 有限责任公司的自然人股东因继承发生变化时,其他股东主张依据公司法第七十一条第三款规定行使优先购买权的,人民法院不予支持,但公司章程另有规定或者全体股东另有约定的除外。

(三)证券法层面

《证券法》

第 19 条 发行人报送的证券发行申请文件,应当充分披露投资者作出价值判断和投资决策所必需的信息,内容应当真实、准确、完整。

为证券发行出具有关文件的证券服务机构和人员,必须严格履行法定职责,保证所出具文件的真实性、准确性和完整性。

第 78 条 发行人及法律、行政法规和国务院证券监督管理机构规定的其他信息披露义务人,应当及时依法履行信息披露义务。

信息披露义务人披露的信息,应当真实、准确、完整,简明清晰,通俗易懂,不得有虚假记载、误导性陈述或者重大遗漏。

证券同时在境内境外公开发行、交易的,其信息披露义务人在境外披露的信息,应当在境内同时披露。

第二节 裁判精要

一、股权转让与股权继承

1. 公司章程虽未明确规定死亡股东的股东资格不能继承,但结合公司章程中死亡股东应及时办理股权转让手续的表述,以及现实中其他股东离开公司也必须办理股权转让的事实,可以认定公司章程是排除对股东资格的继承的。股东资格无法继承时,股权是由公司回购还是由其他股东受让,均为公司的内部治理事项。

在(2018)最高法民终88号案中,二审法院认为:2007年9月12日,建都公司章程规定,"自然人股东死亡后,其合法继承人可以继承股东资格"。2009年2月11日、2009年4月29日、2012年3月29日,建都公司章程删除了关于2007年9月12日允许继承股东资格的条款,同时规定"股东不得向股东以外的人转让股权……股本金实行动态持股管理办法。对免职、调离、终止合同、退休等人员及时办理股权转让手续……"。2015年1月10日,建都公司章程在前述规定的基础上增加了"对正常到龄退休、长病、长休、死亡的股东,应及时办理股权转让手续,股东退股时,在公司累计有盈余的,持股期间按本人持股额每年享受20%以内回报"的规定。

周某某自2011年被诊断出患病,至2015年12月4日去世,前述章程的修订,其作为法定代表人均有参与,且签字确认。公司章程作为公司自治规则,是公司组织与活动最基本、最重要的准则,对全体股东均具有约束力。正确理解公司章程的条款,应在文义解释的基础上,综合考虑公司章程的体系、制定背景以及实施情况等因素。

首先,如前所述,建都公司自2007年以来先后经历5次章程修订。自2009年起,公司章程中删除了允许继承股东资格的条款,且明确规定股东不得向股东以外的人转让股权,反映出建都公司具有高度的人合性和封闭性。其次,2015年1月10日公司章程对死亡股东股权的处理已经作出了规定,虽然未明确规定死亡股东的股东资格不能继承,但结合该条所反映的死亡股东应及时办理股权转让手续的表述,以及建都公司高度人合性和封闭性的特征,可以认定排除继承股东资格是公司章程的真实意思表示。再次,在周某某去世之前,股东郁某新、曹某华在离职时均将股权进行了转让,因而不再是建都公司的在册股东,建都公司亦根据公司章程规定向两位股东支付了持股期间的股权回报款。该事例亦进一步印证了按照章程规定,股东在离开公司后不再享有股东资格的实践情况。因此,纵观建都公司章程的演变,并结合建都公司对离职退股的实践处理方式,应当认定建都公司章程已经排除了对股东资格的继承。

排除对股东资格的继承后,如何处理标的股权属于公司内部的治理事项,并不影响对本案股东资格的判断。周某虽无权继承股东资格,但其财产权利可以得到保障。根据2015年1月10日公司章程的相关规定,其依然可以取得退还的股本金和按照持股额每年计算一定比例的回报款。综上所述,周某要求确认其股东资格,并要求建都公司办理股权变更手续缺乏事实和法律依据。

2. 继承事实发生在《公司法》修订之前,但根据当时的法律法规和司法解释,对于股东资格的继承并无明确规定,故按照有关司法解释的规定,可参照修订后《公司法》的规定,"自然人股东死亡后,其合法继承人可以继承股东资格;但是,公司章程另有规定的除外",认定公司章程没有排除股东资格继承。

在(2007)常民二终字第1号案中,二审法院认为:由于周某某于2005年2月28日死亡,故本案的继承事实发生在《公司法》修订之前,但根据当时的法律法规和司法解释,对于股东资格的继承并无明确规定,故按照有关司法解释的规定,可参照《公司法》"自然人股东死亡后,其合法继承人可以继承股东资格;但是,公司章程另有规定的除外"的规定。据此，《公司法》是认可死亡股东的继承人可以继承股东资格的，除非公司章程另有规定。

因继承事实发生时，设备公司合法有效的章程为2002年5月17日的章程，而该章程并未对设备公司股东死亡之后，自然人继受股权成为公司股东的资格作出特别规定，故丁某某依法要求继承周某某的股东资格并要求办理股东变更登记手续的诉讼请求符合法律规定。上诉人认为章程第2条"股东为常州市化工设备厂职工"之规定，即是对继受股东资格的限制，但该规定仅是对出资认缴人身份作出的限制，并非是对股权转让所作的禁止性规定，而且上诉人的理解也与当时制定章程的相关意思表示，即章程中"股东可以向股东以外的人转让出资"之规定相矛盾。综上，原审法院认定设备公司的章程未对股东资格的继承作禁止性规定，支持丁某某的诉请并无不当。

3. 公司章程中没有对自然人股东的合法继承人继承其股东资格作出除外规定，继承人继承股权后并进行了工商登记，继承人将自己持有的股权转让给其他股东，系自主处分财产权利的合法行为。

在（2013）民二终字第91号案中，二审法院认为：关于2011年5月13日刘某某与兆信恒公司签订的股权转让协议（交割证明）是否无效，刘某某是否应向王某返还投资收益124139170.39元的问题。

首先，他案生效民事判决已确认刘某某继承其父亲刘某的股权后，持有音西铁热克煤业公司30%的股权，之后工商登记对其持股亦予以确认。依据《公司法》规定，自然人股东死亡后，其合法继承人可以继承股东资格；但是，公司章程另有规定的除外。音西铁热克煤业公司章程中对自然人股东的合法继承人继承其股东资格没有作出除外规定。尽管在刘某死亡后，刘某生前所持有的股权处于权利主体不明确的状态，且一审法院对音西铁热克煤业公司股权变动的整个过程未给出一个清晰、完整的描述。然而可以确定，在刘某某与兆信恒公司签订股权转让协议时，刘某某是音西铁热克煤业公司的股东，其将自己持有的股权转让给公司其他股东，系自主处分财产权利的合法行为。股权转让协议的双方当事人意思表示真实，协议内容未违反法律或行政法规的强制性规定，未损害国家、集体或第三人的利益，王某亦未能举出充分证据证明刘某某转让股权的行为侵害其合法权益或股权转让协议存在其他应当被认定为无效的法定情形。

其次，王某主张确认刘某某与兆信恒公司之间的股权转让协议无效。实际上，由于音西铁热克煤业公司自成立以来未进行过增资扩股，刘某在音西铁热克煤业公司成立之初即通过出资40万元获得音西铁热克煤业公司40%的股权,刘某死亡后,其子刘某某继承音西铁热克煤业30%的股权,并不构成"名义股东",王某援引的相关规定在本案中没有适用的前提条件,其理由不能成立。

最后,音西铁热克煤业公司自成立以来未进行增资扩股,刘某、刘某某也不存在出资不实的情形,刘某某依法处置自己名下的财产,并无证据证明其行为侵害王某的利益,王某要求刘某某向其返还股权投资收益的主张没有依据。

4. 除公司章程对继承人继承股份有特别约定外,继承人继承被继承人的股份并不需要经过其他股东同意。

在(2015)柳市民一终字第208号案中,二审法院认为:被继承人韩某某于2014年3月21日死亡,其死亡时遗留的个人财产应当作为遗产由其法定继承人继承。被继承人韩某某生前与上诉人作为股东,共同经营柳州市福兴木业有限公司,韩某某拥有90%的股份。因该公司成立于被继承人韩某某与谭某的婚姻关系存续期间,因此一审法院认定被继承人韩某某名下90%的股份,其中的一半为夫妻共同财产,另外一半由其继承人予以继承并无不当。

上诉人主张依照《公司法》规定,股东向股东以外的人转让股权,应该经过其他股东过半数同意。现上诉人不同意其他继承人参与公司的经营,故其他继承人不能继承被继承人韩某某的股份。对此,法院认为,《公司法》的规定是股东在生前向他人转让股份时应遵守的法律规定,而本案是关于股东去世后,其继承人继承股份的问题,应当根据"自然人股东死亡后,其合法继承人可以继承股东资格;但是,公司章程另有规定的除外"之规定,也就是说,除公司章程对股东的继承人继承股份有特别约定外,继承人继承被继承人的股份并不需要经过其他股东同意。因此,上诉人的上诉主张和观点不成立,不予支持。

5. 在内资公司的公司章程没有排除允许继承股东资格的情形下,拥有外国国籍人士也依法享有继承股东资格的权利,公司的性质仍为内资公司,继承股东资格也无须经过公司其他股东同意。

在(2009)沪一中民五(商)终字第7号案中,二审法院认为:自然人股东死亡后,其合法继承人可以继承股东资格;但是,公司章程另有规定的除外。本案两上诉人金某2、金某3出具的上海市《继承权公证书》证明了其为公司股东金某的合法继承人,而公司章程亦未对股东资格的继承另作约定,故两上诉人在继承了金某在维克德公司股权的同时,亦应继承相应的股东资格,而无须经过公司过半数股东的同意。虽然两上诉人是外国国籍,维克德公司是内资公司,但这并不影响两上诉人依法继承金某的股东资格。由于两上诉人系因继承取得维克德公司的股东资格，并未改变该公司注册资金的来源地，该公司的性质仍为内资公司，故无须经过国家外商投资管理部门批准。

根据《公司登记管理条例》规定，有限责任公司的自然人股东死亡后，其合法继承人继承股东资格的，公司应当依照规定申请变更登记。因此，被上诉人维克德公司应当为两上诉人办理股东变更登记。公司股东作为第三人，两上诉人要求第三人为其办理股东变更登记没有法律依据，不予支持。关于两上诉人继承股权的份额，根据规定，同一顺序继承人继承遗产的份额，一般应当均等。因被继承人金某持有维克德公司90%的股权，故两上诉人金某2、金某3各自继承的份额应为维克德公司45%的股权。

二、股权转让与股权分割

（一）股权权属问题

【股权不属于夫妻共同财产】

1. 股权系股东享有的权利，只能由股东本人行使，具有成员权及财产权的双重属性，如承认股权为夫妻共有，极易影响有限责任公司的人合性。

在（2017）辽民终1170号确认合同无效纠纷案中，一审法院认为：本案中李某忠、李某华作为公司登记股东，其二人与第三人签订的《股权转让协议》不违反法律、行政法规的强制性规定，应为有效。对张某杰主张案涉股权为张某杰、李某忠的夫妻共同财产，李某忠、李某华转让股权为无权处分，李某忠、李某华与第三人之间签订的《股权转让协议》无效，应恢复股权变更登记的观点，不予采纳。第一，法律仅规定婚姻关系存续期间的股权收益属夫妻共同财产，而未规定带来收益的股权本身是夫妻共同财产。第二，从有限责任公司的人合性特征也不能得出登记股东的配偶为股权的共有人。人合性是有限责任公司的基本特征，如承认股权为夫妻共有，行使股权时夫妻意见不同，对此应如何处理，极易引发争议，影响公司的人合性；且如果认可夫妻共有的对象是股权本身，则夫妻同为股东，这将导致因夫妻关系的变化而使有限责任公司的股东身份具有不确定性，从而损害公司的人合性。

2. 股权收益可以成为夫妻共有财产，但股权本身并非夫妻共有财产。

在（2010）奉民二（商）初字第1761号合同纠纷案中，一审法院认为：股权收益可以成为夫妻共有财产，但股权本身并非夫妻共有财产。成为夫妻共有财产的是收益，而不是孳生收益的股权。从对股权的定义可以看出，股权是基于股东资格取得的权利,没有股东资格,就没有股权,股东的配偶不是公司股东,也就不当然享有股权。夫妻双方或一方以夫妻共有财产投资形成的股权,带有一定的人身属性,因此不属于夫妻共有财产,而其投资所得到的收益为夫妻共有财产,它指向的是股权的价值利益(股权本身具有价值,能评估、变现、带来收益),而非股权本身。所谓"夫妻共有股权",实际上是指对股权价值的共有,即对股权价值变现的共同期待,而非指对股权本身的共有,否则若股东的配偶共有股权,也可以主张股东资格,这势必会给有限责任公司的人合性带来冲击,更有甚者,会把婚姻中的感情纠葛特别是离婚情形下的感情纠葛带到公司,影响公司经营。

3. 股权虽因涉及经济利益而属于一种财产性权利,但在本质上具有一定的身份属性,股权并不在法定夫妻共同财产的范围之内。

在(2016)粤12民初58号股权转让纠纷案中,一审法院认为:股权是股东专属的权利,虽因涉及经济利益而属于一种财产性权利,但在本质上区别于财产本身,具有一定的身份属性,股权并不在法定夫妻共同财产的范围之内。本案中,虽然谢某章投资成立投资公司的时间系其与曾某玉的夫妻关系存续期间,对该公司的出资额属于夫妻共同财产,但曾某玉不是投资公司的股东,不享有该公司的股权,因此,谢某章持有的股权不属于夫妻共同所有的财产。

【股权属于夫妻共同财产】

1. 涉及分割夫妻共同财产中以一方名义在有限责任公司的股权也即出资额,该股权属于夫妻共同财产。

在(2018)浙0106民初7915号离婚后财产纠纷案中,一审法院认为:被告对咨询公司投资20万元,并享有该公司10%的股权,该股权属于夫妻共同财产,涉及分割夫妻共同财产中以一方名义在有限责任公司的出资额。考虑到被告系该公司的股东并参与经营的实际情况,案涉公司10%的股权归被告所有,并由被告向原告支付补偿款10万元。

2. 公司设立于夫妻关系存续期间,股东为夫妻两人,公司的股权属夫妻共同财产。转让股权以及追回股权的行为,并不改变股权系夫妻共同财产的性质。

在(2019)苏民终1485号撤销权纠纷案中,一审法院认为:被告黄某华认为被告吕某娥不应享有公司的股权份额,也即夫妻双方对公司股权的转让无法协商一致。依据《公司法》规定,被告吕某娥在离婚后的财产纠纷诉讼中提交的《情况说明》,证明股东黄某4同意将公司50%的股份转让给吕某娥,且不主张股东优先购买权;被告黄某华既不同意股权转让,也不同意折价赔偿,视为同意转让,吕某娥可以成为公司股东。此外,被告黄某华将属于夫妻共同财产的公司股权虚假转让给其长子黄某4,其实际目的为转移其与吕某娥的夫妻共同财产,造成吕某娥误认为股权转移给了黄某4,黄某华虚假转让股权的行为属于法律规定的转移夫妻共同财产的情形。

二审法院认为:公司设立于黄某华与吕某娥夫妻关系存续期间,股东为黄某华与吕某娥二人,故该公司股权原属于黄某华与吕某娥的夫妻共同财产。在吕某娥、黄某华离婚期间,黄某华与黄某4签订股权转让协议书,将黄某华持有的公司70%的股权转让给黄某4。离婚后,黄某华又起诉黄某4追回上述股权,根据黄某4出具的承诺书以及黄某华追回公司股权的诉讼行为,均表明黄某华与黄某4之间的股权转让行为非双方的真实意思表示,该股权转让行为无效。黄某华转让股权以及追回股权的行为,并不改变其持有的股权系夫妻共同财产的性质。

3. 在共有关系存续状态下,股权作为夫妻双方共同共有的对象,实际上应仅限于股权所对应的财产性价值。

在(2018)鄂01民初4298号股权转让纠纷案中,二审法院认为:股权作为一项特殊的财产权,除具备财产权益的相关特征外,还具有与股东个人的社会属性及其特质、品格密不可分的人格权、身份权等内容。如无特别约定,对于自然人股东而言,股权仍属于商法规范内的私权范畴,其各项具体权能应由股东本人独立行使,不受他人干涉。

本案中,陈某鸿在婚前与陈某彦签订《股权转让协议》,转让其持有的公司98%的股权,该意思表示真实明确,《股权转让协议》应认定为有效。发起人陈某鸿在尚未完成出资义务前而转让股权,结合股权转让方及受让方完成股权变更公示后即结为夫妻的事实,在其间未就各自的财产出资状况向工商行政管理部门提交财产分割的证明文件;在股权转让完成后,各股东未就履行公司注册资本金的出资义务存在特别约定的情况下,依双方间特殊的身份关系,股权应当认定为归夫妻双方共同所有。

即陈某鸿与陈某彦在夫妻关系存续期间,各自名下的股权应为共有。具体而言,在共有关系存续状态下,股权作为夫妻双方共同共有的对象,实际上应仅限于股权所对应的财产性价值,夫妻离婚之时,其共同共有关系消灭,共同共有的财产才需要进行分割。因而,在婚姻关系存续期间,夫妻间的关系对公司而言,外部关系的实质是该股权所对应的财产价值,但在内部关系上,该股权的财产属性应为夫妻双方共同共有。至于公司变更股东结构前的既有财产,依公司章程规定的货币出资方式,则不属于股东的出资范围,不是本案股权转让所争议的客体内容。据此,在陈某鸿未与陈某彦解除夫妻关系的情形下,其要求陈某彦支付股权转让对价的实质,系主张分割夫妻关系存续期间的共同共有财产。

(二)股权如何分割

【分割股权价值】

1. 原则上依据司法评估报告的结论确定股权价值,如果中介机构出具的是咨询报告,也可以考虑采用咨询报告的结论。

在(2015)浙杭民终字第121号离婚后财产纠纷案中,一审法院认为:本案中双方之间对天宇公司股份的分割并未达成一致意见,明珠公司也明确表示不同意将吴某甲所持有的天宇公司股份分割给杨某,并要求行使优先购买权,结合《公司法》的相关规定,径行分割股份缺乏依据。现双方已经离婚,双方共有财产的基础已经丧失,杨某主张对共同财产进行分割,符合法律规定。为公平、公正处理双方的该部分财产,确定目前吴某甲所持有的天宇公司50%的股份归吴某甲所有,由吴某甲按照该部分股权的价值支付杨某50%的股权折价款。对于该部分股权的价值,因受评估条件的限制,评估公司仅根据现有的资料出具了股权价值的咨询报告,咨询报告的意见虽不能完全等同于评估结论,但在本案中属于更接近于客观事实的证据,其证明力大于其他证据,可以作为对本案综合考量的依据。

2. 因无法审计和评估对一方持有的股权对应的财产利益,坚持要分割股权对应价值的,不予支持诉讼请求。

在(2018)辽01民终3834号离婚后财产纠纷案中,一审法院认为:法律对涉及分割夫妻共同财产中以一方名义在有限责任公司的出资额,而另一方不是该公司股东的情形作了规定。本案中,压缩机公司仅有两名股东,被告杨某作为公司的股东,不同意原告分得股权,故原告不能取得公司的股权。被告杨某在婚姻关系存续期间以夫妻共同财产投资90万元,成立压缩机公司,则被告杨某所持有该公司69.23%的股权所带来的财产利益应当归原告何某与被告杨某共同享有,因根据现有证据,无法确定压缩机公司的股权利益,故对原告的诉讼请求,不予以支持。

3. 离婚时夫妻双方分割的并非股权,而是"出资额",且此处的"出资额"并非原始出资款项的数额,因为其转让价格需另行确定,故其实际为该出资额对应股权所代表的财产价值。

在(2019)粤03民终32476号确认合同无效纠纷案中,二审法院认为:离婚时夫妻双方分割的并非股权,而是"出资额",且此处的"出资额"并非原始出资款项的数额,因为其转让价格需另行确定,故其实际为该出资额对应股权所代表的财产价值。上述司法解释规定的配偶转变为股东应当经其他股东的同意,这与《公司法》对股权外部转让的规定也是一致的。故段某杰出资设立公司,系商某与段某杰婚姻关系存续期间发生的,在夫妻间没有特别约定的情况下,该出资款项应属夫妻共同财产,但在出资行为转化为股权形态时,现行法律没有规定股东转让股权需经配偶同意。故未经商某同意,段某杰转让公司股权,不影响股权转让合同的效力。

【分割股权比例】

1. 公司未有分红记录,则只能对股权按比例进行处理。

在(2019)京0108民初54705号离婚后财产纠纷案中,一审法院认为:佟某1持有公司18%的股权,系佟某1与王某婚姻关系存续期间取得,故应属于夫妻共同财产。双方在离婚时未予分割上述财产,王某要求分割上述股权,具有事实及法律依据,佟某1持有公司9%的股权应属王某所有。王某另要求分割佟某1持有公司股权的相应收益,经查公司未曾进行过利润分红,故对其上述诉请不予支持。判决被告佟某1于本判决生效后30日内将其持有的公司9%的股权过户至原告王某名下。

2. 确定双方在股权中占据的比例。

在(2019)川0683民初1176号离婚后财产纠纷案中,一审法院认为:关于登记在罗某林名下的实业公司90%的出资额,由于原、被告之间未能协商一致,故将登记在罗某林名下的实业公司90%的出资额由原告金某和被告罗某林进行分割为宜,双方各分得1/2。

3. 一人有限公司因不涉及他人股权,可以径直对一方的股权比例进行分配。

在(2018)赣1126民初837号离婚后财产纠纷案中,一审法院认为:春辉公司是被告杜某在婚后以夫妻共同财产出资设立的一人有限责任公司,被告持有公司100%的股权。而夫妻离婚可以分割共同财产中涉及其他股东的有限责任公司的股权,而春辉公司为一人有限责任公司,不涉及他人股权,作为夫妻共同财产的股权的分割应具有可比性,判决原告陈某某享有被告杜某名下春辉公司45%股权的所有权;被告杜某享有春辉公司55%股权的所有权。

三、有限责任公司章程限制股权转让条款的效力

(一)禁止股权外部转让

1. 公司章程不允许股东对外转让股权,而原告不具有公司股东的身份,股权转让协议无效。

在(2017)新4003民初1792号案中,一审法院认为:君合公司章程不允许股东

对外转让股权,而原告不具有被告君合公司股东的身份,被告赵某作为被告君合公司的股东与原告签订的《股权转让协议》应属无效,经法院依法释明后原告仍坚持其诉讼请求,故原告主张确认其与被告赵某签订的《股权转让协议》有效,与法相悖,不予支持。

2. 公司章程规定,内部职工持有的股份只能在内部职工之间转让,不能在市场上转让,违反该规定的公司决议无效。

在(2018)吉0623民初100号案中,一审法院认为:公司章程规定,内部职工持有的股份只能在内部职工之间转让,不能在市场上转让。金某玉的股份可以在公司内部转让。长白县饮食服务公司的公司章程规定,股东转让出资由股东会作出决定,长白县饮食服务公司于2017年11月9日通过的董事会决议和2018年2月23日通过的董事会决议,是对股东转让出资作出的决定,其内容和程序,违反法律规定和公司章程规定,应当认定为无效决议。

3. 公司章程规定股东之间不能自行转让其全部或者部分股权,也不能向股东以外的人转让股权,股东应予遵守。

在(2015)焦民三终字第00355号案中,二审法院认为:公司章程规定了公司的股东之间不能自行转让其全部或者部分股权,也不能向股东以外的人转让股权。同时规定:股东有下列情形之一者,必须办理股权转让和退出。(1)不履行本章程规定的应尽义务的;(2)调离本公司的;(3)因病、死亡以及违法而丧失民事行为能力的;(4)违反本章程规定给公司造成经济损失或严重影响,并经2/3以上股东表决通过的。上诉人付某某主张退休即可退出公司,其劳动关系在公司,但其并未有证据予以证明,故上诉人付某某主张的退休不属于公司章程规定的股权退出和转让的情形。同时,上诉人付某某主张的退休亦不属于法律规定的股东退出公司的情形。故上诉人付某某要求被上诉人等额受让其在公司6.25%的股权的请求不能成立。

(二)限制股权外部转让

1. 公司章程对股权的内部转让程序作出了限制性规定,股东应予遵守。

在(2017)吉0102民初2010号案中,一审法院认为:关于初某某在增资扩股决议前的持股比例问题。初某某在万和物业的股权来源于对曹某某法定财产的继承。曹某某原始持股比例为21%,经过4次股权变更其所持股权的比例由21%增加至46.5%。曹某某股权比例的变更均来自股东之间的内部股权转让。万和物业公司章程规定,公司成立满2年后股东转让股权须经董事会同意,股东有异议的,提交股东会,按股东会决议执行。有限责任公司可以通过章程限制股权转让,只要该章程不违背相关法律的禁止性规定,法律承认其效力。公司章程对全体股东有效,万和物业对股权的内部转让在公司章程中作出了明确规定,曹某某的股权转让应当遵守万和物业公司章程的规定。

2. 公司章程对转让股权的对象及价格均作出了限制性规定,股东应予遵守。

在(2015)金牛民初字第1248号案中,一审法院认为:第一,从公司章程规定来看,美迪项目公司章程规定,除章程另有规定外,自公司设立之日起,公司的股东(除第一大股东外)需在成都美迪连续工作满5年,方可依法转让其持有的公司股权;同时规定前款规定的股权转让,其转让价格自公司设立之日起至该股东与成都美迪不再具有劳动关系为止,按转让方股东原始出资额每年10%的单利计算。对公司章程的文本含义可以理解为股东在成都美迪工作满5年,则可依法自由转让其股权,此时对股权转让价格没有作出限制;如果股东在成都美迪工作未满5年即解除劳动关系,其转让股权的对象及转让价格均有所限制,在转让对象上,只能是第一大股东,在转让价格上,则规定为"自公司设立之日起至该股东与成都美迪不再具有劳动关系为止,按转让方股东原始出资额每年10%的单利计算",该条规定意思明确,即股权转让价格按照股东原始出资额每年10%的单利计算,计算期间为自公司设立之日起至该股东与成都美迪不再具有劳动关系为止,即股权转让价格仅计算单利,公司章程并没有约定股权转让价格应当包含原始出资额加上单利,杨某某要求按照原始出资额加上单利计算股权转让价格没有依据。

3. 若公司章程对股权回购价格及优先由公司回购作了规定,股东应予遵守。

在(2017)青2801民初281号案中,一审法院认为:2015年10月26日,格尔木南山口水电开发有限公司通过股东会决议修改了公司章程,规定"股东转让出资应先由公司按不超过150%的价格回购,公司回购后,按各股东持股比例向股东分配。公司决定不回购的,股东方可依法向股东或者股东以外的人转让出资,股东享有优先购买权"。修改后的公司章程由股东签字确认,其中唐某某在修改后的公司章程上签字,被告唐某某作为股东应遵守公司章程,在章程规定的范围内行使权利、履行义务。修改后的公司章程中,虽然名为对转让出资作出的规定,实为对转让股权作出的规定。如被告唐某某准备转让其股权,应按公司章程规定,先由公司按不超过150%的价格回购。在公司决定不回购时,方可向股东或者股东之外的人转让其股权。被告唐某某违反公司章程的规定,未经公司先行回购,即向股东之外的人(本案原告张某秀)转让股权。双方虽在平等、自愿的基础上签订《股份转让协议》,

但该协议的内容违反了公司章程的规定,协议无法履行。因双方所签订的《股份转让协议》违反了"有限责任公司股东向股东以外的人转让股权,应当经其他股东过半数同意,及公司章程对股权转让另有规定的,从其规定"的强制性规定,故原告要求确认《股份转让协议》无效的诉讼请求,予以支持。

4. 公司章程规定"在职持股,人走转股退股",股东应予遵守。

在(2017)豫13民终4966号案中,二审法院认为:股东的资格应当予以登记,并具有公示的效力,这主要是体现出对外的公示效力。但对内来讲,股东资格的确认,应以股东认缴或实缴的资本为依据,并符合公司章程等内部文件的规定才能确认。本案中,上诉人在退休之前享有股东资格是没有争议的,但退休以后,根据公司章程的规定,"在职持股,人走转股退股",上诉人应当退股,股东资格随即丧失,继而才能办理工商变更登记。因此,从内部来讲,股东资格的确认是工商变更登记的前提和基础。上诉人以自己是工商登记的股东对抗公司决议等合法的内部管理文件是不成立的。

第三节 实务指南

一、股权继承的实务问题

第一,因继承而获得股权,其他股东不享有优先购买权。自然人股东死亡后,在公司章程没有排除约定的情况下,其合法继承人可以继承股东资格,继承人取得股权无须通知其他股东行使优先购买权,其他股东不享有此情形下的优先购买权,继承人此时当然可以继承股东资格。

第二,根据《民法典》第1127条"遗产按照下列顺序继承:(一)第一顺序:配偶、子女、父母;(二)第二顺序:兄弟姐妹、祖父母、外祖父母……"及《民法典》第1129条"丧偶儿媳对公婆,丧偶女婿对岳父母,尽了主要赡养义务的,作为第一顺序继承人"等规定,股权的合法继承人可能涉及多人,每个人都享有对股权的继承权,对股权进行继承的比例,则可以按照《民法典》第1130条、第1131条确定的法定继承遗产分割原则处理,对此并不存在争议。

但实践中会出现一些问题:比如,新《公司法》第42条规定:"有限责任公司由一个以上五十个以下股东出资设立。"合法继承人继承股权成为股东后,有限责任公司股东的人数可能会超过法定人数50人的上限。此时,有两种方案可供选择:推举部分继承人作为显名股东,与其他继承人签署协议,各方存在股权代持法律关系,对于表决权、收益权等作出详细约定;在各继承人无法协商一致,不同意采取股权代持的方式,则只能变更公司组织形态,比如转化成股份有限公司,这将涉及更复杂的操作。若这两种方案都无法执行的话,最终可能受损的还是全体继承人的利益,因为此时法院对各继承人的股东资格均无法进行确认。

第三,关于对"公司章程另有规定"的理解。即法律尊重股东的意思自治,当公司章程对继承股东资格有特别约定时,从其约定,公司章程的效力优先。这种特别约定是指,如果公司章程没有继承股东资格这方面的约定,则视为允许继承股东资格。

排除继承股东资格的章程条款能否适用,应对比自然人股东的死亡时间与章程条款的制定时间,如果章程条款制定在前,自然人股东死亡在后,则章程条款可以适用,产生排除继承股东资格的效果。反之,若章程条款制定在后,自然人股东死亡在前,则章程条款明显就是为了故意剥夺继承人继承股东资格的权利而制定,不产生排除继承股东资格的效果。

第四,关于"全体股东另有约定"的理解。《公司法司法解释(四)》第16条规定:"有限责任公司的自然人股东因继承发生变化时,其他股东主张依据公司法第七十一条第三款规定行使优先购买权的,人民法院不予支持,但公司章程另有规定或者全体股东另有约定的除外。"据此可得知,"全体股东另有约定"与"公司章程另有规定"产生同样的效果,股东资格关乎继承人的继承权,属于特别重大事项,部分甚至大部分股东有约定并不足以产生与公司章程规定的排除股东资格继承的效果,也就是此时法律认为还不足以保障继承人的合法继承权,可由全体股东书面约定是否可以排除继承股东资格。

二、公司章程中限制继承股东资格条款的设计

新《公司法》第90条规定:"自然人股东死亡后,其合法继承人可以继承股东资格;但是,公司章程另有规定的除外。"该条赋予了合法继承人继承股东资格的权利,除非公司章程作出了限制性规定。以下对"公司章程应如何限制股东资格的继承"这一问题进行了讨论。

(一)可以从民事行为能力、资历、信用等角度对继承人进行限制

新《公司法》第178条第1款规定:"有下列情形之一的,不得担任公司的董事、监事、高级管理人员:(一)无民事行为能力或者限制民事行为能力;(二)因贪污、贿

赂、侵占财产、挪用财产或者破坏社会主义市场经济秩序,被判处刑罚,或者因犯罪被剥夺政治权利,执行期满未逾五年,被宣告缓刑的,自缓刑考验期满之日起未逾二年;(三)担任破产清算的公司、企业的董事或者厂长、经理,对该公司、企业的破产负有个人责任的,自该公司、企业破产清算完结之日起未逾三年;(四)担任因违法被吊销营业执照、责令关闭的公司、企业的法定代表人,并负有个人责任的,自该公司、企业被吊销营业执照、责令关闭之日起未逾三年;(五)个人因所负数额较大债务到期未清偿被人民法院列为失信被执行人。"

参考上述关于董事、监事、高级管理人员消极任职资格的规定,从是否具备完全民事行为能力、是否受过刑事处罚、是否对公司破产负有个人责任、是否对公司被吊销营业执照、被责令关闭负有个人责任、是否被列为失信被执行人等角度来对合法继承人继承股东资格进行限制。

比如,未成年人不得继承股东资格。新《公司法》对未成年人是否可以成为股东未作规定,国家工商行政管理总局于2007年在对广东省工商行政管理局作出的《国家工商行政管理总局关于未成年人能否成为公司股东问题的答复》中载明:"经请示全国人大常委会法制工作委员会同意,现答复如下:公司法对未成年人能否成为公司股东没有作出限制性规定。因此,未成年人可以成为公司股东,其股东权利可以由法定代理人代为行使。"实务中的判例也支持未成年人可以成为股东。

故在正常情形下,未成年人是可以成为股东的。但在继承股东资格的场合,基于新《公司法》赋予公司章程特别规定的权利,可以排除未成年继承股东资格。显然,未成年人只能通过其法定代理人来代为行使股东权利,在涉及出资责任、公司经营管理等方面存在相当多不方便之处,有违商事效率原则。

(二)可以从数量上对继承人进行限制

《民法典》第1127条规定:"遗产按照下列顺序继承:(一)第一顺序:配偶、子女、父母;(二)第二顺序:兄弟姐妹、祖父母、外祖父母。继承开始后,由第一顺序继承人继承,第二顺序继承人不继承;没有第一顺序继承人继承的,由第二顺序继承人继承……"可见,在法定继承中,无论哪一继承顺位,都存在较多的合法继承人,这样会突破有限责任公司股东人数最多50人的上限。基于此,可以考虑限制继承人的人数,在公司章程中规定继承人人数在达到相应数量的情况下,由各继承人内部协商推举出代表进行继承,如果推举不出来或不愿意推举,则全体继承人自动丧失继承股东资格。

（三）可以对法定继承、遗嘱继承、遗赠继承、遗赠扶养协议继承等不同情形产生的合法继承人进行限制

《民法典》第 1123 条规定,继承开始后,按照法定继承办理;有遗嘱的,按照遗嘱继承或者遗赠办理;有遗赠扶养协议的,按照协议办理。此处实质上规定了产生合法继承人的四种场景:

场景———法定继承:指被继承人未立遗嘱或所立遗嘱无效时,根据法律规定的继承人的范围、继承人继承的顺序、继承人继承遗产的份额及遗产分配原则,确定继承人继承被继承人遗产的一种继承方式。此种场景下产生的合法继承人的范围,就是《民法典》第 1127 条规定的第一顺位、第二顺位中的继承人,及《民法典》第 1129 条规定的"丧偶儿媳对公婆,丧偶女婿对岳父母,尽了主要赡养义务的,作为第一顺序继承人"。

公司章程中可以选择第一顺位的全部继承人继承股东资格(自然也就排除了第二顺位的继承人);或者选择第一顺位继承人中的一部分继承股东资格等。

场景二——遗嘱继承:《民法典》第 1133 条第 2 款规定,自然人可以立遗嘱将个人财产指定由法定继承人中的一人或者数人继承。可见,遗嘱继承中的合法继承人只能是法定继承人范围中的一部分。

公司章程可以对遗嘱确定的继承人再进行排除,比如根据前述的董事、监事、高级管理人员消极任职条件、继承人数量等角度限制继承人取得股东资格。

场景三——遗赠继承:《民法典》第 1133 条第 3 款规定,自然人可以立遗嘱将个人财产赠与国家、集体或者法定继承人以外的组织、个人。可见,遗赠继承中的合法继承人只能是法定继承人范围之外的主体,可以是自然人,也可以是国家、集体、其他组织形态。

此时,公司章程可以限制合法继承人的主体形态,比如只允许自然人的合法继承人来继承股东资格,或者只允许公司类型的合法继承人来继承股东资格。

场景四——遗赠扶养协议继承:遗赠扶养协议是指遗赠人和扶养人之间关于扶养人承担遗赠人生养死葬的义务,遗赠人的财产在其死后转归扶养人所有的协议。也就是说,遗赠人和扶养人签署协议,约定扶养人承担遗赠人生养死葬的义务,遗赠人名下的股权在其死后转归扶养人所有。遗赠人死亡后,也产生继承股东资格的问题。

此时,公司需要对遗赠扶养协议的效力和扶养人履行协议的实际情况进行判断,但这超出了公司的能力范围。在公司章程中可以对此情形下所谓的合法继承

人进行排除,也就是规定,凡是基于遗赠扶养协议产生的合法继承人均不允许继承股东资格。

(四)自然人股东生前瑕疵出资的,可以对继承人继承股东资格进行限制

瑕疵出资的自然人股东死亡的,应就如何补足出资进行探讨,探讨对象聚焦于合法继承人身上。《民法典》第1161条规定,继承人以所得遗产实际价值为限清偿被继承人依法应当缴纳的税款和债务。超过遗产实际价值部分,继承人自愿偿还的不在此限。因此,公司章程可规定,继承人继承股东资格之前需要代原股东(被继承人)履行完毕出资义务,继承人拒绝履行补足出资义务或未完全履行补足出资义务的,不能继承股东资格。

(五)最大程度的限制:直接概括性排除继承股东资格

即在公司章程中规定,无论何种情形,合法继承人均无权继承股东资格,只能继承股权、股份对应的财产价值和财产权利。

另外,注意公司章程条款的效力问题:

(1)可以排除对股东资格的继承,但不能排除对股权对应的财产价值之继承;

(2)公司章程未备案的,公司对继承股东资格的事项进行决议,决议符合法定程序且决议内容不违反法律规定的,关于限制继承股东资格的条款有效;

(3)被继承人去世后才修改公司章程的,新公司章程对已故股东及其继承人不适用,但对修改章程之后发生的股东资格继承事件适用;

(4)新《公司法》第90条只适用于有限责任公司股权继承的场合,原则上不适用于股份有限公司股权继承的场合。

(5)股东资格的继承本质上是股权转让,但此场合原则上并不产生其他股东优先购买权的问题,除非公司章程另有规定或者全体股东另有约定。《公司法司法解释(四)》第16条规定,有限责任公司的自然人股东因继承发生变化时,其他股东主张行使优先购买权的,人民法院不予支持,但公司章程另有规定或者全体股东另有约定的除外。

总结:公司章程关于限制继承股东资格条款的设计,最终从有限责任公司的人合性作为出发点进行通盘考虑。

三、股权变更登记瑕疵的救济路径

实务中,未经股东同意,其名下股权被办理了变更登记,原权属人提出异议,认为股权变更登记存在瑕疵而产生纠纷;或者是股东将股权转让给他人并办理了变更登记,公司或其他股东提出异议,认为股权变更登记存在瑕疵而产生纠纷。对这些纠纷的解决思路,既可以聚焦于股权变更的行为上,也可以聚焦于股权变更登记的行为上。如果只聚焦于股权变更登记的行为上,对于原股东、利害关系人存在哪些救济途径?本部分尝试分析如下:

(一)向行政机关提出撤销股权变更登记的申请

新《公司法》第39条规定:"虚报注册资本、提交虚假材料或者采取其他欺诈手段隐瞒重要事实取得公司设立登记的,公司登记机关应当依照法律、行政法规的规定予以撤销。"

《市场主体登记管理条例》第40条第1款规定:"提交虚假材料或者采取其他欺诈手段隐瞒重要事实取得市场主体登记的,受虚假市场主体登记影响的自然人、法人和其他组织可以向登记机关提出撤销市场主体登记的申请。"

据此,如果未经原股东同意进行变更且擅自办理了变更登记,必定是提供了虚假材料或采取了欺诈、隐瞒手段,原股东可以向登记机关提出撤销变更登记的申请。但实际上,撤销申请将会通过听证会受到严格审查。

根据《市场监督管理行政许可程序暂行规定》第43条规定:"作出撤销行政许可决定前,市场监督管理部门应当将拟撤销行政许可的事实、理由和依据书面告知被许可人,并告知被许可人依法享有陈述、申辩和要求举行听证的权利。市场监督管理部门发现行政许可事项直接关系他人重大利益的,还应当同时告知该利害关系人。"也就是说,登记机关为了避免其撤销登记的行为是错误的,采取慎重的态度,撤销变更登记的概率并不高。

利害关系人认为股权变更登记致使其利益受损的,一般会以"登记机关未尽到合理注意义务"为由,向登记机关提出撤销变更登记的申请。此情形下,登记机关除了可以召开听证会以查清事实,同样也保持着十分慎重的态度,在大多数情况下,都是根据《市场主体登记管理条例》第19条第1款"登记机关应当对申请材料进行形式审查。对申请材料齐全、符合法定形式的予以确认并当场登记。不能当场登记的,应当在3个工作日内予以登记;情形复杂的,经登记机关负责人批准,可以再延长3个工作日"之规定,以"形式审查"为由拒绝撤销股权变更登记。

(二)提起行政诉讼请求法院撤销股权变更登记

《关于审理公司登记行政案件若干问题的座谈会纪要》第1条规定:"因申请人隐瞒有关情况或者提供虚假材料导致登记错误的,登记机关可以在诉讼中依法予以更正。登记机关依法予以更正且在登记时已尽到审慎审查义务,原告不申请撤诉的,人民法院应当驳回其诉讼请求。原告对错误登记无过错的,应当退还其预交的案件受理费。登记机关拒不更正的,人民法院可以根据具体情况判决撤销登记行为、确认登记行为违法或者判决登记机关履行更正职责。公司法定代表人、股东等以申请材料不是其本人签字或者盖章为由,请求确认登记行为违法或者撤销登记行为的,人民法院原则上应按照本条第一款规定处理,但能够证明原告此前已明知该情况却未提出异议,并在此基础上从事过相关管理和经营活动的,人民法院对原告的诉讼请求一般不予支持。因申请人隐瞒有关情况或者提供虚假材料导致登记错误引起行政赔偿诉讼,登记机关与申请人恶意串通的,与申请人承担连带责任;登记机关未尽审慎审查义务的,应当根据其过错程度及其在损害发生中所起作用承担相应的赔偿责任;登记机关已尽审慎审查义务的,不承担赔偿责任。"

据此,若认为股权变更登记存在瑕疵,原股东、利害关系人可以提起行政诉讼请求法院撤销股权变更登记。此时应区分不同情形:

1. 股权转让存在审批前置程序

新《公司法》第 34 条规定:"公司登记事项发生变更的,应当依法办理变更登记。公司登记事项未经登记或者未经变更登记,不得对抗善意相对人。"该条文中的"依法"二字意味着,如果股权转让存在审批的前置程序,须先行办理审批手续,再办理变更登记。

《市场主体登记管理条例》第 24 条第 2 款规定:"市场主体变更登记事项属于依法须经批准的,申请人应当在批准文件有效期内向登记机关申请变更登记。"故未履行前置程序而办理股权变更登记,意味着股权转让并未获得法律认可。

实务中还存在着一种情况,股权转让履行了审批前置程序,获得了相关部门的批准,但经审查,相关部门未能尽到"审慎合理注意义务"(比如没有收到必要的文件),却批准了股权转让,法院同样可以撤销股权变更登记。此时法院严格区分了"批准行为"与"登记行为",批准行为的严重瑕疵导致登记行为出现严重瑕疵,法院在撤销相关部门批复文件的同时,也撤销登记机关的股权变更登记。

故在提起诉讼时,如果认为相关部门的批复也有瑕疵,就要列出两个被告(作出批复的行政机关、作出股权变更登记的行政机关),诉讼请求也要列出两个(请求法院撤销批复文件、请求法院撤销股权变更登记行为)。

2. 股权转让不存在审批前置程序

此类情形下,通过行政诉讼的方式,诉请法院撤销股权变更登记行为。登记机关也常以《市场主体登记管理条例》第 19 条第 1 款规定的"形式审查"为由抗辩,法院处理的思路之一是:除非存在法定的可撤销或无效情形,认可形式审查的抗辩理由并驳回原告诉请,这经常被运用在相关利害人提起诉讼的场景中。法院处理的思路之二是,审查登记机关是否提交了变更的必备文件(比如股权转让合同、公司决议、法定代表人签署的文件等),如果法定代表人签字或公司决议上的签字涉嫌造假,特别是股权转让合同中的股权转让人(原股东)的签字涉嫌造假,则需要进行笔迹鉴定,确为造假的,据此认定不存在股权转让合同关系,最终判决撤销股权变更登记,这经常被运用在原股东提起诉讼的场景中。

第二部分

股权转让中的合同法

第七章　批准生效的股权转让合同

第一节　请求权基础规范

一、《民法典》规定

第 157 条　民事法律行为无效、被撤销或者确定不发生效力后,行为人因该行为取得的财产,应当予以返还;不能返还或者没有必要返还的,应当折价补偿。有过错的一方应当赔偿对方由此所受到的损失;各方都有过错的,应当各自承担相应的责任。法律另有规定的,依照其规定。

第 159 条　附条件的民事法律行为,当事人为自己的利益不正当地阻止条件成就的,视为条件已经成就;不正当地促成条件成就的,视为条件不成就。

第 500 条　当事人在订立合同过程中有下列情形之一,造成对方损失的,应当承担赔偿责任:(一)假借订立合同,恶意进行磋商;(二)故意隐瞒与订立合同有关的重要事实或者提供虚假情况;(三)有其他违背诚信原则的行为。

第 502 条　依法成立的合同,自成立时生效,但是法律另有规定或者当事人另有约定的除外。

依照法律、行政法规的规定,合同应当办理批准等手续的,依照其规定。未办理批准等手续影响合同生效的,不影响合同中履行报批等义务条款以及相关条款的效力。应当办理申请批准等手续的当事人未履行义务的,对方可以请求其承担违反该义务的责任。

依照法律、行政法规的规定,合同的变更、转让、解除等情形应当办理批准等手续的,适用前款规定。

二、其他法律规定

（一）总则编层面

《民法典总则编司法解释》

第 23 条 民事法律行为不成立，当事人请求返还财产、折价补偿或者赔偿损失的，参照适用民法典第一百五十七条的规定。

第 24 条 民事法律行为所附条件不可能发生，当事人约定为生效条件的，人民法院应当认定民事法律行为不发生效力；当事人约定为解除条件的，应当认定未附条件，民事法律行为是否失效，依照民法典和相关法律、行政法规的规定认定。

（二）合同编层面

《民法典合同编通则司法解释》

第 12 条 合同依法成立后，负有报批义务的当事人不履行报批义务或者履行报批义务不符合合同的约定或者法律、行政法规的规定，对方请求其继续履行报批义务的，人民法院应予支持；对方主张解除合同并请求其承担违反报批义务的赔偿责任的，人民法院应予支持。

人民法院判决当事人一方履行报批义务后，其仍不履行，对方主张解除合同并参照违反合同的违约责任请求其承担赔偿责任的，人民法院应予支持。

合同获得批准前，当事人一方起诉请求对方履行合同约定的主要义务，经释明后拒绝变更诉讼请求的，人民法院应当判决驳回其诉讼请求，但是不影响其另行提起诉讼。

负有报批义务的当事人已经办理申请批准等手续或者已经履行生效判决确定的报批义务，批准机关决定不予批准，对方请求其承担赔偿责任的，人民法院不予支持。但是，因迟延履行报批义务等可归责于当事人的原因导致合同未获批准，对方请求赔偿因此受到的损失的，人民法院应当依据民法典第一百五十七条的规定处理。①

第 13 条 合同存在无效或者可撤销的情形，当事人以该合同已在有关行政管理部门办理备案、已经批准机关批准或者已依据该合同办理财产权利的变更登记、移转登记等为由主张合同有效的，人民法院不予支持。②

---

① 批准生效合同的法律适用。
② 备案合同、已批准合同、已办理产权变更登记合同等的效力认定。

第 24 条 合同不成立、无效、被撤销或者确定不发生效力,当事人请求返还财产,经审查财产能够返还的,人民法院应当根据案件具体情况,单独或者合并适用返还占有的标的物、更正登记簿册记载等方式;经审查财产不能返还或者没有必要返还的,人民法院应当以认定合同不成立、无效、被撤销或者确定不发生效力之日该财产的市场价值或者以其他合理方式计算的价值为基准判决折价补偿。

除前款规定的情形外,当事人还请求赔偿损失的,人民法院应当结合财产返还或者折价补偿的情况,综合考虑财产增值收益和贬值损失、交易成本的支出等事实,按照双方当事人的过错程度及原因力大小,根据诚信原则和公平原则,合理确定损失赔偿额。

合同不成立、无效、被撤销或者确定不发生效力,当事人的行为涉嫌违法且未经处理,可能导致一方或者双方通过违法行为获得不当利益的,人民法院应当向有关行政管理部门提出司法建议。当事人的行为涉嫌犯罪的,应当将案件线索移送刑事侦查机关;属于刑事自诉案件的,应当告知当事人可以向有管辖权的人民法院另行提起诉讼。①

第 25 条 合同不成立、无效、被撤销或者确定不发生效力,有权请求返还价款或者报酬的当事人一方请求对方支付资金占用费的,人民法院应当在当事人请求的范围内按照中国人民银行授权全国银行间同业拆借中心公布的一年期贷款市场报价利率(LPR)计算。但是,占用资金的当事人对于合同不成立、无效、被撤销或者确定不发生效力没有过错的,应当以中国人民银行公布的同期同类存款基准利率计算。

双方互负返还义务,当事人主张同时履行的,人民法院应予支持;占有标的物的一方对标的物存在使用或者依法可以使用的情形,对方请求将其应支付的资金占用费与应收取的标的物使用费相互抵销的,人民法院应予支持,但是法律另有规定的除外。②

→附录参考:司法政策文件《九民会议纪要》

37.【未经批准合同的效力】法律、行政法规规定某类合同应当办理批准手续生效的,如商业银行法、证券法、保险法等法律规定购买商业银行、证券公司、保险公司5%以上股权须经相关主管部门批准,依据《合同法》第 44 条第 2 款的规定,批准是合同的法定生效条件,未经批准的合同因欠缺法律规定的特别生效条件而未生

---

① 合同不成立、无效、被撤销或者确定不发生效力的法律后果。
② 折价返还及其利息计算。

效。实践中的一个突出问题是,把未生效合同认定为无效合同,或者虽认定为未生效,却按无效合同处理。无效合同从本质上来说是欠缺合同的有效要件,或者具有合同无效的法定事由,自始不发生法律效力。而未生效合同已具备合同的有效要件,对双方具有一定的拘束力,任何一方不得擅自撤回、解除、变更,但因欠缺法律、行政法规规定或当事人约定的特别生效条件,在该生效条件成就前,不能产生请求对方履行合同主要权利义务的法律效力。

38.【报批义务及相关违约条款独立生效】须经行政机关批准生效的合同,对报批义务及未履行报批义务的违约责任等相关内容作出专门约定的,该约定独立生效。一方因另一方不履行报批义务,请求解除合同并请求其承担合同约定的相应违约责任的,人民法院依法予以支持。

39.【报批义务的释明】须经行政机关批准生效的合同,一方请求另一方履行合同主要权利义务的,人民法院应当向其释明,将诉讼请求变更为请求履行报批义务。一方变更诉讼请求的,人民法院依法予以支持;经释明后当事人拒绝变更的,应当驳回其诉讼请求,但不影响其另行提起诉讼。

40.【判决履行报批义务后的处理】人民法院判决一方履行报批义务后,该当事人拒绝履行,经人民法院强制执行仍未履行,对方请求其承担合同违约责任的,人民法院依法予以支持。一方依据判决履行报批义务,行政机关予以批准,合同发生完全的法律效力,其请求对方履行合同的,人民法院依法予以支持;行政机关没有批准,合同不具有法律上的可履行性,一方请求解除合同的,人民法院依法予以支持。

(三)外资企业层面

1.《外商投资法》

第4条 国家对外商投资实行准入前国民待遇加负面清单管理制度。

前款所称准入前国民待遇,是指在投资准入阶段给予外国投资者及其投资不低于本国投资者及其投资的待遇;所称负面清单,是指国家规定在特定领域对外商投资实施的准入特别管理措施。国家对负面清单之外的外商投资,给予国民待遇。

负面清单由国务院发布或者批准发布。

中华人民共和国缔结或者参加的国际条约、协定对外国投资者准入待遇有更优惠规定的,可以按照相关规定执行。

2.《外商投资企业司法解释(一)》

第1条 当事人在外商投资企业设立、变更等过程中订立的合同,依法律、行政法规的规定应当经外商投资企业审批机关批准后才生效的，自批准之日起生效；未经批准的，人民法院应当认定该合同未生效。当事人请求确认该合同无效的，人民法院不予支持。

前款所述合同因未经批准而被认定未生效的，不影响合同中当事人履行报批义务条款及因该报批义务而设定的相关条款的效力。

第 2 条 当事人就外商投资企业相关事项达成的补充协议对已获批准的合同不构成重大或实质性变更的，人民法院不应以未经外商投资企业审批机关批准为由认定该补充协议未生效。

前款规定的重大或实质性变更包括注册资本、公司类型、经营范围、营业期限、股东认缴的出资额、出资方式的变更以及公司合并、公司分立、股权转让等。

第 3 条 人民法院在审理案件中，发现经外商投资企业审批机关批准的外商投资企业合同具有法律、行政法规规定的无效情形的，应当认定合同无效；该合同具有法律、行政法规规定的可撤销情形，当事人请求撤销的，人民法院应予支持。

第 5 条 外商投资企业股权转让合同成立后，转让方和外商投资企业不履行报批义务，经受让方催告后在合理的期限内仍未履行，受让方请求解除合同并由转让方返还其已支付的转让款、赔偿因未履行报批义务而造成的实际损失的，人民法院应予支持。

第 6 条 外商投资企业股权转让合同成立后，转让方和外商投资企业不履行报批义务，受让方以转让方为被告、以外商投资企业为第三人提起诉讼，请求转让方与外商投资企业在一定期限内共同履行报批义务的，人民法院应予支持。受让方同时请求在转让方和外商投资企业于生效判决确定的期限内不履行报批义务时自行报批的，人民法院应予支持。

转让方和外商投资企业拒不根据人民法院生效判决确定的期限履行报批义务，受让方另行起诉，请求解除合同并赔偿损失的，人民法院应予支持。赔偿损失的范围可以包括股权的差价损失、股权收益及其他合理损失。

第 7 条 转让方、外商投资企业或者受让方根据本规定第六条第一款的规定就外商投资企业股权转让合同报批，未获外商投资企业审批机关批准，受让方另行起诉，请求转让方返还其已支付的转让款的，人民法院应予支持。受让方请求转让方赔偿因此造成的损失的，人民法院应根据转让方是否存在过错以及过错大小认定其是否承担赔偿责任及具体赔偿数额。

第 8 条 外商投资企业股权转让合同约定受让方支付转让款后转让方才办理报批手续，受让方未支付股权转让款，经转让方催告后在合理的期限内仍未履行，转让方请求解除合同并赔偿因迟延履行而造成的实际损失的,人民法院应予支持。

第 9 条 外商投资企业股权转让合同成立后,受让方未支付股权转让款,转让方和外商投资企业亦未履行报批义务,转让方请求受让方支付股权转让款的,人民法院应当中止审理,指令转让方在一定期限内办理报批手续。该股权转让合同获得外商投资企业审批机关批准的,对转让方关于支付转让款的诉讼请求,人民法院应予支持。

第 10 条 外商投资企业股权转让合同成立后,受让方已实际参与外商投资企业的经营管理并获取收益,但合同未获外商投资企业审批机关批准,转让方请求受让方退出外商投资企业的经营管理并将受让方因实际参与经营管理而获得的收益在扣除相关成本费用后支付给转让方的,人民法院应予支持。

第 15 条 合同约定一方实际投资、另一方作为外商投资企业名义股东,不具有法律、行政法规规定的无效情形的,人民法院应认定该合同有效。一方当事人仅以未经外商投资企业审批机关批准为由主张该合同无效或者未生效的,人民法院不予支持。

实际投资者请求外商投资企业名义股东依据双方约定履行相应义务的,人民法院应予支持。

双方未约定利益分配,实际投资者请求外商投资企业名义股东向其交付从外商投资企业获得的收益的,人民法院应予支持。外商投资企业名义股东向实际投资者请求支付必要报酬的,人民法院应酌情予以支持。

(四)国有资产层面

1.《企业国有资产法》

第 2 条 本法所称企业国有资产(以下称国有资产),是指国家对企业各种形式的出资所形成的权益。

第 51 条 本法所称国有资产转让,是指依法将国家对企业的出资所形成的权益转移给其他单位或者个人的行为;按照国家规定无偿划转国有资产的除外。

第 53 条 国有资产转让由履行出资人职责的机构决定。履行出资人职责的机构决定转让全部国有资产的,或者转让部分国有资产致使国家对该企业不再具有控股地位的,应当报请本级人民政府批准。

2.《企业国有资产监督管理暂行条例》

第 23 条 国有资产监督管理机构决定其所出资企业的国有股权转让。其中,转让全部国有股权或者转让部分国有股权致使国家不再拥有控股地位的,报本级人民政府批准。

第 24 条　所出资企业投资设立的重要子企业的重大事项,需由所出资企业报国有资产监督管理机构批准的,管理办法由国务院国有资产监督管理机构另行制定,报国务院批准。

3.《企业国有资产交易监督管理办法》

第 7 条　国资监管机构负责审核国家出资企业的产权转让事项。其中,因产权转让致使国家不再拥有所出资企业控股权的,须由国资监管机构报本级人民政府批准。

第 8 条　国家出资企业应当制定其子企业产权转让管理制度,确定审批管理权限。其中,对主业处于关系国家安全、国民经济命脉的重要行业和关键领域,主要承担重大专项任务子企业的产权转让,须由国家出资企业报同级国资监管机构批准。

转让方为多家国有股东共同持股的企业,由其中持股比例最大的国有股东负责履行相关批准程序;各国有股东持股比例相同的,由相关股东协商后确定其中一家股东负责履行相关批准程序。

第 12 条　对按照有关法律法规要求必须进行资产评估的产权转让事项,转让方应当委托具有相应资质的评估机构对转让标的进行资产评估,产权转让价格应以经核准或备案的评估结果为基础确定。

第 13 条　产权转让原则上通过产权市场公开进行。转让方可以根据企业实际情况和工作进度安排,采取信息预披露和正式披露相结合的方式,通过产权交易机构网站分阶段对外披露产权转让信息,公开征集受让方。其中正式披露信息时间不得少于 20 个工作日。

因产权转让导致转让标的企业的实际控制权发生转移的,转让方应当在转让行为获批后 10 个工作日内,通过产权交易机构进行信息预披露,时间不得少于 20 个工作日。

第 34 条　国资监管机构负责审核国家出资企业的增资行为。其中,因增资致使国家不再拥有所出资企业控股权的,须由国资监管机构报本级人民政府批准。

第 35 条　国家出资企业决定其子企业的增资行为。其中,对主业处于关系国家安全、国民经济命脉的重要行业和关键领域,主要承担重大专项任务的子企业的增资行为,须由国家出资企业报同级国资监管机构批准。

增资企业为多家国有股东共同持股的企业,由其中持股比例最大的国有股东负责履行相关批准程序;各国有股东持股比例相同的,由相关股东协商后确定其中一家股东负责履行相关批准程序。

(五)其他效力性规定

1.《商业银行法》

第 28 条 任何单位和个人购买商业银行股份总额百分之五以上的,应当事先经国务院银行业监督管理机构批准。

2.《证券法》

第 122 条 证券公司变更证券业务范围、变更主要股东或者公司的实际控制人,合并、分立、停业、解散、破产,应当经国务院证券监督管理机构核准。

3.《保险法》

第 84 条第 1 款第 7 项 变更出资额占有限责任公司资本总额百分之五以上的股东,或者变更持有股份有限公司股份百分之五以上的股东,应当经保险监督管理机构批准。

4.《矿产资源法》

第 6 条 除按下列规定可以转让外,探矿权、采矿权不得转让:(一)探矿权人有权在划定的勘查作业区内进行规定的勘查作业,有权优先取得勘查作业区内矿产资源的采矿权。探矿权人在完成规定的最低勘查投入后,经依法批准,可以将探矿权转让他人。(二)已取得采矿权的矿山企业,因企业合并、分立,与他人合资、合作经营,或者因企业资产出售以及有其他变更企业资产产权的情形而需要变更采矿权主体的,经依法批准可以将采矿权转让他人采矿。

前款规定的具体办法和实施步骤由国务院规定。

禁止将探矿权、采矿权倒卖牟利。

5.《矿业权司法解释》

第 6 条 矿业权转让合同自依法成立之日起具有法律约束力。矿业权转让申请未经自然资源主管部门批准,受让人请求转让人办理矿业权变更登记手续的,人民法院不予支持。

当事人仅以矿业权转让申请未经自然资源主管部门批准为由请求确认转让合同无效的,人民法院不予支持。

6.《城市房地产管理法》

第 40 条 以划拨方式取得土地使用权的,转让房地产时,应当按照国务院规定,报有批准权的人民政府审批。有批准权的人民政府准予转让的,应当由受让方办理土地使用权出让手续,并依照国家有关规定缴纳土地使用权出让金。

以划拨方式取得土地使用权的,转让房地产报批时,有批准权的人民政府按照国务院规定决定可以不办理土地使用权出让手续的,转让方应当按照国务院规定将转让房地产所获收益中的土地收益上缴国家或者作其他处理。

第二节 裁判精要

一、国有股权转让

1. 股权转让合同虽已成立,但未经有批准权的政府及金融行业监督管理部门批准,其效力为未生效。应识别股权转让说明书等文件仅是政府对股权挂牌出让的批准,并非是对股份转让合同的批准。

在(2016)最高法民终802号案中,二审法院认为:关于案涉《股份转让合同书》应认定为未生效合同。《国务院办公厅关于加强国有企业产权交易管理的通知》规定,地方管理的国有企业产权转让,要经地级市以上人民政府审批,其中有中央投资的,要事先征得国务院有关部门同意,属中央投资部分的产权收入归中央。中央管理的国有企业产权转让,由国务院有关部门报国务院审批。所有特大型、大型国有企业(包括地方管理的)的产权转让,报国务院审批。

《金融企业国有资产转让管理办法》规定,金融企业国有资产转让按照统一政策、分级管理的原则,由财政部门负责监督管理。财政部门转让金融企业国有资产,应当报本级人民政府批准。政府授权投资主体转让金融企业国有资产,应当报本级财政部门批准。金融企业国有资产转让过程中,涉及政府社会公共管理和金融行业监督管理事项的,应当根据国家规定,报经政府有关部门批准。《商业银行法》规定任何单位和个人购买商业银行股份总额百分之五以上的,应当事先经国务院银行业监督管理机构批准。案涉《股份转让合同书》的转让标的为鞍山财政局持有的鞍山银行9.9986%的股权,即22500万股股权,鞍山银行系金融企业国有资产,转让股份总额已经超过鞍山银行股份总额的5%。

依据上述规定,合同应经有批准权的政府及金融行业监督管理部门批准方可产生法律效力。由此,本案的《股份转让合同书》虽已成立,但因未经有权机关批准,应认定其效力为未生效。标榜公司主张案涉《股权转让合同书》已经鞍山市人民政府批准,其所依据的是鞍山市国有银行股权转让说明书,但该说明书仅是鞍山市人民政府对案涉股权挂牌出让的批准,并非对案涉《股份转让合同书》的批准。标榜公司关于案涉《股权转让合同书》已生效的上诉理由不能成立。

2. 任何单位和个人购买商业银行股份总额百分之五以上的,应当事先经国务院银行业监督管理机构批准。

在(2020)最高法民终202号案中,二审法院认为:《商业银行法》规定,任何单位和个人购买商业银行股份总额百分之五以上的,应当事先经国务院银行业监督管理机构批准。巨浪公司与蚌埠农商行多个股东签订《股份转让合同》,拟受让蚌埠农商行股份的64.93%(诉讼时为32.465%),已经远超蚌埠农商行股份总额的5%以上,依法需要经国务院银行业监督管理机构批准,案涉《股份转让合同》未经国务院银行业监督管理机构批准因而未生效。

3. 主管企业和国有资产监督管理机关对公司出让国有股权并无异议,股权转让未脱离国有资产监督管理机关的监管,即便股权未在产权交易场所公开进行、未办理股权资产评估备案,也不宜直接认定股权转让行为无效。

在(2015)民二终字第399号案中,二审法院认为:安联公司与安恒达公司签订《交易框架安排协议》,约定安联公司将涉诉世纪中珠公司49%的股权转让给安恒达公司,因该49%的股权系国有资产,所以协议各方应当依照国有资产转让的法律规定完善相关程序和手续。关于安联公司提供了其控股股东及上级主管企业安徽交控集团的《会议纪要》,虽然安恒达公司不认可其真实性,但因安恒达公司未提供证据,故对《会议纪要》的真实性应予采纳。该《会议纪要》表明上级主管企业安徽交控集团对安联公司出让涉诉股权并无异议,国有资产监督管理机关出具的《监督检查意见书》也可在一定程度上表明涉诉49%股权的转让未脱离国有资产监督管理机关的监管。所以,即使安联公司出让上述股权未在产权交易场所公开进行、未办理股权资产评估备案,但在没有充足证据证明国有资产监督管理机关否定股权转让的情形下,不宜直接认定安联公司出让涉诉股权的行为无效。

4. 国有法人股属于国家财产,国有企业不能自主转让国有股权,须经国家授权的具有管理职权的部门行使审批权。当未办理股权置换的审批手续,应认定股权置换协议中的股权置换条款未生效,对于其他条款,如报批义务、履行程序、违约金条款等,系当事人各方的真实意思表示,应认定为有效。

在(2007)民二终字第190号案中,二审法院认为:关于《股权置换协议》是否生效的问题。本案中,股权转让协议约定,转让的股权为上市公司贵绳股份公司发起人的股份。股权置换协调会议召开于2003年10月31日,当事人于2005年6月8日签订了《股权置换协议》,故本案应适用《国务院关于减持国有股筹集社会保障资金管理暂行办法》的规定,该协议中关于股权置换的条款应由财政部(国资委成立后,非金融类上市公司国有股权转让的审批机关为国资委,金融类上市公司的国有股权转让仍由财政部审批)审批后才生效。在本案一审法庭辩论终结前,当事人尚未办理股权置换的审批手续,故应认定《股权置换协议》中的股权置换条款未生效。而对于《股权置换协议》中的其他条款,如报批义务、履行程序、违约金条款等,系当事人各方的真实意思表示,且并无法律和行政法规规定其所约定的内容须经审批才能生效,故并未违反法律、行政法规的禁止性规定,应认定为有效,对当事人具有约束力且合同具有可履行性。

5. 股权转让合同已成立,合同中关于股权转让的相关约定虽须经有权机关批准方可产生法律效力,但合同中关于报批义务的约定自合同成立后即对当事人具有法律约束力。当事人应按约履行报批义务,积极促成合同生效,未将合同报送批准,存在缔约过失。

在(2016)最高法民终802号案中,二审法院认为:鞍山财政局未履行报批义务违反合同约定。如果合同已成立,合同中关于股权转让的相关约定虽须经有权机关批准方可产生法律效力,但合同中关于报批义务的约定自合同成立后即对当事人具有法律约束力。当事人应按约履行报批义务,积极促成合同生效。在鞍山财政局已与标榜公司签订案涉合同的情况下,应视为其认可标榜公司具有合同主体资格。是否批准案涉《股份转让合同书》,应由政府及金融行业监管部门决定,鞍山财政局作为合同一方当事人,不具有审批合同的权力,不能以其自身判断违反合同约定从而免除报送审批的义务。鞍山财政局关于案涉合同因标榜公司等不具有受让资格而无须报批的上诉理由,无事实和法律依据,不能成立,鞍山财政局无正当理由不履行案涉合同的报批义务,违反诚实信用原则,其存在缔约过失。

二、外资企业股权转让

1. 行政机关的审批行为是法律赋予有关行政主管部门特有的权力,不能通过民事诉讼程序以"确权"的方式作出民事判决予以变更,即使审批不当,也只能通过行政复议程序或者行政诉讼程序予以纠正。

在(2002)民四终字第14号案中,二审法院认为:本案涉及的是中外合资经营企业的股权变更问题,"确权"有其特殊之处。上海绿谷公司系中外合资经营企业,根据当时的相关规定,中外合资经营企业的成立、变更、终止均应当报经有关主管部门审批,并到工商机关办理相应的登记手续,才能生效。对于中外合资经营企业的股权变更,有关行政主管部门的审批是实质性要件,而非仅是形式或程序上的要求,未经审批的变更行为当然归于无效。

本案中,加拿大绿谷公司在上海绿谷公司55%的股权已经有关主管部门审批,并办理了相应的登记手续,符合法律规定的有效要件。现香港绿谷公司主张上海绿谷公司55%的股权应归其所有,认为当时将香港绿谷公司在上海绿谷公司55%的股权变更为加拿大绿谷公司所有的行为不当。虽然香港绿谷公司系以加拿大绿谷公司为被告,以股权纠纷为由向人民法院提起民事诉讼,但其实质是否定上海市长宁区人民政府的批复、上海市工商行政管理局的登记、上海市政府颁发的外商投资企业批准证书等行为的效力,即否定有关行政部门作出的具体行政行为的效力。

通常情况下,人民法院可以通过民事诉讼的判决结果直接或间接地使有关行政行为作出变更,但应将这些行政行为理解为只是程序性或形式性的行为,如备案、登记等行为。而对于实质性的行政行为,如本案所涉的审批行为,则是我国法律赋予有关行政主管部门特有的权力,不能通过民事诉讼程序及作出民事判决予以变更。即使审批不当,也只能通过行政复议程序或者行政诉讼程序予以纠正。因此,本案香港绿谷公司请求确认其在中外合资经营企业中的股权的主张只能通过行政复议或者行政诉讼加以解决,而不能通过本案的民事诉讼解决。原审法院通过民事诉讼直接作出变更具体行政行为的民事判决不当,应予纠正。香港绿谷公司提起本案民事诉讼不妥,对其起诉应予驳回。

2. 股权转让合同的履行期间跨越了外资审批制度改革的实施日期,需对其效力分阶段予以阐明。2016年10月1日,外资审批制度改革前,中外合作经营企业股权转让合同自外资审批机关颁发批准证书之日起生效,未经审批的,合同成立但未生效。外资审批制度改革后,行政审批制转为适用备案管理制,依法成立的中外合作经营企业股权转让合同已生效。

在(2017)最高法民终651号案中,二审法院认为:关于《股权转让合同》的效力问题。首先,案涉《股权转让合同》的履行期间跨越了外资审批制度改革的实施日期,故需对其效力分阶段予以阐明。在2016年9月30日前,《中外合作经营企业法》实行外资审批制度,该法第10条规定:"中外合作者的一方转让其在合作企业合同中的全部或者部分权利、义务的,必须经他方同意,并报审查批准机关批准。"《中外合作经营企业法实施细则》规定,"合作企业协议、合同、章程自审查批准机关颁发批准证书之日起生效"。根据《合同法》"依法成立的合同,自成立时生效。法律、行政法规规定应当办理批准、登记等手续生效的,依照其规定"以及《外商投资企业司法解释(一)》关于"当事人在外商投资企业设立、变更等过程中订立的合同,依法律、行政法规的规定应当经外商投资企业审批机关批准后才生效的,自批准之日起生效;未经批准的,人民法院应当认定该合同未生效。当事人请求确认该合同无效的,人民法院不予支持"的规定,中外合作经营企业股权转让合同自外资审批机关颁发批准证书之日起生效。

因此,尽管本案中平顶山商务局就案涉股权转让作出了批复,但其没有颁发外商投资企业批准证书,故至2016年9月30日,案涉《股权转让合同》因未经审批,不满足合同生效的法定要件,处于合同成立但未生效的状态。一审判决认定截至2016年9月30日,《股权转让合同》未生效是正确的。

同时,关于2016年10月1日之后《股权转让合同》的效力状态。2016年10月1日,《中外合作经营企业法》正式施行。该法第25条规定:"举办合作企业不涉及国家规定实施准入特别管理措施的,对本法第五条、第七条、第十条、第十二条第二款、第二十四条规定的审批事项,适用备案管理。国家规定的准入特别管理措施由国务院发布或者批准发布。"即对外商投资准入特别管理措施(即外商投资准入负面清单)以外的外商投资企业的设立、变更,由行政审批制转为适用备案管理制,而备案管理的性质为告知性备案,不属于合同的效力要件。

2016年10月,《外商投资企业设立及变更备案管理暂行办法》规定:"本办法实施前商务主管部门已受理的外商投资企业设立及变更事项,未完成审批且属于备案范围的,审批程序终止,外商投资企业或其投资者应按照本办法办理备案手续。"由于本案股权转让的标的公司鹰城房地产公司的经营范围不在外商投资准入负面清单之列,案涉股权的转让依法不需要再提交行政审批。《立法法》规定:"法律、行政法规、地方性法规、自治条例和单行条例、规章不溯及既往,但为了更好地保护公民、法人和其他组织的权利和利益而作的特别规定除外。"我国立法在法律溯及力问题上,采用从旧兼从轻原则。在因法律修改而使得合同效力的要件不复存在的情形下,则应当适用新法而认定合同有效。一审判决关于《股权转让合同》因法律规定的变化自2016年10月1日起生效的认定正确。

此外,鹰城集团、张某某、张某2还在上诉中提出,《股权转让合同》第7条约定,"自审批机关批准之日起生效",故该合同依约未生效,即使生效,其也以股东会决议的方式解除了《股权转让合同》。但如前所述,签订该合同时,案涉《股权转让合同》依据当时的法律需经外资审批机关审批才生效,这是当事人约定合同自批准之日生效的背景。2016年10月1日《中外合作经营企业法》施行后,《股权转让合同》不再属于审批对象,亦不具有审批可能,且备案也不是合同的生效条件,因此该合同"自审批机关批准之日起生效"的约定不再具有对合同生效条件作出限定的意义。依法成立的合同,对当事人具有法律约束力,当事人不得擅自变更或解除合同。鹰城房地产公司的股东会决议,没有得到吉美公司的同意,不构成约定解除的情形,亦不符合法定解除的条件,故不产生解除《股权转让合同》的法律效果。

三、涉及矿权的股权转让

【有效且生效】

1. 股权转让合同中包含矿业权转让的内容,该合同实为矿业权转让合同,矿业权转让合同自依法成立之日起具有法律约束力。矿业权转让合同未经国土资源主管部门批准,当事人不能仅以矿业权转让合同未经国土资源主管部门批准为由,请求确认转让合同无效。

在(2018)最高法民终15号案中,二审法院认为:根据《矿业权司法解释》第6条规定,矿业权转让合同自依法成立之日起具有法律约束力。矿业权转让申请未经国土资源主管部门批准,受让人请求转让人办理矿业权转让申请权变更登记手续的,人民法院不予支持。当事人仅以矿业权转让申请未经国土资源主管部门批准为由,请求确认转让合同无效的,人民法院不予支持。故《煤矿财产转让协议》所约定的"财产交割"虽包括了采矿权变更,但合同自依法成立之日起即具有法律约束力,有关部门的审批并非《煤矿财产转让协议》的生效条件。因此,《煤矿财产转让协议》有效且已生效,万海隆公司关于《煤矿财产转让协议》效力的上诉理由不能成立。

2. 转让采矿权已得到相关行政主管部门批准,涉及转让采矿权内容的股权转让协议有效。

在(2016)最高法民终525号案中,二审法院认为:关于双方签订的《股权转让协议》是否有效的问题。上诉人称,双方之间签订的《股权转让协议》的主要内容明显是关于矿业权的转让,但双方未按法律规定向矿产资源行政主管部门申请办理审批手续,应认定该《股权转让协议》无效。对此,法院认为,《股权转让协议》约定,"甲方同意将所持有的威宁县得磨煤矿100%的股权、煤矿七证及矿山所有附属设施全部有偿转让给乙方"。虽然协议的名称是关于得磨煤矿的股权转让,但实际上是被上诉人将得磨煤矿包含采矿权在内的全部资产整体转让给上诉人朱某豪。签订《股权转让协议》后,按照上诉人朱某豪的指示,被上诉人蔡某某与盘南投资公司签订了兼并重组合同,经贵州省国土资源厅批准后,将得磨煤矿的采矿权变更登记在盘南投资公司名下,故可以认定双方以实际履行行为变更了合同约定的履行方式,即将采矿权向朱某豪交付变更为向盘南投资公司交付,且已得到相关行政主管部门批准。因此,一审判决认定双方签订的《股权转让协议》有效,符合法律规定。

3. 采矿权租赁、采矿权转让、股权转让分属不同的法律关系。矿业权出租未经国土资源主管部门批准的,不影响采矿权出租以及包含该内容在内的股权转让合同的效力,合同有效。

在(2016)最高法民终520号案中,二审法院认为:关于《租赁、股权转让合同》是否合法有效的问题。双方当事人之间基于《租赁、股权转让合同》的约定,形成了租赁案涉盐碱坡金矿采矿权及转让鑫奥森公司股权两种法律关系。就租赁案涉盐碱坡金矿采矿权部分的效力而言,在矿业权交易实践中,存在矿业权人在不转移矿业权权属的情况下将矿业权的部分权能在一定期限内让渡给他人使用、收益,并由他人支付租金的交易模式。出租矿业权具有不同于转让矿业权的法律属性,不宜适用《探矿权采矿权转让管理办法》关于"批准转让的,转让合同自批准之日起生效"的规定,以未经批准为由,径行认定矿业权出租合同具有效力瑕疵欠缺法律依据。

同时,亦应尊重矿业权出租在交易市场中的实践意义,不宜将其当然地视为矿业权的变相转让或者非法倒卖牟利行为,予以禁止。《矿产资源法》第42条关于"买卖、出租或者以其他形式转让矿产资源的,没收违法所得,处以罚款。违反本法第六条的规定将探矿权、采矿权倒卖牟利的,吊销勘查许可证、采矿许可证,没收违法所得,处以罚款"的规定,其性质为管理性强制性规定,不属于效力性强制性规定。故本案中,英财公司上诉以案涉采矿权租赁未经国土资源主管部门批准,违反《矿产资源法》第42条的规定为由,主张《租赁、股权转让合同》中关于采矿权租赁部分的约定无效,欠缺法律依据。

【有效但未生效】

1. 协议约定转让的是股权,但由于煤矿属于合伙企业,投资人将在合伙企业中股权的全部份额转让,将导致原投资合伙人全部退出合伙企业,原采矿许可证亦须进行相应变更,而采矿权的变更必须经由地质矿产主管部门的行政审批,此时应按照采矿权转让的规定对协议的效力进行审查,未经批准不发生法律效力。

在(2015)民一终字第159号案中,二审法院认为:关于案涉协议效力的问题。尽管该协议约定转让的是股权,但由于大宏山煤矿属于合伙企业,并没有改制为有限责任公司,作为投资人的柳某某、马某某转让的只能是大宏山煤矿的合伙财产份额,且属于全部转让。根据《合伙企业法》的规定,合伙人有权向合伙人以外的人转让其在合伙企业中的财产份额。一般合伙企业转让财产份额并没有行政审批的要求,但案涉合伙企业属于矿山企业,而矿山合伙企业全部财产份额的转让将导致原投资合伙人全部退出该企业,原登记在"威宁县大宏山煤矿(柳某某)"名下的采矿许可证亦须进行相应变更,而采矿权的变更必须经由地质矿产主管部门的行政审批。

因此,在矿山合伙企业的投资人转让其全部财产份额、采矿权主体发生变更的情况下,应按照采矿权转让的规定对案涉协议的效力进行审查。就此而言,一审判决将本案双方当事人的交易定性为采矿权转让,双方当事人之间的协议定性为采矿权转让合同并无不当。根据《矿产资源法》第6条第1款第2项规定:"已取得采矿权的矿山企业,因企业合并、分立、与他人合资、合作经营,或者因企业资产出售以及有其他变更企业资产产权的情形而需要变更采矿权主体的,经依法批准可以将采矿权转让他人采矿。"案涉采矿权的转让应报请地质矿产主管部门批准,未经批准不发生法律效力。鉴于本案一审法庭辩论终结前,采矿权转让并未办理审批手续,一审判决将案涉协议认定为未生效并无不当。

2. 在未变更矿业权主体、不发生采矿权权属变更的情况下,不宜将矿山法人企业股权转让径行视为变相的采矿权转让;亦不宜以未经国土资源主管部门批准为由,认定股权转让合同存在效力瑕疵。

在(2016)最高法民终512号案中,二审法院认为:关于案涉《重组协议》《补充协议》的效力应如何认定的问题。矿山法人企业的股权转让和作为公司法人财产的采矿权转让在交易主体、交易标的、审批程序、适用法律等方面均有不同,虽因股权转让可能会产生矿山法人企业的股权结构重组、法人治理结构调整等问题,但在未变更矿业权主体、不发生采矿权权属变更的情况下,不宜将矿山法人企业的股权转让径行视为变相的采矿权转让;亦不宜直接适用《探矿权采矿权转让管理办法》第10条的规定,以未经国土资源主管部门批准为由,认定股权转让合同存在效力瑕疵。本案中,虽《重组协议》中涉及后阴塔煤矿的采矿权转让事宜,但采矿权转让报批义务的履行以及转让能否获得审批管理机关的批准,属《重组协议》《补充协议》能否实际履行的问题,不应因此影响对其合同效力的法律评价。故致富公司上诉主张,《重组协议》《补充协议》因未经国土资源主管部门批准而处于未生效状态,缺乏事实和法律依据,不予支持。

3. 一方在外资审批程序终结前单方撤回报批申请的行为,既违反了《股权转让合同》约定的报批义务,也违背了民法的诚实信用原则,《股权转让合同》处于成立但未生效的状态。

在(2017)最高法民终651号案中,二审法院认为:关于《股权转让合同》的效力状态是否因撤回报批申请而受到影响的问题。鹰城集团、张某某、张某2上诉称《股权转让合同》在审批流程完成后没有得到批准,已经确定属于不生效的合同。但平顶山商务局作出批复后没有颁发外商投资企业批准证书的原因,是鹰城集团控制的鹰城房地产公司撤回了报批申请,并不是因审批机关作出不同意转让的决定致使审批流程终结。《股权转让合同》未生效并不代表对当事人没有拘束力。相反,鹰城集团负有通过报批促使合同生效的义务。鹰城集团、张某某、张某2上诉认为鹰城房地产公司撤回报批申请,系因吉美公司没有履行再投资8500万元的承诺。

然而,鹰城集团、张某某、张某2并不能提供证据证明吉美公司作出了该等承诺,该等承诺也未记载于《股权转让合同》,故其主张的撤回报批申请的理由不能成立。鹰城集团控制的鹰城房地产公司在外资审批程序终结前单方撤回报批申请的行为,不仅违反了《股权转让合同》约定应由鹰城集团完成的报批义务,也违背了诚实信用原则。鹰城集团控制的鹰城房地产公司撤回报批申请的行为并不影响《股权转让合同》的效力状态。《外商投资企业司法解释(一)》第9条规定:"外商投资企业股权转让合同成立后,受让方未支付股权转让款,转让方和外商投资企业亦未履行报批义务,转让方请求受让方支付股权转让款的,人民法院应当中止审理,指令转让方在一定期限内办理报批手续。"本案一审审理过程中,河南省高级人民法院指令吉美公司办理报批手续,但因鹰城集团、鹰城房地产公司不予配合,未能成功办理,故《股权转让合同》处于成立但未生效的状态。

第三节 实务指南

一、未生效合同的法律后果

合同的生效,涉及的是以行政机关针对某一具体法律行为而作出的使得合同产生履行效果的前置条件之行为,依据是《民法典》第502条。未经批准的合同是未生效合同,产生如下法律后果:

(1)整份合同未生效。当事人不得基于未生效的合同请求对方履行合同义务,不得主张违约责任,亦不得请求确认合同无效并以无效合同要求对方承担相应责任。

（2）未生效合同中的报批义务和相关条款独立生效,可以主张对方履行报批义务。《民法典》第502条第2款规定,未办理批准等手续影响合同生效的,不影响合同中履行报批等义务条款以及相关条款的效力。如果不设置报批义务和相关条款独立生效的规定,按以往的司法实践,往往是将未生效合同按无效合同处理,以促使当事人积极履行报批义务促成合同生效,维持交易的稳定性和持续性。

对于何为"报批义务和相关条款",主要是指息于行使报批义务而产生的违约责任约定,但不限于此。比如股权转让合同中关于履行报批义务的条件限制,亦属于"相关条款"范畴,不受整份合同未生效的影响。①

《银行业监督管理法》第16条规定:"国务院银行业监督管理机构依照法律、行政法规规定的条件和程序,审查批准银行业金融机构的设立、变更、终止以及业务范围。"第22条第1款第2项规定:"涉及银行业金融机构的变更、终止,以及业务范围和增加业务范围内的业务品种,由国务院银行业监督管理机构批准。"即,商业银行股权变更的报批人是银行而不是合同约定的股权转让方。实务中,应审查实际报批人是谁,并将其列为第三人,或者在诉讼中申请法院追加其为第三人,法院亦可以依职权主动将其列为第三人,以此衔接落实执行中由谁来履行报批义务的问题。

（3）基于未生效合同中的报批义务和相关条款独立生效,故未生效股权转让合同的法律后果还包括请求对方履行报批义务,同时基于合同未生效的法理,要求承担的责任为缔约过失责任,而非违约责任。

（4）合同未生效,可以主张解除合同并承担责任。《民法典》第564条规定:"法律规定或者当事人约定解除权行使期限,期限届满当事人不行使的,该权利消灭。法律没有规定或者当事人没有约定解除权行使期限,自解除权人知道或者应当知道解除事由之日起一年内不行使,或者经对方催告后在合理期限内不行使的,该权利消灭。"因此,未生效的股权转让合同如果没有约定解除权行使期限的,解除合同前先要催告,对方在合理期限内仍不履行报批义务的,才能解除合同,同时注意解除权的行使不应超过法定期间,这是程序上的要求。

《民法典》第563条规定了直接解除合同的几种情形,"（一）因不可抗力致使不

---

① 参见最高人民法院民事审判第二庭、研究室编著:《最高人民法院民法典合同编通则司法解释理解与适用》,人民法院出版社2023年版,第160页。

能实现合同目的;(二)在履行期限届满前,当事人一方明确表示或者以自己的行为表明不履行主要债务;(三)当事人一方迟延履行主要债务,经催告后在合理期限内仍未履行;(四)当事人一方迟延履行债务或者有其他违约行为致使不能实现合同目的"。在直接解除合同的场合,报批义务人承担的责任依据合同约定而有所不同,如果约定了与报批义务相关的违约责任条款,则该条款随着"报批义务和相关条款独立生效"而独立生效,此时承担的是违约责任,依据是《民法典合同编通则司法解释》第12条第2款规定:"人民法院判决当事人一方履行报批义务后,其仍不履行,对方主张解除合同并参照违反合同的违约责任请求其承担赔偿责任的,人民法院应予支持。"没有约定的,承担的是缔约过失责任。

批准机关对合同予以批准的,合同确定发生效力,此时应注意合同是从批准之日发生效力还是回溯至合同成立之日发生效力,通说认为,合同自批准日生效。

注意合同未生效与合同不成立的区别,前者指合同已成立,但欠缺批准要件而处于效力待定状态,后者指没有达成一致协议,尚未存在合同。

(5)《民法典》第157条规定:"民事法律行为无效、被撤销或者确定不发生效力后,行为人因该行为取得的财产,应当予以返还;不能返还或者没有必要返还的,应当折价补偿。有过错的一方应当赔偿对方由此所受到的损失;各方都有过错的,应当各自承担相应的责任。法律另有规定的,依照其规定。"该条并未规定合同不成立的情形,但在《民法典总则编司法解释》第24条作了规定:"民事法律行为所附条件不可能发生,当事人约定为生效条件的,人民法院应当认定民事法律行为不发生效力;当事人约定为解除条件的,应当认定未附条件,民事法律行为是否失效,依照民法典和相关法律、行政法规的规定认定。"

根据上述规定,在合同无效、被撤销或者确定不发生效力、合同不成立的情形下,行为人因该行为取得的财产,均应予以返还。在股权转让场合,如果股权转让合同被认定为无效、被撤销或者确定不发生效力、股权转让合同不成立时,股权转让人已取得的股款应当返还,但此时产生的资金占用费如何计算?实践中,如果合同合法有效,资金占用费按照中国人民银行授权全国银行间同业拆借中心公布的一年期贷款市场报价利率(LPR)计算;但是,在合同不成立、无效、被撤销或者确定不发生效力没有过错的,资金占用费应当以中国人民银行公布的同期同类存款基准利率计算(见《民法典合同编通则司法解释》第25条第1款)。

二、需经批准备案的合同类型总结

(1)交易类。《商业银行法》第28条,《保险法》第84条,《城市房地产管理法》

第 40 条,《城镇国有土地使用权出让和转让暂行条例》第 45 条,《探矿权采矿权转让管理办法》第 10 条,《技术进出口管理条例》第 11 条至第 15 条、第 32 条至第 35 条,《反垄断法》第 21 条至第 26 条,《农村土地承包法》第 52 条,《商标法》第 42 条,《药品管理法》第 40 条、第 89 条,《电信条例》第 28 条,《金融资产管理公司条例》第 11 条、第 18 条等。

(2)所有权类。《不动产登记暂行条例》第 5 条、第 7 条,《民法典》第 209 条、第 210 条、第 225 条、第 641 条,《船舶登记条例》第 8 条,《民用航空器权利登记条例》第 3 条,《机动车登记规定》第 18 条等。

(3)用益物权类。《农村土地承包法》第 12 条、第 35 条、第 41 条,《民法典》第 335 条、第 341 条、第 349 条、第 355 条、第 368 条、第 374 条,《不动产登记暂行条例》第 5 条、第 7 条,《城市房地产管理法》第 61 条等。

(4)担保物权类。《不动产登记暂行条例》第 5 条、第 7 条,《民法典》第 210 条、第 214 条、第 225 条、第 395 条、第 402 条、第 403 条、第 441 条、第 443 条、第 444 条等。

(5)知识产权类。《专利法》第 10 条,《植物新品种保护条例》第 3 条、第 9 条、《商标法》第 43 条等。

第八章 可撤销的股权转让合同

第一节 请求权基础规范

一、《民法典》规定

第 147 条 基于重大误解实施的民事法律行为,行为人有权请求人民法院或者仲裁机构予以撤销。

第 148 条 一方以欺诈手段,使对方在违背真实意思的情况下实施的民事法律行为,受欺诈方有权请求人民法院或者仲裁机构予以撤销。

第 149 条 第三人实施欺诈行为,使一方在违背真实意思的情况下实施的民事法律行为,对方知道或者应当知道该欺诈行为的,受欺诈方有权请求人民法院或者仲裁机构予以撤销。

第 150 条 一方或者第三人以胁迫手段,使对方在违背真实意思的情况下实施的民事法律行为,受胁迫方有权请求人民法院或者仲裁机构予以撤销。

第 151 条 一方利用对方处于危困状态、缺乏判断能力等情形,致使民事法律行为成立时显失公平的,受损害方有权请求人民法院或者仲裁机构予以撤销。

第 152 条 有下列情形之一的,撤销权消灭:(一)当事人自知道或者应当知道撤销事由之日起一年内、重大误解的当事人自知道或者应当知道撤销事由之日起九十日内没有行使撤销权;(二)当事人受胁迫,自胁迫行为终止之日起一年内没有行使撤销权;(三)当事人知道撤销事由后明确表示或者以自己的行为表明放弃撤销权。

当事人自民事法律行为发生之日起五年内没有行使撤销权的,撤销权消灭。

第 157 条 民事法律行为无效、被撤销或者确定不发生效力后,行为人因该行为取得的财产,应当予以返还;不能返还或者没有必要返还的,应当折价补偿。有过错的一方应当赔偿对方由此所受到的损失;各方都有过错的,应当各自承担相应的责任。法律另有规定的,依照其规定。

二、其他法律规定

（一）总则编层面

《民法典总则编司法解释》

第19条 行为人对行为的性质、对方当事人或者标的物的品种、质量、规格、价格、数量等产生错误认识，按照通常理解如果不发生该错误认识行为人就不会作出相应意思表示的，人民法院可以认定为民法典第一百四十七条规定的重大误解。

行为人能够证明自己实施民事法律行为时存在重大误解，并请求撤销该民事法律行为的，人民法院依法予以支持；但是，根据交易习惯等认定行为人无权请求撤销的除外。①

第20条 行为人以其意思表示存在第三人转达错误为由请求撤销民事法律行为的，适用本解释第十九条的规定。②

第21条 故意告知虚假情况，或者负有告知义务的人故意隐瞒真实情况，致使当事人基于错误认识作出意思表示的，人民法院可以认定为民法典第一百四十八条、第一百四十九条规定的欺诈。③

第22条 以给自然人及其近亲属等的人身权利、财产权利以及其他合法权益造成损害或者以给法人、非法人组织的名誉、荣誉、财产权益等造成损害为要挟，迫使其基于恐惧心理作出意思表示的，人民法院可以认定为民法典第一百五十条规定的胁迫。④

第23条 民事法律行为不成立，当事人请求返还财产、折价补偿或者赔偿损失的，参照适用民法典第一百五十七条的规定。⑤

（二）合同编层面

《民法典合同编通则司法解释》

第5条 第三人实施欺诈、胁迫行为，使当事人在违背真实意思的情况下订立合同，受到损失的当事人请求第三人承担赔偿责任的，人民法院依法予以支持；当事人亦有违背诚信原则的行为的，人民法院应当根据各自的过错确定相应

---

① 重大误解的认定规则。
② 意思表示误传的认定规则。
③ 欺诈的认定规则。
④ 胁迫的认定规则。
⑤ 民事行为不成立的法律后果。

的责任。但是,法律、司法解释对当事人与第三人的民事责任另有规定的,依照其规定。①

第 11 条 当事人一方是自然人,根据该当事人的年龄、智力、知识、经验并结合交易的复杂程度,能够认定其对合同的性质、合同订立的法律后果或者交易中存在的特定风险缺乏应有的认知能力的,人民法院可以认定该情形构成民法典第一百五十一条规定的"缺乏判断能力"。②

第 24 条 合同不成立、无效、被撤销或者确定不发生效力,当事人请求返还财产,经审查财产能够返还的,人民法院应当根据案件具体情况,单独或者合并适用返还占有的标的物、更正登记簿册记载等方式;经审查财产不能返还或者没有必要返还的,人民法院应当以认定合同不成立、无效、被撤销或者确定不发生效力之日该财产的市场价值或者以其他合理方式计算的价值为基准判决折价补偿。

除前款规定的情形外,当事人还请求赔偿损失的,人民法院应当结合财产返还或者折价补偿的情况,综合考虑财产增值收益和贬值损失、交易成本的支出等事实,按照双方当事人的过错程度及原因力大小,根据诚信原则和公平原则,合理确定损失赔偿额。

合同不成立、无效、被撤销或者确定不发生效力,当事人的行为涉嫌违法且未经处理,可能导致一方或者双方通过违法行为获得不当利益的,人民法院应当向有关行政管理部门提出司法建议。当事人的行为涉嫌犯罪的,应当将案件线索移送刑事侦查机关;属于刑事自诉案件的,应当告知当事人可以向有管辖权的人民法院另行提起诉讼。③

第 25 条 合同不成立、无效、被撤销或者确定不发生效力,有权请求返还价款或者报酬的当事人一方请求对方支付资金占用费的,人民法院应当在当事人请求的范围内按照中国人民银行授权全国银行间同业拆借中心公布的一年期贷款市场报价利率(LPR)计算。但是,占用资金的当事人对于合同不成立、无效、被撤销或者确定不发生效力没有过错的,应当以中国人民银行公布的同期同类存款基准利率计算。

双方互负返还义务,当事人主张同时履行的,人民法院应予支持;占有标的物的一方对标的物存在使用或者依法可以使用的情形,对方请求将其应支付的资金

---

① 合同订立中的第三人责任。
② "缺乏判断能力"的认定。
③ 合同不成立、无效、被撤销或者确定不发生效力的法律后果。

占用费与应收取的标的物使用费相互抵销的,人民法院应予支持,但是法律另有规定的除外。①

(三)其他

《外商投资企业司法解释(一)》

第 3 条 人民法院在审理案件中,发现经外商投资企业审批机关批准的外商投资企业合同具有法律、行政法规规定的无效情形的,应当认定合同无效;该合同具有法律、行政法规规定的可撤销情形,当事人请求撤销的,人民法院应予支持。

→附录参考:司法政策文件《九民会议纪要》

32.【合同不成立、无效或者被撤销的法律后果】《合同法》第 58 条就合同无效或者被撤销时的财产返还责任和损害赔偿责任作了规定,但未规定合同不成立的法律后果。考虑到合同不成立时也可能发生财产返还和损害赔偿责任问题,故应当参照适用该条的规定。

在确定合同不成立、无效或者被撤销后财产返还或者折价补偿范围时,要根据诚实信用原则的要求,在当事人之间合理分配,不能使不诚信的当事人因合同不成立、无效或者被撤销而获益。合同不成立、无效或者被撤销情况下,当事人所承担的缔约过失责任不应超过合同履行利益。比如,依据《最高人民法院关于审理建设工程施工合同纠纷案件适用法律问题的解释》第 2 条规定,建设工程施工合同无效,在建设工程经竣工验收合格情况下,可以参照合同约定支付工程款,但除非增加了合同约定之外新的工程项目,一般不应超出合同约定支付工程款。

33.【财产返还与折价补偿】合同不成立、无效或者被撤销后,在确定财产返还时,要充分考虑财产增值或者贬值的因素。双务合同不成立、无效或者被撤销后,双方因该合同取得财产的,应当相互返还。应予返还的股权、房屋等财产相对于合同约定价款出现增值或者贬值的,人民法院要综合考虑市场因素、受让人的经营或者添附等行为与财产增值或者贬值之间的关联性,在当事人之间合理分配或者分担,避免一方因合同不成立、无效或者被撤销而获益。在标的物已经灭失、转售他人或者其他无法返还的情况下,当事人主张返还原物的,人民法院不予支持,但其主张折价补偿的,人民法院依法予以支持。折价时,应当以当事人交易时约定的价款为基础,同时考虑当事人在标的物灭失或者转售时的获益情况综合确定补偿标

---

① 折价返还及利息计算。

准。标的物灭失时当事人获得的保险金或者其他赔偿金,转售时取得的对价,均属于当事人因标的物而获得的利益。对获益高于或者低于价款的部分,也应当在当事人之间合理分配或者分担。

34.【价款返还】双务合同不成立、无效或者被撤销时,标的物返还与价款返还互为对待给付,双方应当同时返还。关于应否支付利息问题,只要一方对标的物有使用情形的,一般应当支付使用费,该费用可与占有价款一方应当支付的资金占用费相互抵销,故在一方返还原物前,另一方仅须支付本金,而无须支付利息。

35.【损害赔偿】合同不成立、无效或者被撤销时,仅返还财产或者折价补偿不足以弥补损失,一方还可以向有过错的另一方请求损害赔偿。在确定损害赔偿范围时,既要根据当事人的过错程度合理确定责任,又要考虑在确定财产返还范围时已经考虑过的财产增值或者贬值因素,避免双重获利或者双重受损的现象发生。

→附录参考:司法政策文件《民法典工作会议纪要》

2. 行为人因对行为的性质、对方当事人、标的物的品种、质量、规格和数量等的错误认识,使行为的后果与自己的意思相悖,并造成较大损失的,人民法院可以认定为民法典第一百四十七条、第一百五十二条规定的重大误解。

3. 故意告知虚假情况,或者故意隐瞒真实情况,诱使当事人作出错误意思表示的,人民法院可以认定为民法典第一百四十八条、第一百四十九条规定的欺诈。

4. 以给自然人及其亲友的生命、身体、健康、名誉、荣誉、隐私、财产等造成损害或者以给法人、非法人组织的名誉、荣誉、财产等造成损害为要挟,迫使其作出不真实的意思表示的,人民法院可以认定为民法典第一百五十条规定的胁迫。

9. 对于民法典第五百三十九条规定的明显不合理的低价或者高价,人民法院应当以交易当地一般经营者的判断,并参考交易当时交易地的物价部门指导价或者市场交易价,结合其他相关因素综合考虑予以认定。

转让价格达不到交易时交易地的指导价或者市场交易价百分之七十的,一般可以视为明显不合理的低价;对转让价格高于当地指导价或者市场交易价百分之三十的,一般可以视为明显不合理的高价。当事人对于其所主张的交易时交易地的指导价或者市场交易价承担举证责任。

第二节 裁判精要

一、欺诈、胁迫

1. 股权转让方将其将来拟取得的股权表述为已经取得的股权，实际上其取得并转让股权存在较大的履行可能性，在此情况下，难以认定股权转让方存在欺诈意图。事后股权转让方若确实不能取得股权并导致股权无法转让的，构成履行不能，合同目的无法实现，当事人可以请求解除合同，此时属合同能否实际履行的问题，而不是合同是否可撤销的效力问题。

在（2019）最高法民终1763号案中，二审法院认为：佳农公司在《股权转让协议书》中陈述其持有茂荣集团40%的股权与事实不符。然而，不实陈述并非等同于欺诈，是否构成欺诈的关键在于不实陈述的一方当事人是否具有欺骗对方的故意，并使对方陷于错误认识而签订合同。具体分析如下：

第一，佳农公司存在以将来拟取得的股权履行《股权转让协议书》的可能，且本案证据初步表明佳农公司具有履行合同的诚意，因此在案证据不足以证明佳农公司有欺诈意图。佳农公司的不实陈述主要是将其将来拟取得的股权表述为已经取得的股权，但其取得股权并按约定向稷泰祥公司转让具有较大的可能性，在此情况下，尚难以认定佳农公司存在欺诈意图。第二，鉴于稷泰祥公司、庆丰集团与茂荣集团存在关联，稷泰祥公司对吕某某拟向佳农公司转让40%股权的计划应当知情，佳农公司在《股权转让协议书》中的不实陈述，并不足以使稷泰祥公司陷入错误认识而签订合同。

总之，在佳农公司有较大可能性履行《股权转让协议书》的情况下，仅凭佳农公司在该协议书中约定转让其持有的茂荣集团40%的股权，这虽与当时的股权登记状况不符，但尚不足以认定佳农公司存在欺诈。如果事后佳农公司的确不能取得并转让上述约定的股权，构成履行不能，合同目的无法实现，当事人可以依法请求解除合同，并主张其他救济。此时主要是合同能否实际履行的问题，而不是合同是否可撤销的效力问题，一审法院判决撤销《股权转让协议书》，存在事实依据不足和法律适用错误的问题，应予纠正。

2. 从是否存在欺诈行为、股权转让合同的目的是否具备可履行性、股权是否变更至受让人名下、股权转让合同的目的是否实现等角度来判断是否构成欺诈。

在(2021)最高法民终755号案中,二审法院认为:璟德公司尚无充分证据证明漳州发展存在欺诈行为,璟德公司无权适用《合同法》的规定行使撤销权,撤销《股权转让合同》,具体分析如下:

第一,璟德公司提供的证据尚无法证明漳州发展存在欺诈行为。一是,璟德公司并无证据证明漳州发展故意隐瞒相关政府文件中涉及的林地问题。二是,现有证据不足以证明漳州发展故意隐瞒了林地的现状问题,案涉土地上的林木是璟德公司拍卖案涉股权时即已存在,结合《竞买协议书》的内容,璟德公司对土地的现状是清楚的,因此不能认定漳州发展故意隐瞒。

第二,案涉土地涉及的林地问题并非无法开发建设,且股权已经实际变更登记至璟德公司名下,合同目的已经实现。国家相关部门作出复函,允许18宗地块开发建设,并做好项目报批手续的办理及项目建设工作。依据法院调查笔录的内容,案涉土地于本案股权转让时属于正常出让地,虽然存在林地,但是并不属于禁止开发的情形,仅是需要提交相应审批手续并逐级上报,因此在股权转让前后,林地问题虽然真实存在,亦应属于开发建设中面临的常规问题,现有证据并不足以证明因适用林地的审批会导致开发成本上升至影响合同目的实现的程度。如在办理林地适用审批手续需要漳州发展配合时,漳州发展应积极配合。依据《股权转让合同》的约定,在转让标的中明确,漳州发展同意将所持标的企业50%的股权转让给璟德公司。璟德公司与漳州发展之间签订的《股权转让合同》涉及的转让标的应为股权,而案涉股权已经实际变更登记至璟德公司名下,从股权转让的角度来说,合同目的已经实现。

3. 股东是完全民事行为能力主体,对于出让其持有的股权以及价格,应当自行作出判断,转让价格的波动是一种正常的商业风险,不构成欺诈、重大误解或显失公平。

在(2014)民抗字第21号案中,再审法院认为:退股申请书由苑某签名,应当认定该申请是苑某的真实意思表示。此事实发生在正龙公司与王某于2008年6月12日签订协议之前,苑某并未提交证据证明王某存在欺诈行为使其提出退股申请。根据王某与正龙公司签订的《股权转让协议》,在对煤业公司财产进行评估的基础上,王某以每1%股200万元的价格转让股权。案涉两份股权转让协议属于不同的法律关系。因此,苑某主张王某获得其10%的股权仅支付对价1000万元,构成欺诈，不予支持。苑某作为煤业公司的股东，是完全民事行为能力主体，对于出让其持有的股权以及价格，应当自行作出判断，故其主张王某获得其10%的股权仅支付对价1000万元构成重大误解，亦不予支持。

王某与苑某之间签订的《股权转让协议》，以苑某不再承担任何义务为前提，而王某在与正龙公司签订《股权转让协议》时，对煤业公司可能存在的负债还需承担民事责任，两者之间交易的条件不一样；根据工商登记，王某在向正龙公司转让51%的股权时即持有煤业公司90%的股权，苑某亦未提供证据证明上述51%的股权中包含其向王某受让的10%股权；上述两项转让股权的行为均为商事交易行为，应由参与相关交易的商事主体自行判断交易价格，在没有足够证据证明的情况下，不应认定构成显失公平。因此，苑某与王某之间签订的《股权转让协议》并不存在可撤销的法定情形。原审判决认为王某在与苑某签订《股权转让协议》构成欺诈，且该协议结果显失公平，缺乏事实和法律依据，予以纠正。

4. 结合股权受让人管理公司的情况，股权转让价款是双方在对公司的资产、债权债务、财务状况等各方面充分了解情况后商定作出的，并非以公司净资产作为计算基础，股权受让人以签约时受到欺诈为由请求赔偿没有依据。

在（2018）浙07民终932号案中，一审法院认为：公司的股权不同于普通买卖标的物，它是公司的资产（有形资产和无形资产）、债权、债务的综合体现。原告作为受让人在决定受让股权之前，应对公司的资产、债权、债务及经营状况、行业现状、发展前景进行全面了解，以保证其投资价值的实现。本案中，在股权转让前，原告黄某某已是龙鼎公司的股东，占公司20%的股权。作为公司股东，原告有权利，也有途径了解龙鼎公司的财务情况（包括未纳税情况）。原告已进入公司负责公司的日常经营管理，并履行相应的职权，公司的相关报表、工资单等文件需要其签名审核。双方确定转让股权是在签订《股权转让协议》之前，原告作为龙鼎公司的实际负责人，对龙鼎公司的财务状况（包括未纳税情况）应属知情。庭审中，双方均确认股权转让价格并非以龙鼎公司的净资产作为计算基础，而是由双方协商确定的。适用会计师事务所出具的《专项审计报告》的前提是，股权转让价格是以股权转让时龙鼎公司经审计和评估后的净资产为基础。按照该报告计算，其适用的前提不存在，即原告主张以公司的净资产（所有者权益）为基础计算损失亦没有依据。

综上，原告在股权转让前系龙鼎公司的股东，在《股权转让协议》签订前一段时间内，已作为龙鼎公司的管理人并实际履行总经理职权。原告在受让股权前对龙鼎公司的纳税情况应属知情，被告方不存在故意隐瞒公司偷税的情况，故也不影响原告在受让时点对受让股权的价值判断。案涉股权转让价格是由原、被告协商确定的,原告以公司净资产为基础计算损失也没有依据。二审法院持相同观点。

二、重大误解、显失公平

1. 股权转让价格的确定主要是依据公司所拥有资产的价值,与公司经营利润无关。不能以公司经营利润为负数而认定对股权转让价格存在重大误解,未告知公司存在债务也不是对股权转让价格存在重大误解的理由。

在(2019)最高法民终1110号案中,二审法院认为:关于《收购股权及资产协议书》的定价是否存在重大误解的问题。骐鸣公司与锋辉公司签订《收购股权及资产协议书》后,骐鸣公司即召开了股东大会同意变更股东,王某某、马某祝、蒲某与吴某另行签订了《股权转让协议书》。虽在签订《收购股权及资产协议书》时没有经过蒲某与马某祝的授权,但事后得到了两位股东的追认,《收购股权及资产协议书》得以成立并生效。《收购股权及资产协议书》所约定的股权转让价格系由骐鸣公司与锋辉公司协商确定,定价主要系依据骐鸣公司名下拉萨市跃进铜矿矿山的价值,而与骐鸣公司是否有利润无关。

即便如吴某所述,骐鸣公司于2012年7月的利润为负数,也不足以证明锋辉公司就股权转让的定价存在重大误解。如骐鸣公司存在转让股权时未告知债务,也是公司遗留债务的追偿问题,亦不影响转让股权的定价。在锋辉公司明知应支付蒲某其股权份额对应的股权转让款且未有蒲某明确授权他人代为收取的情况下,无论王某某自认其已收款项、所享债权的数额是多少,均不影响蒲某依据《收购股权及资产协议书》上所列的股权转让价款向锋辉公司主张自己的权利,锋辉公司也不能以此证明《收购股权及资产协议书》中关于"资产权益"的部分以及股权转让价款的定价存在重大误解。

2. 融资方应具备专业的判断能力、分析能力和交易能力,签约时对企业的经营状况及业绩目标的可行性作出全面调查、评估和判断。融资方较之投资方更能了解企业现状,对投资风险更具有预见能力,故称该协议显失公平没有依据。

在(2014)沪一中民四(商)终字第2041号案中,一审法院认为:关于《增资扩股协议》及《补充协议》是否存在显失公平而应被撤销的问题。估值调整协议作为一项新型的投资机制,其创设的风险和回报虽然较高,但对于双方而言亦是相对均等的。对于融资方而言,其需要注入资金以获得更多的经营空间,而对于投资方而言,其可以依赖注资企业的经营以实现高额的利润。因而协议实质满足了交易双方对于实现投资利益最大化的营利性要求,系双方的真实意思表示。

对于融资方而言,应具备专业的判断能力、分析能力和交易能力。在签订估值调整协议时,从常理而言,双方均应对企业的经营状况及业绩目标的可行性作出全面调查、评估和判断。尤其是对于融资方而言,融资企业系其经营管理,较之投资方更能了解企业现状,对投资风险更具有预见能力。故原审法院有理由相信,在凯迪药业、凯迪投资、新华联和周某某、施某某作出业绩目标承诺时,亦系经过审慎、仔细的计算和判断,因此对凯迪药业、凯迪投资、新华联和周某某、施某某辩称该协议显失公平,不予采信。二审法院判决驳回上诉,维持原判。

第三节 实务指南

一、合同撤销权的行使

第一,关于撤销权的行使方式。

撤销权的提出有两种方式,一种是非诉讼、非仲裁的方式。根据《民法典》第145条规定:"限制民事行为能力人实施的纯获利益的民事法律行为或者与其年龄、智力、精神健康状况相适应的民事法律行为有效;实施的其他民事法律行为经法定代理人同意或者追认后有效。相对人可以催告法定代理人自收到通知之日起三十日内予以追认。法定代理人未作表示的,视为拒绝追认。民事法律行为被追认前,善意相对人有撤销的权利。撤销应当以通知的方式作出。"

在行为人的民事行为能力受限制的场合,善意相对人享有撤销权,可以采取直接通知的方式行使撤销权,通知到达对方即发生撤销的法律效果,民事法律行为被撤销。对方有异议的可以提起诉讼,法院作出裁决确认该撤销行为有效的,撤销行为有效的时间点并非法院作出裁决的时间点或者裁决书确定的其他时间点,而是以通知有效到达对方之日为民事法律行为被撤销之日。

与合同效力相关的撤销权,是指基于"欺诈、胁迫、重大误解、显失公平"之法定理由行使的撤销权。这种撤销权只能通过提起诉讼或申请仲裁行使,不能采用通知对方当事人的方式行使,人民法院判决或仲裁机构裁决生效的时间,或者认定的时间,是股权转让合同被撤销的时间。同时依据《民法典》第155条规定,被撤销的股权转让行为自始没有法律约束力。以通知对方当事人的方式撤销股权转让合同的,不发生合同被撤销的法律后果。

第二,关于撤销权的行使期间。

根据《民法典》第 152 条规定,区分为如下情形:

(1)主观期间:即当事人自知道或者应当知道撤销事由之日起一年内行使撤销权。这是原则性规定,以当事人主观状态"知道或应当知道"欺诈、胁迫、重大误解、显失公平的行为发生之日为计算行使权利的起算点,一年为除斥期间,不适用法律关于期间的中止、中断、延长的规定。

(2)基于重大误解为由行使对股权转让合同的撤销权的,当事人应自知道或者应当知道撤销事由之日起 90 日内行使。

(3)基于受胁迫为由行使对股权转让合同的撤销权的,当事人应自胁迫行为终止之日起一年内行使。

(4)当事人自知道股权转让合同撤销事由后明确表示或者以自己的行为表明放弃撤销权的,不得再行使撤销权。

(5)客观期间:当事人应自民事法律行为发生之日起五年内行使撤销权,此时的五年是最长期间,不以当事人主观上是否"知道或应当知道"来计算行使权利的时间起算点,而是以欺诈、胁迫、重大误解、显失公平的客观行为发生之日来计算行使撤销权的时间起算点。超过五年最长期间的,当事人无权主张撤销股权转让合同。五年为除斥期间,不适用法律关于期间的中止、中断、延长的规定。

二、股份有限公司发起人在禁售期内转让股份的效力认定

新《公司法》第 160 条第 1 款规定:"公司公开发行股份前已发行的股份,自公司股票在证券交易所上市交易之日起一年内不得转让。法律、行政法规或者国务院证券监督管理机构对上市公司的股东、实际控制人转让其所持有的本公司股份另有规定的,从其规定。"该款中"自公司股票在证券交易所上市交易之日起一年内不得转让"之表述表明,对发起人转让所持股份作出时间限制仅限于上市类型的股份有限公司,非上市类型的股份有限公司发起人转让股份没有时间上的限制。

另外,该条文并未明确是对"发起人"在禁售期内转让股份作出限制,但从文义判断,"公司公开发行股份前已发行的股份"之持有者必定包含了发起人持有的股份,应适用"自公司股票在证券交易所上市交易之日起一年内不得转让"。且根据"法律、行政法规或者国务院证券监督管理机构对上市公司的股东、实际控制人转让其所持有的本公司股份另有规定的,从其规定"之规定,这主要是指《上市公司章

程指引》第 29 条第 1 款的规定,即发起人持有的本公司股份,自公司成立之日起一年内不得转让。公司公开发行股份前已发行的股份,自公司股票在证券交易所上市交易之日起一年内不得转让。

故可知,新《公司法》第 160 条第 1 款对上市公司发起人在禁售期内转让股份作出了限制性规定(规制对象其实包含了发起人、股东、实际控制人)。

本部分是关于上市公司发起人在禁售期内转让股份的效力问题,区分为两种情形讨论:

（一）股份转让协议的签署及约定过户时间均在禁售期内

实务中的判决有两种观点：

第一,该股权转让协议无效。即违背了承诺,在禁售期内签署股权转让协议,只要约定的过户时间也在禁售期内而实际并没有过户,股权转让协议也无效；

第二,虽然约定了在禁售期内过户但实际并没有过户,股权转让协议有效。因为此时股权转让关系只是对转让人和受让人产生效力,不损害社会公共利益。

判定此情形有效的理由还有新《公司法》关于发起人在禁售期内转让股份的规定,即该条属于管理性强制性规定,不属于效力性强制性规定。

（二）股份转让协议的签署时间在禁售期内，过户时间在禁售期满后

此种情形下,股权转让人和受让人开始履行合同约定的义务,支付股权转让款,等待着禁售期满后过户。此时不存在违背公序良俗,危害社会公共利益的问题,股权转让协议有效。

特殊情况是,如果股权受让人在禁售期满前已以股东身份行使股东权利,尽管股份仍然登记在股权转让人名下,将涉及监管问题,但是否属于危害社会公共利益的行为而无效？在对有关非上市的股份有限公司发起人转让股权的案例中,裁判观点认为是有效的,对于上市公司,未见涉及该种情形的判例,无从知晓司法裁判的态度。

无论是上市公司还是非上市股份有限公司,以股东名义实际行使管理公司的权利、股份的过户均属履行股权转让合同的范畴,与合同效力是两个不同的问题。股权转让合同的效力原则上不应受股权变动(过户)的影响,但在禁售期内转让股份的特殊情形中,为了防止发起人利用该期限获取利益,导致公司经营不稳定而损害社会公共利益,是否实际交付股份(过户)是判断股权转让合同效力的核心标准。

三、股权投资中的法律尽职调查

（一）从合同效力看法律尽职调查的必要性

关于重大误解。《民法通则司法解释》（已失效）第 71 条规定："行为人因对行为的性质、对方当事人、标的物的品种、质量、规格和数量等的错误认识，使行为的后果与自己的意思相悖，并造成较大损失的，可以认定为重大误解。"这是对重大误解的构成要件作出的规定，仍然运用于实务。

误解必须是"重大"的，才能主张撤销权。对于什么是"重大"，可以从两个方面判断，满足其中之一者即构成重大误解：一是所涉标的内容是否重大，比如对标的性质的错误认识；二是对行为人产生重大不利后果，也就是上述司法解释中的"造成较大损失"。根据《民法典总则编司法解释》第 19 条第 1 款规定："行为人对行为的性质、对方当事人或者标的物的品种、质量、规格、价格、数量等产生错误认识，按照通常理解如果不发生该错误认识行为人就不会作出相应意思表示的，可以认定为重大误解。"此处并未明确指出需要"造成较大损失"，对误解的后果也没有提及，也可以看出"造成较大损失"只是重大误解的可选要件，不是必选要件。

关于欺诈、胁迫。欺诈，是指一方当事人故意告知对方虚假情况，或者故意隐瞒真实情况，诱使对方作出错误意思表示的行为。胁迫，是指以将要发生的损害或者直接施加损害相威胁，迫使对方产生恐惧并因此作出违背真实意思表示的行为。需要注意的是，胁迫行为中可以行使撤销权的受损害方，即《民法典》第 150 条规定的"对方"，仅限于自然人，并不包括法人、非法人组织。本条只是对自然人处于危困状态、缺乏判断能力致使合同显失公平的救济，法人、非法人组织因此发生的风险属于商业风险，自担其责。①

关于显失公平。显失公平是指一方利用对方处于危困状态、缺乏判断能力等情形而实施某种行为，致使双方权利义务显著失衡。

股权转让合同是具有强烈商法外观主义色彩的商事合同，合同双方对此都寄予了很大的信赖利益，法律原则上应保护此信赖利益，不应轻易撤销合同，以维护商事交易关系的稳定。签订股权转让合同的主体显然都具备相当的商业实践经验，对商业风险具有比一般人更准确、成熟、理性的认知和判断，对风险的防控比一般人具有更高的注意义务。

---

① 参见最高人民法院民法典贯彻实施工作领导小组主编：《中华人民共和国民法典总则编理解与适用（下）》，人民法院出版社 2020 年版，第 749 页。

如果股权受让人以不清楚受让的股权是国有股权来主张对合同的撤销,显然难以使人信服,当事人通常可能只是对标的公司的经营管理状况、财务状况产生误解,而此尚不足以构成撤销股权转让合同的充分理由。这就需要我们在进行股权转让交易前进行法律尽职调查,筛选确定存在哪些不利因素并判断这些因素是否会对合同签订后的己方利益产生重大影响,并在合同中作出规避风险的约定。

　　如果一方当事人提出,对方利用自己的优势地位迫使其转让股权,因而主张撤销合同,该理由亦非撤销合同的充分理由。因为在商业活动中,签约的双方基于经济体量、资源平台、技术秘密等因素,双方在客观上都是不对等的,双方有签订股权转让合同的可能,往往是基于某方面的互补性,并不能证实双方的实力地位是同等同量的。何况,欺诈、胁迫需要直接证据证明,实务中则难以取证。为解决此问题,我们主张应做好签约前的法律尽职调查,判断是否值得将股权转让,否则事后再以欺诈、胁迫为由主张撤销合同就显得过于牵强。

　　在股权转让纠纷中提起撤销之诉,"显失公平"是最理想的一个选择,比重大误解、欺诈、胁迫的胜诉可能性更大。它通常是基于股权价值在合同签订后出现波动,攀升或者跌幅很大,价格明显不合理,当事人难免心生反悔,据此而诉。当事人并不清楚判断"显失公平"的时间点是签订股权转让合同时,而非签约之后。如果将自己置于对方的角度考虑,股权价格的涨跌乃商业活动的正常现象,股权投资人必须有基本的认识。至于《民法典》第151条所说的"缺乏判断能力",指的是一般人的生活经验或交易经验,不包括专业的特殊判断能力,亦难证明专业的特殊判断能力。也即在股权转让关系中,一方以签约时对股权转让不具备专业知识和判断能力为由主张撤销合同,也不可能得到支持。

　　为解决该问题,我们仍然建议在进行股权交易前作好法律尽职调查,详细掌握股权的权利负担状况、标的公司的经营管理情况、财务状况等,尽可能准确掌握股权估值情况,此时法律尽职调查发挥着相当重要的作用。

(二)法律尽职调查的内容

　　尽职调查通常可以分为商业尽职调查、财务尽职调查、法律尽职调查。通常情况下优先考虑商业尽职调查和财务尽职调查,法律尽职调查紧随其后。笔者建议尽早聘请律师及时完成法律尽职调查,从而为项目签约提供可靠的法律风险评估。在股权投资中法律尽职调查的对象,可以是融资方,也可以是投资方,最好的选择是对两个对象都进行法律尽职调查。核实的内容包括如下几大类:

　　第一,公司的设立和存续情况。包括公司的成立时间、公司类型、经营范围、经营期限、有无需要获得行政许可的情形、其已取得的资质是否过期、公司变更记录等,除了查看工商登记显示的情况外,更需要结合公司章程。公司章程应翻看历次的章程,知晓其内容的变化之处。

第二,公司的注册资本情况。包括股东是以货币出资还是以非货币出资,货币出资要考虑:是否已将货币存入公司账户,是否存在未足额出资、抽逃出资、虚假出资的情形;非货币出资要考虑:财产价值是以协商的方式确定还是通过评估确定,评估报告是否存在,非货币财产是否交付公司实际使用,使用年限,非货币财产是否办理了产权变更登记手续。对于以知识产权出资的要考虑,是以其使用权出资还是所有权出资,有无办理备案登记或过户手续;以债权出资的要考虑,债权是否明确确定,是以对目标公司享有的债权出资还是对第三方享有的债权出资,是否签署债权出资协议,债权本身是否存在争议瑕疵;以股权出资的要考虑,股权本身是否存在瑕疵,股权转让方是否对股权享有完全处分权,是否存在股权代持关系,是否已办理股权的工商变更手续,是否签署股权出资协议等。

第三,公司股东的股权分布状况。包括股东人数,持股比例,是否存在实际出资人与名义股东,股权是否已转让或正在转让给其他股东,转让时是否保障了其他股东的优先购买权,或股权是否合法转让给公司以外的第三人,股东在公司担任职务的情况,股东是否存在明显滥用股东权利和优势地位,滥用股东有限责任损害其他股东或公司债权人之情形等。

第四,公司治理机构的信息。股东会、董事会、监事会的职权是否明确,是否符合新《公司法》规定,是否在公司章程中有特别约定,董事、监事的任职资格是否符合法律规定,治理机构的召开程序是否合法,议事规则是否符合法律规定,在公司对外担保等重大事项中是否履行必要的决议程序,是否存在因公司决议涉嫌不当而产生的诉讼纠纷,公司实际控制人、控股股东、高级管理人员、法定代表人的具体表现等。

第五,公司的业务和资产情况。包括公司从事主营业务的业绩状况,公司名下的财产状况,公司对外担保、关联交易、自我交易等情况,是否存在员工持股计划、股权激励计划等,同时还应关注技术开发、技术服务、技术合作等方面协议的条款内容。

第六,目标公司的诉讼、仲裁情况。律师应当重点调查目标公司是否在中国境内外有任何未决的重大诉讼、仲裁、行政复议情况,是否有引起上述程序的任何重大违法或违约行为之潜在因素,目标公司是否存在正在执行的情况,执行到了哪一环节,是否存在与对方调解、和解的情况,生效裁判文书的具体履行情况等。

第七,涉及跨境股权投资的,法律尽职调查还应加入目标公司所在国的投资环境、法律环境、市场准入、行业限制禁止、外汇管制、劳工保护等方面的内容。

以上各方面的内容,通常需要负责尽职调查的律师依法获得公司的工商内部档案资料并作出初步的判断,对于没有直接证据或者只有粗略线索的,需要法律尽职调查律师到各机关部门,依法通过各种渠道了解获得,对于确实难以获得的信息,需要在法律尽职调查报告中给予说明解释。从广义上说,法律尽职调查除了瞄准投资方,融资方本身之外,也建议把目光投向法律尽职调查对象所在的区域,尽可能掌握当地的营商环境,财政税收情况,各类企业的扶助优惠措施等,才能对法律尽职调查对象形成一个比较完整客观的判断,对目标公司存在的法律问题向客户提出解决方案或补救措施,为后续的股权交易提供扎实的谈判基础。

第九章　无效的股权转让合同

第一节　请求权基础规范

一、《民法典》规定

第 144 条　无民事行为能力人实施的民事法律行为无效。

第 146 条　行为人与相对人以虚假的意思表示实施的民事法律行为无效。

以虚假的意思表示隐藏的民事法律行为的效力,依照有关法律规定处理。

第 153 条　违反法律、行政法规的强制性规定的民事法律行为无效。但是,该强制性规定不导致该民事法律行为无效的除外。

违背公序良俗的民事法律行为无效。

第 154 条　行为人与相对人恶意串通,损害他人合法权益的民事法律行为无效。

第 157 条　民事法律行为无效、被撤销或者确定不发生效力后,行为人因该行为取得的财产,应当予以返还;不能返还或者没有必要返还的,应当折价补偿。有过错的一方应当赔偿对方由此所受到的损失;各方都有过错的,应当各自承担相应的责任。法律另有规定的,依照其规定。

第 164 条　代理人不履行或者不完全履行职责,造成被代理人损害的,应当承担民事责任。

代理人和相对人恶意串通,损害被代理人合法权益的,代理人和相对人应当承担连带责任。

二、其他法律规定

（一）合同编层面

《民法典合同编通则司法解释》

第 14 条　当事人之间就同一交易订立多份合同,人民法院应当认定其中以虚假意思表示订立的合同无效。当事人为规避法律、行政法规的强制性规定,以虚假意思表示隐藏真实意思表示的,人民法院应当依据民法典第一百五十三条第一款的规定认定被隐藏合同的效力;当事人为规避法律、行政法规关于合同应当办理批准等手续的规定,以虚假意思表示隐藏真实意思表示的,人民法院应当依据民法典第五百零二条第二款的规定认定被隐藏合同的效力。

依据前款规定认定被隐藏合同无效或者确定不发生效力的,人民法院应当以被隐藏合同为事实基础,依据民法典第一百五十七条的规定确定当事人的民事责任。但是,法律另有规定的除外。

当事人就同一交易订立的多份合同均系真实意思表示,且不存在其他影响合同效力情形的,人民法院应当在查明各合同成立先后顺序和实际履行情况的基础上,认定合同内容是否发生变更。法律、行政法规禁止变更合同内容的,人民法院应当认定合同的相应变更无效。①

第 15 条　人民法院认定当事人之间的权利义务关系,不应当拘泥于合同使用的名称,而应当根据合同约定的内容。当事人主张的权利义务关系与根据合同内容认定的权利义务关系不一致的,人民法院应当结合缔约背景、交易目的、交易结构、履行行为以及当事人是否存在虚构交易标的等事实认定当事人之间的实际民事法律关系。②

第 16 条　合同违反法律、行政法规的强制性规定,有下列情形之一,由行为人承担行政责任或者刑事责任能够实现强制性规定的立法目的的,人民法院可以依据民法典第一百五十三条第一款关于"该强制性规定不导致该民事法律行为无效的除外"的规定认定该合同不因违反强制性规定无效:

(一)强制性规定虽然旨在维护社会公共秩序,但是合同的实际履行对社会公共秩序造成的影响显著轻微,认定合同无效将导致案件处理结果有失公平公正;

(二)强制性规定旨在维护政府的税收、土地出让金等国家利益或者其他民事主体的合法利益而非合同当事人的民事权益,认定合同有效不会影响该规范目的的实现;

(三)强制性规定旨在要求当事人一方加强风险控制、内部管理等,对方无能力或者无义务审查合同是否违反强制性规定,认定合同无效将使其承担不利后果;

(四)当事人一方虽然在订立合同时违反强制性规定,但是在合同订立后其已经具备补正违反强制性规定的条件却违背诚信原则不予补正;

---

① 多份合同的效力认定。
② 名不符实与合同效力。

（五）法律、司法解释规定的其他情形。

法律、行政法规的强制性规定旨在规制合同订立后的履行行为,当事人以合同违反强制性规定为由请求认定合同无效的,人民法院不予支持。但是,合同履行必然导致违反强制性规定或者法律、司法解释另有规定的除外。

依据前两款认定合同有效,但是当事人的违法行为未经处理的,人民法院应当向有关行政管理部门提出司法建议。当事人的行为涉嫌犯罪的,应当将案件线索移送刑事侦查机关;属于刑事自诉案件的,应当告知当事人可以向有管辖权的人民法院另行提起诉讼。①

第 17 条 合同虽然不违反法律、行政法规的强制性规定,但是有下列情形之一,人民法院应当依据民法典第一百五十三条第二款的规定认定合同无效:

（一）合同影响政治安全、经济安全、军事安全等国家安全的;

（二）合同影响社会稳定、公平竞争秩序或者损害社会公共利益等违背社会公共秩序的;

（三）合同背离社会公德、家庭伦理或者有损人格尊严等违背善良风俗的。

人民法院在认定合同是否违背公序良俗时,应当以社会主义核心价值观为导向,综合考虑当事人的主观动机和交易目的、政府部门的监管强度、一定期限内当事人从事类似交易的频次、行为的社会后果等因素,并在裁判文书中充分说理。当事人确因生活需要进行交易,未给社会公共秩序造成重大影响,且不影响国家安全,也不违背善良风俗的,人民法院不应当认定合同无效。②

第 18 条 法律、行政法规的规定虽然有"应当""必须"或者"不得"等表述,但是该规定旨在限制或者赋予民事权利,行为人违反该规定将构成无权处分、无权代理、越权代表等,或者导致合同相对人、第三人因此获得撤销权、解除权等民事权利的,人民法院应当依据法律、行政法规规定的关于违反该规定的民事法律后果认定合同效力。③

第 24 条 合同不成立、无效、被撤销或者确定不发生效力,当事人请求返还财产,经审查财产能够返还的,人民法院应当根据案件具体情况,单独或者合并适用返还占有的标的物、更正登记簿册记载等方式;经审查财产不能返还或者没有必要返还的,人民法院应当以认定合同不成立、无效、被撤销或者确定不发生效力之日

---

① 《民法典》第 153 条第 1 款但书的适用。
② 《民法典》第 153 条第 2 款的适用。
③ 不适用《民法典》第 153 条第 1 款的情形。

该财产的市场价值或者以其他合理方式计算的价值为基准判决折价补偿。

除前款规定的情形外,当事人还请求赔偿损失的,人民法院应当结合财产返还或者折价补偿的情况,综合考虑财产增值收益和贬值损失、交易成本的支出等事实,按照双方当事人的过错程度及原因力大小,根据诚信原则和公平原则,合理确定损失赔偿额。

合同不成立、无效、被撤销或者确定不发生效力,当事人的行为涉嫌违法且未经处理,可能导致一方或者双方通过违法行为获得不当利益的,人民法院应当向有关行政管理部门提出司法建议。当事人的行为涉嫌犯罪的,应当将案件线索移送刑事侦查机关;属于刑事自诉案件的,应当告知当事人可以向有管辖权的人民法院另行提起诉讼。①

第 25 条 合同不成立、无效、被撤销或者确定不发生效力,有权请求返还价款或者报酬的当事人一方请求对方支付资金占用费的,人民法院应当在当事人请求的范围内按照中国人民银行授权全国银行间同业拆借中心公布的一年期贷款市场报价利率(LPR)计算。但是,占用资金的当事人对于合同不成立、无效、被撤销或者确定不发生效力没有过错的,应当以中国人民银行公布的同期同类存款基准利率计算。

双方互负返还义务,当事人主张同时履行的,人民法院应予支持;占有标的物的一方对标的物存在使用或者依法可以使用的情形,对方请求将其应支付的资金占用费与应收取的标的物使用费相互抵销的,人民法院应予支持,但是法律另有规定的除外。②

(二)外资企业层面

《外商投资企业司法解释(一)》

第 3 条 人民法院在审理案件中,发现经外商投资企业审批机关批准的外商投资企业合同具有法律、行政法规规定的无效情形的,应当认定合同无效;该合同具有法律、行政法规规定的可撤销情形,当事人请求撤销的,人民法院应予支持。

第 18 条 实际投资者与外商投资企业名义股东之间的合同被认定无效,名义股东持有的股权价值高于实际投资额,实际投资者请求名义股东向其返还投资款并根据其实际投资情况以及名义股东参与外商投资企业经营管理的情况对股权收益在双方之间进行合理分配的,人民法院应予支持。

外商投资企业名义股东明确表示放弃股权或者拒绝继续持有股权的,人民法

---

① 合同不成立、无效、被撤销或者确定不发生效力的法律后果。
② 折价返还及其利息计算。

院可以判令以拍卖、变卖名义股东持有的外商投资企业股权所得向实际投资者返还投资款,其余款项根据实际投资者的实际投资情况、名义股东参与外商投资企业经营管理的情况在双方之间进行合理分配。

第 19 条 实际投资者与外商投资企业名义股东之间的合同被认定无效,名义股东持有的股权价值低于实际投资额,实际投资者请求名义股东向其返还现有股权的等值价款的,人民法院应予支持;外商投资企业名义股东明确表示放弃股权或者拒绝继续持有股权的,人民法院可以判令以拍卖、变卖名义股东持有的外商投资企业股权所得向实际投资者返还投资款。

实际投资者请求名义股东赔偿损失的,人民法院应当根据名义股东对合同无效是否存在过错及过错大小认定其是否承担赔偿责任及具体赔偿数额。

第 20 条 实际投资者与外商投资企业名义股东之间的合同因恶意串通,损害国家、集体或者第三人利益,被认定无效的,人民法院应当将因此取得的财产收归国家所有或者返还集体、第三人。

(三)其他

1.《民法典担保制度司法解释》

第 68 条 债务人或者第三人与债权人约定将财产形式上转移至债权人名下,债务人不履行到期债务,债权人有权对财产折价或者以拍卖、变卖该财产所得价款偿还债务的,人民法院应当认定该约定有效。当事人已经完成财产权利变动的公示,债务人不履行到期债务,债权人请求参照民法典关于担保物权的有关规定就该财产优先受偿的,人民法院应予支持。

债务人或者第三人与债权人约定将财产形式上转移至债权人名下,债务人不履行到期债务,财产归债权人所有的,人民法院应当认定该约定无效,但是不影响当事人有关提供担保的意思表示的效力。当事人已经完成财产权利变动的公示,债务人不履行到期债务,债权人请求对该财产享有所有权的,人民法院不予支持;债权人请求参照民法典关于担保物权的规定对财产折价或者以拍卖、变卖该财产所得的价款优先受偿的,人民法院应予支持;债务人履行债务后请求返还财产,或者请求对财产折价或者以拍卖、变卖所得的价款清偿债务的,人民法院应予支持。

债务人与债权人约定将财产转移至债权人名下,在一定期间后再由债务人或者其指定的第三人以交易本金加上溢价款回购,债务人到期不履行回购义务,财产归债权人所有的,人民法院应当参照第二款规定处理。回购对象自始不存在的,人民法院应当依照民法典第一百四十六条第二款的规定,按照其实际构成的法律关系处理。

第69条 股东以将其股权转移至债权人名下的方式为债务履行提供担保,公司或者公司的债权人以股东未履行或者未全面履行出资义务、抽逃出资等为由,请求作为名义股东的债权人与股东承担连带责任的,人民法院不予支持。

2.《民事诉讼法司法解释》

第109条 当事人对欺诈、胁迫、恶意串通事实的证明,以及对口头遗嘱或者赠与事实的证明,人民法院确信该待证事实存在的可能性能够排除合理怀疑的,应当认定该事实存在。

→附录参考:司法政策文件《九民会议纪要》

30.【强制性规定的识别】合同法施行后,针对一些人民法院动辄以违反法律、行政法规的强制性规定为由认定合同无效,不当扩大无效合同范围的情形,合同法司法解释(二)第14条将《合同法》第52条第5项规定的"强制性规定"明确限于"效力性强制性规定"。此后,《最高人民法院关于当前形势下审理民商事合同纠纷案件若干问题的指导意见》进一步提出了"管理性强制性规定"的概念,指出违反管理性强制性规定的,人民法院应当根据具体情形认定合同效力。随着这一概念的提出,审判实践中又出现了另一种倾向,有的人民法院认为凡是行政管理性质的强制性规定都属于"管理性强制性规定",不影响合同效力。这种望文生义的认定方法,应予纠正。

人民法院在审理合同纠纷案件时,要依据《民法总则》第153条第1款和合同法司法解释(二)第14条的规定慎重判断"强制性规定"的性质,特别是要在考量强制性规定所保护的法益类型、违法行为的法律后果以及交易安全保护等因素的基础上认定其性质,并在裁判文书中充分说明理由。下列强制性规定,应当认定为"效力性强制性规定":强制性规定涉及金融安全、市场秩序、国家宏观政策等公序良俗的;交易标的禁止买卖的,如禁止人体器官、毒品、枪支等买卖;违反特许经营规定的,如场外配资合同;交易方式严重违法的,如违反招投标等竞争性缔约方式订立的合同;交易场所违法的,如在批准的交易场所之外进行期货交易。关于经营范围、交易时间、交易数量等行政管理性质的强制性规定,一般应当认定为"管理性强制性规定"。

32.【合同不成立、无效或者被撤销的法律后果】《合同法》第58条就合同无效或者被撤销时的财产返还责任和损害赔偿责任作了规定,但未规定合同不成立的法律后果。考虑到合同不成立时也可能发生财产返还和损害赔偿责任问题,故应当参照适用该条的规定。

在确定合同不成立、无效或者被撤销后财产返还或者折价补偿范围时,要根据诚实信用原则的要求,在当事人之间合理分配,不能使不诚信的当事人因合同不成立、无效或者被撤销而获益。合同不成立、无效或者被撤销情况下,当事人所承担的缔约过失责任不应超过合同履行利益。比如,依据《最高人民法院关于审理建设工程施工合同纠纷案件适用法律问题的解释》第2条规定,建设工程施工合同无效,在建设工程经竣工验收合格情况下,可以参照合同约定支付工程款,但除非增加了合同约定之外新的工程项目,一般不应超出合同约定支付工程款。

33.【财产返还与折价补偿】合同不成立、无效或者被撤销后,在确定财产返还时,要充分考虑财产增值或者贬值的因素。双务合同不成立、无效或者被撤销后,双方因该合同取得财产的,应当相互返还。应予返还的股权、房屋等财产相对于合同约定价款出现增值或者贬值的,人民法院要综合考虑市场因素、受让人的经营或者添附等行为与财产增值或者贬值之间的关联性,在当事人之间合理分配或者分担,避免一方因合同不成立、无效或者被撤销而获益。在标的物已经灭失、转售他人或者其他无法返还的情况下,当事人主张返还原物的,人民法院不予支持,但其主张折价补偿的,人民法院依法予以支持。折价时,应当以当事人交易时约定的价款为基础,同时考虑当事人在标的物灭失或者转售时的获益情况综合确定补偿标准。标的物灭失时当事人获得的保险金或者其他赔偿金,转售时取得的对价,均属于当事人因标的物而获得的利益。对获益高于或者低于价款的部分,也应当在当事人之间合理分配或者分担。

34.【价款返还】双务合同不成立、无效或者被撤销时,标的物返还与价款返还互为对待给付,双方应当同时返还。关于应否支付利息问题,只要一方对标的物有使用情形的,一般应当支付使用费,该费用可与占有价款一方应当支付的资金占用费相互抵销,故在一方返还原物前,另一方仅须支付本金,而无须支付利息。

35.【损害赔偿】合同不成立、无效或者被撤销时,仅返还财产或者折价补偿不足以弥补损失,一方还可以向有过错的另一方请求损害赔偿。在确定损害赔偿范围时,既要根据当事人的过错程度合理确定责任,又要考虑在确定财产返还范围时已经考虑过的财产增值或者贬值因素,避免双重获利或者双重受损的现象发生。

71.【让与担保】债务人或者第三人与债权人订立合同,约定将财产形式上转让至债权人名下,债务人到期清偿债务,债权人将该财产返还给债务人或第三人,债务人到期没有清偿债务,债权人可以对财产拍卖、变卖、折价偿还债权的,人民法院应当认定合同有效。合同如果约定债务人到期没有清偿债务,财产归债权人所有的,人民法院应当认定该部分约定无效,但不影响合同其他部分的效力。

当事人根据上述合同约定,已经完成财产权利变动的公示方式转让至债权人名下,债务人到期没有清偿债务,债权人请求确认财产归其所有的,人民法院不予支持,但债权人请求参照法律关于担保物权的规定对财产拍卖、变卖、折价优先偿还其债权的,人民法院依法予以支持。债务人因到期没有清偿债务,请求对该财产拍卖、变卖、折价偿还所欠债权人合同项下债务的,人民法院亦应依法予以支持。

→附录参考:司法政策文件《民商事合同指导意见》

五、正确适用强制性规定,稳妥认定民商事合同效力

15. 正确理解、识别和适用合同法第五十二条第(五)项中的"违反法律、行政法规的强制性规定",关系到民商事合同的效力维护以及市场交易的安全和稳定。人民法院应当注意根据《合同法解释(二)》第十四条之规定,注意区分效力性强制规定和管理性强制规定。违反效力性强制规定的,人民法院应当认定合同无效;违反管理性强制规定的,人民法院应当根据具体情形认定其效力。

16. 人民法院应当综合法律法规的意旨,权衡相互冲突的权益,诸如权益的种类、交易安全以及其所规制的对象等,综合认定强制性规定的类型。如果强制性规范规制的是合同行为本身即只要该合同行为发生即绝对地损害国家利益或者社会公共利益的,人民法院应当认定合同无效。如果强制性规定规制的是当事人的"市场准入"资格而非某种类型的合同行为,或者规制的是某种合同的履行行为而非某类合同行为,人民法院对于此类合同效力的认定,应当慎重把握,必要时应当征求相关立法部门的意见或者请示上级人民法院。

❯ 第二节　裁判精要

一、通谋虚伪意思表示

(一)让与担保

1. 存在多份股权转让合同的情况下,要分析多份合同彼此之间是否存在承继关系,而不能简单认为某一份协议是对其他协议的吸收或终止。同时根据合同的文义表达考量真意,如果股权转让的目的是作为债务履行的担保,并非真实的股权转让,即如完全履行了偿还和支付义务则可要求归还股权,如未能履行义务则可以该股权所对应的权益份额来抵偿债务,可认定股权转让协议实质上系设立让与担保的协议。

在(2018)最高法民终 751 号案中,二审法院认为:关于案涉 8.26《协议书》的性质与效力应如何认定的问题。8.26《协议书》系本案当事人从事案涉交易过程中所

签订的一份协议,认定《协议书》的性质需系统审查整个交易安排,亦即先后签署的4份协议书的内容。4.2《项目合作协议》主要涉及奕之帆公司将其持有的鲤鱼门公司70%的股权出让给兆邦基公司。在对鲤鱼门公司的债务进行披露的同时,奕之帆公司、侯某某明确对黑建诉讼负责处理并承担责任,奕之帆公司亦承诺以其在鲤鱼门公司剩余的30%股权及对应的未分配权益,作为上述债务履行的担保。上述约定并未涉及30%股权的转让或让与担保问题。

4.25《股权担保协议》开宗明义,为确保奕之帆公司能够承担债务偿还和后续资金的支付义务,该公司愿意将其持有的鲤鱼门公司30%的股权以过户的方式抵押给奕之帆公司与兆邦基公司共同持股的康诺富公司。该协议将奕之帆公司及鲤鱼门公司等对案外债权人的债务以及奕之帆公司对兆邦基公司2.5亿元的或然借款债务纳入担保范围。综合考虑奕之帆公司将30%的股权过户给康诺富公司的目的并非出让股权,而是担保相关债务的履行,即奕之帆公司如完全履行了偿还和支付义务,则可要求归还30%的股权,如未能履行义务,由兆邦基公司代偿,则兆邦基公司可用该30%的股权所对应的权益份额来抵偿,因此可认定4.25《股权担保协议》实质上系设立让与担保的协议。

8.26《协议书》简要陈述4.2《项目合作协议》及4.25《股权担保协议》的签订情况及主要内容后明确提出,由于奕之帆公司及侯某某的原因,其未能按约清理和偿还的债务有三笔,已经披露但尚未到期的债务有两笔,且经过对整个项目的市场评估,各方均认可奕之帆公司在鲤鱼门公司中所享有的权益份额已不足以偿还上述债务。

鉴于此,该协议书约定,奕之帆公司放弃已过户到康诺富公司名下的30%股权,该股权归兆邦基公司所有,同时五笔债务由兆邦基公司和鲤鱼门公司在总额4.06亿元的范围内负责解决。此后的《补充协议》则进一步确认了兆邦基公司按照8.26《协议书》的约定在4.06亿元范围内履行上述五笔债务的具体情况。由此可见,8.26《协议书》与此前两份协议具有承继关系,其虽不涉及30%股权的担保,即奕之帆公司亦不再保留4.25《股权担保协议》所设定的在满足一定条件后取回案涉30%股权的权利等问题,但该协议正是在4.25《股权担保协议》设立让与担保权利的基础上,就兆邦基公司作为让与担保权利人如何具体实现该权利的问题作出的约定。一审判决割裂上述协议间的关系,以30%的股权已由让与担保标的物转变为4.06亿元款项对价,以及4.25《股权担保协议》设定的让与担保关系已被8.26《协议书》终止等理由,认定8.26《协议书》系股权转让协议确有不妥,予以纠正。奕之帆公司、侯某某有关8.26《协议书》及前后四份协议实际系关于30%股权让与担保的系列整体协议的主张成立,予以采纳。

2. 虽然股权转让协议中将投资回报的方式表述为股权回购,但股权转让的目的是担保一方当事人投入资金的安全,通过股权回购的方式保障其收益,且约定不需要在项目开发完成后确定项目利润,而是在项目开发过程中先行回收投入的股本金,其真正目的不是取得股权,而是为民间借贷提供股权担保。

在(2018)最高法民再161号案中,再审法院认为:《补充协议》载明:"在乙方支付股权转让款人民币4000万元全部到账之日起18个月内,甲方先期支付给乙方人民币4000万元。项目合作完毕后,该款项冲抵甲方向乙方回购股权的转股款。"其中,甲方是保利天然公司,乙方是置信公司。从该约定可以看出,这种方式不完全符合《合作协议书》中约定的两种投资回报方式。《合作协议书》约定的第一种投资回报方式为典型的合作开发,即在项目开发完成后再确定项目利润,之后作出分配。

而《补充协议》的上述约定,却是不需要在项目开发完成后再确定项目利润,而是在项目开发过程中,置信公司先收回投入的4000万元,然后在"项目合作完毕后,该款项冲抵甲方向乙方回购股权的转股款"。虽然将《合作协议书》约定的第二种投资回报方式表述为股权回购,但实质上是股权让与担保,保利天然公司先将其在天然房地产的股权转让给置信公司,其目的是担保置信公司支付的4000万元股权转让款。置信公司的真实目的并不是购买保利天然公司在天然房地产的股权,而是通过这种方式保证自己投入的4000万元资金的安全,同时通过股权回购的方式保障其收益,实质与民间借贷无异,只是这种股权回购的方式为民间借贷提供了股权担保。《补充协议》约定置信公司投资回报的方式为:保本+待项目合作完毕后,4000万元冲抵保利天然公司向置信公司回购股权的转股款的模式。因此,这种方式不是《合作协议书》约定的任何一种投资回报方式。通过以上分析可知,一审法院认定本案的投资回报方式为《合作协议书》约定的第二种投资回报方式即民间借贷,二审法院认定本案的投资回报方式为《合作协议书》约定的第一种投资回报方式即分配利润,均属基本事实认定错误,依法予以纠正。

3. 各方资金往来表现为借贷关系,存在以债务清偿为股权返还条件、转让后受让方未接手公司进行管理、表达了担保意思等,这些均非享有股东权利的特征,应当认定为股权让与担保。股权让与担保权人仅为名义股东,不实际享有股东权利。股权让与担保人请求确认自己享有股权的,应予支持。在清偿完被担保的债务前,股权让与担保人请求变更股权登记至其名下的,不予支持。

在(2020)赣民终294号案中,二审法院认为:案涉《股权转让协议》在性质上应为股权让与担保。理由在于:第一,股权转让各方存在债权债务关系。第二,股权转让各方具有担保的意思表示,而没有真实转让股权的意思表示。一方面,从股权转让各方的沟通情况来看。首先,让与方多次表示以股权作为担保,但没有出让股权的意思,受让方也多次表示不要股权。其次,案涉《股权转让协议》约定了返还条件,即还清借款本息便归还股权。最后,纠纷发生后,股权转让各方还在商谈股权合作和买断股权的问题,说明并未实际买断鸿荣公司的股权。另一方面,从《股权转让协议》的实际履行情况来看,签订《股权转让协议》,并办理工商变更登记后,受让方并未实际接手公司经营管理,这也与股权实际转让相矛盾。

4. 在股权让与担保中,应审查是否存在"以通谋虚伪行为隐藏真实意思表示"之情形。不应简单地即将利用信托途径进行融资等同于借款。但当事人未能提供证据证明存在借款关系的,股权让与担保成立的前提不存在,同时,股权让与担保是以转让股权的方式达到担保债权的目的。

在(2019)最高法民终 688 号案中,二审法院认为:首先,案涉《股权收购及转让协议》签订前,从潘某某作为实际控制人的新厦公司与东方蓝郡公司原股东伟海公司、新伊公司签订的系列股权转让协议及因履行协议引发纠纷形成的相关判决可以看出,潘某某具有通过新厦公司购买东方蓝郡公司股权的真实意愿,新伊公司也有向新厦公司转让所持东方蓝郡公司股权的意思。对四川信托而言,其根据案涉《股权收购及转让协议》约定,新伊公司以 1.5 亿元向四川信托转让所持东方蓝郡公司 100% 的股权,四川信托在合同约定期满时再按约定价格将该股权转让给潘某某。按照《股权收购及转让协议》的交易安排,新伊公司实现了将所持东方蓝郡公司的股权进行转让并获得相应对价的目的,潘某某最终也获得东方蓝郡公司的股权,四川信托则在潘某某受让股权后履行案涉《信托合同》确定的义务。此种交易安排实现了新伊公司、四川信托与潘某某各自的交易目的和需求,协议履行结果为各方所追求的意思表示。据此可判断,《股权收购及转让协议》并非以通谋虚伪的行为隐藏真实的意思表示。

其次,市场主体进行资金融通的方式多种多样,借款仅为其中的一种融资形式。法律应当充分尊重当事人之间对交易安排所作出的真实意思表示,对当事人之间法律关系的性质,应综合合同约定及履行情况等予以认定。因此,即使本案系潘某某利用信托途径进行融资,也不应简单地将此等同于借款。在信托融资中,信托公司参与其中,分担控制融资风险,使得此种融资模式有别于借款,其性质也不能简单地等同于借款关系。

再次,本案当事人签订《股权收购及转让协议》的目的并不在于担保债权。因为潘某某在签订协议时并不是东方蓝郡公司的股权持有人,不具备以该股权提供让与担保的条件和可能;而新伊公司作为东方蓝郡公司的股权持有人和出让人,无论其真实的交易对象是四川信托还是潘某某,新伊公司的真实意思都是出让所持股权,而不是以股权转让担保债权。

最后,从当事人通过《信托合同》《股权收购及转让协议》等相关协议建构的交易模式看,案涉信托业务符合《信托公司私人股权投资信托业务操作指引》第2条、第15条规定的私人股权投资信托的特征,即属于信托公司将信托计划项下的资金投资于未上市企业股权,信托公司在管理信托计划时,可以通过股权上市、协议转让、被投资企业回购、股权分配等方式实现投资退出的信托业务。

综上,四川信托与潘某某之间并非借款关系,案涉《股权收购及转让协议》系当事人基于真实意思表示签订,所涉信托业务为现行法律法规所允许,该协议及相关补充协议亦不存在合同无效的情形,潘某某应按协议约定向四川信托支付股权转让款并承担相应违约责任。

5. 让与担保情形下,担保财产权属转移的目的是担保主债务的履行,因而债权人针对受让财产无须支付额外对价,且债务人履行债务后,债权人即应将担保财产无偿返还给债务人或第三人。股权转让合同约定了股权转让价格,在符合约定条件回购股权时,义务人仍然需要支付股权转让价款,此种情形下的股权转让及回购约定并不符合让与担保的特征。

在(2020)最高法民终1149号案中,二审法院认为:首先,让与担保情形下,担保财产权属转移的目的是担保主债务的履行,因而债权人针对受让财产无须支付额外对价,且债务人履行债务后,债权人即应将担保财产无偿返还给债务人或第三人。案涉《股权转让合同》明确约定德泓公司、骏泓公司将建配龙公司49%的股权转让给百联集团,转让价格为337622331.59元。且根据《备忘录》约定,德泓公司在符合约定条件,回购建配龙公司49%的股权时,仍然需要支付股权转让价款。故案涉股权转让及回购约定并不符合让与担保的典型特征。其次,《备忘录》及其附件一《委托管理合同》均约定,建配龙公司委托德泓公司对案涉项目进行管理。德泓公司掌控建配龙公司财务账册、项目实物,委派代表参加建配龙公司的诉讼等事实,仅能证明德泓公司实际履行项目管理职责,不足以证明其系建配龙公司49%股权的实际权利人。再次,百联集团为德泓公司垫付现代天地案6.7亿元等款项产生的法律后果仅是德泓公司应当返还垫付款项,并不能得出德泓公司系建配龙公司

49%股权的实际权利人。最后,《备忘录》附件二《提前支付协议》约定了不动产抵押等担保措施,在双方均认为该担保措施足以保障预付建设资金返还义务履行的情况下,双方没有再以案涉股权设立让与担保的必要。因此,德泓公司提出案涉49%的股权转让构成让与担保的上诉理由不能成立,不予支持。

(二) 名股实债

1. 当事人签订的合作开发房地产合同在符合下列条件的情况下,认定为借款合同:一是合同约定提供资金的一方当事人不承担经营风险;二是提供资金的一方当事人只收取固定数额的货币。

在(2019)最高法民终881号案中,二审法院认为:当事人签订的合作开发房地产合同在符合下列条件的情况下,认定为借款合同:一是合同约定提供资金的一方当事人不承担经营风险;二是提供资金的一方当事人只收取固定数额的货币。案涉《房地产合作开发协议书》约定,华享公司不承担合作开发的任何投资风险,在一年后按100%的固定回报收回投资款。结合《还款协议书》,约定中森华永红公司应于2013年8月9日收购华享公司的投资,并支付华享公司项目股权回购款31860万元。即不论合作项目是否盈利,中森华永红公司在一年后将向华享公司支付100%的固定回报,故案涉《房地产合作开发协议书》是名为合作开发,实为借贷的借款合同。

2. 股权转让合同中关于提前收回出资的条款不是保底条款,不能据此认定股权转让合同是借款合同。股权转让合同属于民法上的债,为其履行设定担保符合法律规定,亦不能据此认定股权转让合同为借款合同。当事人可以选择转让股权这种方式筹资,若要认定是借款合同,必须首先证明当事人具有借款的意思表示。

在(2009)民申字第1068号案中,二审法院认为:案涉合同的名称为《股权转让及项目合作合同》,其内容是仙源公司受让中鑫公司持有的28.5%股权,股权变更至仙源公司名下,并约定了未按期完成股权变更的违约责任。故该合同是典型的股权(权益)变更合同。中鑫公司称从《股权转让及项目合作合同》签订的背景和目的看,该合同是借款合同。尽管该合同签订的背景是中鑫公司在竞拍远兴公司权益时出现资金缺口,但在现实经济生活中,通过借款来解决资金困难不是唯一的方式,当事人还可以通过转让股权(权益)等方式来筹资。本案当事人选择了转让股权(权益)这种方式来筹资,并无借款的意思表示。

中鑫公司称《股权转让及项目合作合同》的相关条款为保底条款,由此可推断该合同只能是借款合同。按照合同的规定,中鑫公司和仙源公司在远兴公司获得的贷款中提取部分先行收回投资。该条款是关于提前收回出资的条款,而不是保底条款,更不能据此认定整个合同是借款合同。中鑫公司称他人为合同的履行提供了担保,故该合同就是借款合同。这是对法律规定的误解,不能根据肖某某等人为《股权转让及项目合作合同》的履行提供了担保,就认定该合同只能是借款合同。

3. 股权转让协议中不仅记载了增资扩股及股权转让的内容,还记载了股东的借款情况和还款约定,同时包括借款、还款证据,则该股权转让合同实为借款合同。

在(2017)最高法民终652号案中,二审法院认为:虽然一冶公司、北京益众邦投资有限公司、宝恒公司及包头中冶公司在名义上签订的是《增资扩股及股权转让协议》,但协议的实际内容不仅包括增资扩股及股权转让的内容,该协议第3条的标题为"偿还股东借款情况",标题之下分别明确对包头中冶公司向一冶公司借款的数额、偿还方式和之后的借款及利息,以及宝恒公司与包头中冶公司共同偿还借款进行了约定。包头中冶公司亦认可借款本金数额,双方已进行了对账,对借款本金进行了确认。综上,本案诉争法律关系为借款合同法律关系。

4. 不参与目标公司利润分配,亦不承担亏损和经营失败的风险,不与公司经营业绩和实际盈利情况挂钩,而是按照公司投资金额予以返还,没有具体参与公司经营,不符合股权投资的法律特征,认定为民间借贷法律关系。

在(2021)京01民初730号案中,再审法院认为:《投资合作协议》名义上为股权投资关系,实为借贷法律关系,理由如下:

第一,股东投资设立公司属于经营行为,意在通过投资获得股东资格以及与股权相关的财产性权益;公司作为营利法人,以取得利润并分配给股东等出资人为目的。本案中,《投资合作协议》约定,浙江中财公司的损益不按照双方出资占出资总额的比例作出分配,而是由睿康公司指定浙江中财公司100%享有和承受。该约定表明,中财荃兴公司虽为浙江中财公司的股东,但不参与目标公司的利润分配,亦不承担亏损和经营失败的风险,不符合股权投资的法律特征。

第二,《投资合作协议》约定,睿康公司或其指定方按照中财荃兴公司出资额的年化10%和1%,向中财荃兴公司或者其指定方支付基础财务顾问费用和额外财务顾问费用,上述费用的支付以中财荃兴公司的出资额为计算基数,按天数收取,费用调整标准亦以出资额的变化情况为依据,不考虑中财荃兴公司实际提供服务的内容和质量,具有明显的固定资金回报属性。

第三,《投资合作协议》约定,中财荃兴公司有权自浙江中财公司取得营业执照之日起至2019年9月16日期间,要求睿康公司或其指定的主体受让中财荃兴公司持有的浙江中财公司全部股权,受让金额为中财荃兴公司的出资额。根据该约定,中财荃兴公司系到期收回投资本金,作为受让人的睿康公司及其指定方回购股权的价格不以浙江中财公司实际股权的价值为依据,与浙江中财公司经营业绩和实际盈利情况不挂钩,而是按照中财荃兴公司的投资金额予以返还,上述到期还本的内容亦符合民间借贷的法律特征。

第四,中财荃兴公司对于浙江中财公司是资金合伙人还是投资平台等均无法说明,并表示其没有具体参与公司经营,不清楚具体情况,本案亦无证据显示中财荃兴公司实际参与了浙江中财公司《投资合作协议》《补充协议》所涉 PPP 项目及其他经营项目并从事管理等情况,上述事实反映出中财荃兴公司未实际参与浙江中财公司的经营管理。

5. "明股实债"的性质是债权投资还是股权投资?在不涉及第三方利益的情况下,通过考察当事人的投资目的、交易结构的安排、权利义务的约定来分析投资的性质;涉及第三方利益的,则在考察当事人真实意思表示的基础上,还应考虑合法合理的外部利益。投资人不能任意选择对自己有利的投资,从而仅获取收益,排除所有风险。

在(2021)最高法民终 35 号案中,二审法院认为:关于国民信托公司对于新里程公司的投资性质如何认定的问题。郭某某、张某在上诉中提及的"明股实债"(也称"名股实债"),并不是一个内涵明确的法律术语,而是对商业实践中以股东增资扩股的形式投入资本,同时约定固定收益回报并最终退出公司这一交易模式的描述。一方面,该模式下收回投资本金和获得固定收益的约定,体现了一定的债权投资特征;另一方面,该模式在形式上采用向公司出资的方式,在投资退出前将投资人登记为目标公司的股东,又体现了一定的股权投资特征。因此,"明股实债"的性质是债权投资还是股权投资,尚存争议。在此问题上,应当区分内外部法律关系,在案涉争议本身不涉及第三方利益的情况下,通过考察当事人的投资目的以及协议中各方实际权利义务的安排等因素予以判定;如果案涉争议涉及第三方,则在考察当事人真实意思表示的基础上,还应考虑合法合理的外部利益。这意味着投资人不能任意选择对自己有利的投资,从而仅获取收益,排除所有风险。本案不涉及第三方利益,故应根据当事人对投资目的,交易结构的安排、权利义务的约定来分析投资的性质。

本案中,当事人通过《投资协议》《差额补足协议》等设计的交易结构是,国民信托公司通过向新里程公司出资持股的方式进行投资,即向新里程公司增资 4 亿元,持股88.9%,瑞麟置业公司作为新里程公司的原股东代表,按照一定标准向国民信托公司支付权利维持费,并于委托期届满购买国民信托公司持有的股权,新里程公司原股东对权利维持费、股权购买价款等承担差额补足责任。上述交易结构的设计包括了投资人入股目标公司、股权回购、股权的约束性安排等方面的内容,符合"明股实债"的基本法律结构,即以增资入股方式进入公司,并以原股东(或者原股东指定的主体)回购的方式退出公司,从而实现资本增值。该种投资方式与传统股权投资的区别在于,虽然形式上是以股权的方式投资于被投资企业,但本质上却具有投资人不参与分红,而是要求固定资金回报的特征。另外,《投资补充协议二》还约定:"在瑞麟置业公司付清全部购买价款之前,新里程公司股权的所有权仍属国民信托公司所有并行使对应的股东权利。"该约定显然具有股权让与担保的性质。因此,按照前述各方当事人的交易安排,国民信托公司与新里程公司之间的投资关系应认定为债权性质,而非股权性质。一审法院对此问题的认定正确,予以维持。

(三)名股实地

1. 通过受让股权继而对公司持有的土地实施商业开发,系房地产开发中的常见模式,但并非直接转让土地使用权。股权转让协议体现了当事人之间关于股权转让的真实意思,合法有效。

在(2014)民四终字第23号案中,二审法院认为:根据《协议书》的内容,佳隆集团以股权转让款3000万元人民币分两次受让取得中策公司100%的股权,并以6000万元人民币和4000平方米(或者2000万元人民币)的公建房为对价取得中策公司名下土地后续独立开发运作权等相关权益。上述协议的目的是佳隆集团通过受让股权继而对控股公司持有的土地实施商业开发,但并非直接转让土地使用权。该《协议书》体现了当事人之间关于股权转让的真实意思,相关交易模式系房地产开发中的常见模式,不违反法律的强制性规定,不存在"以合法形式掩盖非法目的"的情形。宏业公司上诉称《协议书》《股权转让协议》及《补充协议》是以转让股权的形式掩盖转让土地使用权的目的,应认定为无效合同的上诉理由缺乏事实依据,不予支持。

2. 通过目标公司内部转让股权与目标公司对外转让土地使用权系两个完全不同的法律关系,公司受让股权但土地使用权仍登记在目标公司名下,使用权主体并未发生变化,不存在用地指标转移的问题,股权转让协议有效。

在(2019)最高法民终1818号案中,二审法院认为:博立企业与京御公司签订的《合作协议》《股权转让协议》是双方的真实意思表示,不违反法律法规的强制性规定。双方依约设立项目公司,由项目公司参加目标地块的竞拍,竞拍是否成功存在不确定性。竞拍成功后,项目公司获得目标地块的土地使用权。博立企业、京御公司作为目标公司的股东,其在目标公司内部进行的股权转让与目标公司对外进行的土地使用权转让系两个完全不同的法律关系。京御公司受让博立企业的股权,但土地使用权仍登记在目标公司名下,使用权主体并未发生变化,本案不存在用地指标转移的问题,《股权转让协议》应认定合法有效。

3. 建设用地使用权的价值是决定股权转让价格的重要因素,但不等于股权转让时只要有土地使用权,该公司股权转让的性质就变成了转让土地使用权,进而认为其行为是名为股权转让实为土地使用权转让,从而主张股权转让协议无效。

在(2014)民二终字第264号案中,二审法院认为:关于本案所涉股权转让协议及补充协议是否有效的问题。瑞尚公司主张本案所涉合同系名为股权转让实为土地使用权转让,基于规避法律关于土地使用权转让的禁止性规定而无效。股权转让与土地使用权转让是完全不同的法律制度。股权是股东享有的并由《公司法》或公司章程所确定的多项具体权利的综合体。股权转让后,股东对公司的权利义务全部同时移转于受让人,受让人因此成为公司股东,取得股权。股权与建设用地使用权是完全不同的权利,股权转让与建设用地使用权转让的法律依据不同,两者不可混淆。当公司发生股权转让时,该公司的资产收益、参与重大决策和选择管理者等权利由转让方转移到受让方,而作为公司资产的建设用地使用权仍登记在该公司名下,土地使用权是公司法人的财产性质未发生改变。

乘风公司所拥有的资产包括建设用地使用权(工业用途)、房屋所有权(厂房)、机械设备以及绿化林木等,股权转让后,乘风公司的资产收益、参与重大决策和选择管理者等权利,或者说对公司的控制权已由马某某、马某2变为瑞尚公司。但乘风公司关于建设用地使用权在内的各项有形或无形、动产或不动产等资产,并未发生权属改变。当然,公司在转让股权时,该公司的资产状况,包括建设用地使用权的价值,是决定股权转让价格的重要因素。但不等于公司在股权转让时只要包含土地使用权,该公司股权转让的性质就变成了转让土地使用权,进而认为其行为是名为股权转让实为土地使用权转让而无效。股权转让的目标公司乘风公司为有限责任公司,依《公司法》规定,依法独立享有民事权利及承担民事责任,公司股东的变更不对公司的权利能力和行为能力构成影响,无论瑞尚公司购买乘风公司全部股权是为了将乘风公司名下的工业用地土地使用权的性质变更后进行房地产开发或是其他经营,均不影响股权转让合同的效力。

（四）合作投资

1. 股权转让协议既包含转让探矿权或者股权的权益安排，也包含合作开发煤矿项目的安排，股份转让协议系合作转让合同。

在（2014）民二终字第48号案中，二审法院认为：从文字表述上看，《股份转让协议书》中约定的转让标的可以有两种解读，分别为探矿权和尚合煤矿的企业股权。《股权转让协议书》的第一段文字表述是关于南海公司将探矿权70%的股权向金澜公司永久性扩股转让的约定，该约定表明是对探矿权的转让，但其对探矿权权益份额的划分使用了企业股份的概念；而在《股权转让协议书》第一部分和第二部分中约定转让的标的为尚合煤矿70%的股权。探矿权和尚合煤矿股权是两个不同的法律概念，探矿权是一种物权，即直接对探矿权享有占有、使用、收益、处分等权利；而尚合煤矿的股权显然是指股东对企业享有的实体权利，通过对企业享有权利，间接对企业所有的探矿权享有权利。两种权益安排均为通往双方当事人共同合作开发建设案涉煤矿项目的路径。

本案中，在签订《股权转让协议书》时，南海公司已经取得了探矿权，可以依法向金澜公司转让探矿权，也可以依法将其股权直接转让给金澜公司，南海公司具备向金澜公司出让探矿权或者股权的客观条件。显然，基于南海公司取得探矿权的事实及该探矿权可能带来的经济效益，各方当事人均有合理预期，在《股权转让协议书》中虽然没有明确选择采取哪一种方式固定各方当事人在该项目上享有的民事权利，即采取对探矿权享有权利还是对企业享有股权的方式从而对案涉项目享有权利，但双方当事人对投资比例、收益、风险及合作期间对案涉项目经营管理权利的分配等均有明确的约定。结合签订《股权转让协议书》前后发生的案件事实，应当认定该协议既有转让探矿权或者股权的权益安排，也有合作开发案涉煤矿项目的安排，原审判决认定案涉《股份转让协议书》系合作转让合同并无不妥。

2. 股权转让关系的产生是为了建立了一种整体合作关系，因而会隐藏真实目的，比如为符合摘地条件取得案涉商业用地的土地使用权进行开发，在此背景下，就不能将股权转让合同与项目开发合同割裂开单独认定其法律性质。

在（2020）最高法民再341号案中，再审法院认为：TJ公司和德润亚洲公司之间存在两份有效合同，即《项目合作协议》和《股权转让合同》。《股权转让合同》将《项目合作协议》中约定由汉诺威公司设立山东汉诺威公司，并转让山东汉诺威公司股权的方式变更为直接转让汉诺威公司的股权。《股权转让合同》约定，本合同约定内容与《项目合作协议》不一致的，以该合同条款为准；未涉及事宜，在不违背该合同合作原则的情况下,继续有效。因此,上述两份合同共同构成了双方当事人之间合作的合同基础。

二审判决根据上述两份合同的内容,认定 TJ 公司和德润亚洲公司通过转让汉诺威公司全部股权的形式达成合作目的,TJ 公司承担的主要义务是将所持汉诺威公司 100%的股权转让给德润亚洲公司,并保证案涉商业用地的挂牌容积率为 2.0,起拍价为每亩 120 万元(差额部分由 TJ 公司补足);德润亚洲公司承担的主要义务是支付股权对价,并以汉诺威公司的名义摘取案涉商业用地的土地使用权。二审法院的上述认定符合合同约定。二审法院在作出上述认定的情况下,又认定德润亚洲公司与 TJ 公司通过《项目合作协议》《股权转让合同》的约定,将以股权转让的方式完成合作目的变更为单纯的股权转让,属于法律关系认定错误。

TJ 公司与德润亚洲公司之间并非单纯的股权转让关系,而是以股权转让的形式建立了一种整体合作关系,目的是使德润亚洲公司能够按照 TJ 公司保证的摘地条件取得案涉商业用地的土地使用权进行开发。根据上述两份合同的内容,双方之间的整体合作关系并未发生根本改变。二审判决关于按照《项目合作协议》《股权转让合同》的约定,德润亚洲公司受让股权后,摘取土地为汉诺威公司的单方义务的认定亦缺乏事实依据。尽管股权转让后,具体参与招拍挂要由德润亚洲公司以汉诺威公司的名义实现,但在此过程中,TJ 公司仍负有保证案涉商业用地的挂牌容积率和起拍价符合约定的义务。此外,双方在《股权转让合同》中约定,德润亚洲公司保证在案涉商业用地项目开发完成后,如 TJ 公司需要,可将所持有汉诺威公司 100%的股权转让给 TJ 公司且不主张股权转让收益。该约定进一步表明,双方合作的真实目的是摘取案涉商业用地并进行开发收益,股权转让是一种合作方式或载体,并非真实的合作目的。因此,德润亚洲公司主张股权转让系双方合作的手段,双方当事人之间建立的系整体合作关系,理由成立,予以支持。

3. 股权转让协议名为股权转让合同,实为公司经营权及相关实体资产转让协议。

在(2018)最高法民终 1196 号案中,二审法院认为:根据《股权转让协议》约定的权利义务内容和实际履行情况,富海公司与李某某所签《股权转让协议》虽名为股权转让合同,但实质为博宇公司经营权及相关实体资产转让协议,其中实体资产包括博宇煤矿的固定资产、机械设备及富海公司名下的开采权。从《股权转让协议》约定的权利义务内容看,《股权转让协议》虽载明富海公司受让博宇公司 100%的股权,但同时约定富海公司将博宇公司的固定资产、机械设备及采矿许可证所确定的开采权整体转让给李某某;同时,富海公司负有将博宇公司的资产、证照、印签、行政档案、财务档案等材料全部交付给李某某并为李某某办理采矿权证过户手续的义务,也即富海公司与李某某达成的是关于转让博宇公司经营权与相关实体资产的合意。

从《股权转让协议》的实际履行情况来看,签约后双方并未办理股权变更登记手续,而是在签约当日由李某某实际控制和管理煤矿,由富海公司协助办理博宇公司的煤矿印章等;同时,与富海公司签订《煤矿安全生产协议》,确认博宇煤矿经营权已经转让,由李某某对博宇煤矿安全生产及一切经营活动承担全部责任;李某某亦开始博宇煤矿的实际经营。同时,富海公司的采矿权证因双方协商后暂缓办理及博宇公司注销,亦均未影响博宇煤矿的经营及生产。据此,本案的股权转让实为博宇公司的经营权及富海公司的采矿权转让,一审认定双方的转让属博宇煤矿的资产和采矿权转让,事实认定不清,予以纠正。

4. 股权转让协议并未约定合作开发事宜,显示的是股权转让法律关系。

在(2019)最高法民终827号案中,二审法院认为:首先,从《股权转让协议》的内容来看,协议记载郑某某持有恒润泰公司100%的股权,郑某某拟向龙煤公司转让其持有的恒润泰公司51%的股权,双方就将股权转让给龙煤公司一事达成一致。前述部分是对该协议签订目的的表述,并未体现龙煤公司所称的合作开发矿产的合同订立目的。其次,从该协议的安排来看,对股权转让方、受让方、目标公司、目标股权、转让价款、完成股权转让进行了定义与释义,对股权转让标的、股权转让价款及支付、股权转让的交割事项、股权转让前目标公司的债务处理、违约责任等进行了详细约定。协议并无合作开发矿产的相关条款。再次,从协议的具体内容看,协议记载转让标的为股权而非探矿权,龙煤公司上诉认为协议的条款明确约定了双方合作勘查开采矿产,与约定的内容不符。如果是合作开发矿产资源必然会对风险和收益进行约定,纵观协议只有关于股权转让对价的相关约定,对风险和收益分担并未提及。综上,从协议约定本身来看,双方并未约定合作开发事宜。上诉人龙煤公司认为股权转让协议的内容除了转让股权还包括合作开发的上诉理由不能成立。

5. 协议未约定转让股权的具体事宜,协议属于合作项目的框架性协议,即便股东之间有转让股权的意向,在双方没有明确约定的情况下,也不能将合作协议认定为股权转让协议。

在(2017)最高法民终526号案中,二审法院认为:关于案涉《合作协议》是否为股权转让协议的问题。《合作协议》载明,协议的订立方为景州乐园公司与陈某某,黄某某以景州乐园公司法定代表人的身份在协议落款处签字。由此,案涉《合作协议》的订立主体为景州乐园公司与陈某某,黄某某并非协议的订立主体。从协议的内容看,该协议主要约定了案涉项目的合作开发和建设事项。协议虽约定景州乐园公司的债务由陈某某与景州乐园公司双方共同承担,同时双方各占50%的股份,但并未约定景州乐园公司的股东黄某某向陈某某转让股权的具体事宜。综合案涉协议订立的主体及内容进行分析,应当认定该协议属于合作项目的框架性协议。即便陈某某与黄某某之间有股权转让的意向,在双方没有对此作出明确约定的情况下,也不能将案涉《合作协议》认定为陈某某与黄某某之间的股权转让协议。因此,陈某某提出的案涉《合作协议》为股权转让协议的上诉理由,无事实和法律依据,不予支持。

二、恶意串通损害他人合法权益

1. 当事人明知或应知其行为将给国家造成损失而故意为之,说明当事人并非善意;评估价格属于明显不合理的低价,且明知价格明显低于市场价格仍与之交易,谋取不当利益的,为恶意串通;通过一系列的股权转让行为,在未支付对价的情况下获得巨额利益,可认定为恶意串通。

在(2009)民二终字第15号案中,二审法院认为:首先,根据《国有资产评估管理办法》和《国务院办公厅关于加强国有企业产权交易管理的通知》的规定,国有资产转让不仅应当由国有资产监督管理部门审批,而且应当由具有国有资产评估资格的评估机构进行评估。2002年6月18日,中盈公司的股东北方公司、盈誉公司、西山公司与广程公司签订转股协议书,约定北方公司将其在中盈公司的股权转让给广程公司,广程公司支付给北方公司款项1700万元。而对于中盈公司的主要资产西山地块的评估作业时间为2002年7月5日至2002年7月11日。由此可以看出,北方公司、盈誉公司、西山公司与广程公司签订转让协议时明知北方公司在中盈公司的股权未经过评估。从中可以看出,当事人明知或应知其行为将给国家造成损失而故意为之,说明当事人并非善意。

其次,该评估价格属于明显不合理的低价,且广程公司明知价格明显低于市场价格仍与之交易,谋取不当利益的,即可认定为恶意串通。2002年6月18日,本案中争议的西山地块,经北京市宣武区委托的苏州天元不动产咨询评估有限公司估价,西山地块的实际价值为5031.1758万元。而中盈公司原总经理李某在负责办理西山地块使用权价值评估的过程中,委托没有土地评估资质的正成分公司在签订转让协议书后,作出西山地块的价值为2400万元的评估报告。他案生效刑事判决表明,根据证人徐某林的证言证实,正成分公司是由其通过应某军介绍给王某某、周某某,王某某和周某某都向其要求评估价格尽量低一些,并将这一要求转告给了尹某。由此可以看出,广程公司对于西山地块评估价格过低是明知的。

另外,通过一系列的股权转让行为,广程公司获得了巨额利益。2002年4月12日,北方公司、盈誉公司与广程公司董事长王某某签订了股权转让协议,约定由王某某向北方公司和盈誉公司支付1700万股权转让款,北方公司和盈誉公司将其在中盈公司的全部股权转让给王某某。2002年5月22日,王某某代表中盈公司与农工商公司签订协议书,约定将中盈公司及所属地块一并转让给农工商公司,转让总价为6551.82万元。2002年6月15日,农工商公司、王某某、中盈公司又签订了股权转让协议。根据该协议,农工商公司在2002年6月18日至2002年9月16日期间,根据中盈公司的付款委托书,共分5次汇款至广程公司账户2860万元。广程公司还于2002年6月18日将农工商公司付给其1500万元中的1000万支付给中盈公司。

从以上事实可以看出,广程公司在未支付任何对价的情况下,即以中盈公司股东的身份将中盈公司所持的债权、股权、土地使用权等各种权益转让给农工商公司,并获得巨额利益。该行为属于恶意串通,损害国家、集体或第三人利益,合同无效。故中盈公司的股东北方公司、盈誉公司、西山公司与广程公司于2002年6月18日签订的转股协议书应为无效合同。广程公司提出转股协议书为成立未生效的合同的主张,不予支持。

2. 当事人利用关联关系,连续实施股权高价质押、低价转让等一系列行为,表明当事人存在损害他人利益,以达到自己获得利益的目的,其交易的结果与诉争股权转让具有直接的因果关系,可认定恶意串通。

在(2018)最高法民申401号案中,再审法院认为:关于万泽集团与万泽地产、常某分别签订的《出资转让协议书》是否属于"恶意串通,损害国家、集体或者第三人利益"的问题应作如下考量。

首先,从股权转让当事人的关系看,股权转让关系中诉争天实公司股权的万泽集团、万泽地产、常某存在投资方面的关联关系。其次,从出资转让协议约定的内容看,万泽集团与万泽地产、常某分别签订的《出资转让协议书》仅对出资额转让进行了约定,对股权转让的对价均未作约定,显属不合常理。再次,从出资转让协议的履行情况看,2012年11月16日,万泽集团将天实公司59%的股权作价16.992亿元质押给华润银行东莞分行;2012年12月19日,万泽集团又将天实公司59%的股权作价4.92亿元转让给万泽地产;2012年11月1日,万泽集团将天实公司40%的股权作价3.28亿元转让给常某,连续实施股权高价质押,低价转让等一系列行为,并且常某亦未提供证据证明其已实际支付股权转让对价,有悖常理。最后,从股权转让和质押时间看,2012年7月2日,万泽集团与鑫星公司签订《债权转让协议书》,受让天实公司99%的股权;2012年7月3日,该股权变更登记至万泽集团名下;2012年8月20日,万泽集团作为出质人将天实公司99%的股权作价11.6亿元质押给华润银行东莞分行;2012年11月16日,万泽集团将天实公司59%的股权作价16.992亿元再次质押给华润银行;2012年12月19日,万泽集团又将天实公司30%的股权作价2.46亿元转让给万泽地产;2012年11月1日,万泽集团将天实公司40%的股权作价3.28亿元转让给常某;2012年12月7日、12月20日,常某、万泽地产分别将天实公司的股权质押给华润银行东莞分行。即相隔不到3个月,万泽集团将股权两次质押给华润银行,万泽集团将天实公司的股权转让给万泽地产、常某后,又在短时间内质押给华润银行,这种连续实施对天实公司股权高价质押,低价转让的一系列行为,表明万泽集团在明确知晓的情况下,存在损害他人利益,以达到自己获得利益的目的,其交易的结果与诉争股权转让具有直接的因果关系,显然有恶意串通之嫌,损害了实德集团其他债权人的利益。

综上,结合股权转让双方当事人的关系,出资转让协议约定了内容履行及股权转让质押的情况,二审法院确认万泽集团与万泽地产、常某分别签订的《出资转让协议书》属于"恶意串通,损害国家、集体或者第三人利益"的情形,该认定并无不当,予以维持。

3. 各方当事人是否存在关联交易、是否知晓股权转让事实、股权转让合同中是否依据正常商业规则对主要条款作了较为详细的约定、是否明显有悖于正常的股权交易习惯、核心资产未发生重大减损等情况下股权转让对价是否相差甚远、是否支付了股权转让对价款、是否办理变更工商登记等,均可用于判断股权转让中是否存在恶意串通。

在(2018)最高法民终862号案中,二审法院认为:首先,亿隆等四公司即亿隆置业公司、亿隆旅业公司、金谷农林公司、绿城农林公司等公司存在关联关系。金谷农林公司、绿城农林公司在案涉股权转让往来函上盖章确认的行为,表明其知晓财融公司与亿隆等四公司之间的案涉股权转让事宜。而某某豪既是绿城农林公司的股东及法定代表人,又是尚祥公司的股东和执行董事,张某某亦是尚祥公司的经理和法定代表人。一审判决在综合上述事实及本案已查明的其他事实的基础上，认定金谷农林公司、某某豪、张某某均知晓财融公司与亿隆等四公司之间的案涉股权转让事宜，具有事实依据。

其次，财融公司与亿隆等四公司签订《股权转让协议》的时间为2016年11月14日，亿隆等四公司与金谷农林公司签订《股权转让协议》的时间为2017年4月10日，金谷农林公司与某某豪、张某某签订《股权转让协议》的时间为2017年6月12日，三份《股权转让协议》的签订时间间隔相对较短。且亿隆置业公司的核心资产为位于海南省三亚市的土地使用权及地上在建项目温德姆至尊酒店，案涉股权价值较大。从正常商业往来看，当事人一般应对《股权转让协议》作出较为详细的约定，以期明确各自的权利义务及争议解决方式等。特别是涉及股权转让价款支付、资产移交等内容，更是如此。但从亿隆等四公司与金谷农林公司及金谷农林公司与某某豪、张某某签订《股权转让协议》的内容看，协议除对资产状况、持股比例、转让价格等有寥寥数条约定外，对《股权转让协议》一般应具备的价款支付方式、时间等主要条款均未涉及，明显有悖于正常的股权交易习惯。

再次，从前述三份《股权转让协议》约定的案涉股权转让对价看，财融公司与亿隆等四公司约定的股权转让对价为9.6亿元，亿隆等四公司与金谷农林公司及金谷农林公司与某某豪、张某某约定的股权转让对价均仅为3亿元，在未有有效证据证明亿隆置业公司的核心资产已发生重大减损等情况下，前后股权转让对价相差甚远。且本案在亿隆等四公司与金谷农林公司及金谷农林公司与某某豪、张某某签订《股权转让协议》时，亿隆置业公司尚负巨额债务未清偿，债务数额亦超过双方当事人约定的3亿元股权转让对价，此情形下，该两份《股权转让协议》均约定股权转让前的债权债务由原股东承担责任，转让后的债权债务由新股东按出资比例承担责任，亦明显有悖于正常的股权交易目的及习惯。

最后，从本案已查明的事实看，在亿隆等四公司与金谷农林公司及金谷农林公司与某某豪、张某某签订《股权转让协议》后，未有有效证据证明金谷农林公司已向亿隆等四公司实际支付股权转让对价，且某某豪、张某某亦明确表示其未向金谷农林公司支付股权转让对价。此情形下，当事人在《股权转让协议》签订第二天即办理完毕股权工商变更登记事宜，显然也有违正常的股权转让交易习惯。

综上，一审判决认定亿隆等四公司与金谷农林公司及金谷农林公司与某某豪、张某某在签订《股权转让协议》时存在恶意串通，损害财融公司利益的主观故意，进而认定其相互之间签订的《股权转让协议》无效，有事实和法律依据，并无明显不当。

4. 因不存在通过关联交易变相降低股权转让价款或变相提高股权交易条件的问题,不能以此认定公司之间存在恶意串通。

在(2020)最高法民终1253号案中,二审法院认为:关于轨道公司与海盾公司是否隐瞒股权交易真实价款的问题。首先,中州控股公司提交的两份《补充协议》为复印件,海盾公司、轨道公司对其真实性不予认可,因复印件无法与原件核对,不能单独作为认定案件事实的依据,对其证据效力不予确认。其次,即使存在《补充协议》,《补充协议》约定海盾公司需加入债务与中州铁路公司共同偿还对轨道公司的192004947.64元欠款,亦是在案涉股权挂牌转让价款的基础上增加海盾公司的购买条件和责任承担,不存在对中州控股公司可在山东省产权交易中心就案涉股权转让挂牌价这一"同等条件下"损害股东优先购买权的问题,更不能因此认定轨道公司与海盾公司存在恶意串通。

再次,即使如中州控股公司所述,《补充协议》约定以中建公司中标大莱龙项目为合同终止条件,该约定亦因违反《招标投标法》关于公平竞争的规定而无效,本案中不能依据该无效约定来评判是否损害中州控股公司的股东优先购买权,亦不能依据该无效约定来否定公开挂牌转让而签订的《产权交易合同》的合同效力。最后,大莱龙项目系经公开招投标确定的施工单位,工程价款系经公平竞争而确定,其施工合同的效力并未有生效判决予以否定。参照《产权出让申请书》载明的所有者权益40807.08万元直接计算轨道公司持有的中州铁路公司69.9769%股权的价值,案涉股权转让价款为30925.08万元并非有失公允。即便海盾公司的控股股东为大莱龙项目的实际施工人,亦因不存在通过关联交易变相降低股权转让价款或变相提高股权交易条件的问题,不能以此认定轨道公司与海盾公司存在恶意串通。

三、违反法律的强制性规定

(一)与《公司法》相关

1. 禁售期内转让股权,如何判定股权转让合同的效力。

1-1 法律对发起人、公司董事转让股权的期间、数量进行限制,实际上是对实际转让股权的时间和数量进行限制,以此规范公司内部控制程序,是针对股权转移而设立的,并不针对合同的效力,不能以此约束交易相对人,亦不是对达成股权转让协议的时间和数量进行限制,该规定不属于效力性强制性规定,不应因此导致合同无效。

在(2017)辽01民申610号案中,再审法院认为:《公司法》规定,发起人持有的本公司股份,自公司成立之日起一年内不得转让①……公司董事、监事、高级管理人员应当向公司申报所持有的本公司的股份及其变动情况,在任职期间每年转让的股份不得超过其所持有本公司股份总数的百分之二十五;……公司章程可以对公司董事、监事、高级管理人员转让其所持有的本公司股份作出其他限制性规定。

《公司法》的规定已然明确了其立法本意在于限制公司主体的行为。就发起人而言,可以防止发起人利用设立公司谋取不当利益,并通过转让股权逃避发起人可能承担的法律责任,从而损害公司、小股东或其他债权人的利益;而对公司董事来说,可以有效防止公司董事利用所掌握的信息进行内幕交易,还可以促使公司董事尽职尽责地履行职务。故《公司法》的规定实质是规范公司内部控制程序,是针对股份转移而设立的,并不针对合同的效力,不能以此约束交易相对人。而且上述规定对发起人、公司董事转让股权的期间、数量进行限制,亦不是对达成股权转让协议的时间和数量进行限制。因此上述规定不属于效力性强制性规定,不应因此导致合同无效。

1-2 股权转让的时间及约定股权变更的时间均未超过法律规定的一年期内,但股权转让协议违反了法律的禁止性规定,股权转让协议无效。

在(2019)黔03民再48号案中,再审法院认为:关于蔡某与胡某某于2017年7月21日签订的《股份转让协议》的效力及胡某某应否支付相应股份转让款的问题。根据《公司法》关于"发起人持有的本公司股份,自公司成立之日起一年内不得转让"之规定,该条款的立法目的在于防范发起人利用设立公司谋取不正当利益,并通过转让股权逃避发起人可能承担的法律责任。遵义高性能汽车改装股份有限公司于2016年12月19日成立,蔡某作为公司的发起人之一,于2017年7月21日与胡某某签订《股份转让协议》,约定将其认缴的16.67%的股权转让给胡某某,同时约定在协议签订后的30日内进行股权变更。因股权转让的时间及约定股权变更的时间均未超过法律规定的一年期内,《股份转让协议》违反了前述法律的禁止性规定,应属无效。故对蔡某在再审中要求确认《股份转让协议》合法有效,并支付相应股权转让款的请求,不予支持。

1-3 公司股东数量较少,并非上市公司,股权转让系在两个发起人之间进行的内部股权转让,不涉及保护公众利益的问题,法律关于股权在一定期限内转让的限制性规定属于管理性规定而非效力性规定,股权转让合同有效。

在(2020)浙01民终7914号案中,二审法院认为:邵某某在一审中主张陈某某系在2020年1月底离职后半年内转让股权,二审中又主张陈某某系在担任董事长

---

① 新《公司法》已删除了该条规定。

的任职期间转让股权，显失诚信。本院认为，不管陈某某是在哪种情况下转让的股权，鉴于微天下公司系未上市的股份有限公司，股东数量较少，并非上市公司，案涉股权转让系在两个发起人之间进行的内部股权转让，不涉及保护公众利益的问题，故在本案情形下，上述规定当属管理性规定而非效力性规定，不影响股权转让合同的效力。原审认定案涉《股权转让协议》有效并无不当。

1-4 对发起人转让股权行为的效力认定，区分为负担行为和处分行为。发起人与他人订立股权转让合同属于负担行为，发起人将股权实际交付给他人或者办理股权变更登记手续属于处分行为。发起人为将其股权在限售期内转让给他人而预先签订股权转让合同，但未实际交付股权的，不会引起股东身份以及股权关系的变更，发起人的法律责任不会因为签订股权转让协议而免除，股权转让合同有效。

在（2016）苏民终 1031 号案中，二审法院认为：亚玛顿公司作为股份有限公司，设立于 2010 年 6 月 29 日，林某某系发起人之一。2011 年 10 月，亚玛顿公司正式在 A 股市场公开发行股票。根据规定，林某某在 2012 年 10 月前不得转让其持有的股份。《公司法》对于发起人转让股份行为的效力认定，区分为负担行为和处分行为。发起人与他人订立股权转让合同属于负担行为，发起人将股权实际交付给他人或者办理股权变更登记手续属于处分行为。而发起人为将其股权在限售期内转让给他人而预先签订股权转让合同，但未实际交付股权的，则不会引起其股东身份以及股权关系的变更，也即发起人的法律责任不会因为签订股权转让协议而免除。据此，发起人实施的上述负担行为不宜认定为无效。签订案涉《协议书》《委托投资协议书》时亚玛顿公司尚未上市，虽然亚玛顿公司于 2011 年 10 月上市，林某某亦作出"自公司股票上市之日起三十六个月内，不转让或者委托他人管理其已直接和间接持有的发行人股份"的承诺，但协议中明确约定杨某某受让股份后仍由林某某代持，且未约定林某某实际交付股权或者办理股权变更登记的期限，故上述协议的签订不会必然免除林某某作为发起人可能承担的法律责任。目前距亚玛顿公司上市已经有 5 年余，早已超过了林某某承诺的限售期限。且林某某名下的股份之前设置的质押已经解除，办理股权变更登记也无法律上的障碍。据此，案涉协议应认定为有效，林某某提出的上述协议无效的主张，不能成立。

2. 侵害其他股东对股权的优先购买权，如何判定股权转让合同的效力。

2-1 不存在欺诈、恶意串通剥夺其他股东优先购买权的证据，则股权转让合同有效。侵害其他股东对股权的优先购买权与股权转让合同无效没有必然联系。

在（2020）最高法民终 1253 号案中，二审法院认为：关于《产权交易合同》的效力与侵害股东优先购买权之关系的问题。一方面，其他股东依法享有优先购买权，在其主张按照股权转让合同约定的同等条件购买股权的情况下，应当支持其诉讼请求，除非出现合同规定的超期行权的情形。另一方面，为保护股东以外的股权受让人的合法权益，股权转让合同如无合同规定的欺诈、恶意串通等影响合同效力的事由，应当认定为有效。其他股东行使优先购买权的，虽然股东以外的股权受让人关于继续履行股权转让合同的请求不能得到支持，但不影响其依约请求转让股东承担相应的违约责任。即股东优先购买权的行使与股权转让合同效力的认定并无必然关系。本案中，因不存在欺诈、恶意串通等影响《产权交易合同》效力的情形，一审判决关于对中州控股公司股东优先购买权的法律救济不应以确认《产权交易合同》无效为前提的认定并无不当。

3. 违反公司章程的法律后果并不必然导致股权转让协议无效。

在（2018）京01民终792号案中，二审法院认为：关于晓程公司章程条款的效力判断及其对《股权转让协议》效力的影响。

（1）关于晓程公司章程第29条、第33条中相关内容的法律效力，各方主要的争议焦点在于晓程公司章程的规定是否因违反《公司法》的规定或其他强制性规定而无效。对此分析如下：

首先，《公司法》未禁止非上市股份有限公司通过章程对股权转让进行一定程度的约束。有限责任公司的股东向股东以外的人转让股权，应当经其他股东过半数同意，其他股东享有优先购买权。而关于股份有限公司的股权转让，《公司法》未对股份有限公司的股权转让从其他股东的角度设置约束性条款。可见《公司法》的确对有限责任公司与股份有限公司的股权转让采取区别对待的态度，这是该两类公司在总体上对"人合性"与"资合性"的不同偏重在《公司法》上的体现。同时，《公司法》规定"股东持有的股权可以依法转让"是一种从股东权利的角度所作的原则性规定，表明了立法将股权流通作为保障股东基本权利的立场，其不具有排斥对股权转让作出合理限制措施的内涵，更没有否定或剥夺股东对股权的处分权。

其次，非上市股份有限公司章程对股份转让的约束应限于合理、合法的范围内，案涉的晓程公司于2009年的章程对股份转让的限制未突破该合理界限。《公司法》赋予有限责任公司通过公司章程对股权转让进行自治规范的权利，即公司章程可以作出与《公司法》规定的股权转让方式不同的规定。另外，《公司法》对股份有限公司的发起人与董事、监事、高级管理人员转让股份进行了一定程度的约束，且规定"公司章程可以对公司董事、监事、高级管理人员转让其所持有的本公司股份作出其他限制性规定";而公司章程对公司股东、董事、监事、高级管理人员具有约束力。可见,无论是有限责任公司还是股份有限公司,立法均允许其通过公司章程对股权或股份转让作出一定程度的限制。这是因为股权兼具财产权与身份权的双重属性,股东通过股权或股份转让退出或加入公司,是公司治理机制正常运转、避免陷入僵局的需要,同时股权或股份的流转也是股东实现财产权益的重要保障,是公司相较于合伙等非公司制企业组织形式的优势所在。也就是说,章程对股权转让作出一定的约束属公司内部自治的范畴,但该约束的程度应限于不得禁止或变相禁止股权或股份流通的范围内,不得剥夺股东通过股权或股份转让而退出公司的权利。如果章程限制股权或股份转让的条款触及了上述底线,则会构成对股东权益,尤其是中小股东权益的根本损害,同时也将破坏公司内部的制衡机制与自治秩序,不仅有悖于公平原则,而且与作为公司健康运行基础的内外平衡、公平与效率兼顾的治理理念背道而驰,故而应受到法律的否定性评价。

再者,应区别对待不同类型的非上市股份有限公司。《公司法》虽在总体上对有限责任公司与股份有限公司采取区别对待的态度,但股份有限公司本身又可分为多种不同的类型。国外立法例上存在将股份有限公司区分为封闭式股份公司与开放式股份公司的做法,并对封闭式股份公司采取与有限责任公司基本一致的规制模式。我国立法虽未对股份有限公司作出上述区分,但根据《证券法》《国务院关于全国中小企业股份转让系统有关问题的决定》及《非上市公众公司监督管理办法》等规范性文件,与我国多层次的资本市场相对应,可将股份有限公司分为在主板上市的公司,在创业板上市的公司,股份在全国中小企业股份转让系统挂牌转让的非上市公众公司以及非上市非公众公司四大类型。上述不同类型的股份有限公司在组织架构、运营及规制模式上均存在较大差别,因此,在股份转让方面不能强行忽视其客观存在的明显差异,而对之采取一刀切的态度。

目前,尚未达到非上市公众公司标准的股份有限公司大量存在,而相比于另外三种类型,对该类公司的规制依据与司法裁判精要均不够明确。该类公司的股东人数较少,其设立及运营的重要基础是股东之间的相互信任,股东往往亲自参与并主导经营,股东之间的关系较为密切,公司具有较强的人合性特征,在治理架构与运营模式上与有限责任公司并无原则性区别。因此在司法实践中,应当正视非上市非公众公司的上述特征及其健康发展需要,为该类公司作出合理、合法的自治行为指引。

本案中,晓程公司于 2000 年 11 月 6 日在发起设立时仅有 5 名股东,于 2009 年

8月25日签订《股权转让协议》时也仅有30名股东且注册资本仍为设立时的4110万元,当时的第二大股东程某(占股38.32%)、第六大股东崔某(占股0.97%)均担任董事,第八大股东张某某担任监事,占股比例排名第15位的股东周某某担任财务负责人。股东之间的关系较为密切,相互之间的信赖程度较高,公司具有较强的人合性特征,对其规制不能按照公众公司尤其是上市公司的标准进行,而应充分考虑其人合性特征。

最后,晓程公司章程作出的对股东向股东以外的人转让股份的限制性规定是股东之间协商一致的结果,是各股东的真实意思表示,也体现出股东维持相互之间信赖关系的意愿与努力。并且在签署案涉《股权转让协议》之前,章程的上述规定曾被实际执行。晓程公司曾分别于2009年4月28日、2009年6月18日召开临时股东大会,决议批准原股东姜某某、吕某某向新股东胡某某、梁某某转让股份。司法应充分尊重股东之间的自治协议,对此保持谦抑态度,不宜过度干预公司内部本来行之有效的管理秩序。晓程公司章程未禁止股东对外转让股份,其虽未对股东大会对此的表决程序、方式、时间及表决不通过时,股东的救济途径作出明确规定,但不宜就此径行认定其变相剥夺了股东对外转让股份的权利。上述未予明确的行为规则可交由股东大会决议,并通过修改公司章程来补足,或参照有限责任公司的相关规定来执行。

总之,案涉章程规定未剥夺股东通过转让股份而退出公司或减持股份的权利,未对股东的人身权与财产权构成实质侵害,未违反公平原则及法律、法规的效力性强制性规定,应属有效。

(2)关于晓程公司章程条款对《股权转让协议》效力的影响。如上所述,晓程公司于2009年章程第29条及第33条有关股份转让的规定有效,而案涉《股权转让协议》系余某与程某秘密签署,未事先通知其他股东行使优先购买权,也未经股东大会决议,违背了章程的规定。那么,《股权转让协议》对章程条款的违反是否影响其法律效力,这就涉及如下两个问题:一是合同效力的判断依据,二是公司章程的效力范围。

第一,影响合同效力的规范性文件之法律位阶须是法律与行政法规,且须是效力性强制性规定,对其他管理性强制性规定的违反均不导致合同无效。因此,公司章程并非《股权转让协议》效力判断的法定依据,违反章程并不必然导致合同无效。即使存在损害其他股东优先购买权的情形,也不会导致《股权转让协议》无效的法律后果。

第二，公司章程是股东之间意思表示一致的产物，是公司在组织与行为方面的自治性规范，对全体股东均具有拘束力。公司章程的效力范围限于公司、全体股东及董事、监事、高级管理人员，不具有对外效力。而与股东从事股权交易的外部人员不受公司章程的拘束，也就没有关注并执行公司章程的法定义务。签订《股权转让协议》时，程某系晓程公司的发起人兼董事，依法应遵守公司章程。而余某当时虽在晓程公司的子公司富根公司担任总经理，但其并非晓程公司的股东，也未在晓程公司任职，其不应受晓程公司章程的约束，也没有特别关注晓程公司章程的法定义务。因此，《股权转让协议》虽违反晓程公司章程关于股权转让的相关规定，但不应影响合同效力。

二审法院认为：关于《股权转让协议》的性质，一审法院根据该协议约定的内容将该协议确定为两层法律关系，即程某向余某转让股份的基础法律关系和余某委托程某代持股份而衍生出的委托关系。对此并无不当，本院予以认同，在此不再赘述。至于《股权转让协议》的效力，在案证据尚未表明协议的内容存在《合同法》规定的合同无效的情形，虽然晓程公司章程约定股东向股东以外的人转让股份应当经股东大会作出决议，而本案程某向余某转让股份并未经晓程公司股东大会作出决议，但违反公司章程的法律后果并不必然导致《股权转让协议》无效，故一审法院认定《股权转让协议》合法有效并无不当。

4. 收购人未履行信息披露义务而超比例购买上市公司的股票，该交易行为不因违反规定而无效。

在（2015）沪一中民六（商）初字第66号案中，一审法院认为：关于被告在未履行信息披露义务的情况下超比例购买新梅公司的股票，该交易行为是否有效的问题。在本案的诉讼中，原告虽撤回要求确认被告的股票交易行为（即违规持股超出5%以上）无效的诉讼请求，但因被告明确抗辩其股票交易行为有效，而诉争股票交易行为的效力亦属于依法应予审查的范围，且该问题的认定结论与原告的诉讼请求具有法律上的关联性，故对于诉争股票交易行为的法律效力，依法予以审查认定。根据中国证券监督管理委员会宁波监管局对被告王某某的行政处罚决定书中认定的事实，王某某系通过其实际控制的各被告的证券账户，按照证券交易所的交易规则，通过在交易所集合竞价的方式公开购买了新梅公司的股票，其交易方式本身并不违法。

根据《证券法》规定，按照依法制定的交易规则进行的交易，不得改变其交易结果。该规定是由证券交易的特性所决定的。证券交易虽在法律属性上属于买卖行为,但又与一般的买卖行为存在显著区别,一般的买卖行为发生于特定交易主体之间,而证券交易系在证券交易所以集合竞价、自动撮合的方式进行的交易,涉及众多证券投资者,且交易对手间无法一一对应,如交易结果可以随意改变,不仅会影响到证券交易的市场秩序,还会涉及众多投资者的利益。因此,即使证券投资者在交易过程中存在违规行为,只要其系根据依法制定的交易规则进行交易,交易结果不得改变。然而交易结果的确认并不等同于违规交易者对其违法行为可以免责,对此,我国《证券法》进一步明确规定:"对交易中违规交易者应负的民事责任不得免除;在违规交易中所获利益,依照有关规定处理。"由此可见,依法确认违规交易行为的交易结果并不必然导致违法者因其违法行为而获取不当利益的法律后果,违规交易者仍应根据其所违反的具体法律规范而造成的后果承担相应的法律责任。

结合本案事实,被告的交易行为违反了《证券法》关于大额持股信息披露制度的相关规定。《证券法》第86条规定:"通过证券交易所的证券交易,投资者持有或者通过协议、其他安排与他人共同持有一个上市公司已发行的股份达到百分之五时,应当在该事实发生之日起三日内,向国务院证券监督管理机构、证券交易所作出书面报告,通知该上市公司,并予以公告;在上述期限内,不得再行买卖该上市公司的股票。投资者持有或者通过协议、其他安排与他人共同持有一个上市公司已发行的股份达到百分之五后,其所持该上市公司已发行的股份比例每增加或者减少百分之五,应当依照前款规定进行报告和公告。在报告期限内和作出报告、公告后二日内,不得再行买卖该上市公司的股票。"

上述条款对上市公司的投资者通过证券交易所的证券交易,控制上市公司5%以上比例的股份及在该比例后每增减5%比例股份的公告义务作出明确规定,并要求上述投资者履行向证券监管部门、交易所及上市公司的报告义务,且在公告及报告期内不得再行买卖该上市公司的股票。之所以要求投资者在大额购买上市公司股票时履行信息披露义务,并在一定期限内不得再行买卖该上市公司股票,一方面是为了便于证券监管机构、证券交易所及上市公司及时了解上市公司的股权变动情况,另一方面是为了维护证券市场的公开、公平、公正的交易规则,对股票大额交易行为实施有效监督,防止投资者利用信息或资金优势进行内幕交易或操纵证券市场,保护广大中小投资者的知情权,从而进一步保障广大投资者能够在合理期限内充分了解市场信息,并在该前提下实施投资决策权。

为此,《证券法》对违规进行内幕交易、操纵市场及违反信息披露义务的责任主体分别规定了相应的法律责任,其中包括行政责任、民事赔偿责任和刑事责任。《关于审理证券市场因虚假陈述引发的民事赔偿案件的若干规定》则进一步明确,对违反上市公司信息披露义务的责任主体,在符合法定要件的情况下,其应对其他证券市场投资者的损失承担相应的民事赔偿责任。至于本案被告是否应承担相应的民事赔偿责任,因不属于双方当事人的争议范围,故不予审查认定。

综上所述,结合《证券法》相关规定,违反大额持股信息披露义务而违规购买上市公司股票的行为并不属于证券法应确认交易行为无效的法定情形,故对被告持股的合法性,予以确认。

（二）与国有资产相关

【地方性法规的限制对国有股权转让合同的效力是否产生影响】

1.《企业国有资产监督管理暂行条例》第 24 条没有规定合同未报国有资产监督管理机构批准无效。该条规定并非效力性强制性规定,地方性法规的限制对国有股权转让效力并不产生影响。

在(2017)最高法民终 734 号案中,一审法院认为:津海达公司主张,津海达公司与福浩公司之间的股权转让事项至今未报请天津市国资委审批,违反了行政法规的强制性规定,应为无效。对此,该院认为,其一,《企业国有资产监督管理暂行条例》第 24 条没有规定合同未报国有资产监督管理机构批准无效,该条规定并非效力性强制性规定,津海达公司与福浩公司之间的股权转让事项未报请天津市国资委审批并不导致合同无效。其二,即使法律、行政法规明确规定合同应当办理批准手续,或者办理批准、登记等手续才生效,在一审法庭辩论终结前当事人仍未办理批准、登记手续的,人民法院也应当认定该合同未生效,而非无效,批准、登记等手续是可以补办的,并非合同有效的要件。况且,天津市国资委于 2016 年 6 月 21 日发布的《天津市国资委关于对天津市国资监管清单部分事项进行修订的通知》中,已将"收购股权或出资入股审核"予以取消,案涉股权转让协议已无须再向天津市国资委报请审批。综上,津海达公司主张股权转让协议无效,福浩公司应支付其在三合源公司所占 45% 股权的折价补偿款,缺乏事实及法律依据,该院不予支持。

二审法院认为:一方面,津海达公司虽以福浩公司系物产集团重要子企业为由,主张涉诉股权转让事宜应报天津市国资委批准。但是,物产集团于 2017 年 2 月 17 日出具的《关于集团下属天津市福浩实业有限公司与天津津海达矿业投资咨询有限公司组建天津三合源置业有限公司经营情况的说明》表明福浩公司并非物产集团的重要子企业,而且津海达公司也未提供证据证明福浩公司系物产集团的重要子企业,所以津海达公司的上述主张缺乏事实基础。另一方面,即使涉诉股权转让须经天津市国资委批准,但因并无法律法规规定,未经天津市国资委批准涉诉股权转让就无效,所以津海达公司主张涉诉股权转让因未报国有资产监督管理机构批准而无效缺乏法律依据,对津海达公司主张涉诉股权转让无效的请求不予支持。

【国有股权转让没有在依法设立的产权交易场所公开进行,如何判定股权转让合同的效力】

1.《公司法》关于股份有限公司的股份转让必须在依法设立的证券交易场所进行之规定,不属于效力性强制性规定,股权转让合同有效。

在(2018)粤03民终15218号案中,二审法院认为:高某称协议违反了《公司法》关于"股东转让其股份,应当在依法设立的证券交易场所进行或者按照国务院规定的其他方式进行"的规定,但《公司法》及《证券法》对案涉类型的非上市股份有限公司的股份转让,并没有统一规定必须在证券交易场所进行或必须按照国务院规定的其他方式进行,故本案中高某上诉主张双方在场外交易的行为不具备法律效力的理由不能成立,亦不予支持。

2.《公司法》规定股东转让其股份,应当在依法设立的证券交易场所进行或者按照国务院规定的其他方式进行。这并非是效力性强制性规定,它是指股权的实际变更应当在规定场所完成,并未对当事人间股权转让合同的签订场所及效力作出明确规定。即使是上市公司股东转让股份,并非只能在证券交易所通过集中竞价交易的方式进行。

在(2017)湘民终340号案中,二审法院认为:关于陈某某与毛某某之间股权转让行为的效力问题。陈某某主张,本案股权转让未依法报经证券监管部门核准,未在指定的证券交易场所进行,违反了《公司法》《证券法》"股东转让其股份应当在证券交易场所进行"的禁止性规定,属于"损害社会公共利益""违反法律、行政法规的强制性规定"的行为,应认定为无效。对此,法院认为,陈某某与毛某某之间关于大康公司50万股股份的转让及代持协议是双方当事人的真实意思表示,以口头形式作出的股份转让协议符合《公司法》第137条"股东持有的股份可以依法转让"的规定,不具有《合同法》第52条规定的情形,未损害社会公共利益,也不违反法律、行政法规的强制性规定,合法有效。理由如下:

第一,《证券法》关于"依法公开发行的股票、公司债券及其他证券,应当在依法设立的证券交易所上市交易或者在国务院批准的其他证券交易场所转让"的规定,是对公开发行的证券上市交易行为的规范,陈某某转让案涉股份发生在2008年,当时大康公司的股票尚未上市,该转让行为不适用《证券法》的规定。

第二,股权是一种财产性与人身性混合的权利,完整的股权转让行为包括交易双方达成股权转让的合意、股权权属变更、股权权能转移。其中,股权转让合同在当事人达成合意时生效,在转让方与受让方之间产生债权债务关系,对股权权属是否进行了变更登记不影响股权转让合同的效力。股权转让合同的生效,仅是股权变动的基础法律关系。在以合同的方式转让股权的场合,转让合同的成立、生效与股权变动的生效是两种事实状态。《公司法》关于"股东转让其股份,应当在依法设立的证券交易场所进行或者按照国务院规定的其他方式进行"的规定,是指股权的实际变更应当在规定场所完成,该条文并未对当事人间股权转让合同的签订场所及效力作出明确规定。即使是上市公司股东转让股份,也并非只能在证券交易所通过集中竞价交易的方式进行,根据《上市公司流通股协议转让业务办理暂行规则》《上市公司非流通股股份转让业务办理规则》《上市公司非流通股股份转让业务办理实施细则》等规定,上市公司股份可以通过协议的方式转让,但股份转让的各方需通过证券交易所申请办理股权变更登记手续。故即使是大康公司上市后,其股东仍可依法按前述规则以协议的方式进行股份转让。本案以口头形式作出的股份转让协议成立后股份一直由陈某某代持,尚未发生股权变更,但并不能因此否定双方之间股份转让合同的效力。

第三,《公司法》关于"应当在依法设立的证券交易场所进行"的规定,是指上市股份有限公司进行的股份交易,而陈某某转让本案股份在 2008 年,本案股份当时系非上市股份有限公司的股份。对于股份有限公司的记名股票和无记名股票,可以采取背书的方式或者交付的方式进行转让,《公司法》并未对非上市股份有限公司的股份交易场所作出排他性限制。虽然中国证监会进行了非上市股份公司股份进入证券交易所代办股份转让系统进行股份报价转让试点,一些地方也进行了非上市公司股权交易市场试点,但是目前除对国有股的转让方式及场所有具体要求外,国务院并未对股东转让非上市股份有限公司其他股份的方式及场所作出强制性的特别规定,没有要求所有非上市股份有限公司股份的转让必须在其他股权交易场所内进行的规定。

根据《国务院办公厅关于严厉打击非法发行股票和非法经营证券业务有关问题的通知》规定,"向不特定对象发行股票或向特定对象发行股票后股东予以累计超过 200 人的,为公开发行,应依法报经证监会核准""向特定对象发行股票后股东累计不超过 200 人的,为非公开发行。非公开发行股票及其股权转让,不得采用广告、公告、广播、电话、传真、信函、推介会、说明会、网络、短信、公开劝诱等公开方式或变相公开方式向社会公众发行。向特定对象转让股票,未依法报经证监会核准的,转让后,公司股东累计不得超过200人"。大康公司在2008至2009年时的股东分别为78人和79人,陈某某与毛某某之间的股份转让协议不违反该通知的禁止性规定,无须报经证券监管部门核准。

3. 法律有关国有资产转让应当进场交易的规定是效力性强制规定,不是管理性强制规定,违反该规定的国有股权转让合同无效。

在(2009)沪高民二(商)终字第22号案中,二审法院认为:讼争股权的性质为国有法人股,其无疑是属于企业国有资产的范畴。根据《企业国有产权转让管理暂行办法》的规定,企业国有产权转让应当在依法设立的产权交易机构中公开进行,企业国有产权转让可以采取拍卖、招投标、协议转让等方式进行。根据《上海市产权交易市场管理办法》规定,上海市所辖国有产权的交易应当在产权交易市场进行,根据产权交易标的的具体情况采取拍卖、招标或竞价的方式确定受让人和受让价格。上述两个规范性文件虽然不是行政法规,但均系依据国务院的授权对《企业国有资产监督管理暂行条例》的实施所制定的细则办法。

而且规定企业国有产权转让应当进场交易的目的,在于通过严格规范的程序保证交易的公开、公平、公正,最大限度地防止国有资产流失,避免国家利益、社会公共利益受损。因此,《企业国有产权转让管理暂行办法》《上海市产权交易市场管理办法》的上述规定,符合上位法的精神,不违背上位法的具体规定,应当在企业国有资产的转让过程中贯彻实施。由于上海水务公司在接受自来水公司的委托转让讼争股权时,未依照国家的上述规定处置,擅自委托金槌拍卖公司拍卖,并在拍卖后与巴菲特公司订立股权转让协议,其行为不具有合法性。综上,巴菲特公司要求自来水公司履行《光大银行法人股股权转让协议》,转让16985320股光大银行国有法人股的诉讼请求,不予支持。自来水公司要求确认《光大银行法人股股权转让协议》无效的反诉请求,予以支持。二审法院驳回上诉,维持原判。

【国有股权转让未经评估程序,股权转让合同协议的效力如何判定】

1. 法律关于国有股权转让须经评估程序的规定属于效力性强制规定,不属管理性强制规定,违背该规定的股权转让合同无效。

在(2008)民申字第461号案中,再审法院认为:《国有资产评估管理办法》第3条规定,国有资产占有单位进行资产转让的,应当进行资产评估。该规定属于强行性规定,而非任意性规定。原判决根据该规定认定本案所涉房地产转让合同无效,是正确的,不违反《合同法》第 52 条的规定。《担保法》没有对企业处置国有资产须经的程序作出规定,原判决依据《国有资产评估管理办法》的有关规定认定本案所涉房地产转让合同无效,不违反《担保法》。申请再审人受让本案所涉房地产违反《国有资产评估管理办法》的强制性规定,亦不能受到《物权法》的保护。在本案中,梁某玲代表联合公司在 2002 年 7 月 16 日出卖案涉土地和房屋时,没有进行评估,而是以两年前即 2000 年 6 月 22 日的评估价格作为参考进行交易。

从交易结果看,梁某玲是在以明显低价的方式售卖联合公司的房地产。申请再审人环成公司在 2002 年 7 月 16 日以 370 万元的价格购买了案涉房屋,在 14 天之后即 2002 年 7 月 30 日,该房屋的估价即为 680 万元。案涉土地于 1993 年 11 月 26 的出让价格为 2217398 元,2000 年 6 月 22 日的估价为 4321170 元,而在 2002 年 7 月,申请再审人环成公司的买受价格仅为 350 万元,比两年前的估价还低 82 万余元。尤其是考虑到该两年期间土地大幅升值的背景,更凸显了转让价格之低。因此,原判决认定环成公司在受让房地产中获得了暴利有事实根据,是正确的。对于环成公司而言,其知道或者应当知道案涉房地产属于国有资产,在没有履行《国有资产评估管理办法》规定的报批和评估手续的情况下,以明显不合理的低价受让案涉房地产,损害了联合公司股东的合法权益,不能认定为善意受让人。原判决认定梁某玲代表联合公司与环成公司签订的房地产转让合同无效,是正确的,不存在缺乏证据证明的问题。综上,环成公司提出的再审事由不成立,本案不应再审。

2. 法律、行政法规并未规定未经评估国有股权转让合同就无效,未经评估不一定就是贱卖,也可能是溢价转让,实际转让价格可能高于实际价值,不一定导致国有资产流失。因此法律有关国有资产转让应当进行评估的规定属管理性强制性规定,非效力性强制性规定。

在(2013)民申字第 2119 号案中,再审法院认为:关于国有资产未经评估,国有股权转让合同是否有效的问题。2005 年 7 月 7 日,辽宁省高级人民法院作出一审判决,判令辽工集团向辽实公司赔偿 12620853.5 元。该判决生效后,辽实公司和辽工集团于同年 10 月签订了《辽宁海普拉管业有限公司土地、厂房资产的转让协议》,约定以上述登记在海普拉公司名下、实属辽工集团的土地使用权和房产作价 300 万元偿付债务。海普拉公司于 2006 年 1 月同意以上述房地产抵债。辽工集团是国有独资企业,海普拉公司是辽工集团占 70%注册资本的中外合资经营企业。

在签订转让协议时,规范企业国有资产转让的主要是行政法规和部门规章。《国有资产评估管理办法》第 3 条规定:"国有资产占有单位有下列情形之一的,应当进行资产评估:(一)资产拍卖、转让;……(五)依照国家有关规定需要进行资产评估的其他情形。"《企业国有资产评估管理暂行办法》第6条规定,"企业有下列行为之一的,应当对相关资产进行评估:……(八)以非货币资产偿还债务"。该暂行办法虽然是部门规章,但其中第6条是关于细化行政法规的有关规定,可作为法院解释行政法规的依据。申请人在再审申请的过程中援引的《国有资产法》进一步以法律的形式规定了转让重大国有资产应依法进行评估,并在依法设立的产权交易场所公开进行。因该法自2009年5月1日起施行,没有溯及力,故不适用于本案的转让行为。申请人援引的其他规范性文件不是法律、行政法规,故在认定本案转让协议的效力时,不予考虑。根据《国有资产评估管理办法》《企业国有资产评估管理暂行办法》,国有资产占有单位转让国有资产、以非货币资产偿还债务的,应当进行资产评估,另有规定的除外。这一规定具有强制性规定的效力。本案转让协议涉及的资产金额较大,不存在无须评估的情形,辽工集团在未评估的情况下转让重大国有资产,违反了行政法规的强制性规定。

《合同法》第52条规定:"有下列情形之一的,合同无效:……(四)损害社会公共利益;(五)违反法律、行政法规的强制性规定。"《合同法司法解释(二)》第14条指出:"合同法第五十二条第(五)项规定的'强制性规定',是指效力性强制性规定。"有关国有资产评估的强制性规定是效力性强制性规定还是管理性强制性规定,需要通过综合分析来确定。

首先,有关强制性规定约束的应当是国有资产占有单位。《国有资产评估管理办法》第3条规定,国有资产占有单位转让资产的,应当进行资产评估。可见,进行资产评估是国有资产占有单位的义务,而不是受让人的义务。违反国有资产评估规定的责任应当由国有资产占有单位及其责任人员承担。如果认定合同无效,则受让人在无义务的情况下也承担了法律后果。其次,有关强制性规定没有对合同行为本身进行规制,没有规定当事人不得就未经评估的国有资产订立转让合同,更没有规定未经评估、转让合同无效。最后,未经评估而转让国有资产不必然导致国家利益或者社会公共利益受损害。规定国有资产转让须经评估,目的是防止恶意低价转让国有资产,以保护国有资产。但是,未经评估,不一定就贱卖,实际转让价格也可能高于实际价值。资产未经评估转让的,国有资产管理机构有权责令国有资产占有单位改正,依法追认转让行为。由于无效的合同自始没有法律效力,无法追认,在某些情形下,反倒对国有资产保护不利。如果认定有关规定是效力性强制性规定,进而一概认定转让合同无效,当事人(包括受让人在资产贬值后)可能据此恶意抗辩，这既违背诚实信用原则，也会危及交易安全和交易秩序。因此，从法律条文的文义和立法宗旨来看，应认定关于国有资产转让须经评估的强制性规定是管理性强制性规定，而非效力性强制性规定。如果出现国有资产占有单位与他人恶意串通，故意压低国有资产转让价格的情形，则可按照《合同法》第52条的规定，以恶意串通，损害国家利益为由认定合同无效，这同样能达到保护国有资产的目的。

本案中，辽工集团将案涉房地产转让给辽实公司，实际上是用来抵偿债务，目的是履行生效判决。转让资产虽未经评估，违反了行政法规的管理性强制性规定，但无证据证明辽工集团和辽实公司恶意串通，低价转让国有资产，损害国家利益。因此，二审判决认定转让合同有效是正确的。

（三）特殊场合

1. 我国法律和行政法规规定，普通高中教育机构属于限制外商投资项目，义务教育机构属于禁止外商投资项目。境外注册成立的公司受让义务教育机构的股权，违反法律、行政法规的强制性规定，认定股权转让协议无效。

在（2021）最高法民终332号案中，二审法院认为：《民办教育促进法》第10条第1款规定："举办民办学校的社会组织，应当具有法人资格。"《指导外商投资方向规定》第4条规定："外商投资项目分为鼓励、允许、限制和禁止四类。鼓励类、限制类和禁止类的外商投资项目，列入《外商投资产业指导目录》。不属于鼓励类、限制类和禁止类的外商投资项目，为允许类外商投资项目。允许类外商投资项目不列入《外商投资产业指导目录》。"而《外商投资产业指导目录》载明：限制外商投资产业目录：32.普通高中教育机构（限于合作、中方主导）；禁止外商投资产业目录：24.义务教育机构。因此，根据我国法律和行政法规，普通高中教育机构属于限制外商投资项目，义务教育机构属于禁止外商投资项目。经查，泉州科技中学的《民办非企业单位登记证书》载明，泉州科技中学的办学范围为全日制高中、初中教育；该校的《民办学校办学许可证》载明，学校类型为普通完全教育；办学内容为初中、高中普通教育。因此，根据上述事实，一审判决认定泉州科技中学的办学内容包括全日制义务教育，汇忠公司受让案涉股权的主体不适格，其合同目的不能实现，双方签订的《泉州科技中学收购协议书》《补充协议书》违反了国家法律法规的强制性规定，应确认为无效。

2. 《村民委员会组织法》关于重大事项必须经村民会议讨论决定方可办理的规定，不属于效力性强制性规定，未经村民会议讨论的股权转让合同有效。

在（2018）湘08民终113号案中，二审法院认为：村民委员会作为基层群众性自治组织,有权进行民事法律行为,代表集体处分相关财产、签订有关合同。然而,《村民委员会组织法》规定,涉及村民利益的重大事项,需经村民会议讨论决定方可办理,如处分集体财产等。对于村委会未经村民会议讨论决定而签订的合同是否有效,法律并未明确规定。《合同法》第 52 条第 5 项规定,违反法律、行政法规的强制性规定的合同无效。《合同法司法解释(二)》第 14 条规定:"《合同法》第五十二条第五项规定的'强制性规定',是指效力性规定。"一般认为,强制性规定分为管理性强制性规定和效力性强制性规定,只有违反效力性强制性规定的合同才是无效合同。法律、行政法规的强制性规定仅关系当事人利益的,该规定仅是为了行政管理或纪律管理需要的,一般为管理性规定。《村民委员会组织法》第 24 条第 1 款第 8 项规定,以借贷、租赁或其他方式处分村集体财产,经村民会议讨论决定方可办理。该法并没有明确规定未经村民会议讨论决定的相关合同无效,且村民委员会签订的合同仅涉及合同双方当事人的利益,该条规定是为了对村民委员会的行为进行规范管理,村民委员会与他人签订合同的行为并不为法律所禁止,故该条规定并不属于效力性强制性规定。

村办企业梭罗溪煤矿的股份转让后,已经履行了多年,被上诉人一方一直没有对合同的效力提出异议。至于转让股份时是否履行民主议定程序,为被上诉人分内之事,被上诉人没有遵守民主议定原则,系被上诉人违反法律规定,以违反民主议定原则为由认定转让股份的行为无效,有碍交易的稳定性和安全性。而且一定程度上也会影响农村经济秩序,违背诚实守信及鼓励交易的市场原则,也易使违法一方从自己的违法行为中受益,显然违背立法的本意和法律的公平原则。且现在梭罗溪煤矿已关闭停止生产经营,并完成了井筒炸毁、场地平整、恢复地貌等工作,上诉人肖某某认为起诉系汪某某的个人行为没有充分证据予以证实,不予支持。

3.《公务员法》禁止公务员从事营利性活动之规定与当事人的"市场准入资格"有关,该规定为管理性强制性规定,非效力性强制性规定,不影响股权转让合同的效力。

在(2014)沪二中民四(商)终字第 489 号案中,二审法院认为:《公务员法》关于公务员不得"从事或者参与营利性活动,在企业或者其他营利性组织中兼任职务"的规定,属管理性禁止性规定,并不属于效力性强制性规定。公务员若违反了该规定,应由其管理机关追究其相应责任,但并不能以此为由否定股权转让合同的效力。故弓展公司以陈某某、张某某违反前述规定为由,认为案涉股权转让协议无效的观点,不予采纳。

4."新三板"挂牌公司没有遵守如实披露信息的法定义务,违反了股票发行存在特殊条款时的监管要求,股权回购协议无效。

在(2021)粤09民终36号案中,二审法院认为:本案具有"对赌"性质的《股权回购协议》是否有效,是该协议能否履行的前提。第一,可以认定签订上述协议是陈某与邹某某的真实意思表示。同时,在司法实践中,对于投资方与目标公司的实际控制人订立的对赌协议,如果没有其他法定的无效事由,一般应认定为有效并支持实际履行。但本案的特殊性在于,作为目标公司的高瓷公司是在全国中小企业股份转让系统即"新三板"挂牌交易的公司。该"新三板"是经国务院批准,依据我国《证券法》设立的全国性证券交易场所,其股票交易面向的是不特定对象。而且,"新三板"受我国证监会监管,建立了相应的市场规则和监管体系。故判断案涉对赌协议是否有效,除了审查合同是否符合当事人的意思自治原则和有无法定无效事由之外,还应当从市场监管规则以及市场秩序和投资者保护等因素进行考量。

第二,全国中小企业股份转让系统于2016年8月8日颁布实施的《挂牌公司股票发行常见问题解答(三)——募集资金管理、认购协议中特殊条款、特殊类型挂牌公司融资》(简称"解答(三)")中载明:"二、挂牌公司股票发行认购协议中签订的业绩承诺及补偿、股份回购、反稀释等特殊条款(以下简称'特殊条款')应当符合哪些监管要求?答:挂牌公司股票发行认购协议中存在特殊条款的,应当满足以下监管要求:(一)认购协议应当经过挂牌公司董事会与股东大会审议通过。(二)认购协议不存在以下情形:1.挂牌公司作为特殊条款的义务承担主体。2.限制挂牌公司未来股票发行融资的价格。……(三)挂牌公司应当在股票发行情况报告书中完整披露认购协议中的特殊条款;挂牌公司的主办券商和律师应当分别在'主办券商关于股票发行合法合规性意见''股票发行法律意见书'中就特殊条款的合法合规性发表明确意见。"本案涉及的股权回购协议,属于上述解答(三)中的特殊条款。

案涉股权回购协议,并没有被提交至高瓷公司的董事会与股东大会进行审议,更未在股票发行情况报告书中披露过任何有关股份回购条款的信息。陈某上诉称主办券商和律所作出的主办券商关于股票发行合法合规性意见和股票发行法律意见书均认定本次发行股票公司与股东之间不存在估值调整协议,故上述文件明显系虚假陈述。但实际上是,邹某某与陈某没有如实向主办券商和律师告知其双方之间签订了股份回购协议,才致使国融证券股份有限公司和律师事务所分别作出了"本次发行不存在股份回购等特殊条款"的意见。高瓷公司在该次股票发行认购中,没有遵守如实披露信息的法定义务,也违反了以上解答(三)对于股票发行存在特殊条款时的监管要求。由此产生的后果是,高瓷公司不能确保其股权真实清晰,对投资者股权交易造成不确定的影响,则损害了非特定投资者的合法权益、市场秩序与交易安全,不利于金融安全及稳定,违背了公共秩序。

尽管解答(三)在性质上属于部门规章,但因其经法律授权并为证券行业监管基本要求,且"新三板"是全国性的交易场所,社会影响面广,应当加强监管和交易安全保护,以保障广大非特定投资人的利益;故违反此解答(三)的合同也因违背公序良俗而应当认定为无效。因此,综合考量各种因素,应当认定《股权回购协议》为无效合同,因而不具有法律约束力。如前所述,《股权回购协议》被确认无效后,陈某所认购的高瓷公司股份,属于《合同法》规定"不能返还或者没有必要返还"的情形。因此,陈某要求邹某某和高瓷公司回购其认购的高瓷公司股份的诉讼请求,不能成立,不应获得人民法院的支持。

5. 信托资金出资人转让股权无效的认定。

在(2019)最高法民申 616 号案中,再审法院认为:案涉股权转让合同应被认定为无效。《苏润信托资金出资人代表大会工作规则》第 3 条明确规定,出资人代表大会的职责包括批准投资公司的经营方针和投资计划。《苏润信托资金管理委员会工作规则》亦明确规定,管理委员会负责审议投资公司的经营方针和投资计划,但应报出资人代表大会批准。不论案涉股权转让合同是否为股权激励机制的具体措施,众杰公司作为苏润信托资金出资设立的独立法人,其投资资产的变动直接对苏润信托资金的出资人产生重大影响,属于公司重大经营、投资项目变动,应由出资人代表大会审议通过。众杰公司、崔某某申请再审主张案涉股权转让合同的签订无须经过出资人代表大会"一事一议",缺乏依据。

案涉股权转让合同签订之时,崔某某既是苏润信托资金管理委员会委员,又是众杰公司的登记股东,则崔某某应对众杰公司登记股东仅是代持众杰公司的股份而非实际出资人的身份,以及《苏润信托资金出资人代表大会工作规则》《苏润信托资金管理委员会工作规则》的内容清楚明确,崔某某及众杰公司均无权未经出资人代表大会同意或授权,即自行签订案涉股权转让合同,崔某某及众杰公司主观上均不能被认定为善意。众杰公司将其原本自行持有的部分苏润实业集团公司的股权转让给崔某某个人后,苏润信托资金的出资人通过众杰公司取得相应苏润实业集团公司股份利益的可能性实际丧失,已经对苏润信托资金的出资人造成了客观侵害。一、二审法院认定案涉股权转让合同无效并无不当。

第三节 实务指南

一、效力性强制性规定的判定

《民法典》第 153 条第 1 款规定:"违反法律、行政法规的强制性规定的民事法律行为无效。但是,该强制性规定不导致该民事法律行为无效的除外。"从结构上看,该条文存在两个"强制性规定",第一个强制性规定为效力性强制性规定,第二个强制性规定为管理性规定。以效力性强制性规定与管理性强制性规定作为判断合同效力的标准,已成为共识。这两类"强制性规定",依学理只能限定于全国人民代表大会及其常委会制定的法律和国务院制定的行政法规,但对于什么是效力性强制性规定,法律并没有作出明确规定。

我国制定了很多关于国有股权转让的法律规定,对国有股权转让的法律规定主要集中在三个环节:一是审批,二是评估定价,三是进场交易。如前所述,未经批准的合同是未生效的合同,指向的是"批准"这个环节,合同效力已有定论,因此没有必要再讨论涉及批准类的法律规定是管理性强制性规定还是效力性强制性规定。但对国有股权进行评估定价、进场交易的法律规定,究竟是管理性强制性规定还是效力性强制性规定,法律无明确规定,因此有必要进行研究,这关乎此类股权转让合同是否有效的问题。

其一,未经评估的国有股权转让合同是否有效。《国有资产评估管理办法》第 3 条规定:"国有资产占有单位(以下简称占有单位)有下列情形之一的,应当进行资产评估:(一)资产拍卖、转让;(二)企业兼并、出售、联营、股份经营;(三)与外国公司、企业和其他经济组织或者个人开办外商投资企业;(四)企业清算;(五)依照国家有关规定需要进行资产评估的其他情形。"如果国有股权未经评估就进行转让,转让合同是否有效?在前述的(2013)民申字第 2119 号案中,提出了判断效力性强制性规定的标准:

(1)如果认定合同无效,那么股权受让人最终在无义务的情况下是否也承担法律后果,如果不承担,可初步判断强制性规定不是效力性强制性规定。

(2)强制性规定是否对合同行为本身进行规制,是否规定了未经评估转让合同就无效,没有这些规定,可初步判断强制性规定不是效力性强制性规定。

(3)如果认定合同有效,是否会导致国家利益或者社会公共利益受到损害,如果没有这些情况的发生,可初步判断强制性规定不是效力性强制性规定。

其二,未进场交易的国有股权转让合同是否有效。《企业国有资产法》第54条规定:"国有资产转让应当遵循等价有偿和公开、公平、公正的原则。除按照国家规定可以直接协议转让的以外,国有资产转让应当在依法设立的产权交易场所公开进行。转让方应当如实披露有关信息,征集受让方;征集产生的受让方为两个以上的,转让应当采用公开竞价的交易方式。转让上市交易的股份依照《中华人民共和国证券法》的规定进行。"该规定是否属于效力性强制性规定?没有在法定交易场所公开交易的股权转让合同是否有效?

在前述的(2009)沪高民二(商)终字第22号案中,提出了判断效力性强制性规定的标准:是否违反公开、公平、公正原则,是否损害社会公共利益。

其三,为了确立更多效力性强制性规定的判断标准,也可以通过《村民委员会组织法》进行理解。《村民委员会组织法》第24条规定:"涉及村民利益的下列事项,经村民会议讨论决定方可办理:(一)本村享受误工补贴的人员及补贴标准;(二)从村集体经济所得收益的使用;(三)本村公益事业的兴办和筹资筹劳方案及建设承包方案;(四)土地承包经营方案;(五)村集体经济项目的立项、承包方案;(六)宅基地的使用方案;(七)征地补偿费的使用、分配方案;(八)以借贷、租赁或者其他方式处分村集体财产;(九)村民会议认为应当由村民会议讨论决定的涉及村民利益的其他事项。村民会议可以授权村民代表会议讨论决定前款规定的事项。法律对讨论决定村集体经济组织财产和成员权益的事项另有规定的,依照其规定。"

问题是该规定是否属于效力性强制性规定?村民委员会未经民主议定程序而转让股权,股权转让合同是否有效?

在前述(2018)湘08民终113号案中,该案提出了判定效力性强制性规定的标准:即股权转让后是否长期没有异议,是否有碍交易的稳定性和安全性,是否违背了诚实守信及鼓励交易的市场原则。

有观点认为:对于《村民委员会组织法》第24条第1款规定的须经村集体民主议定程序的规定属于效力性强制性规定还是管理性强制性规定,应当结合其他法律、行政法规的规定予以判断。如《土地管理法》就对农村土地承包相关事项的民主议定程序作了特殊规定,因为农村土地承包经营是农民的头等大事,土地承包经营方案对于稳定和完善以家庭承包经营为基础、统分结合的双层经营体制,赋予农民长期而有保障的土地使用权,保障农村土地承包人的合法权益,促进农业、农村经济发展和维护农村社会稳定具有重要意义。因此,《村民委员会组织法》第24条第1款第4项关于农村土地承包经营方案须经村集体民主议定程序的规定属于效力性强制性规定,违反该项规定的合同无效。而对于诸如误工补贴的人员及补贴标准的规定、村集体经济所得收益的使用等事项,属于村集体的内部事项,且没有其他法律、法规的另行规定,不属于效力性强制规定,而应将其理解为管理性强制规定。①

此处对效力性强制性规定提出了更精细的判断标准:并非一概而论判断法律规范是否为效力性强制性规定,而是将法律规范进行拆解,也具有很强的实务性。

学界也在试图寻找效力性强制性规定的明确标准:比如,提出效力性强制性规定不包括权限性规定,也不包括赋权性规定;还比如,提出应通过考察规范对象(从合同内容是否违法、主体资格是否违法、履行行为是否违法等),进行法益衡量(如是否存在冲突的法益,违法行为的法律后果,是否涉及交易安全,合同是否履行等)。② 这些判断标准中部分与上述案例提炼的标准相一致。实务中,应综合各种标准来判定是否属于效力性强制性规定,没有单一且有效的标准。

《九民会议纪要》第30条明确指出,"下列强制性规定,应当认定为'效力性强制性规定':强制性规定涉及金融安全、市场秩序、国家宏观政策等公序良俗的;交易标的禁止买卖的,如禁止人体器官、毒品、枪支等买卖;违反特许经营规定的,如场外配资合同;交易方式严重违法的,如违反招投标等竞争性缔约方式订立的合同;交易场所违法的,如在批准的交易场所之外进行期货交易。关于经营范围、交易时间、交易数量等行政管理性质的强制性规定,一般应当认定为'管理性强制性规定'"。

在实务中,上述规定仍然在发挥重要作用。

二、合同无效要素的审查

(1)审查股权转让合同的主体资格是否适格。主体包括签约主体和实际履行主体。前者指的是根据合同相对性原理,即常说的原告、被告;后者一般指被列为第三人的主体。

---

① 参见禹海波:《股权转让案件裁判精要》,法律出版社2020年版,第150页。
② 参见最高人民法院民法典贯彻实施工作领导小组主编:《中华人民共和国民法典总则编理解与适用(下)》,人民法院出版社2020年版,第759页。

（2）审查转让标的、转让方式、转让程序、转让条件是否符合法律规定。转让标的指股权是否为法律禁止或受限制，是否设定了权利负担，股权转让人对股权是否享有完全的所有权和处分权，这些因素均可能导致股权转让合同被认定为无效；转让方式、转让程序、转让条件指股权转让合同需要履行何种手续、具备何种条件才能成立或生效，如前所述，未经批准的股权转让合同未生效，未按规定评估、进场交易的股权转让合同则可能存在有效和无效之争。

（3）审查公司章程对股权转让的约定。新《公司法》对有限责任公司、股份有限公司均有专门章节对股权转让作出规定，这些规定一方面保障了股东转让股权的自由，另一方面对股权转让作了限制，同时赋予了公司章程对股权转让某些具体事项作出约定的权利。

注意审查公司章程对股权转让是否作了过多限制，这些限制是否实质剥夺了股东转让股权和受让股权的权利，如若存在过多限制，该约定无效。转让股权违反公司章程的约定，不属于《民法典》规定的法定无效情形，公司章程作为公司内部管理的自治文件，违反公司章程也不属于违背《民法典》第153条第1款规定的"违反法律、行政法规的强制性规定"之民事法律行为，通常不会导致合同无效，这是从稳定交易关系、保护善意第三人的角度来考虑的。虽然股权转合同不因此而无效，但因违反公司章程规定，在股东内部已造成间隙，能否签订股权转让合同、能否真正落地执行存在很大的不确定性，即便签订了合同也难以保证产生股权变动的效果，最终可能导致缔约过失责任或合同解除的后果。

（4）审查股权转让是否为当事人的真实意思表示。所谓意思表示，是指行为人为了产生一定民法上的效果而将其内心意思通过一定的方式表达于外部的行为。"意思"是指设立、变更、终止民事法律关系的内心意图。"表示"是指将内心意思以适当的方式表示出来的行为。① 简言之，在股权转让场合，要审查股权转让方是否具有转让股权的真实意思表示，股权转让方是否具有受让股权的真实意思表示，任何一方的意思表示不真实，都会对股权转让关系的认定产生动摇。

比如需要审查双方是否存在通谋虚伪意思表示，通过与当事人交流，了解签约背景和合同履行情况，分析合同的权利义务条款。如果初步判断出双方具有通谋虚伪意思表示，则参照审判活动中的"穿透式审判思维"，探求当事人的真正意图，确立双方真心所要达成的法律行为究竟是让与担保、赠与、资产转让还是民间借贷

---

① 参见最高人民法院民法典贯彻实施工作领导小组主编：《中华人民共和国民法典总则编理解与适用（下）》，人民法院出版社2020年版，第701页。

等,告知当事人形式上的股权转让合同无效,隐藏行为中实际的法律关系可能有效、无效、可撤销甚至确定不发生效力,诉讼方向应聚焦于隐藏行为中法律关系之合法权益的保护。存在恶意串通损害他人合法权益行为的,则股权转让合同无效。

三、股权让与担保的若干实务问题

股权让与担保,对字面进行拆解来理解,一是股权让与,即股权转让;二是担保。因还存在一个债权债务关系,综合两者,股权让与担保的意思就是以股权转让作为履行债权债务关系产生的担保。新《公司法》没有规定股权让与的概念,只是在第84条规定了股权转让;《民法典》《民法典担保制度司法解释》中也没有规定股权让与担保的类型,属于《民法典》第388条规定的"其他具有担保功能的合同"的非典型担保类型。《民法典担保制度司法解释》第1条则规定:"因抵押、质押、留置、保证等担保发生的纠纷,适用本解释。所有权保留买卖、融资租赁、保理等涉及担保功能发生的纠纷,适用本解释的有关规定。"股权让与担保纠纷属于"涉及担保功能发生的纠纷。"

关于股权让与担保中的实务问题总结如下:

(一)如何区别股权转让、股权让与担保

(1)意思表示:前者的目的是获得受让的股权,使股权权属发生变动,具有转让股权、受让股权的意思表示;后者的目的是为履行债权债务关系而以转让股权行作为担保手段,当事人具有担保的意思表示,而无股权转让的意思表示。

(2)前者是纯粹的股权转让行为;后者虽然也呈现了股权转让合同的外观,但背后主导的法律关系是债权债务关系,该关系中的债务人为借款人,同时是股权的实际出资人,也是股权转让合同中的股权转让人,亦即担保人,以自己实际拥有的股权作为偿债的担保;债权人为出借人,同时是股权转让合同中的股权受让人,亦即担保权人,为了保障出借资金的安全而要求债务人将股权转让到自己名下作为偿债担保的人。

当事人的关系与身份,见下表:

表1 股权转让、股权让与担保关系中当事人的关系与身份对照

债权债务关系	股权让与担保关系
债务人、借款人	实际出资人、股权转让人、担保人
债权人、出借人	股权受让人、名义股东、担保权人

双方的沟通交流情况、股权转让合同的实际履行情况等相关证据必须保留。这些证据反映了偿还完本息后债务人是否保留股权、债权人是否归还股权、所涉股权的公司账册在签订股权让与担保合同后是否移交、债务人是否仍以股东身份实际管理控制公司、债权人是否实际参与公司经营管理等事实。这些均可证明存在的是股权让与担保关系还是纯粹的股权转让关系。只要同时存在债权债务关系与股权转让关系，就要考虑该股权很大可能是归入了股权让与担保的范畴。

（二）股东资格由谁享有，由谁行使股东权利

1. 与股权代持关系中的主体身份区别

通过上表的总结，可以发现股权让与担保关系中，也存在实际出资人和名义股东的身份关系，债务人是股权的实际出资人，债权人受让股权后成为名义股东，这与股权代持关系中的实际出资人、名义股东在外观上具有极大的相似性。但两者完全不一样，主要区别在于，股权让与担保关系的名义股东享有的实际权利内容受到担保目的的范围之限制，并没有享有完整意义上的股东权利。

同时根据《民法典担保制度司法解释》第 69 条规定："股东以将其股权转移至债权人名下的方式为债务履行提供担保，公司或者公司的债权人以股东未履行或者未全面履行出资义务、抽逃出资等为由，请求作为名义股东的债权人与股东承担连带责任的，人民法院不予支持。"也就是在股权让与担保关系中，名义股东并不承担实际出资人的瑕疵出资、抽逃出资等出资责任，这也符合权责一致的原则。

而根据《公司法司法解释（三）》第 26 条规定："公司债权人以登记于公司登记机关的股东未履行出资义务为由，请求其对公司债务不能清偿的部分在未出资本息范围内承担补充赔偿责任，股东以其仅为名义股东而非实际出资人为由进行抗辩的，人民法院不予支持。名义股东根据前款规定承担赔偿责任后，向实际出资人追偿的，人民法院应予支持。"可见，在股权代持关系中，名义股东首先被推定为是真正的股东，其需要承担出资责任，且享有完整的股东权利，以股东身份行使对公司的经营管理权，此场景的名义股东与股权让与担保关系中的名义股东只存在名称上的相同，而实质上并无任何相同之处；此外实际出资人与股权让与担保关系中的名义股东也有相似之处，即原则上不享有股东权利（在实际出资人被公司大多数股东知情情况除外），但两者也有区别，股权代持关系中的实际出资人是实实在在履行出资义务的人。

2. 债务人出资符合权责一致的原则

债务人作为担保人，也是实际出资人，是股权的真实权利人，股东资格事实上

由其享有,股东权利由其行使,但必须履行出资义务,也符合权责一致原则。

根据《民法典担保制度司法解释》第 69 条的规定可以倒推,既然名义股东(债权人)不承担出资义务,那么必然由债务人(股权转让人、担保人)来承担出资义务,依据权责一致原则,股东资格由债务人享有,股东权利也由债务人行使。

(三)担保人能否确认其股东资格并请求变更股东登记

在债权人对债务人行使股东权利造成障碍的情况下,作为担保人的债务人因为其是股权的真实权利人,具有事实上的股东资格,可以请求法院确认其股东资格,这并不会损害债权人的利益。因为根据《民法典担保制度司法解释》第 68 条第 1 款的规定,"债务人或者第三人与债权人约定将财产形式上转移至债权人名下,债务人不履行到期债务,债权人有权对财产折价或者以拍卖、变卖该财产所得价款偿还债务的,人民法院应当认定该约定有效。当事人已经完成财产权利变动的公示,债务人不履行到期债务,债权人请求参照民法典关于担保物权的有关规定就该财产优先受偿的,人民法院应予支持",债权人可以对股权行使优先受偿权,其权利应当受到保障。

债务人为了担保债务履行首先将股权变更过户至债权人名下,产生了第一层次的股权变更外观。股权让与担保关系中的股权变更登记虽然只有担保公示的作用而没有转移股权权属的作用,但债务人请求将股权再次变更登记至自己名下,前提必须是将债务清偿完毕,否则将违背双方在担保合同中的约定,也剥夺了担保权人的担保权利。

(四)担保人与担保权人的权利义务如何界定

通常在股权让与担保合同中对当事人权利义务的配置作出约定,实务中有如下几种约定模式:

第一,担保权存续期间,担保权人只能根据约定在有限范围内行使股权,否则构成违约并承担违约责任;

第二,约定担保人为股权实际所有人,股东权利义务均由担保人行使;

第三,可约定股权仅为形式上的转让,也可约定将股权进行实质转让;

第四,当事人未就股东权利义务的配置作出约定,担保权人作为名义股东只在担保范围内享有股权,其享有的只是对股权的优先受偿权而不是股东权利。

值得注意的是,《民法典担保制度司法解释》第 68 条第 2 款规定:"债务人或者第三人与债权人约定将财产形式上转移至债权人名下,债务人不履行到期债务,财产归债权人所有的,人民法院应当认定该约定无效,但是不影响当事人有关提供担保的意思表示的效力。当事人已经完成财产权利变动的公示,债务人不履行到期债务,债权人请求对该财产享有所有权的,人民法院不予支持;债权人请求参照民法典关于担保物权的规定对财产折价或者以拍卖、变卖该财产所得的价款优先受偿的,人民法院应予支持;债务人履行债务后请求返还财产,或者请求对财产折价或者以拍卖、变卖所得的价款清偿债务的,人民法院应予支持。"此外,《九民会议纪要》第71条规定与此一致。

也就是说,只要涉及未偿债就将股权抵债、将股权约定归债权人所有的,该约定一律无效。约定可以对财产折价或者以拍卖、变卖该财产所得的价款优先受偿的,该约定有效。该规则的设计思路与以物抵债规则的设计思路是完全一致的,因为直接将股权抵债涉及确定股权价值的问题,股权价值高于债务金额,会造成双方利益实质上的失衡,导致不公平,依据在于《民法典》第401条规定:"抵押权人在债务履行期限届满前,与抵押人约定债务人不履行到期债务时抵押财产归债权人所有的,只能依法就抵押财产优先受偿。"同时,《民法典》第428条规定:"质权人在债务履行期限届满前,与出质人约定债务人不履行到期债务时质押财产归债权人所有的,只能依法就质押财产优先受偿。"此两处就是常说的流押、流质规定(《九民会议纪要》第45条亦同)。

第十章　股权转让中当事人的义务

第一节　请求权基础规范

一、《民法典》规定

（一）一般性规定

第 509 条　当事人应当按照约定全面履行自己的义务。

当事人应当遵循诚信原则,根据合同的性质、目的和交易习惯履行通知、协助、保密等义务。

当事人在履行合同过程中,应当避免浪费资源、污染环境和破坏生态。

第 510 条　合同生效后,当事人就质量、价款或者报酬、履行地点等内容没有约定或者约定不明确的,可以协议补充;不能达成补充协议的,按照合同相关条款或者交易习惯确定。

第 514 条　以支付金钱为内容的债,除法律另有规定或者当事人另有约定外,债权人可以请求债务人以实际履行地的法定货币履行。

（二）参照买卖合同

第 596 条　买卖合同的内容一般包括标的物的名称、数量、质量、价款、履行期限、履行地点和方式、包装方式、检验标准和方法、结算方式、合同使用的文字及其效力等条款。

第 597 条　因出卖人未取得处分权致使标的物所有权不能转移的,买受人可以解除合同并请求出卖人承担违约责任。

法律、行政法规禁止或者限制转让的标的物,依照其规定。

第 612 条　出卖人就交付的标的物,负有保证第三人对该标的物不享有任何权利的义务,但是法律另有规定的除外。

第 613 条　买受人订立合同时知道或者应当知道第三人对买卖的标的物享有

权利的,出卖人不承担前条规定的义务。

第 614 条 买受人有确切证据证明第三人对标的物享有权利的,可以中止支付相应的价款,但是出卖人提供适当担保的除外。

第 618 条 当事人约定减轻或者免除出卖人对标的物瑕疵承担的责任,因出卖人故意或者重大过失不告知买受人标的物瑕疵的,出卖人无权主张减轻或者免除责任。

第 626 条 买受人应当按照约定的数额和支付方式支付价款。对价款的数额和支付方式没有约定或者约定不明确的,适用本法第五百一十条、第五百一十一条第二项和第五项的规定。

第 634 条 分期付款的买受人未支付到期价款的数额达到全部价款的五分之一,经催告后在合理期限内仍未支付到期价款的,出卖人可以请求买受人支付全部价款或者解除合同。

出卖人解除合同的,可以向买受人请求支付该标的物的使用费。

二、其他法律规定

(一)合同编层面

《民法典合同编通则司法解释》

第 26 条 当事人一方未根据法律规定或者合同约定履行开具发票、提供证明文件等非主要债务,对方请求继续履行该债务并赔偿因怠于履行该债务造成的损失的,人民法院依法予以支持;对方请求解除合同的,人民法院不予支持,但是不履行该债务致使不能实现合同目的或者当事人另有约定的除外。①

(二)买卖合同层面

《买卖合同司法解释》

第 19 条 出卖人没有履行或者不当履行从给付义务,致使买受人不能实现合同目的,买受人主张解除合同的,人民法院应当根据民法典第五百六十三条第一款第四项的规定,予以支持。②

第 26 条 买受人已经支付标的物总价款的百分之七十五以上,出卖人主张取回标的物的,人民法院不予支持。

---

① 从给付义务的履行与救济。
② 违反从给付义务的合同解除。

在民法典第六百四十二条第一款第三项情形下,第三人依据民法典第三百一十一条的规定已经善意取得标的物所有权或者其他物权,出卖人主张取回标的物的,人民法院不予支持。①

第 27 条 民法典第六百三十四条第一款规定的"分期付款",系指买受人将应付的总价款在一定期限内至少分三次向出卖人支付。

分期付款买卖合同的约定违反民法典第六百三十四条第一款的规定,损害买受人利益,买受人主张该约定无效的,人民法院应予支持。②

第 31 条 出卖人履行交付义务后诉请买受人支付价款,买受人以出卖人违约在先为由提出异议的,人民法院应当按照下列情况分别处理:(一)买受人拒绝支付违约金、拒绝赔偿损失或者主张出卖人应当采取减少价款等补救措施的,属于提出抗辩;(二)买受人主张出卖人应支付违约金、赔偿损失或者要求解除合同的,应当提起反诉。③

第 32 条 法律或者行政法规对债权转让、股权转让等权利转让合同有规定的,依照其规定;没有规定的,人民法院可以根据民法典第四百六十七条和第六百四十六条的规定,参照适用买卖合同的有关规定。

权利转让或者其他有偿合同参照适用买卖合同的有关规定的,人民法院应当首先引用民法典第六百四十六条的规定,再引用买卖合同的有关规定。④

→附录参考:司法政策文件《民法典工作会议纪要》

9. 对于民法典第五百三十九条规定的明显不合理的低价或者高价,人民法院应当以交易当地一般经营者的判断,并参考交易当时交易地的物价部门指导价或者市场交易价,结合其他相关因素综合考虑予以认定。

转让价格达不到交易时交易地的指导价或者市场交易价百分之七十的,一般可以视为明显不合理的低价;对转让价格高于当地指导价或者市场交易价百分之三十的,一般可以视为明显不合理的高价。当事人对于其所主张的交易时交易地的指导价或者市场交易价承担举证责任。

---

① 取回权的限制。
② 分期付款的界定。
③ 抗辩与反诉。
④ 权利转让等有偿合同之参照适用。

第二节 裁判精要

一、股权变更登记

1. 股权转让人是公司的法定代表人，其未办理股权转让工商变更手续，导致股权受让人不能实际享有股东权利，合同目的不能实现，股权转让合同应予解除，股权转让人应承担相应的责任。

在（2014）赣民二终字第5号案中，二审法院认为：《股权转让合同》约定，甲方（吴某某）承诺负责办理股权转让的相关过户手续，并保证在合同签订后6个月内办理完毕所有的过户手续。吴某某还承诺在本合同签订后，徐某某、刘某支付完毕所有转让款项后即可享有受让股权所对应的有关权益，包括分红权、表决权等。从本案合同履行的实际情况来看，上诉人吴某某未能履行应尽的主要义务，徐某某、刘某不仅未能通过工商变更手续成为公司股东，也没有实际享有股东权利，导致其欲通过股权转让成为公司股东的目的不能实现。依法应予支持徐某某、刘某提出解除合同的诉讼请求。

关于合同履行过程中的违约责任问题。上诉人吴某某主张履行股权变更手续义务的主体应是公司，不是吴某某本人，吴某某在合同履行过程中没有违约行为。法院认为，吴某某在公司中的股权占比最多且为公司的法定代表人，对于公司股权变更的手续及过程非常清楚，但其在之后履行与两被上诉人之间的股权转让合同中，在长达2年的时间内没有办理相关手续。公司法定代表人的行为具体表现为自然人以公司名义实施，且依据合同约定变更股权的行为。上诉人吴某某负有主要履行义务，徐某某、刘某的协助义务在后，何时变更、如何变更股权应以上诉人吴某某为主。因为上诉人吴某某的身份为公司法定代表人，在使用公司公章及报送材料等方面比两被上诉人更具明显优势，吴某某认为应完全由公司来履行股权变更义务，显然不符合双方约定且与本案实际情况相悖，其违约行为造成合同无法履行从而导致合同解除，主要责任在于上诉人吴某某。判决上诉人吴某某向两被上诉人徐某某、刘某返还股权转让款并按银行同期贷款利率支付利息比较公平合理，并无不当。

2. 实际出资人交付股权的协议中，一般是约定名义持股人具有履行交付股权的义务。

在（2018）闽02民终136号案中，二审法院认为：关于股权变更登记的合同义务问题。《协议书》约定，股权变更登记属于签订协议时股权登记持有人陈某2的义务及富祥公司负有协助义务。同时，尚某与陈某某在《协议书》中约定，双方相关权利义务均以四方协议书载明的约定为准。且陈某2与陈某某、尚某、富祥公司及陈某3签订《补充协议》约定，陈某2应于富祥公司股改前即2016年1月15日前完成工商变更登记事宜。因此，讼争股权变更登记的义务人为陈某2，而非陈某某。一审判决认定"双方约定由名义持股人陈某2负责办理工商变更手续，不应视为对陈某某交付义务的免除，与案涉协议约定不符，属于事实认定错误。《公司法》规定，公司应当将股东的姓名或者名称向公司登记机关登记；登记事项发生变更的，应当办理变更登记。未经登记或者变更登记的，不得对抗第三人。根据该规定，未办理变更登记的法律后果是不得对抗第三人，而非调整公司与内部股东或实际出资人的内部法律关系。故一审判决以讼争股权未办理工商变更登记且被冻结为由，认定合同目的无法实现，没有事实及法律依据。

3. 记名股票的交付认定中，股份有限公司的股东转让股份不需要在工商行政管理部门办理工商变更登记手续，不进行工商变更登记，并不影响受让方股东权利的行使。

在（2014）陕民二终字第00003号案中，一审法院认为：《股权转让协议》约定，风险投公司应在收到新世纪公司股权转让款之日起20个工作日内，协助翔宇公司完成转让方和受让方的工商变更登记。2008年7月1日，新世纪公司通过转账的方式已足额支付风险投公司股权转让款。但风险投公司长期不履行合同义务，已构成违约。翔宇公司章程规定，公司的股票均为记名股票，经股东大会批准，公司可以发行无记名股票；公司股东为依法持有公司股份的人；股东名册是证明股东持有公司股份的充分证据。因此，根据法律及公司章程规定，对于翔宇公司的股权转让，依法应基于转让方将记名股票背书转让发生股权转移，未背书转让股权，即未发生股权的流转。

风险投公司辩称，其未背书转让股票的原因是翔宇公司从未向其签发股票，因此无法背书，不应承担责任。因新世纪公司是股权受让方，并非股份有限公司发起人，其只能向风险投公司索要背书转让的股票，且风险投公司未持有股票的股权瑕疵没有如实告知新世纪公司，故对风险投公司的辩称理由不予采信。经新世纪公司多次催要，风险投公司一直没有出具翔宇公司的股东会决议，导致新世纪公司无法办理股权的工商变更登记。风险投公司未背书转让翔宇公司的股票，也未出具翔宇公司的股东会决议，导致新世纪公司的股权至今没有在工商部门予以登记，风险投公司属于严重违约。

二审法院认为：《股权转让协议》约定风险投公司以1109.5万元将其在翔宇公司拥有的22.28%股权转让给新世纪公司，新世纪公司同意以此价格受让该股权，协议签订后，新世纪公司支付了合同约定的价款，双方关于合同的主要义务已履行完毕。虽然协议还约定，风险投公司应在收到股权转让款后20个工作日内，协助翔宇公司完成转让方和受让方的工商变更登记。但对于股份有限公司是否需要进行工商变更登记，法律没有明确要求。本次审理中，风险投公司提供其向西安市工商高新分局咨询的答复函："根据《公司法》规定，股份有限公司的股东转让股份不需要在工商行政管理部门办理变更登记手续。"因此，不进行工商变更登记，并不影响受让方股东权利的行使。

本案中，风险投公司将持有的翔宇公司（股份有限公司）的股票转让给新世纪公司，不需要召开股东大会及取得股东会决议。《股权转让协议》约定合同的主要目的是新世纪公司取得翔宇公司的股东身份，是否办理工商变更登记不影响新世纪公司合同目的的实现。审理中，新世纪公司并未提供翔宇公司否认其为翔宇公司股东和拒绝为其登记到股东名册以及风险投公司仍然为翔宇公司股东的证据。据此，新世纪公司不能以没有办理工商变更登记为由解除合同。况且在《股权转让协议》中，翔宇公司未发行过记名股票。原审认为风险投公司未持有股票的股权瑕疵没有如实告知新世纪公司，原审认定事实错误。现新世纪公司以没有背书转让记名股票为由要求解除《股权转让协议》，证据不足，不予采纳。

关于风险投公司是否履行配合义务的问题。原审中，新世纪公司出具了一份风险投公司的《证明函》，证明风险投公司已将持有的翔宇公司股份全部转让给新世纪公司并收到转让价款，同意办理工商变更登记手续，该函表明风险投公司已经履行了配合义务。新世纪公司完全可以向翔宇公司主张股东权利。2012年8月8日、2012年8月22日、2013年1月17日新世纪公司3次致函风险投公司，督促风险投公司履行配合义务。该3份来函并不能证明风险投公司没有履行配合义务，新世纪公司以此发出合同解除函，事实依据不足，也不具备法定的解除条件。

2013年1月24日，风险投公司回函建议新世纪公司向翔宇公司主张相关权利。同日，风险投公司向翔宇公司发函，要求翔宇公司协助新世纪公司完善股权转让相关手续；从风险投公司继续履行配合义务的行为并不能得出此前未履行配合义务的结论。2013年1月，新世纪公司已被记载于翔宇公司的股东名册，这是风险投公司多次催促翔宇公司取得的进展,而登记于股东名册的时间也符合新世纪公司催告函中要求的 2013 年 1 月 31 日前的时限。此外,根据翔宇公司章程,股东名册是证明股东持有公司股份的充分证据,新世纪公司被记载于股东名册足以证明其已经取得股权。新世纪公司是持有翔宇公司 22.28% 股权的股东。该股东名册没有记载股东地址、股票编号,存在瑕疵,但不影响股东名册证明新世纪公司持有翔宇公司股权的功能。因此,翔宇公司出具的股东名册是合法有效的。

二、支付股权转让款

(一)股权转让价格

1. 从整体判断,如协议书是关于公司债权、股权交易的一揽子协议,那么如股权价格为"0"元,可以认为是双方基于对新旧债权转让对价及支付方式的认可。脱离债权转让对价而单独认定股权转让价格为"0"元,并认为协议不公平,认定没有依据,也与当事人约定的真实意图与判断相违背。

在(2018)最高法民再 187 号案中,再审法院认为:双方所约定的债权价格包含股权价格,双方关于股权转让对价为"0"元之约定并非表明交易股权无价值。本案协议虽然约定股权转让价格为"0"元,但金利普公司的股权价值显然不应为"0"元。尤其是,叶某本人在本案反诉状中陈述其系"出于控股、重组金利普公司之目的"进行本案交易,可见对作为收购方的叶某而言,其与张某某签订本案《协议书》的主要目的在于收购股权,并通过一系列类似的协议收购绝对控股金利普公司,从而实现控股重组金利普公司并进而控制金利普公司资产与运营的最终目的。就此而言,收购债权对叶某而言仅为手段,收购股权才是目的。正因如此,叶某不仅积极主导了本案交易,同时对金利普公司其他股东的股权与债权也一并进行了收购。并且,根据金利普公司全体股东签字确认的《金利普公司资产负债评估表》,金利普公司的资产为 48397 万元,负债为 31512.9 万元。金利普公司仅仅是一时无法付清到期债务,公司本身资产情况尚好,有较大经营空间,因此即便从财务数据显示,金利普公司的股权亦非真的没有价值。

《协议书》是关于金利普公司债权、股权交易的一揽子协议,股权与债权一并转让,股权价格为"0"元的约定只是基于双方对新旧债权转让对价及支付方式的认可,因此,任何脱离债权转让对价而单独认定股权转让价格为"0"元之行为,显然与本案事实不符,也与当事人约定的真实意图与判断亦明显相违背。结合前述新旧债权转让对价本身已属公平之判断,《协议书》再将股权转让对价设定为"0"元之交易,更是明显有利于叶某,对叶某而言,并无不公。本案协议系双方自愿且符合商业判断。无论是新旧债权的交易价格与付款方式,还是股权转让对价为"0"元之设定,以及相关违约责任、生效要件等约定,均是经过叶某与张某某双方慎重考虑、反复磋商并经由律师起草协议而作出的正当商业决定,《协议书》属于双方自愿签署,并不违法,更无显失公平之处,应为有效,予以维护。

2. 股权收购是企业兼并的一种形式,股权收购价格取决于企业资产的价值,应对公司的整体资产和负债进行评估。在公司净资产评估结果为负的情况下,股权的价值当然为负值。对以零价格收购股权而言,评估资产或评估股权价值并无实质的差异。

在(2007)民二终字第215号案中,二审法院认为:《收购协议书》载明,按零价格收购股权,接受部分资产。外贸厅同意将其持有的外贸公司95%的股权按零价格转让给新产业公司。可以看出,外贸厅与新产业公司在《收购协议书》中关于出让和收购外贸公司股权的意思表示明确、无歧义。在本案诉讼中,双方也未提出对《收购协议书》的上述约定有其他理解的主张。商行北国支行在一、二审均主张新产业公司收购外贸公司的是全部资产和债务,并提供了合同以外的一系列证据材料。

对此,法院认为,证据材料中出现的以零价格收购公司、以企业兼并进行评估立项、对公司整体资产和负债进行评估以及对上述评估结果进行确认等内容,与当事人意图实施的股权收购行为并不矛盾。股权收购是企业兼并的一种形式,股权收购的价格取决于企业资产的价值。即使是进行股权收购,也应对公司的整体资产和负债进行评估。在本案净资产评估结果为负值的情况下,股权的价值当然为负值。对本案零价格收购股权而言,评估资产或评估股权价值并无实质的差异。因此,在《收购协议书》已经作出明确、无歧义的约定的情况下,商行北国支行依据合同以外的其他文件中与《收购协议书》并无明显不同的内容,进而否认《收购协议书》的约定,不予支持。

3. 股权转让协议中,对于股权转让款的作价基础必须作明确约定,且在实际中可以简易量化执行。股权转让款的高或低,均是双方当事人协商一致的结果,签约主体应对自己负有高度的理性、谨慎义务。股权转让款即便比较高,由此造成的不利后果也应由自己承担。

在(2017)最高法民终55号案中,二审法院认为:《股权转让协议书》约定:彭某某、彭某2转让目标公司的同时,将配套企业的股权(彭某2股权的60%)转让给曹某某、林某某;转让目标公司及配套企业股权的价款为4.5亿元,其中60%的股权为2.7亿元。《补充协议》约定:本协议所称"目标公司"是指青海鹏兴建材有限公司及其分支机构乐都县曹子沟金矿;所称"配套企业"是指青海南方矿业有限公司及其所属土地使用权和机器、设备、设施(车辆除外)。上述约定仅明确了股权转让的价款,并无任何文字表述股权作价的基础是所争议的黄金储量15吨,故林某某主张双方股权作价的基础是黄金储量15吨,没有事实和法律依据,不能成立。《股权转让协议》约定的股权转让价款高达2.7亿元,应是双方当事人在理性、谨慎的基础上作出的决定。但是,如果其中一方当事人没有履行理性、谨慎的义务,由此造成的不利后果应由自己承担。林某某以案涉金矿的实际黄金储量未达15吨,《股权转让协议书》约定的股权作价基础不存在而受欺诈为由,请求变更股权转让价款的主张,不予支持。

4. 股份转让合同约定股权转让价款的合计总数,要注意明确区分金额的构成,在没有约定金额构成而产生争议的情况下,应依据股权转让合同进行合理解释,探寻当事人的真实意思表示。

在(2014)民二终字第105号案中,二审法院认为:关于本案股权转让价款共计是2000万元还是3000万元。《股份转让协议书》约定,"经多次平等协商,受让方张某某愿以1800万元收购转让方陈某某在东方美公司的全部股份,受让方蒋某某愿以1200万元收购转让方汲某某在东方美公司的全部股份""若在2012年3月5日前一次性完成支付,转让方向张某某、蒋某某分别优惠600万元及400万元,若逾期支付,则须全额支付转让价款,并按每人每日50万元支付违约金"。由此可见,当事人在本案合同中明确约定股权转让价款共计3000万元而非2000万元,只有受让方张某某、蒋某某在满足"2012年3月5日前一次性完成支付"的条件下,方可享受共计1000万元的价格优惠。而本案中张某某、蒋某某支付股权转让价款的时间是2012年3月16日,已不满足合同约定的价格优惠条件,故张某某、蒋某某应按照合同有关"若逾期支付,则须全额支付转让价款"的约定,向陈某某、汲某某全额支付股权转让价款共计3000万元。

本案当事人在合同中约定,若受让人在2012年3月5日前一次性完成支付享受共计1000万元的价格优惠,逾期支付则须全额支付转让价款。该约定具有鼓励和督促受让方尽快一次性付款的意思表示,但原审判决将上述约定解释为逾期支付1000万元违约金的意思表示,据此得出张某某、蒋某某因享有后履行抗辩权,故其虽已逾期但只需支付2000万元股权转让价款的结论,违背了本案合同原文所明确表述的当事人之意思表示,超出了合理的合同解释范围。

5. 股权转让合同的双方未对股权转让价格有约定的情形下,股权转让的对价可以参考股权的真实价值,即股权所对应的公司资产的价值。

在(2018)京03民终1608号案中,二审法院认为:关于马某某与李某某之间的股权转让是否有对价以及对价的金额。马某某上诉主张其向李某某转让享有的利源公司3.18%的股权,股权转让价格为注册资金的3.18%,即40.26万元。对此本院认为,其一,双方在《股权转让协议》中约定,"转让人马某某将其在利源公司所拥有的全部股权40.26万元,占注册资金的3.18%,转让给受让人李某某所有",其中并未约定股权转让的对价,且双方已完成股权转让的工商变更登记。其二,在双方未对股权转让价格有约定的情形下,股权转让的对价可以参考股权的真实价值。股权的真实价值,即股权所对应的公司资产的价值。一般情况下,有限责任公司全部股权的价值应等同于公司整体资产的价值,而公司的资产从某种意义上来讲,实际是由公司的全部股权所构成,故股权转让实质上是对公司资产的转让,按照等价交易的原则,其转让价格可参考被转让股权所对应的公司资产的价值。经释明,马某某无法提供会计凭证、资产负债表等能证明利源公司股权转让时的实际经营状况及公司净资产的证据,且利源公司在股权转让时已经停止经营一年有余。关于袁某某的"新型环保防水涂料生产技术",马某某亦未提供证据证明该技术在股权转让时的价值以及利源公司的使用情况,亦未证明该专利技术与李某某进行过交接,故"新型环保防水涂料生产技术"无法作为利源公司的资产而被计入股权转让的对价。因此,对于马某某主张的要求李某某按照注册资金的3.18%即40.26万元支付股权转让款及利息的诉讼请求,不予支持。

(二)股权转让款的支付

1. 支付第一笔股权转让价款后,股权全部变更登记在股权受让人的名下,因第二笔股权转让价款支付的条件尚未成就,受让方有权不支付该剩余股权转让价款,转让方也不能以未支付剩余股权转让价款为由,请求返还尚未支付的剩余股权转让价款所对应的股权。

在(2019)最高法民终1458号案中,二审法院认为:《股权转让协议书》及《补充协议书(一)》约定,森工公司分期按约定条件逐步支付股权转让价款,且华起公司在森工公司按照约定支付第一笔股权转让价款后转让全部约定股权,而并非约定森工公司一次性支付全部股权转让价款以及华起公司在森工公司支付全部股权转让价款后才转让相应股权。按照《补充协议书(一)》约定,华起公司应当将案涉

51%的股权变更登记至森工公司名下的时间节点,是在森工公司向华起公司支付第一笔股权转让价款2000万元后7日内。森工公司于2012年12月27日向华起公司支付了第一笔股权转让价款2000万元,华起公司于次日将案涉51%的股权变更登记至森工公司名下,森工公司由此取得对东北亚公司51%的股权,符合法律规定和合同约定。尽管森工公司共向华起公司支付股权转让价款604157499.17元,比合同约定的全部转让价款还差253926700.83元,但是按照《股权转让协议书》及《补充协议书(一)》的约定,森工公司向华起公司支付剩余股权转让价款的时间在案涉建设项目规划容积率整体调整至2.0以上和将协议项下不动产产权办理至东北亚公司名下之后,而该两项条件均未成就,且该两项条件主要由华起公司负责办理使之成就,条件未成就不可归责于森工公司,森工公司可以按照合同约定停止支付剩余股权转让价款。华起公司以森工公司未支付剩余股权转让价款为由,请求森工公司返还尚未支付的剩余股权转让价款所对应的东北亚公司16.03%的股权,没有合同和法律依据。

2. 双方通过不按约定支付股权转让款的行为,改变了《股权转让协议书》中股权转让款给付条件的约定。

在(2020)最高法民终5号案中,二审法院认为:关于林某某是否应向杨某某等支付剩余股权及资产转让款、逾期利息及其数额的问题。林某某上诉主张案涉股权及资产转让款的支付条件尚未成就,其有权拒付剩余股权转让款。对该上诉主张,不予支持。

第一,《交接手续书》约定2012年11月1日为交接日。而根据此前签订的《补充协议书》约定,林某某支付第二笔股权转让款7000万元后,杨某某等才正式将大竹科公司的法律文件一并移交给林某某,由其正式接管大竹科公司。移交时应作相应的凭证,以作区分。可见,双方已经通过签订《交接手续书》改变了《补充协议书》中公司交接以林某某支付第二笔股权转让款7000万元为条件的约定。

第二,林某某已经实际支付5600万元。其中:自案涉《股权转让协议书》签订之日至2012年10月19日,已经支付1000万元;至2012年12月17日,已经支付1900万元。《股权转让协议书》约定,股权转让方按照林某某要求进行公司工商变更登记及签订本协议第7条约定的委托代持股协议及授权委托书后,林某某于2012年11月30日前向股权转让方支付第2笔股权转让款7000万元。可见,在不满足该协议约定支付案涉第2笔股权转让款条件的情形下,林某某已经开始支付第2笔股权转让款。这说明双方已经通过不按约定支付股权转让款的行为改变了案涉《股权转让协议书》中股权转让款给付条件的约定。

第三,林某某出具《付款承诺书》《承诺书》承诺,根据协议书约定,应支付的转让款已到期,将在确定期限内支付剩余款项,并支付相应利息。从上述《付款承诺书》《承诺书》的内容可知,林某某并未主张约定的付款条件尚不具备因而拒付剩余转让款的抗辩,而是明确自认剩余转让款已到付款日期,将不附条件分期支付剩余转让款。这说明林某某已认可案涉《股权转让协议书》中约定的股权转让款给付条件,不再有约束力。

第四,案涉《股权转让协议书》的约定与是否具备付款条件无关。虽然案涉《股权转让协议书》中约定守约方对违约方的违约行为给予宽限,但不能视为守约方对其权利的放弃,该约定的文义解释为,无论林某某是否对杨某某等未进行公司工商变更登记及签订委托代持股协议和授权委托书的违约行为给予宽限,让其在指定期限内履行上述义务,其都有权要求杨某某等承担违约责任。也即该约定与林某某是否仍有权以约定的付款条件未具备为由,抗辩给付剩余款项的主张没有直接关联。

3. 一方将支付股权转让款的义务转让给第三人,未经债权人同意,债务转让不生效。一方将根据股权转让合同所取得的债权转让给第三人享有,债权转让无须债务人同意,债权转让通知债务人即发生法律效力,第三人有权根据《股权转让合同》向债务人主张违约责任。

在(2018)最高法民终464号案中,二审法院认为:关于万新公司是否有权主张本案债权的问题。其一,王某、刘某某与谢某某签订的《股权转让合同》是双方当事人的真实意思表示,合同内容不违反法律规定,应属有效合同。《股权转让合同》约定,王某、刘某某向谢某某承诺签订该合同时,万新公司无其他债务及纠纷,该二人承诺对该合同签订前万新公司的资产负担保义务。由此,谢某某受让《股权转让合同》项下的股权后,一旦发现万新公司在该合同签订前实际对外负有债务,王某、刘某某即对谢某某构成违约,在此情形下,谢某某请求王某、刘某某承担赔偿责任存在合同依据。其二,谢某某、阮某某与万新公司的新股东姚某某、孙某某签订《补充约定》,主要包括两方面的内容,一是双方约定谢某某所欠刘某某、王某的股权转让款,由万新公司承担和支付;二是谢某某基于《股权转让合同》形成的对刘某某、王某的债权,以万新公司的名义向刘某某、王某追索,谢某某有义务配合。上述第一方面的内容,系谢某某将其所负对刘某某、王某的债务转让给万新公司承担的约定。而债务人将合同的义务全部或者部分转让给第三人的,应当经债权人同意。

本案中，谢某某将其对刘某某、王某所负的支付股权转让款的义务转让给万新公司，未经刘某某、王某同意，且从刘某某的上诉理由看，刘某某也不同意转让上述债务。因此，上述《补充约定》中关于谢某某将其所负对刘某某、王某的债务转让给万新公司承担的约定，因未经刘某某、王某同意，对该二人不生效。

谢某某将根据《股权转让合同》所取得的对刘某某、王某所享有的债权转让给万新公司承担，符合法律关于债权转让的规定。由于债权转让无须经债务人同意，上述债权转让的约定经通知债务人刘某某、王某后即发生法律效力。本案中，万新公司在受让谢某某对刘某某、王某所享有的债权后，通过起诉的方式通知刘某某、王某上述债权转让事宜，不违反法律规定。因此，至本案起诉状送达刘某某、王某后，《补充约定》中有关谢某某将其根据《股权转让合同》所取得的对刘某某、王某所享有的债权转让给万新公司的约定即发生法律效力，万新公司由此成为新的债权人。据此，基于上述债权转让的有效约定，万新公司有权根据《股权转让合同》向刘某某、王某主张违约责任。

三、从义务、随附义务

1. 交易中的部分信息并非属于股权转让方不告知、股权受让方便无从知晓的，股权受让方对一些公开公示信息完全有能力、有条件自行调查和获取的，对这些信息的通知不构成股权转让方的附随义务。

在(2012)民二终字第44号案中，二审法院认为：案涉《协议书》的内容为当事人就正在改制中的矾山磷矿有关收购、投资、参股等权利所作的意向性框架协议，表明了矾山磷矿的股权转让方天人公司、建龙公司对其转让股权所需条件的陈述，其目的在于等待相对方作出选择以及股权拟收购方所表示的承诺。因此，对矾山磷矿的股权拟收购方来说，它可以作出全部收购、投资参股或者放弃收购的选择，为履行其权利，同时也有义务履行遵守股权拟转让方所提出的有关股权转让的条件，即必须在矾山磷矿新公司注册后3个月内作出选择，并按选择确定的方案同时支付款项，否则便不构成完全有效的承诺。

矾山磷矿作为注册成立的新公司的事实，并非属于如股权拟转让方不告知，股权拟收购方便无从知晓的相应信息。有关企业成立的信息属公开公示信息，有关当事人完全有能力、有条件采取各种措施知晓矾山磷矿作为注册成立的新公司的事实。中油公司并没有提出有关天人公司、建龙公司对其询问矾山磷矿作为注册成立的新公司的事实时，两公司拒绝透露相关信息的情况和证据材料。因此，根据

《协议书》的性质和目的,知晓矾山磷矿作为注册成立的新公司既是中油公司的权利,同时也是中油公司履行其选择权必须主动应尽的注意义务。此时,并不构成股权拟转让方必须对相对方作出有关矾山磷矿作为注册成立的新公司的事实进行主动通知的义务。

2. 公司证照及财务资料的交付具有避免转让方滥用权利,进而保护受让方权益的作用,属于基于诚实信用原则所派生的附随义务。

在(2016)最高法民终 51 号案中,二审法院认为:关于交付公章及相关证照资料的问题。公司的公章及相关证照资料等属于公司的财产,通常情况下,转让公司股权的原股东不得处分该财产,受让公司股权的股东在股权变更之后应以公司的名义请求控制原股东对该财产的交付。但根据约定,受让方的目的是取得金汛公司的全部股权并进行经营管理。在转让股权之前,金汛公司的全部股东和实际控制人为吴某某、李某某,且吴某某是法定代表人,金汛公司的公章及相关证照资料实际也由两人控制。案涉交易履行完毕的结果是由受让方成为持有金汛公司全部股权的股东。在此背景下,根据案涉股权转让合同及其补充协议的交易目的,将交付金汛公司公章及相关证照资料的义务解释为转让方的义务,具有合理性。尽管双方签订的系列协议中并无转让方交付公司公章及相关证照资料的约定,但依据诚实信用原则和合同目的及金汛公司股权转让前后的实际情况,转让方应将公司的公章及相关证照资料交付给受让方。虽然受让方在公司股权变更后已经重新办理了新的公司公章、《企业法人营业执照》《税务登记证》等证照,但这些证照及财务资料的交付仍具有避免转让方滥用权利,进而保护受让方以及金汛公司权益的作用,属于基于诚实信用原则所派生的附随义务。

第三节 实务指南

一、股权转让中的以物抵债

(一) 以物抵债协议的效力

股权转让合同中,一方当事人不支付股权转让款,而以他物来抵充股权转让款,双方会就此另外签订协议,以特定物(股权,也称抵债物)代替原股权转让款的清偿,这便涉及以物抵债的问题。以物抵债协议分为债务履行届满后的以物抵债协议和债务履行届满前的以物抵债协议,这已成为共识,对以物抵债协议的效力也分别论述之。

债务履行届满后的以物抵债协议,根据《民法典》第502条第1款规定:"依法成立的合同,自成立时生效,但是法律另有规定或者当事人另有约定的除外。"《民法典合同编通则司法解释》第27条第1款规定:"债务人或者第三人与债权人在债务履行期限届满后达成以物抵债协议,不存在影响合同效力情形的,人民法院应当认定该协议自当事人意思表示一致时生效。"可见该类协议自股权转让双方当事人意思表示一致时生效,协议的性质是诺成合同,非实践性合同,不以抵债物(股权)的交付作为协议的生效要件,这也是《九民会议纪要》第44条的观点。

债务履行届满前的以物抵债协议,根据《民法典》第401条规定:"抵押权人在债务履行期限届满前,与抵押人约定债务人不履行到期债务时抵押财产归债权人所有的,只能依法就抵押财产优先受偿。"《民法典》第428条规定:"质权人在债务履行期限届满前,与出质人约定债务人不履行到期债务时质押财产归债权人所有的,只能依法就质押财产优先受偿。"这两条分别是法律中关于流押、流质的规定,意味在股权转让中,如一方尚未将股权交付给另一方当事人,该当事人可以请求支付股权转让款一方履行以物抵债协议,主张优先受偿权,但不能请求法院确认对该股权享有所有权,只能视其为让与担保,这也是《九民会议纪要》第45条的观点。理由是,此时股权在缔约时的价值与约定的股权转让款之债权的价值往往差距较大,直接认定以物抵债协议有效,可能导致双方利益显著失衡,也存在流押、流质的嫌疑。① 实务中,股权转让双方当事人会约定固定价格,无论股权价值如何变动,均按此价格执行,就是所谓的折价实现债权,其本质上是"流押""流质"条款,该约定无效。

股权转让合同双方当事人在协议中也不能作出"如果一方不支付股权转让款,则股权所有权归对方所有"的约定,这种"流押""流质"条款是无效的。但注意这类条款的无效,不导致整份协议无效,只是部分条款无效,不影响协议中其他条款的效力。根据《民法典担保制度司法解释》第68条规定:"债务人或者第三人与债权人约定将财产形式上转移至债权人名下,债务人不履行到期债务,债权人有权对财产折价或者以拍卖、变卖该财产所得价款偿还债务的,人民法院应当认定该约定有效。当事人已经完成财产权利变动的公示,债务人不履行到期债务,债权人请求参照民法典关于担保物权的有关规定就该财产优先受偿的,人民法院应予支持。"即

---

① 参见最高人民法院民事审判第二庭、研究室编著:《最高人民法院民法典合同编通则司法解释理解与适用》,人民法院出版社2023年版,第321页。

当事人可以通过折价、拍卖、变卖股权,对所得款主张优先受偿权之方式来支付股权转让款,前提是股权须完成权属变更手续并具有公示的效果。

(二) 以物抵债与物权变动

其一,对以物抵债协议的效力进行确认的法院调解书,是否产生物权变动的效力,股权是否归属于股权受让方?

《执行异议和复议司法解释》第28条规定:"金钱债权执行中,买受人对登记在被执行人名下的不动产提出异议,符合下列情形且其权利能够排除执行的,人民法院应予支持:(一)在人民法院查封之前已签订合法有效的书面买卖合同;(二)在人民法院查封之前已合法占有该不动产;(三)已支付全部价款,或者已按照合同约定支付部分价款且将剩余价款按照人民法院的要求交付执行;(四)非因买受人自身原因未办理过户登记。"第29条规定:"金钱债权执行中,买受人对登记在被执行的房地产开发企业名下的商品房提出异议,符合下列情形且其权利能够排除执行的,人民法院应予支持:(一)在人民法院查封之前已签订合法有效的书面买卖合同;(二)所购商品房系用于居住且买受人名下无其他用于居住的房屋;(三)已支付的价款超过合同约定总价款的百分之五十。"同样,在执行中,一方当事人以股权转让合同、以物抵债协议已合法签订,且已支付部分股权转让款为由提出执行异议,认为应可以对抗其他金钱之债对股权的执行。对此的回答是否定的。实务中,股权转让合同、以物抵债协议倒签时间的现象是客观存在的,难以确定以物抵债协议确切的签订时间,且设立以物抵债的目的在于消灭股权转让关系中旧的金钱之债。其本质上仍是金钱之债,在执行中不应优先于另外一个金钱之债,故不能用以物抵债协议来对抗金钱之债的执行。

法院调解书是对以物抵债协议所涉的金钱之债进行确认,如前所述,当事人只能请求履行协议,不能主张对抵债物股权享有所有权,因此,法院调解书不属于《民法典》第229条"因人民法院、仲裁机构的法律文书或者人民政府的征收决定等,导致物权设立、变更、转让或者消灭的,自法律文书或者征收决定等生效时发生效力"之规定的"法律文书",不产生物权变动的效力。

其二,对以物抵债协议进行确认的法院裁定书,是否产生物权变动的效力,股权是否归属于股权受让方?

《执行和解司法解释》第6条规定:"当事人达成以物抵债执行和解协议的,人民法院不得依据该协议作出以物抵债裁定。"可见,法院原则上禁止在执行中出具以物抵债裁定,但也存在例外情形。《民事诉讼法司法解释》第489条规定:"经申请执行人和被执行人同意,且不损害其他债权人合法权益和社会公共利益的,人民法院可以不经拍卖、变卖,直接将被执行人的财产作价交申请执行人抵偿债务。对剩余债务,被执行人应当继续清偿。"第 490 条规定:"被执行人的财产无法拍卖或者变卖的,经申请执行人同意,且不损害其他债权人合法权益和社会公共利益的,人民法院可以将该项财产作价后交付申请执行人抵偿债务,或者交付申请执行人管理;申请执行人拒绝接收或者管理的,退回被执行人。"可见,经申请执行人和被执行人同意,或者被执行人的财产无法拍卖或者变卖的、经申请执行人同意,法院可以制作以物抵债裁定。

《民法典物权编司法解释(一)》第 7 条规定:"人民法院、仲裁机构在分割共有不动产或者动产等案件中作出并依法生效的改变原有物权关系的判决书、裁决书、调解书,以及人民法院在执行程序中作出的拍卖成交裁定书、变卖成交裁定书、以物抵债裁定书,应当认定为民法典第二百二十九条所称导致物权设立、变更、转让或者消灭的人民法院、仲裁机构的法律文书。"故可知,以物抵债裁定属于《民法典》第 229 条规定的"法律文书",产生物权变动的效力。

二、合同保全的两大措施:代位权、撤销权

(一)代位权

【代位权行使的构成要件】

广义上的代位权包括代位请求权和代位保存权,后者见《民法典》第 536 条的规定。

《民法典》第 535 条为狭义上的代位请求权,简称为代位权。该条规定:"因债务人怠于行使其债权或者与该债权有关的从权利,影响债权人的到期债权实现的,债权人可以向人民法院请求以自己的名义代位行使债务人对相对人的权利,但是该权利专属于债务人自身的除外。代位权的行使范围以债权人的到期债权为限。债权人行使代位权的必要费用,由债务人负担。相对人对债务人的抗辩,可以向债权人主张。"据此,代位权是指债务人怠于行使其对相对人享有的权利而影响债权人到期债权的实现时,债权人向法院请求相对人将其对债务人的义务向债权人履行的权利。

在股权转让场合,对代位权的概念转化表述就是:股权受让人没有依照股权转让合同的约定支付股权转让款,其又怠于行使对第三人(相对人)享有的债权,该行为最终影响到股权转让人,致使其没有收到股权转让款,股权转让人不得不直接向

法院请求将股权受让人对相对人享有的债权向股权转让人履行的权利。

根据上述规定,以股权转让为场景,分析代位权行使的构成要件:

(1)股权转让人对股权受让人享有合法有效且已到期的债权。如果债权已经法院、仲裁机构裁决并生效,在代位权诉讼中,法院只需作形式上的审查即可。如果对债权本身存在争议,可以先行通过法律程序确定后再据此提起代位权诉讼,或者在代位权诉讼中,法院先就债权的合法性作出判断,再处理代位权的问题。

例如,股权转让合同中约定了股权转让款本金及违约金等金钱债务,采取分期支付的方式,而股权受让人到期未支付的,依据合同,对债权人而言,该金额是确定的,只要股权转让款支付期限已届满而股权受让人未支付,股权转让人就可以考虑提起代位权诉讼。

(2)债务人对相对人享有合法有效的债权,但债务人怠于行使该债权。

第一,原则上,债务人对相对人享有的债权必须到期。但《民法典》第535条并未作限定,主要是考虑到存在相对人提前清偿债务的情形,《民法典》第530条第1款规定:"债权人可以拒绝债务人提前履行债务,但是提前履行不损害债权人利益的除外。"在代位权关系中,债务人不得以损害债权人为目的拒绝相对人提前清偿债务,否则债权人可以行使代位权。比如,在股权受让人预期违约的情形下,相对人的履行期限未届满,但股权转让人已享有合同解除权和损害赔偿请求权,此时可以行使代位权。

第二,对于何为"怠于行使该债权或者与该债权有关的从权利"。《民法典合同编通则司法解释》第33条规定:"债务人不履行其对债权人的到期债务,又不以诉讼或者仲裁方式向相对人主张其享有的债权或者与该债权有关的从权利,致使债权人的到期债权未能实现的,人民法院可以认定为民法典第五百三十五条规定的'债务人怠于行使其债权或者与该债权有关的从权利,影响债权人的到期债权实现'。"此处并未将代位权的客体限定于金钱债务,具有财产给付内容的财产权利(比如同属形成权的撤销权、解除权)也可以作为代位权的标的。

第三,债权人享有的代位权受到债务人对相对人享有债权之性质的限制。即债务人对相对人享有的只能是非专属于债务人自身的权利。《民法典合同编通则司法解释》第34条规定:"下列权利,人民法院可以认定为民法典第五百三十五条第一款规定的专属于债务人自身的权利:(一)抚养费、赡养费或者扶养费请求权;(二)人身损害赔偿请求权;(三)劳动报酬请求权,但是超过债务人及其所扶养家属的生活必需费用的部分除外;(四)请求支付基本养老保险金、失业保险金、最低生活保障金等保障当事人基本生活的权利;(五)其他专属于债务人自身的权利。"相应地,为了保护债权人的利益,法律对债务人的处分行为作了限制。《民法典合同编通则司法解释》第41条规定:"债权人提起代位权诉讼后,债务人无正当理由减免相对人的债务或者延长相对人的履行期限,相对人以此向债权人抗辩的,人民法院不予支持。"

(3)债务人怠于行使对相对人的债权之行为影响到了债权人债权的实现。涉及债权人不符合代位权行使条件的问题,处理规则见《民法典合同编通则司法解释》第40条规定:"代位权诉讼中,人民法院经审理认为债权人的主张不符合代位权行使条件的,应当驳回诉讼请求,但是不影响债权人根据新的事实再次起诉。债务人的相对人仅以债权人提起代位权诉讼时债权人与债务人之间的债权债务关系未经生效法律文书确认为由,主张债权人提起的诉讼不符合代位权行使条件的,人民法院不予支持。"

【代位权行使的程序性思维】

(1)关于代位权诉讼的管辖法院问题。以被告住所地作为代位权诉讼的管辖法院,但不得违反专属管辖的规定,不受债务人与相对人之间协议管辖的约束,不受债务人与相对人之间仲裁协议的约束,亦不受债务人与相对人之间就债务问题产生的诉讼之影响。《民法典合同编通则司法解释》第35条规定:"债权人依据民法典第五百三十五条的规定对债务人的相对人提起代位权诉讼的,由被告住所地人民法院管辖,但是依法应当适用专属管辖规定的除外。债务人或者相对人以双方之间的债权债务关系订有管辖协议为由提出异议的,人民法院不予支持。"第36条规定:"债权人提起代位权诉讼后,债务人或者相对人以双方之间的债权债务关系订有仲裁协议为由对法院主管提出异议的,人民法院不予支持。但是,债务人或者相对人在首次开庭前就债务人与相对人之间的债权债务关系申请仲裁的,人民法院可以依法中止代位权诉讼。"

(2)关于代位权诉讼中列明诉讼主体、合并审理、债权人的受偿比例等问题。《民法典合同编通则司法解释》第37条规定:"债权人以债务人的相对人为被告向人民法院提起代位权诉讼,未将债务人列为第三人的,人民法院应当追加债务人为第三人。两个以上债权人以债务人的同一相对人为被告提起代位权诉讼的,人民法院可以合并审理。债务人对相对人享有的债权不足以清偿其对两个以上债权人负担的债的,人民法院应当按照债权人享有的债权比例确定相对人的履行份额,但是法律另有规定的除外。"

(3)关于债权人起诉债务人后又提起代位权诉讼的问题。在股权转让场合,即股权转让人基于股权转让合同关系起诉股权受让人,后又基于代位权关系起诉股权受让人的相对人。对此情形应如何处理,《民法典合同编通则司法解释》第38条作了规定:"债权人向人民法院起诉债务人后,又向同一人民法院对债务人的相对人提起代位权诉讼,属于该人民法院管辖的,可以合并审理。不属于该人民法院管辖的,应当告知其向有管辖权的人民法院另行起诉;在起诉债务人的诉讼终结前,代位权诉讼应当中止。"

(4)关于债务人起诉相对人的程序性问题。《民法典合同编通则司法解释》第39条规定:"在代位权诉讼中,债务人对超过债权人代位请求数额的债权部分起诉相对人,属于同一人民法院管辖的,可以合并审理。不属于同一人民法院管辖的,应当告知其向有管辖权的人民法院另行起诉;在代位权诉讼终结前,债务人对相对人的诉讼应当中止。"

(二)撤销权

【撤销权行使的构成要件】

合同保全中的撤销权,包括两类:

一是无偿处分行为的撤销权。《民法典》第538条规定:"债务人以放弃其债权、放弃债权担保、无偿转让财产等方式无偿处分财产权益,或者恶意延长其到期债权的履行期限,影响债权人的债权实现的,债权人可以请求人民法院撤销债务人的行为。"

该类撤销权的构成要件为:

(1)债权人对债务人享有合法有效的债权。该债权不需要履行期已届满,数额也无须确定。只要双方存在合法有效的债权债务关系,债权人即可考虑行使撤销权。

(2)债务人存在无偿处分的诈害行为。债务人存在放弃债权、放弃债权担保、无偿转让财产、恶意延长到期债权的履行期限等诈害债权人的行为,该行为被推定为债务人主观上具有恶意,无须债权人在诉讼中对债务人的主观恶意进行举证。

(3)债务人的诈害行为影响了债权人债权的实现。关于诈害行为的判断时点,实行双重标准:一是行为时标准,即债务人实施诈害行为时其财务状况已恶化,限于没有能力清偿债务的状态,如果其财务状况良好,无偿处分不构成对债权人利益的损害,不存在所谓诈害;二是权利行使时标准,即债权人行使撤销权时,该诈害状态仍持续存在。综合考虑两种标准,可以认定债务人实施诈害行为。

二是交易价格不合理的撤销权。《民法典》第539条规定:"债务人以明显不合理的低价转让财产、以明显不合理的高价受让他人财产或者为他人的债务提供担保,影响债权人的债权实现,债务人的相对人知道或者应当知道该情形的,债权人可以请求人民法院撤销债务人的行为。"

该类撤销权的构成要件与上述无偿处分行为撤销权的构成要件在逻辑结构上类似,即:

(1)债权人对债务人享有合法有效的债权。

(2)债务人存在以明显不合理的低价转让财产、以明显不合理的高价受让他人财产或者为他人的债务提供担保的诈害行为。对于何为"明显不合理的低价",《民法典合同编通则司法解释》第42条作了详细规定:"对于民法典第五百三十九条规定的'明显不合理'的低价或者高价,人民法院应当按照交易当地一般经营者的判断,并参考交易时交易地的市场交易价或者物价部门指导价予以认定。转让价格未达到交易时交易地的市场交易价或者指导价百分之七十的,一般可以认定为'明显不合理的低价';受让价格高于交易时交易地的市场交易价或者指导价百分之三十的,一般可以认定为'明显不合理的高价'。债务人与相对人存在亲属关系、关联关系的,不受前款规定的百分之七十、百分之三十的限制。"

同时,《民法典合同编通则司法解释》第43条对债务人实施诈害行为的类型也作了扩充描述,该条规定:"债务人以明显不合理的价格,实施互易财产、以物抵债、出租或者承租财产、知识产权许可使用等行为,影响债权人的债权实现,债务人的相对人知道或者应当知道该情形,债权人请求撤销债务人的行为的,人民法院应当依据民法典第五百三十九条的规定予以支持。"

(3)债务人的诈害行为影响了债权人债权的实现。在股权转让中,大量发生股权受让人不履行股权转让合同约定的支付股款义务,却无偿处分自己对第三人(相对人)享有的债权、无偿处分自己的财产、以明显不合理的低价转让财产、以明显不合理的高价受让他人财产或者为他人的债务提供担保等诈害债权人的行为(这些行为也被统称为债务人影响债权人实现债权的行为),为了保护作为债权人的股权转让人之合法权益,法律赋予了股权转让人撤销权。

【撤销权行使的程序性思维】

(1)关于撤销权诉讼的管辖法院、列明诉讼主体等问题。《民法典合同编通则司法解释》第44条规定:"债权人依据民法典第五百三十八条、第五百三十九条的规定提起撤销权诉讼的,应当以债务人和债务人的相对人为共同被告,由债务人或者相对人的住所地人民法院管辖,但是依法应当适用专属管辖规定的除外。两个以上债权人就债务人的同一行为提起撤销权诉讼的,人民法院可以合并审理。"

(2)关于债权人行使撤销权的除斥期间问题。《民法典》第541条规定:"撤销权自债权人知道或者应当知道撤销事由之日起一年内行使。自债务人的行为发生之日起五年内没有行使撤销权的,该撤销权消灭。"该条规定了两种除斥期间,即一般的除斥期间为一年,除斥期间最长为五年。

(3)关于撤销权行使的范围和产生的费用等问题。《民法典合同编通则司法解释》第45条规定:"在债权人撤销权诉讼中,被撤销行为的标的可分,当事人主张在受影响的债权范围内撤销债务人的行为的,人民法院应予支持;被撤销行为的标的不可分,债权人主张将债务人的行为全部撤销的,人民法院应予支持。债权人行使撤销权所支付的合理的律师代理费、差旅费等费用,可以认定为民法典第五百四十条规定的'必要费用'。"

(4)关于撤销权行使的效果和实现路径问题。《民法典》第542条规定:"债务人影响债权人的债权实现的行为被撤销的,自始没有法律约束力。"《民法典合同编通则司法解释》第46条规定:"债权人在撤销权诉讼中同时请求债务人的相对人向债务人承担返还财产、折价补偿、履行到期债务等法律后果的,人民法院依法予以支持。债权人请求受理撤销权诉讼的人民法院一并审理其与债务人之间的债权债务关系,属于该人民法院管辖的,可以合并审理。不属于该人民法院管辖的,应当告知其向有管辖权的人民法院另行起诉。债权人依据其与债务人的诉讼、撤销权诉讼产生的生效法律文书申请强制执行的,人民法院可以就债务人对相对人享有的权利采取强制执行措施以实现债权人的债权。债权人在撤销权诉讼中,申请对相对人的财产采取保全措施的,人民法院依法予以准许。"

三、低价转让股权是否属于滥用股东权利

(一)股东滥用权利的行为表现

1. 直接规定

股东滥用权利的行为有很多表现形式,新《公司法》采取了概括式规定的方式,直接规定禁止股东滥用权利及其法律效果。

新《公司法》第21条规定:"公司股东应当遵守法律、行政法规和公司章程,依法行使股东权利,不得滥用股东权利损害公司或者其他股东的利益。公司股东滥用股东权利给公司或者其他股东造成损失的,应当承担赔偿责任。"第23条规定:

"公司股东滥用公司法人独立地位和股东有限责任,逃避债务,严重损害公司债权人利益的,应当对公司债务承担连带责任。股东利用其控制的两个以上公司实施前款规定行为的,各公司应当对任一公司的债务承担连带责任。只有一个股东的公司,股东不能证明公司财产独立于股东自己的财产的,应当对公司债务承担连带责任。"

新《公司法》第21条是从给公司或其他股东造成损失的角度作的设计,第23条是从给债权人造成损失的角度作的设计。

2. 间接规定

当股东同时兼任公司法定代表人、董事、监事或高级管理人员时,新《公司法》亦有相关强制性、概括性规定,可以将此理解为股东滥用权利的间接表现,属于广义上股东滥用权利的范畴。例如,新《公司法》第11条是关于法定代表人以公司名义从事民事活动,因执行职务给他人造成损害的规定;第180条、第188条、第191条是关于董事、监事或高级管理人员履行忠实义务、勤勉义务及违反该义务的后果的规定。

上述关于股东滥用权利的直接和间接表现形式,两相结合,覆盖了所有因股东滥用权利所指向的受损对象。

(二)判断股东滥用权利的标准

如前所述,新《公司法》对股东滥用权利的行为都是采用概括式立法的方式,并没有列举何种行为才属于股东滥用权利。根据新《公司法》第21条规定,股东滥用权利承担责任的,以给公司或其他股东造成损失为前提;根据新《公司法》第23条规定,股东滥用权利承担责任的,以给债权人造成损害且为严重损害为前提。前述规定仅是说明了股东滥用权利承担责任的构成要件,但并未规定判断股东滥用权利这种行为的标准。

《九民会议纪要》指出,股东滥用权利的行为,实践中常见的情形有人格混同、过度支配与控制、资本显著不足,并就这三类行为的认定标准作了详细规定,囊括了现实中股东滥用权利的各种表现,并提供了容易实际操作的具体标准,司法判例中也基于此产生了更为细化的判断标准。这些规定的精神内核,实质是建立在公司资本制度层面上,即是否违反了资本三原则:第一,资本确定原则。指公司设立时必须明确资本总额。第二,资本维持原则。即公司要保持与上述第一个原则中确定的资本总额相当的财产用于经营、偿债和分红等。股东不得取回其投入公司的财产,不得抽逃出资,法定公积金的设立未弥补亏损不得分红等制度的设计,都与这个原则有关。第三,资本不变原则。变是永恒,不变是相对。虽曰资本不变,实则可以增资或减资,但需经过法定程序,在变的过程中注重对债权人利益的保护和股东财产权的保护。

在此,将股东滥用权利与资本三原则进行对比,可对股东滥用权利的标准作出提炼,即:是否导致公司责任财产的不当减少,是否降低公司的对外偿债能力,是否损害各方的合法权益。

(三)低价转让股权是否构成股东滥用权利

回到低价转让股权这个常见的股东行为上,判断其是否构成股东滥用权利,无非就是判断其是否导致该股东承担滥权责任。股权转让作为典型的交易行为,其产生必有相应原因,低价甚至以1元价格转让股权,也必定有其原因。从举证责任的角度看,可以举证公司财务状况恶化,无盈利可能,股权没有价值,只想退出公司,这就是交易背景的举证。从公司资本层面看,转让股权属于股东处分自有权利,如果说造成利益损害,也只能是作为股权转让人的股东自身利益受损,而不可能是公司利益受损,公司资本制度没有受到任何影响。因此,低价转让股权不属于股东滥用权利的行为,无须承担滥权责任。

同样,从公司资本层面看,我们很容易理解,为何股东非法减资是滥用股东权利的行为。因为该行为侵蚀了公司资本,不当减少了公司的责任财产,减损了公司的偿债能力;我们也很容易理解,为何抽逃出资也属于滥用股东权利的行为(关于抽逃出资另有特别规定),从公司资本层面看,因为该行为亦是违反了公司资本充实原则,使公司本应获得资本金而最终没有获得,减损了公司的偿债能力。

第十一章　股权转让的三大抗辩权

第一节　请求权基础规范

一、《民法典》规定

第525条　当事人互负债务,没有先后履行顺序的,应当同时履行。一方在对方履行之前有权拒绝其履行请求。一方在对方履行债务不符合约定时,有权拒绝其相应的履行请求。①

第526条　当事人互负债务,有先后履行顺序,应当先履行债务一方未履行的,后履行一方有权拒绝其履行请求。先履行一方履行债务不符合约定的,后履行一方有权拒绝其相应的履行请求。②

第527条　应当先履行债务的当事人,有确切证据证明对方有下列情形之一的,可以中止履行:(一)经营状况严重恶化;(二)转移财产、抽逃资金,以逃避债务;(三)丧失商业信誉;(四)有丧失或者可能丧失履行债务能力的其他情形。

当事人没有确切证据中止履行的,应当承担违约责任。③

第528条　当事人依据前条规定中止履行的,应当及时通知对方。对方提供适当担保的,应当恢复履行。中止履行后,对方在合理期限内未恢复履行能力且未提供适当担保的,视为以自己的行为表明不履行主要债务,中止履行的一方可以解除合同并可以请求对方承担违约责任。

二、其他法律规定

《民法典合同编通则司法解释》

第31条　当事人互负债务,一方以对方没有履行非主要债务为由拒绝履行自

---

① 同时履行抗辩权。
② 先履行抗辩权。
③ 不安抗辩权。

己的主要债务的,人民法院不予支持。但是,对方不履行非主要债务致使不能实现合同目的或者当事人另有约定的除外。

当事人一方起诉请求对方履行债务,被告依据民法典第五百二十五条的规定主张双方同时履行的抗辩且抗辩成立,被告未提起反诉的,人民法院应当判决被告在原告履行债务的同时履行自己的债务,并在判项中明确原告申请强制执行的,人民法院应当在原告履行自己的债务后对被告采取执行行为;被告提起反诉的,人民法院应当判决双方同时履行自己的债务,并在判项中明确任何一方申请强制执行的,人民法院应当在该当事人履行自己的债务后对对方采取执行行为。

当事人一方起诉请求对方履行债务,被告依据民法典第五百二十六条的规定主张原告应先履行的抗辩且抗辩成立的,人民法院应当驳回原告的诉讼请求,但是不影响原告履行债务后另行提起诉讼。①

→附录参考:司法政策文件《民商事合同指导意见》

17. 在当前情势下,为敦促诚信的合同一方当事人及时保全证据、有效保护权利人的正当合法权益,对于一方当事人已经履行全部交付义务,虽然约定的价款期限尚未到期,但其诉请付款方支付未到期价款的,如果有确切证据证明付款方明确表示不履行给付价款义务,或者付款方被吊销营业执照、被注销、被有关部门撤销、处于歇业状态,或者付款方转移财产、抽逃资金以逃避债务,或者付款方丧失商业信誉,以及付款方以自己的行为表明不履行给付价款义务的其他情形,除非付款方已经提供适当的担保,人民法院可以根据合同法第六十八条第一款、第六十九条、第九十四条第(二)项、第一百零八条、第一百六十七条等规定精神,判令付款期限已到期或者加速到期。

第二节 裁判精要

一、同时履行抗辩权

1. 协议没有明确约定,实施股权回购时双方履行义务的先后顺序,在约定不明的情况下,从公平的角度出发双方应属于同时履行,在合同一方没有履行义务时,另一方才享有同时履行抗辩权。

在(2019)桂07民终629号案中,二审法院认为:《股权转让协议》约定的股权

---

① 同时履行抗辩权与先履行抗辩权。

"回购"是相互的,包含支付对价与办理股权变更登记两项内容,属于双务合同的条款。该约定赋予上诉人覃某有股权回购的选择权,但上诉人覃某一旦选择了股权回购,双方均负有同等的相互义务,即上诉人覃某负有以协议约定的原价回购股权及被上诉人林某玲负有协助股权回购并办理股权变更登记的义务。因《股权转让协议》没有明确约定实施股权回购时双方履行义务的先后顺序,在约定不明的情况下,从公平的角度出发双方应属于同时履行,在合同一方没有履行义务时,另一方才享有同时履行抗辩权。一审法院将其理解为有履行义务的先后顺序,认定被上诉人林某玲享有后履行抗辩权,该认定不当。

虽然公司股东在同等条件下对股东转让的股权有优先购买权,但鑫晟公司的其他股东因接纳被上诉人林某玲成为公司的新股东而在事实上放弃了优先购买权,并追认了被上诉人林某玲与覃某签订的《股权转让协议》,因此应该遵守该协议第4条的约定并受其约束,单方否定该协议第4条的约定是违约行为,不受法律的保护。因此,被上诉人林某玲主张鑫晟公司其他股东对上诉人覃某要求回购的50%股权有优先购买权没有事实根据,也不符合法律的规定。

2. 协议就支付出资款并未明确约定履行顺序,一方未继续支付剩余出资款的行为系行使同时履行抗辩权。

在(2021)京0102民初22608号案中,一审法院认为:陈某在依据《发起协议》的约定向羽生公司支付了部分出资款(20万元)后,因另外两方谢某江、贾某东未积极履行《发起协议》约定的义务,为避免自身产生更大损失,陈某拒绝支付剩余出资款。由于《发起协议》就三方支付出资款并未明确约定履行顺序,故陈某未继续支付剩余出资款的行为系属依法行使同时履行抗辩权,并不构成违约。

3. 同时履行抗辩权成立的一个前提是双方对合同债务的履行期限没有作出约定,且法律对此也没有明确规定由哪一方先履行义务,即履行期限和履行顺序不明确。如果合同约定了各自的履行期限,原则上不存在同时履行抗辩权。

在(2016)浙01民终6815号案中,二审法院认为:《股权转让协议》第1条明确约定,"(甲方)以人民币2100000元的价格有偿转让股权给乙方",故双方约定的股权转让价款为人民币2100000元。而此前海惠公司的股东会决议虽有关于支付股权转让价款的内容,但并未成为之后于某付和杨某强所签订《股权转让协议》的内容,两者有不一致之处的,应以双方当事人后来达成的《股权转让协议》为准。据此,杨某强应当支付的股权转让价款为人民币2100000元,于某付要求杨某强支付股权转让价款人民币3000000元与合同约定不符。

关于股权转让价款的支付期限，《股权转让协议》约定，"乙方应于2016年5月8日前将2100000元股权转让价款以银行转账的方式支付给甲方"，即杨某强向于某付履行支付价款义务的时间是确定的，杨某强未按此期限履行构成违约。杨某强认为因于某付未完成股权的工商变更登记，故杨某强可依据法律规定行使同时履行抗辩权。但法院认为，同时履行抗辩权成立的一个前提是双方对合同债务的履行期限没有作出约定，且法律对此也没有明确规定由哪一方先履行义务，即履行期限和履行顺序不明确。而本案中，《股权转让协议》对杨某强履行股权转让价款支付义务的期限已作出明确约定，且并未以办理股权工商变更登记作为其支付股权转让价款的同时履行条件，故杨某强应当在合同约定的期限内履行己方债务，其提出同时履行抗辩权的主张与合同约定和法律规定不符。

4. 一方行使同时履行抗辩权须在同一双务合同互负债务，且互负的债务均已届清偿期，同时还应当满足对方未履行债务或未提出履行债务的要求等条件。

在（2020）辽03民终2779号案中，二审法院认为：关于忠大铝业公司、海诺置业公司、海诺机械公司上诉主张一审认定合同双方之间没有履行顺序、没有履行抗辩权无法律依据的问题。行使同时履行抗辩权须在同一双务合同互负债务，且互负的债务均已届清偿期，同时还应当满足对方未履行债务或未提出履行债务的要求等条件。本案中，在《股权转让协议》及《股权转让补充协议》中对双方权利义务的履行作了明确规定，约定王某荣、齐某武、齐某放应履行的义务与忠大铝业公司应于2019年7月30日向王某荣、齐某武、齐某放履行给付股权转让款的义务不属于同时履行的义务，因此忠大铝业公司无权行使同时履行抗辩权。

二、先履行抗辩权

1. 附随义务未全面履行不能成就先履行抗辩权。

在（2015）民提字第54号案中，再审法院认为：案涉合同约定，在办理完毕股权变更登记手续之日一次性支付股权转让款的总价款余额。股权已完成变更登记手续，恒益公司、吴江民生公司履行了主要合同义务，而林达置业公司、中和融公司仅支付了股权转让款1600万元，主要合同义务未履行完毕。因此，应当认定林达置业公司、中和融公司构成违约。林达置业公司、中和融公司提出，两艘游艇尚未从恒益公司、吴江民生公司过户至深圳湾游艇会名下，因而其享有先履行抗辩权。然而，林达置业公司、中和融公司的主要合同义务是支付股权转让款，恒益公司、吴江民生公司的主要合同义务是将股权变更登记至林达置业公司、中和融公司名下，恒益公司、吴江民生公司已经履行了主要合同义务,其他义务为附随义务,附随义务未全面履行不能成就林达置业公司、中和融公司的先履行抗辩权。

2. 股权受让方未按合同约定的顺序和条件支付股权转让款,视为对合同中存在的先履行抗辩权的放弃。但这种放弃只是对其已支付股款部分先履行抗辩权的放弃,并不意味着对尚未支付股款部分先履行抗辩权的放弃。

在(2013)民二终字第26号案中,二审法院认为:关于宋都控股是否享有先履行抗辩权的问题。根据《股权转让协议》的约定,宋都控股应在百科投资将三块土地抵押给宋都基业之后,支付余款即第三笔股权转让款1亿元,百科投资将三块土地抵押给宋都基业之前,宋都控股有权拒绝支付第三笔股权转让款1亿元。事实上,宋都控股在百科投资未将解押后的土地抵押给宋都基业的情况下,支付了第三笔股权转让款中的5000万元,此属于宋都控股对未抵押土地的认可。宋都控股主张其系被迫支付了第三笔股权转让款中的5000万元,百科投资则认为这是双方协商的结果。但无论宋都控股因何支付了该5000万元,在没有其他证据的情况下,推定其放弃了该5000万元的先履行抗辩权,并进而推定其亦放弃了尚未支付的5000万元的先履行抗辩权显属不当。宋都控股在本案中主张先履行抗辩权,表明宋都控股并未放弃其尚未支付的5000万元股权转让款的先履行抗辩权,且宋都控股主张先履行抗辩权具有保护宋都基业及宋都基业其他股东合法权益的意义,故宋都控股主张先履行抗辩权应予支持。

3. 双方在合同履行过程中,达成了对某项合同条款变更的合意,但不能据此推定合同其他内容也作了变更,不能改变双方履行合同的顺序。

在(2020)吉05民终371号案中,二审法院认为:关于上诉人是否享有先履行抗辩权的问题。首先,根据双方签订的《收购协议》,盛祥公司应履行合同义务的约定是《收购协议》第1条先决条件项下的内容。一般情况下,先决条件为该合同履行的前提条件,在合同其后的内容没有特别约定的情况下,其履行顺序应先于此后约定的内容,即韵雅公司支付股权对价。其次,双方约定的股权转让对价为上市前非公开定向增发的股权625万股,每股8元。韵雅公司签订两份合同的目的是整合资产上市,合同双方均知晓该合同目的,而收购股权进行变更登记、清偿债务、变更资产所有人就是整合资产,是增发股权继而达到上市目的的前提,据此可以推断出韵雅公司支付股权转让对价应在盛祥公司履行完毕清偿债务、变更资产所有人的义务之后。最后,根据合同第5条的约定,股权变更登记应在"本协议上述条款得到落实后",而本案合同双方在合同实际履行的过程中将股权变更登记的时间进行了提前，能否据此认定韵雅公司支付股权转让对价的义务也应提前。在合同履行过程中，双方达成了对某项合同条款变更的合意，但不能据此推定对合同其他内容也进行了变更，盛祥公司履行清偿债务等上述合同义务应先于韵雅公司的履行顺序没有改变。综上，虽然合同没有明确约定履行顺序，但根据合同内容及合同目的均能认定盛祥公司应履行的合同义务在先，其主张先履行抗辩权不能成立。

三、不安抗辩权

1. 没有证据证明对方严重丧失履行能力的，一方中止履行合同，无正当理由未在合同约定时间支付剩余股权转让款，构成根本违约。

在（2021）最高法民终1043号案中，二审法院认为：关于刘某某未支付第二期股权转让款的行为构成根本违约还是属于行使不安抗辩权的问题。在二审庭审中，刘某某主张其通过致函依法向工会委员会行使了不安抗辩权。依据该函件的内容，刘某某行使不安抗辩权的事实依据是目标公司的职工及退休持股会员（股东）联名致信莆田市国资委、莆田市交通局的事件。刘某某在上诉中主张行使不安抗辩权的另一个事实依据是目标公司对外提供3150万元担保未依约披露，但是该事实依据并未在向工会委员会的函件中予以体现。刘某某若要行使不安抗辩权，应及时将中止履行的决定及其原因告知工会委员会，以便对方提供适当担保以恢复履行。因刘某某并未提交以目标公司对外提供3150万元担保未依约披露为由通知工会委员会行使不安抗辩权的相关证据，加上闽运公司的《银行付款通知书》上有刘某某的联系人邓某铭的签字，故应当认定目标公司对外提供3150万元担保未依约披露并非刘某某行使不安抗辩权的事实依据。本院在本案中只对联名信事件是否属于刘某某行使不安抗辩权的合法情形进行审理。

首先，联名信系目标公司的职工及退休持股会员向莆田市国资委、莆田市交通局反映情况、表达诉求的信件，而非向刘某某发出的不再履行合同义务的意思表示。且引发联名信事件的起因系刘某某多次迟延支付股权转让款导致目标公司的职工不满，刘某某没有确切证据能够证明工会委员会因联名信事件而丧失了商业信誉。其次，莆运公司的职工持股会已作出会员代表大会决议，同意进行股权转让，并将与受让方签订股权转让协议的最终权利授予理事长王某荣、工会主席郑某，此后并未有新的会员代表大会决议，亦未撤销授权，故目标公司的职工及退休持股会员在联名信中表达的关于要求政府介入收购等相关诉求，并不能造成工会委员会丧失或者可能丧失履行案涉股权转让协议的能力。因此，刘某某没有确切证据证明联名信事件使得工会委员会有严重丧失商业信誉及可能丧失履行能力的情形,故其中止履行缺乏事实及法律依据。刘某某向工会委员会支付第一期股权转让款即定金 3784 万元后,无正当理由未在合同约定的时间以及工会委员会给予的宽限期内支付剩余股权转让款,构成根本违约。

2. 一方拟转让的股权被查封,可能丧失履行债务的能力,且未提供担保,另一方据此未按照约定时间支付股权转让款,属行使不安抗辩权。

在(2014)民二终字第 233 号案中,二审法院认为:《股权转让协议》约定,华丰置业公司"保证所转让股权没有设置任何抵押、质押、留置、租赁、担保、被法院查封或者有其他限制影响,并免遭任何第三方的追索,否则由此产生的责任由华丰置业公司承担"。在履行合同的过程中,华丰置业公司持有的华丰房产公司即转让标的公司的全部股权被法院查封,华丰置业公司违反了上述协议的约定,中泽集团公司未按照约定时间支付股权转让款,属于行使不安抗辩权。

况且,中泽集团公司在得知华丰置业公司持有的华丰房产公司的全部股权被法院查封后,致函华丰置业公司,要求其解除股权查封并提供担保,表明了中泽集团公司希望继续履行合同的善意。法院根据华丰置业公司的承诺,"在与中泽集团公司的股权交易中将受让方支付的股权对价款优先全额支付给贵院",解除了对华丰置业公司持有的华丰房产公司全部股权的冻结。但股权的解封是以中泽集团公司支付股权对价款为条件的,不符合合同约定的免遭任何第三方追索的条件,且解封的期限在 5 亿元付款履行期限届满之后,而华丰置业公司并未按中泽集团公司的要求提供担保,未能消除中泽集团公司的履约不安。中泽集团公司要求华丰置业公司提供担保,其未提供担保,则中泽集团公司有权中止履行合同约定的义务。

3. 股权转让方未缴纳税款,股权受让方不能以不安抗辩权为由中止支付股权转让款。

在(2019)最高法民申 3972 号案中,再审法院认为:关于甘肃万达公司能否以没有履行代扣代缴所得税的义务为由,行使不安抗辩权中止支付剩余股权转让款的问题。案涉《股权转让协议》中并未约定出让方郝某山、刘某应缴纳的个人所得税由受让方甘肃万达公司代扣代缴并冲抵股权转让款,亦未将郝某山、刘某缴纳个人所得税作为甘肃万达公司支付股权转让款的条件,即税款的缴纳与甘肃万达公司支付股权转让款并非双方在合同中约定的先后义务。甘肃万达公司以此主张不安抗辩权与法律规定不符。

另,即使双方约定甘肃万达公司存在代扣代缴义务,代扣代缴义务的履行方应为甘肃万达公司。根据双方《股权转让协议》及《谅解协议》的约定,甘肃万达公司应在 2017 年 9 月 30 日前支付完毕全部股权转让款。但至本案一审起诉后,甘肃万达公司方才申报代扣代缴税款,未实际缴纳。甘肃万达公司以自己未履行义务为由主张不安抗辩权,与法律规定不符,亦有违日常生活逻辑、法律逻辑和诚实信用原则。此外,在双方未将缴纳税款或代扣代缴作为合同义务进行约定的情况下,郝某山、刘某是否申报并缴纳个人所得税,受税收行政法律关系调整,不属于本案民事诉讼的管辖范围,二审法院未将税款扣缴问题纳入本案审理范围并无不当。因此,甘肃万达公司认为其依法负有所得税代扣代缴义务从而可行使不安抗辩权中止支付剩余股权转让款的主张不能成立,其未按照约定期限支付全部股权转让款,构成违约。

第三节　实务指南

一、不安抗辩权和预期违约的衔接

《民法典》第 578 条规定:"当事人一方明确表示或者以自己的行为表明不履行合同义务的,对方可以在履行期限届满前请求其承担违约责任。"这就是预期违约制度。在股权转让的场合,它是指在股权转让合同约定的履行期限到来之前,一方当事人明确表示(明示方式)或通过行为表示(默示方式)其将不支付股权转让款,不办理股权权属变更登记。

不安抗辩权和预期违约都是我国民法中预期不履行的救济制度,两者具有明显的区别:一是在行为的确定性上,预期违约只适用于明确拒绝履行,行为是确定的,比如确定不支付股权转让款,不配合办理股权变更手续,结果是确定的;不安抗辩权对应的行为存在不确定性,无法确定是否可以履行,只是表露出缺乏履行的能力,结果是不确定的;二是在行为方式上,预期违约的情形下,当事人可以直接主张解除股权转让合同和违约责任;行使不安抗辩权的情形下,行为人应先与对方进行交涉,努力"挽救",只能作出中止履行自己所负的义务,当"挽救"无效时,才能主张解除股权转让合同和违约责任;三是在范围上,预期违约属违约制度的范畴,不安抗辩权属抗辩权的范畴。

可以看出,行使不安抗辩权的最终结果可能是导致预期违约,它是预期违约的前项,但不是必需的前置程序。在履行股权转让合同的过程中,须及时关注并跟进对方履行合同的能力问题,假若对方出现履行能力欠缺的情形,可以先行使不安抗辩权,若无效果,再适用预期违约制度。存在一种情形,当对方明确表示不支付股权转让款,此时是否可以行使不安抗辩权?答案是可以,这体现了一种循序渐进的策略,当事人可以在这个过程中进一步巩固对方违约的证据,为下一步在适当时候主张预期违约打好基础。

二、股权转让纠纷案中的抗辩要点

(一)诉讼时效与除斥期间的抗辩

1. 关于诉讼时效的抗辩

诉讼时效是指权利人在法定期间内不行使权利即丧失请求人民法院依法保护其民事权利的法律制度,也即诉讼时效产生的法律后果是消灭原告的胜诉权。

《民法典》第 188 条规定:"向人民法院请求保护民事权利的诉讼时效期间为三年。法律另有规定的,依照其规定。诉讼时效期间自权利人知道或者应当知道权利受到损害以及义务人之日起计算。法律另有规定的,依照其规定。但是,自权利受到损害之日起超过二十年的,人民法院不予保护,有特殊情况的,人民法院可以根据权利人的申请决定延长。"

2. 关于除斥期间的抗辩

除斥期间,是指在法律规定的形成权的存续期间,权利人在此期间不行使权利,期间届满,便发生该权利消灭的法律后果。与诉讼时效不同,除斥期间届满,当事人不可以再行使权利,但法院可以依职权进行审查。诉讼时效届满,对方享有抗辩权,法院不主动进行审查。

股权转让纠纷案中,常见的是合同撤销权、解除权除斥期间的运用。

《民法典》第 541 条规定:"撤销权自债权人知道或者应当知道撤销事由之日起一年内行使。自债务人的行为发生之日起五年内没有行使撤销权的,该撤销权消灭。"此即为关于撤销权一年除斥期间的规定。

《民法典》第 564 条规定:"法律规定或者当事人约定解除权行使期限,期限届满当事人不行使的,该权利消灭。法律没有规定或者当事人没有约定解除权行使期限,自解除权人知道或者应当知道解除事由之日起一年内不行使,或者经对方催告后在合理期限内不行使的,该权利消灭。"此即为关于解除权除斥期间的规定,它区分为三种情形:

(1)优先考虑法律的特别规定或者当事人的约定,法律有规定或当事人有约定的,期限届满则权利消灭。

(2)在既无法律规定也没有当事人约定的情况下,除斥期间为一年,不得中止、中断或延长。

(3)经对方催告后,在合理期限内不行使合同解除权的,权利消灭。关于何为"合理期限",可以参考《商品房买卖合同司法解释》第11条"根据民法典第五百六十三条的规定,出卖人迟延交付房屋或者买受人迟延支付购房款,经催告后在三个月的合理期限内仍未履行,解除权人请求解除合同的,应予支持,但当事人另有约定的除外。法律没有规定或者当事人没有约定,经对方当事人催告后,解除权行使的合理期限为三个月。对方当事人没有催告的,解除权人自知道或者应当知道解除事由之日起一年内行使。逾期不行使的,解除权消灭"之规定来处理。

(二)先履行抗辩权、同时履行抗辩权、不安抗辩权

这是股权转让纠纷案中运用频率最高的抗辩理由,围绕先履行抗辩权、同时履行抗辩权、不安抗辩权这三种权利的构成要件之实体性内容进行抗辩。除此之外,还存在如下问题:

(1)一方违反附随义务,未履行从义务但已履行了主给付义务,对方以同时履行抗辩权为由拒绝履行自己的主给付义务,此时产生了主给付义务和附随义务能否对等的问题。

就此问题的解决,《民法典合同编通则司法解释》第31条第1款作出了回答,该款规定:"当事人互负债务,一方以对方没有履行非主要债务为由拒绝履行自己的主要债务的,人民法院不予支持。但是,对方不履行非主要债务致使不能实现合同目的或者当事人另有约定的除外。"

即除非一方不履行的非主给付义务导致双方的合同目的不能实现,或者双方在合同中明确约定此种情形可以拒绝履行自己的主给付义务、解除合同的,否则法院对该抗辩不予支持。上述法条未使用"主给付义务""附随义务"的表述,而是使用"主要债务""非主要债务"的表述,是因为后者可以涵盖更广的范围。

(2)被告在诉讼中仅提出抗辩观点但没有提起反诉请求。在被告的抗辩观点成立的情形下,法院作出了判决双方同时履行债务、先后履行债务、驳回原告诉讼请求等不同形式的裁判结果。

就此问题的解决,《民法典合同编通则司法解释》第31条第2款作出了回答,该款规定:"当事人一方起诉请求对方履行债务,被告依据民法典第五百二十五条的规定主张双方同时履行的抗辩且抗辩成立,被告未提起反诉的,人民法院应当判

决被告在原告履行债务的同时履行自己的债务,并在判项中明确原告申请强制执行的,人民法院应当在原告履行自己的债务后对被告采取执行行为。"如果被告提起反诉,则依据上述"被告提起反诉的,人民法院应当判决双方同时履行自己的债务,并在判项中明确任何一方申请强制执行的,人民法院应当在该当事人履行自己的债务后对对方采取执行行为"之规定来处理。

(3)被告以原告应当先履行进行抗辩。《民法典合同编通则司法解释》第31条第3款规定:"当事人一方起诉请求对方履行债务,被告依据民法典第五百二十六条的规定主张原告应先履行的抗辩且抗辩成立的,人民法院应当驳回原告的诉讼请求,但是不影响原告履行债务后另行提起诉讼。"适用该条款的前提是先履行的一方债务已届履行期,后履行的一方债务也已届履行期。

(三)针对事实与法律关系的抗辩

合同无效、未成立、确定不发生效力、被撤销等,均是从合同的效力来进行抗辩;债务抵销、债权债务转让、以物抵债、股款已全部支付完毕、支付股权转让款办理工商变更登记的条件尚未成就等,是从合同履行的各种事实来进行抗辩;名股实债、名股实地、股权让与担保等,则是穿透股权转让本质,梳理出属于当事人真正意思表示所形成的法律关系来进行抗辩。

第十二章 股权转让合同的解除

第一节 请求权基础规范

一、《民法典》规定

第 533 条 合同成立后,合同的基础条件发生了当事人在订立合同时无法预见的、不属于商业风险的重大变化,继续履行合同对于当事人一方明显不公平的,受不利影响的当事人可以与对方重新协商;在合理期限内协商不成的,当事人可以请求人民法院或者仲裁机构变更或者解除合同。

人民法院或者仲裁机构应当结合案件的实际情况,根据公平原则变更或者解除合同。

第 557 条 有下列情形之一的,债权债务终止:(一)债务已经履行;(二)债务相互抵销;(三)债务人依法将标的物提存;(四)债权人免除债务;(五)债权债务同归于一人;(六)法律规定或者当事人约定终止的其他情形。

合同解除的,该合同的权利义务关系终止。

第 558 条 债权债务终止后,当事人应当遵循诚信等原则,根据交易习惯履行通知、协助、保密、旧物回收等义务。

第 562 条 当事人协商一致,可以解除合同。

当事人可以约定一方解除合同的事由。解除合同的事由发生时,解除权人可以解除合同。①

第 563 条 有下列情形之一的,当事人可以解除合同:(一)因不可抗力致使不能实现合同目的;(二)在履行期限届满前,当事人一方明确表示或者以自己的行为表明不履行主要债务;(三)当事人一方迟延履行主要债务,经催告后在合理期限内仍未履行;(四)当事人一方迟延履行债务或者有其他违约行为致使不能实现合同

---

① 协商解除权。

目的;(五)法律规定的其他情形。

以持续履行的债务为内容的不定期合同,当事人可以随时解除合同,但是应当在合理期限之前通知对方。①

第 564 条 法律规定或者当事人约定解除权行使期限,期限届满当事人不行使的,该权利消灭。

法律没有规定或者当事人没有约定解除权行使期限,自解除权人知道或者应当知道解除事由之日起一年内不行使,或者经对方催告后在合理期限内不行使的,该权利消灭。②

第 565 条 当事人一方依法主张解除合同的,应当通知对方。合同自通知到达对方时解除;通知载明债务人在一定期限内不履行债务则合同自动解除,债务人在该期限内未履行债务的,合同自通知载明的期限届满时解除。对方对解除合同有异议的,任何一方当事人均可以请求人民法院或者仲裁机构确认解除行为的效力。

当事人一方未通知对方,直接以提起诉讼或者申请仲裁的方式依法主张解除合同,人民法院或者仲裁机构确认该主张的,合同自起诉状副本或者仲裁申请书副本送达对方时解除。③

第 566 条 合同解除后,尚未履行的,终止履行;已经履行的,根据履行情况和合同性质,当事人可以请求恢复原状或者采取其他补救措施,并有权请求赔偿损失。

合同因违约解除的,解除权人可以请求违约方承担违约责任,但是当事人另有约定的除外。

主合同解除后,担保人对债务人应当承担的民事责任仍应当承担担保责任,但是担保合同另有约定的除外。

第 567 条 合同的权利义务关系终止,不影响合同中结算和清理条款的效力。

二、其他法律规定

(一)合同编层面

《民法典合同编通则司法解释》

第 32 条 合同成立后,因政策调整或者市场供求关系异常变动等原因导致

---

① 法定解除权。
② 约定解除权。
③ 通知解除、司法解除、仲裁解除。

价格发生当事人在订立合同时无法预见的、不属于商业风险的涨跌,继续履行合同对于当事人一方明显不公平的,人民法院应当认定合同的基础条件发生了民法典第五百三十三条第一款规定的"重大变化"。但是,合同涉及市场属性活跃、长期以来价格波动较大的大宗商品以及股票、期货等风险投资型金融产品的除外。

合同的基础条件发生了民法典第五百三十三条第一款规定的重大变化,当事人请求变更合同的,人民法院不得解除合同;当事人一方请求变更合同,对方请求解除合同的,或者当事人一方请求解除合同,对方请求变更合同的,人民法院应当结合案件的实际情况,根据公平原则判决变更或者解除合同。

人民法院依据民法典第五百三十三条的规定判决变更或者解除合同的,应当综合考虑合同基础条件发生重大变化的时间、当事人重新协商的情况以及因合同变更或者解除给当事人造成的损失等因素,在判项中明确合同变更或者解除的时间。

当事人事先约定排除民法典第五百三十三条适用的,人民法院应当认定该约定无效。①

第 52 条　当事人就解除合同协商一致时未对合同解除后的违约责任、结算和清理等问题作出处理,一方主张合同已经解除的,人民法院应予支持。但是,当事人另有约定的除外。

有下列情形之一的,除当事人一方另有意思表示外,人民法院可以认定合同解除:(一)当事人一方主张行使法律规定或者合同约定的解除权,经审理认为不符合解除权行使条件但是对方同意解除;(二)双方当事人均不符合解除权行使的条件但是均主张解除合同。

前两款情形下的违约责任、结算和清理等问题,人民法院应当依据民法典第五百六十六条、第五百六十七条和有关违约责任的规定处理。②

第 53 条　当事人一方以通知方式解除合同,并以对方未在约定的异议期限或者其他合理期限内提出异议为由主张合同已经解除的,人民法院应当对其是否享有法律规定或者合同约定的解除权进行审查。经审查,享有解除权的,合同自通知到达对方时解除;不享有解除权的,不发生合同解除的效力。③

---

① 情势变更制度的适用。
② 协商解除合同的法律适用。
③ 通知解除合同的审查。

第 54 条 当事人一方未通知对方,直接以提起诉讼的方式主张解除合同,撤诉后再次起诉主张解除合同,人民法院经审理支持该主张的,合同自再次起诉的起诉状副本送达对方时解除。但是,当事人一方撤诉后又通知对方解除合同且该通知已经到达对方的除外。①

第 59 条 当事人一方依据民法典第五百八十条第二款的规定请求终止合同权利义务关系的,人民法院一般应当以起诉状副本送达对方的时间作为合同权利义务关系终止的时间。根据案件的具体情况,以其他时间作为合同权利义务关系终止的时间更加符合公平原则和诚信原则的,人民法院可以以该时间作为合同权利义务关系终止的时间,但是应当在裁判文书中充分说明理由。②

（二）外资企业层面

《外商投资企业司法解释（一）》

第 5 条 外商投资企业股权转让合同成立后,转让方和外商投资企业不履行报批义务,经受让方催告后在合理的期限内仍未履行,受让方请求解除合同并由转让方返还其已支付的转让款、赔偿因未履行报批义务而造成的实际损失的,人民法院应予支持。

第 16 条 外商投资企业名义股东不履行与实际投资者之间的合同,致使实际投资者不能实现合同目的,实际投资者请求解除合同并由外商投资企业名义股东承担违约责任的,人民法院应予支持。

第 18 条 实际投资者与外商投资企业名义股东之间的合同被认定无效,名义股东持有的股权价值高于实际投资额,实际投资者请求名义股东向其返还投资款并根据其实际投资情况以及名义股东参与外商投资企业经营管理的情况对股权收益在双方之间进行合理分配的,人民法院应予支持。

外商投资企业名义股东明确表示放弃股权或者拒绝继续持有股权的,人民法院可以判令以拍卖、变卖名义股东持有的外商投资企业股权所得向实际投资者返还投资款,其余款项根据实际投资者的实际投资情况、名义股东参与外商投资企业经营管理的情况在双方之间进行合理分配。

第 19 条 实际投资者与外商投资企业名义股东之间的合同被认定无效,名义股东持有的股权价值低于实际投资额,实际投资者请求名义股东向其返还现有股权的等值价款的,人民法院应予支持;外商投资企业名义股东明确表示放弃股权或

---

① 撤诉后再次起诉解除合同时,合同解除时间的认定。
② 合同终止的时间。

者拒绝继续持有股权的,人民法院可以判令以拍卖、变卖名义股东持有的外商投资企业股权所得向实际投资者返还投资款。

实际投资者请求名义股东赔偿损失的,人民法院应当根据名义股东对合同无效是否存在过错及过错大小认定其是否承担赔偿责任及具体赔偿数额。

(三)其他

→附录参考:司法政策文件《九民会议纪要》

46.【通知解除的条件】审判实践中,部分人民法院对合同法司法解释(二)第24条的理解存在偏差,认为不论发出解除通知的一方有无解除权,只要另一方未在异议期限内以起诉方式提出异议,就判令解除合同,这不符合合同法关于合同解除权行使的有关规定。对该条的准确理解是,只有享有法定或者约定解除权的当事人才能以通知方式解除合同。不享有解除权的一方向另一方发出解除通知,另一方即便未在异议期限内提起诉讼,也不发生合同解除的效果。人民法院在审理案件时,应当审查发出解除通知的一方是否享有约定或者法定的解除权来决定合同应否解除,不能仅以受通知一方在约定或者法定的异议期限届满内未起诉这一事实就认定合同已经解除。

47.【约定解除条件】合同约定的解除条件成就时,守约方以此为由请求解除合同的,人民法院应当审查违约方的违约程度是否显著轻微,是否影响守约方合同目的实现,根据诚实信用原则,确定合同应否解除。违约方的违约程度显著轻微,不影响守约方合同目的实现,守约方请求解除合同的,人民法院不予支持;反之,则依法予以支持。

48.【违约方起诉解除】违约方不享有单方解除合同的权利。但是,在一些长期性合同如房屋租赁合同履行过程中,双方形成合同僵局,一概不允许违约方通过起诉的方式解除合同,有时对双方都不利。在此前提下,符合下列条件,违约方起诉请求解除合同的,人民法院依法予以支持:(1)违约方不存在恶意违约的情形;(2)违约方继续履行合同,对其显失公平;(3)守约方拒绝解除合同,违反诚实信用原则。

人民法院判决解除合同的,违约方本应当承担的违约责任不能因解除合同而减少或者免除。

49.【合同解除的法律后果】合同解除时,一方依据合同中有关违约金、约定损害赔偿的计算方法、定金责任等违约责任条款的约定,请求另一方承担违约责任的,人民法院依法予以支持。

双务合同解除时人民法院的释明问题,参照本纪要第 36 条的相关规定处理。

→附录参考:司法政策文件《民商事合同指导意见》

1. 当前市场主体之间的产品交易、资金流转因原料价格剧烈波动、市场需求关系的变化、流动资金不足等诸多因素的影响而产生大量纠纷,对于部分当事人在诉讼中提出适用情势变更原则变更或者解除合同的请求,人民法院应当依据公平原则和情势变更原则严格审查。

2. 人民法院在适用情势变更原则时,应当充分注意到全球性金融危机和国内宏观经济形势变化并非完全是一个令所有市场主体猝不及防的突变过程,而是一个逐步演变的过程。在演变过程中,市场主体应当对于市场风险存在一定程度的预见和判断。人民法院应当依法把握情势变更原则的适用条件,严格审查当事人提出的"无法预见"的主张,对于涉及石油、焦炭、有色金属等市场属性活泼、长期以来价格波动较大的大宗商品标的物以及股票、期货等风险投资型金融产品标的物的合同,更要慎重适用情势变更原则。

3. 人民法院要合理区分情势变更与商业风险。商业风险属于从事商业活动的固有风险,诸如尚未达到异常变动程度的供求关系变化、价格涨跌等。情势变更是当事人在缔约时无法预见的非市场系统固有的风险。人民法院在判断某种重大客观变化是否属于情势变更时,应当注意衡量风险类型是否属于社会一般观念上的事先无法预见、风险程度是否远远超出正常人的合理预期、风险是否可以防范和控制、交易性质是否属于通常的"高风险高收益"范围等因素,并结合市场的具体情况,在个案中识别情势变更和商业风险。

4. 在调整尺度的价值取向把握上,人民法院仍应遵循侧重于保护守约方的原则。适用情势变更原则并非简单地豁免债务人的义务而使债权人承受不利后果,而是要充分注意利益均衡,公平合理地调整双方利益关系。在诉讼过程中,人民法院要积极引导当事人重新协商,改订合同;重新协商不成的,争取调解解决。为防止情势变更原则被滥用而影响市场正常的交易秩序,人民法院决定适用情势变更原则作出判决的,应当按照最高人民法院《关于正确适用〈中华人民共和国合同法〉若干问题的解释(二)服务党和国家工作大局的通知》(法〔2009〕165 号)的要求,严格履行适用情势变更的相关审核程序。

第二节 裁判精要

一、协商解除

1. 回函虽未明示同意解除合同,但并未主张继续履行合同,而是对合同解除后如何处理提出要求,即要求返还保证金及支付交易费,该回函应认定为表示同意解除合同。

在(2016)最高法民终802号案中,二审法院认为:案涉《股份转让合同书》应认定为于2013年10月11日经协商解除。鞍山财政局以国有资产明显增值为由,向沈交所发函,沈交所根据该函向标榜公司、宏运集团等主体发出终止鞍山银行国有股权转让的通知。2013年10月11日,宏运集团代表4家挂牌公司向鞍山财政局发出《关于要求返还交易保证金的函》。该函虽未明示同意解除合同,但并未主张继续履行合同,而是对合同解除后如何处理提出要求,即要求返还保证金及支付交易费,该回函应认定为表示同意解除合同,由此认定双方于2013年10月11日达成一致解除合同。

2. 一方未履行股权收购的合同义务,存在主观故意和恶意,其发出的合同解除通知函不发生解除股权收购协议书的法律效力。

在(2015)民提字第188号案中,再审法院认为:中建集团公司主张解除本案《股权收购协议书》的理由是,和济公司未履行《股权收购协议书》项下的付款义务,因而超过了协议约定的期限。但事实上,和济公司已经向中建集团公司指定的湖北省高级人民法院的账户汇入了案涉全部款项,履行了他案生效民事判决确定和《股权收购协议书》约定的全部付款义务,因此本案并不符合解除合同的条件。和济公司通过转账的方式向中建集团公司指定的账户汇款后,于次日发函通知了中建集团公司,而中建集团公司过了三个多月才发出《合同解除通知函》,其间中建集团公司并未主动与和济公司、湖北省高级人民法院协商收款事宜。综合考虑中建集团公司作为债权人未主动提供账户信息、指定收款账户后又未前往收取款项、在收到和济公司的汇款通知后长时间不与对方协商而径直发出《合同解除通知函》等事实,可以认定中建集团公司不履行他案生效民事判决,未按照该判决继续履行《股权收购协议书》项下的义务,存在主观故意和恶意,其发出的《合同解除通知函》不发生解除《股权收购协议书》的法律效力。

3. 一方在本身存在违约行为的情况下，以对方违约为由提出解除合同的主张，不符合合同约定的任意一方单方解除合同的条件，但双方均不愿意继续履行合同的意思表示明确，且对方对于解除合同的通知没有提出异议，并确认《股权转让协议》已终止，则《股权转让协议》已于《股权转让协议解除通知书》上所载明的日期解除，而非自判决生效之日起解除。

在（2016）最高法民终10号案中，二审法院认为：关于案涉《股权转让协议》的解除时间问题。弘毅投资公司、饶某某、章某某、杨某某和党村水电公司认为，原审判决认定案涉《股权转让协议》于2013年9月29日解除存在错误，弘毅投资公司等转让方于2013年9月27日发函不是发出解除合同的通知，且浏阳鑫达公司也不认为此为解除合同的通知，否则不会再向转让方发出《股权转让协议解除通知书》，也不会在本案起诉时主张判决解除合同，故解除时间应为判决生效之日。

对此，法院认为，在双方均存在违约行为的情况下，2013年9月27日，弘毅投资公司等转让方向浏阳鑫达公司发函称，若在2013年9月29日15时前未收到浏阳鑫达公司应付的对价款及违约金，则其单方解除《股权转让协议》。其后，浏阳鑫达公司并未按照上述要求的时间支付对价款及违约金，并于2013年10月18日向弘毅投资公司等转让方发送了《股权转让协议解除通知书》，且该通知书第8条载明，浏阳鑫达公司分别于9月26日和9月30日两次致函，督促转让方履行《股权转让协议》的义务。另，弘毅投资公司等转让方亦提交了其于9月30日向浏阳鑫达公司出具的《回函》，虽然浏阳鑫达公司不认可收到了该《回函》，但综合上述情况可以认定，双方在9月29日之后仍在就协议的履行进行协商，故原审判决认定案涉《股权转让协议》已于2013年9月29日解除，与本案事实情况不符，应当予以纠正。

从《股权转让协议》的履行情况来看，该协议于2013年8月30日生效，于同年9月26日双方产生争议，浏阳鑫达公司于10月18日向转让方正式送达了《股权转让协议解除通知书》，宣称协议于2013年10月21日起解除。虽然一方在本身存在违约行为的情况下，以对方违约为由提出解除合同的主张，并不符合《股权转让协议》所约定的任意一方单方解除合同的条件，但双方均不愿意继续履行合同的意思表示明确，且弘毅投资公司等转让方对于浏阳鑫达公司解除合同的通知没有提出异议，并于2014年4月16日在党村水电公司的股东会决议上确认《股权转让协议》已终止。据此，应当认定案涉《股权转让协议》已于《股权转让协议解除通知书》载明的2013年10月21日解除。虽然弘毅投资公司、饶某某、章某某和杨某某辩称，前述党村水电公司股东会决议确认的是协议已经终止而不是解除，但《股权转让协议》终止的原因除解除之外,并不存在其他导致合同终止的情形,故对弘毅投资公司、饶某某、章某某和杨某某的上述理由,不予采信,其关于《股权转让协议》应自判决生效之日起解除的主张,亦缺乏事实和法律依据,不予认可。

4. 股权转让方并未在约定期限内完成持股公司的工商变更登记,未履行完毕《股权转让协议》约定的股权转让义务,已构成违约,致使股权受让方取得股权的合同目的不能实现,股权受让方依法有权解除合同,《股权转让协议》于股权转让方收到起诉状之日解除。

在(2021)京02民终1851号案中,一审法院认为:依据《股权转让协议》的约定,傅某某承诺资金到位后3个月内完成持股公司的工商变更登记;股权转让完成的条件是完成工商变更登记,持股公司的工商管理登记档案中明确载明叶某所持的股份。叶某于2017年3月12日向傅某某支付股权转让款1000000元,傅某某应于2017年6月12日之前完成工商变更登记,将叶某所持股份明确记载于持股公司的工商管理登记档案中。一审庭审中,双方对"持股公司"发生争议,叶某认为持股公司是蓝海神舟公司,傅某某认为持股公司是其他公司且尚未成立。对此,法院认为,无论持股公司是蓝海神舟公司还是其他公司,傅某某至今仍未完成工商变更登记,且远超合同约定的3个月期限,致使合同目的无法实现,叶某对《股权转让协议》享有解除权。故对叶某要求解除案涉《股权转让协议》的诉请,予以支持,并以傅某某收到案件起诉状之日为合同解除之日。

二审法院认为:傅某某与叶某于2017年3月12日签订的《股权转让协议》合法有效,双方当事人均应依约履行己方义务。双方当事人在《股权转让协议》中明确约定,该合同系双方就共同合作事宜及将仁信智合公司1%的股权转让给叶某之相关事宜达成并签订的。双方在《股权转让协议》中约定,傅某某承诺资金到位后3个月内完成持股公司的工商变更登记。同时约定,傅某某向叶某转让的标的为傅某某合法持有的仁信智合公司1%的股权。亦约定,双方须完成协议所规定的与股权转让有关的全部手续,并将所转让的仁信智合公司1%的股权过户至持股公司股东叶某名下,持股公司的股东名册、公司章程及工商管理登记档案中均须明确载明叶某在持股公司持有的该股权数额。叶某于2017年3月12日向傅某某支付股权转让款1000000元,履行了《股权转让协议》项下的付款义务。而傅某某并未在其承诺的资金到位后3个月内完成持股公司的工商变更登记,且至今仍未履行完毕《股权转让协议》约定的股权转让义务。傅某某的行为已构成违约,致使叶某取得仁信智合公司1%股权的合同目的不能实现,叶某依法有权解除合同,一审法院确认《股权转让协议》于傅某某收到本案起诉状之日解除并无不当。

5. 未办理股权变更登记,不具有对抗第三人的法律效力,但对股权出让人和受让人仍然有约束力,股权受让人已实际取得股权,并经股东会决议确定为公司新的股东,合同目的已实现,解除《股权转让协议》不符合合同解除的法定情形。

在(2018)渝03民终364号案中,二审法院认为:关于案涉《股权转让协议》是否已解除的问题。一审期间,毛某某以宗某某、宗某2未履行股权转让义务,致使合同目的无法实现为由,向被上诉人邮寄了解除函,要求解除《股权转让协议》。对此,法院认为,根据股东会决议的内容,毛某某已被选举为公司法定代表人,并作为新股东承继了原股东宗某某在民得公司相应的权利和义务,客观上毛某某已取得了宗某某所出让的股权,宗某某的股权转让义务已履行完毕。虽然时至今日,案涉股权尚未办理工商变更登记,但工商机关对股权的登记只是一种宣示性登记,是对股权情况的公示,并非股权转让的生效要件。未办理股权变更登记,并不意味着股权不发生变动,而是该股权变动不具有对抗第三人的法律效力,但对作为股权出让人的宗某某和受让人毛某某仍然有约束力。毛某某已实际取得股权,并经股东会决议确定为公司的新股东,合同目的已实现。同时,《股权转让协议》明确约定由毛某某负责办理本次股权转让涉及的工商变更登记,《股权转让协议》不符合合同解除的法定情形,其主张《股权转让协议》已被解除不成立。

6. 能否取得全国股转公司就股票发行出具的股份登记函是影响合同目的实现的重要条件。因股权转让方未取得股份登记函,《股份认购协议》约定的解除条件已经成就,股权受让方享有解除权,股权转让方自收到《解除协议通知书》之日为《股份认购协议》解除之日。

在(2020)最高法民终1178号案中,二审法院认为:案涉股票发行在向全国股转公司报送备案材料后数月内未取得股份登记函,且未取得股份登记函的原因与一恒贞公司存在违规担保、提前使用募集资金等问题直接相关。因未取得股份登记函导致无法在中国结算办理股份登记并取得股份登记证明文件,进而影响金一公司行使相关股东权利。据此分析,能否取得全国股转公司就股票发行出具的股份登记函是影响合同目的实现的重要条件。因一恒贞公司未取得股份登记函,《股份认购协议》约定的解除条件已经成就,金一公司享有解除权。又因一恒贞公司在2016年10月27日收到金一公司发出的《解除协议通知书》后,直至本案诉讼前并未就解除协议事宜向人民法院提起诉讼。故,在金一公司享有约定解除权的基础上,应当确认《股份认购协议》已于2016年10月27日解除。

二、法定解除

1. 不能将履约能力与违约行为相等同,从而得出股款支付条件成就时当事人也必然缺乏履约能力、构成根本违约的结论,因而据此解除合同。

在(2018)最高法民终862号案中,二审法院认为:关于财融公司是否存在根本违约的问题。其一,取得平安银行股权转让同意函,是《股权转让协议》明确约定的财融公司向亿隆等四公司支付股权转让价款的前提条件。在该项付款条件未成就的情况下,财融公司未向亿隆等四公司支付案涉股权转让价款,并不构成违约。其二,根据《股权转让协议》约定,财融公司向亿隆置业公司提供第二期45602.2万元融资贷款的前提条件,是亿隆置业公司的法定代表人、股权已完成工商变更登记等。而事实上亿隆置业公司的法定代表人和股权均尚未变更登记至财融公司或其指定的第三人名下。在此情形下,不能因财融公司提出的延续贷款或置换贷款方案未获得平安银行的审查通过,即认定其缺乏履约能力,从而构成根本违约。况且,根据《股权转让协议》约定,财融公司有权指定第三方参与收购一定比例的股权,承担一定比例的债务。退而言之,即便认定目前财融公司的履约能力不足,但在《股权转让协议》约定的股权转让价款支付条件尚未成就的情况下,亦不能简单将履约能力与违约行为相等同,从而得出案涉股权转让价款支付条件成就时财融公司也必然缺乏履约能力的结论。据此,亿隆等四公司关于财融公司缺乏履约能力构成根本违约的主张,依据不足,不予支持。

2. 合同的主要条款已经履行完毕,合同的主要目的已经实现,因而当事人不享有法定解除权。

在(2020)最高法民再15号案中,二审法院认为:关于案涉协议的主要目的是否实现及庄胜公司是否享有法定解除权的问题。案涉《框架协议书》的主要条款是项目转让和债务重组,从合同履行的情况看,《框架协议书》及《补充协议(三)》的绝大部分条款即项目转让和债务重组部分已经履行完毕,合同的主要目的已经实现,庄胜公司认为合同的主要目的未能实现的主张,明显与合同约定及履行的事实不符。由于合同的主要目的已经实现、其余合同目的也可以实现,故不符合合同法定解除的规定,庄胜公司对《框架协议书》及《补充协议(三)》不享有法定解除权。

3. 违约行为并不必然导致合同目的无法实现,不得据此行使法定解除权。

在(2013)民提字第181号案中,再审法院认为:池某某等三人未能办妥楚凡钒矿的安全生产许可证,虽已构成违约,但该行为并未构成根本性违约,天工公司无权以此为由解除合同。

其一,天工公司未能证明合同的主要目的是获得楚凡钒矿的控制经营权。案涉《股权转让协议》约定池某某等三人将所持华林钒业公司的全部股权转让给天工公司,天工公司支付股权转让款5500万元。池某某等三人保证华林钒业公司具有合法的采矿权,矿权配置合法有效,办理妥当0.36平方公里楚凡矿区的采矿权延期手续。根据协议的内容可知,天工公司签订《股权转让协议》的目的是受让华林钒业公司的股权,其中包括对楚凡钒矿的控制经营权。天工公司主张楚凡钒矿是华林钒业公司的核心资产,进而主张获得楚凡钒矿的开采权并保证楚凡钒矿正常生产经营是天工公司签订《股权转让协议》的主要目的,但并未提供证据予以证明。

其二,池某某等三人的违约行为并不必然导致合同目的无法实现。参照有关主管部门相关规定,非煤矿矿山企业取得安全生产许可证,其安全设施须经安全生产监督管理部门验收合格。根据安化县安监局工作人员的介绍可知,楚凡钒矿的安全生产许可证未能办妥的根本原因在于安全生产基础设施投入不到位,如果该设施建成后就可以按程序申报办理安全生产许可证。天工公司在再审中亦认可,楚凡钒矿的安全生产许可证未能办妥的主要原因在于安全生产基础设施未建成。楚凡钒矿的安全生产许可证并非无法办理,如果合同各方积极配合,继续对矿山进行投入建成安全生产基础设施后,仍然可以实现合同目的。天工公司认为因池某某等三人违约导致合同目的无法实现,合同应予解除的主张缺乏事实依据,不予支持。

4. 股权转让方以行为表明其已经放弃了合同约定的解除权,选择继续履行合同,且合同目的最终实现,无权行使合同解除权。

在(2018)最高法民终854号案中,二审法院认为:关于信业医药公司是否有权行使合同解除权的问题。《补充协议》中约定,信业医药公司在天康集团公司对目标公司进行重组后未按约付款的情况下,享有收回股权及不退回天康集团公司已支付款项的权利,即在一定条件成就下行使合同解除权。其后天康集团公司未依约在股权转让完成前支付剩余股权转让款。尽管如此,信业医药公司并未要求解除与天康集团公司之间的《股权转让协议》,仍接受天康集团公司继续履行协议的付款义务,与天康集团公司进行结算并形成《说明》,要求天康集团公司支付剩余款项。信业医药公司的上述行为表明其已经放弃了合同约定的解除权,从而选择继续履行合同。

信业医药公司上诉主张天康集团公司没有告知其股权重组之事,其并不知道目标公司股权已转让给第三人,其没有放弃解除权,法院认为该理由缺乏事实依据。第一,关于目标公司的股权收购及股权变动登记,亿帆鑫富公司已经通过媒体向社会公众发布公告,工商部门的股权变更登记亦具有公示效力,信业医药公司完全知道或应当知道目标公司发生了股权转让的事实。第二,在双方对解除权行使期限没有约定的情况下,信业医药公司也应当在合理期限内行使合同解除权,从目标公司股权重组完成8个月后,信业医药公司才主张行使合同解除权,显然已经超过了合理期限。第三,信业医药公司的合同目的已经实现,无权行使合同解除权。

5. 当事人应当预见当地的政策变化,政策的逐步收紧不属于不可抗力,不属于情势变更,不符合法定解除条件。

在(2019)最高法民终827号案中,二审法院认为:关于《股权转让协议》是否应当解除的问题。龙煤公司签订协议的目的是欲通过股权转让的方式实际控股恒润泰公司,通过控股优势影响恒润泰公司的经营、决策,从而实现其股东权益。探矿权作为恒润泰公司的主要财产,探矿权转为采矿权是公司运营产生利益的主要来源,也正基于此,龙煤公司将探矿权行使过程中发生的政策变化,作为股权转让合同目的不能实现的理由,要求解除合同。

对此,法院认为,首先,情势变更属于合同成立的基础环境发生了异常变动,所造成的风险属于意外的风险。本案中,案涉矿区位于乌鲁木齐南山风景名胜区内,《风景名胜区条例》第26条规定:"在风景名胜区内禁止进行下列活动:(一)开山、采石、开矿、开荒、修坟立碑等破坏景观、植被和地形地貌的活动……"龙煤公司在庭审中亦称"国家禁止在风景区采矿,当时新疆的环保政策较为宽松,但取得探矿权证始终是在禁区范围内"。龙煤公司作为矿产企业,在签订《股权转让协议》时对于案涉矿区位于风景名胜区内应当知晓,即使如龙煤公司所称当地环保政策较为宽松,龙煤公司在行政法规有明确规定的情况下,其对政策的走向应当有预见,之后当地政策逐步收紧导致探矿权不能延续对于龙煤公司而言不属于意外风险。龙煤公司明知行政法规禁止在风景名胜区采矿,而自冒风险通过签订《股权转让协议》,成为恒润泰公司股东,以享有矿业权所带来的利益,此种风险属于商业风险,不适用《风景名胜区条例》第26条规定。其次,政策变化对本案合同的影响。龙煤公司与郑某平签订《股权转让协议》的原因是郑某平持有恒润泰公司的股权,恒润泰公司的财产包括案涉探矿权。当地政策的变化可能导致案涉探矿权无法延续,但目前探矿权仍然存在,龙煤公司签订《股权转让协议》的基础没有丧失,龙煤公司仍持有恒润泰公司51%的股权,并享有股东权益。最后,龙煤公司对郑北平来函意见的复函中记载,双方对该矿区煤炭资源开发存在的不确定性政策因素已取得共识,仍然愿意继续推进项目开发建设或争取政策补偿。龙煤公司已经明知政策发生调整,但在复函中明确表示继续推进,且支付了股权转让价款,以实际行为继续履行合同。因此,龙煤公司主张以情势变更为由解除合同的上诉理由不能成立。

三、约定解除

(一)不享有约定解除权

1. 合同中必须明确约定何种违约行为构成解除合同的条件。

在(2020)最高法民再15号案中,二审法院认为:关于庄胜公司是否享有约定解除权的问题。《框架协议书》约定:信达投资不按照协议及附件约定同意增资的,构成恶意违约,庄胜公司有权即时解除协议。说明本条的违约责任针对的是信达投资是否按约定同意庄胜公司增资的问题。关于增资的问题,《框架协议书》及相关附件作了约定。本案中,信达投资转让股权的行为不仅有公司章程的依据,而且未违反《框架协议书》的约定,不构成《框架协议书》指向的恶意违约的情形,庄胜公司不享有约定解除权。

2. 合同约定只要发生了违约,守约方即有权解除合同。如此会泛化作为合同约定解除条件的违约行为,将所有违约行为不加区分同质化,造成解除合同过于随意,也增加了合同被解除的风险,不利于交易安全和稳定。从形式上看是约定了合同解除的条件,但实际上是对解除合同的条件约定不明。

在(2018)最高法民终863号案中,二审法院认为:关于合同约定解除权的问题。案涉《股权转让协议书》约定:"任何一方违反本协议约定条款,即构成违约,违约方应向守约方承担违约责任,任何一方违约,并给对方造成损失时,守约方有权向违约方要求损失赔偿,并有权单方解除合同。"同时约定:"九洲公司若不能按期向邝某支付股权转让对价款,即构成违约,违约责任为逾期支付款项的金额,按延期时间计算,以月利率2%的标准向邝某支付逾期违约金,直至所欠款项给付完毕。"可见,任何一方只要有违约行为并给对方造成损失的,不论违约程度轻重、损失后果大小,守约方均有权解除合同。

虽然该约定将守约方行使合同解除权的条件限定为一方违约且同时给对方造成损失,但由于客观上违约行为与损失后果息息相关,该条款实质上仍着眼于只要发生了违约行为,则守约方即有权解除合同。如此一来,显然泛化了作为合同约定解除条件的违约行为,将所有违约行为不加区分同质化,若简单依此履行,必将造成解除合同过于随意,增加合同被解除的风险,不利于交易安全和稳定。故《股权转让协议书》虽在形式上约定了合同解除的条件,但实际上是对解除合同的条件约定不明。合同当事人出现违约情形时,不能当然以此为由主张解除合同,而应当结合合同的履行情况、违约程度等因素,从合理平衡双方利益的角度出发,慎重判断合同是否符合法定解除条件。从约定内容来看,合同明确约定在九洲公司未按期向邝某支付股权转让款时,由九洲公司以支付违约金的方式承担违约责任。据此约定,九洲公司就逾期付款应当直接承担的是支付违约金而非合同解除的法律后果,邝某可就此另行主张权利。综上,案涉协议有关合同解除的条件约定不明,根据合同约定,邝某不享有解除权。

3. 双方已按合同约定履行了大部分权利义务,一方违反合同约定的同业禁止条款,应当按照合同约定支付违约金给另一方,对《股权转让合同》不予解除,双方应继续履行合同。

在(2017)粤民再289号案中,再审法院认为:关于是否解除本案《股权转让合同》的问题。吴某某与黄某某签订的《股权转让合同》约定,因黄某某违反声明、承诺与保证的相关条款,吴某某有权解除本合同,黄某某应退还吴某某所有已经支付的款项并按照合同总金额的10%向吴某某承担违约责任。吴某某按照合同约定在一审提起反诉请求解除合同尚未履行的部分,且反诉理由包括黄某某违反同业禁止条款。在履行合同的过程中,黄某某虽违反了《股权转让合同》约定的同业禁止条款,吴某某行使了合同解除权,但鉴于双方对相关目标公司的股权已另行签订《股权转让协议》并委托他人办理股权变更登记,双方对相关目标公司的资产已确认按《资产交接总表》完成交接,吴某某已经支付6706万元股权转让款,可见双方已按合同约定履行了大部分权利义务。再结合黄某某已实际交付相关目标公司的股权及资产,且吴某某已经实际控制并经营相关目标公司等实际情况,为稳定交易市场,确保双方实现合同的目的,二审判决认定黄某某违反合同约定的同业禁止条款的行为,应当按照合同约定支付违约金给吴某某,而对《股权转让合同》不予解除,双方应继续履行合同,并无不当,予以维持。

4. 解除条件成就后仍继续履行合同,长期未行使解除权,可认定合同未予解除。

在(2016)最高法民终512号案中,二审法院认为:关于《重组协议》《补充协议》应继续履行还是应予解除的问题。致富公司上诉主张其享有合同的法定解除权,但刘某某既已起诉请求继续履行《重组协议》《补充协议》,难谓其"明确表示或者以自己的行为表明不履行主要债务",致富公司亦未提供其曾向刘某某发出履行债务催告的任何证据,所谓后阴塔煤矿资源储量不实的主张,亦无充分证据证明,不符合法定解除条件的规定。

结合后阴塔煤矿的证照、印章已依约移交致富公司接管的事实,致富公司对采矿权转让等事宜负有加盖印章、提供证照等配合义务。前述报批义务、配合义务的履行,是《重组协议》《补充协议》继续履行的基础,各方当事人应诚实守信,积极履约。当事人一方如有充分证据证明对方无正当理由拒不履行的,可就报批义务、配合义务的履行另行主张权利。本案中,刘某某未依照法律规定和《重组协议》的约定办理后阴塔煤矿的采矿权转让等资产划转事宜;致富公司掌控后阴塔煤矿和后阴塔矿业公司相关手续后未积极促使《重组协议》《补充协议》继续履行,收到刘某某发出的《通知函》后亦未积极配合,双方对在合同约定期限内未完成资产划转、股权转让等手续均有过错。基于致富公司对合同解除条件的成就亦具有过错,解除条件成就后仍继续对后阴塔煤矿进行生产经营,长期未行使解除权等事实,一审判决认定《重组协议》《补充协议》未予解除,双方当事人应继续履行,合法有据,予以维持。

5. 双方以行为方式变更了原有合同的约定并继续履行合同,直至一方发出解除合同的通知时,已过相当长的时间。在此期间,一方不但没有按原来的约定在限定时间内提出解除合同的要求,反而主动履行合同,故其后续发出解除合同的通知之行为,不产生解除合同的效果,其不再享有解除合同的权利。

在(2016)最高法民再71号案中,再审法院认为:安格公司、珠蜂公司认可城开公司所代付的七笔款项,且明确"有关本金差额、违约金的计算及违约责任等问题,双方另行友好商议",并未提出解除合同。此后,安格公司、珠蜂公司的财务人员陆续前往城开公司领取票据款项计1.61亿元。安格公司、珠蜂公司如认为城开公司支付最后一笔转让款4.21亿余元的行为违反合同约定,可按照合同约定,在逾期支付超过20日后行使约定解除权。而事实上,直至安格公司、珠蜂公司于2007年10月17日发出解除合同的通知时,已逾五年之久。其间,安格公司、珠蜂公司从未明确提出解除合同的要求,反而主动发函要求城开公司代其对外支付款项,并由其财务人员多次上门领取票据款项。原审法院据此认定安格公司、珠蜂公司以上述行为变更了双方原有合同的约定,安格公司、珠蜂公司不应再主张合同约定的解除权,并无不当。

（二）约定解除权的行使

【权利行使的边界】

1. 当事人不行使约定解除权,并不影响其主张违约金的权利。

在(2013)民申字第2005号案中,再审法院认为:关于违约金的认定,应以合同中双方约定的数额为准,国野公司部分履行合同的事实不能作为取消或改变违约金的抗辩事由。从《项目合作合同》《补充协议书》约定的内容看,《项目合作合同》约定黄某某的主要义务是在签约后受让宝豪公司持有的中联环公司25%的股权,之后将张某范名下中联环公司75%的股权过户至黄某某名下,再由黄某某将中联环公司100%的股权转让给国野公司指定的单位或个人,并完成相关股东的工商变更登记,黄某某退出中联环公司,同时黄某某负责完成中联环公司用地项目的全部拆迁、专项规划审批并使中联环公司取得项目的完全改造权及开发权益;国野公司的主要义务是分期支付4.5亿元价款;所涉项目用地的开发权益也是围绕中联环公司进行的,且中联环公司在案涉地块拥有的是开发权益,尚不享有土地使用权,促使中联环公司取得项目土地使用权证是黄某某在《项目合作合同》的后期阶段才需要履行的义务。根据《项目合作合同》约定,如黄某某未按合同约定履行义务延期超过一定时间的,国野公司有权解除合同。黄某某至今未履行《项目合作合同》的义务,国野公司解除合同的条件已经成就,国野公司享有解除权。但是国野公司对于是否行使解除权享有选择的权利,国野公司不行使解除权,并不影响其主张违约金的权利。

2. 解除权属于可以单方行使的形成权,即便对方不催告,该权利应在合理期限行使。虽股权转让合同与商品房买卖合同不同,但两者在性质上均属于价值较大的转移财产所有权的合同,《商品房买卖合同司法解释》的相关规定对股权转让合同具有一定的参照性。不在合理期限内主张解除权利的,会超出交易主体的合理预期,严重影响公司治理结构及正常经营,损害受让股权的案外人的合法权益,有违诚实信用原则。

在(2018)最高法民申4613号案中,再审法院认为:关于迪普物业公司行使合同解除权是否超出合理期限的问题。《商品房买卖合同司法解释》第11条针对商品房买卖合同之解除权的行使,就未催告时的期限明确规定,"……对方当事人没有催告的,解除权应当在解除权发生之日起一年内行使;逾期不行使的,解除权消灭"。类推适用民法的基本原理,本案是股权转让合同,尽管与商品房买卖合同不同,但股权转让合同与商品房买卖合同在性质上均属于价值较大的转移财产所有权的合同,具有一定的参照性。股权一旦进行工商变更登记、完成权属的转移,如果放任行使解除权的合理期限过长,不仅将使股权的归属处于长期不确定的状态,影响股权的正常交易和公司的经营,也将使新股东无法安心对公司进行投入经营,违背商事交易倡导的效率价值。因此行使股权转让合同的解除权,即便对方不催告,亦应有合理期限。

本案中,迪普物业公司于股权转让协议成立及股权变更登记后经过7年才向博诚物业公司行使合同解除权,此时陕西迪普投资集团有限公司已经在股权、经营以及资产上发生了诸多变化。博诚物业公司受让案涉股权后,陕西迪普投资集团有限公司的注册资本由原来的5000万元增加至2亿元,同日,博诚物业公司拥有的4000万元占股比例变更为20%,并完成了工商变更登记,其后博诚物业公司在陕西迪普投资集团有限公司的出资额及股权比例多次变更,现有股权结构包括5个股东。若允许迪普物业公司行使合同解除权,超出了交易主体的合理预期,将严重影响陕西迪普投资集团有限公司的治理结构及正常经营,损害受让股权的案外人的合法权益,有违诚实信用原则。故其行使解除权的主张应认为超过合理期限,不予支持。

3. 合同终止属合同解除的上位概念,合同解除是终止合同权利义务的一种方式,两者都系针对有效合同而言。协议体现的真实意思表示究竟是解除协议还是终止协议的原因,应根据相关证据予以确定。

在(2014)民二终字第205号案中,二审法院认为:关于终止协议函的性质认定问题。上诉人薛某2、薛某3认为,终止协议函的目的是"终止"协议,一审判决将终止该函认定为"解除"协议错误。根据合同法的理论,合同终止属合同解除的上位概念,即合同解除是终止合同权利义务的一种方式,但不论是解除还是终止,都系针对有效合同而言。案涉终止协议函的真实意思表示究竟是解除协议还是终止协议的某一种形式或原因,应根据当事人之间的往来函件内容予以确定。经查明,终止协议函系薛某2代表薛某3及其本人向国能公司发出的函件。此后,薛某2、薛某3又委托律师向国能公司发出律师函,该律师函载明:"由于你司存在……等违约行为,且没有诚意再履行该股权协议,薛某2、薛某3依照股权协议第十三条第二款第二项、第四项的约定和《合同法》第96条的规定解除股权协议。请你司在接到此律师函三个工作日内指派专人与薛某2、薛某3或者本律师(协)商解除合同事宜……"

上述律师函中所指股权协议即案涉合作协议,该协议多处记载了关于合同解除的约定条件；而《合同法》第96条系关于合同解除的条款。根据该律师函的内容可以明显看出，薛某2、薛某3是以合作协议关于合同解除的约定以及《合同法》关于合同解除的规定作为事实依据和法律依据，向国能公司提出解除协议的意思表示，并希望国能公司及时与其协商解除合同的事宜；此外，该函中并无其他终止协议的原因。因此，一审判决认定终止协议函即解除协议的意思表示符合当事人协议的约定和法律规定，并无不当。

4. 各方当事人均同意原告关于解除三方《协议》的诉讼请求，但并不因此产生解除三方《协议》的效果。因为解除协议是各方当事人又重新达成了一个解除原合同的协议，需要对原合同的解除以及原合同解除后权利义务的处理达成一致意见。

在（2015）民一终字第156号案中，二审法院认为：关于三方《协议》是否应当予以解除的问题。本案中，海安公司在诉讼中对其该项诉讼请求解释为，解除三方《协议》关于分期返还投资款4800万元的约定，要求建大公司、发发公司、刘某某、张某某将三方《协议》中约定分期返还的投资款一次性付清。对此，法院认为，虽然建大公司、发发公司、刘某某、张某某均同意海安公司关于解除三方《协议》的诉讼请求，但并不能因此产生解除三方《协议》的效果。因为解除协议是各方当事人又重新达成了一个解除原合同的协议，需要对原合同的解除以及原合同解除后权利义务的处理达成一致意见。本案中，虽然各方当事人均作出了解除三方《协议》的意思表示，但当事人对合同解除的后果并未达成一致意见，海安公司要求解除三方《协议》并一次性返还4800万元投资款，而建大公司、发发公司、刘某某则要求解除三方《协议》并恢复到原来海安公司以入股的形式与建大公司合作的状态。因此，在原审中各方当事人虽然有解除三方《协议》的意思表示，但没有对解除三方《协议》的对价亦即三方《协议》解除后当事人责任的分担达成一致意见，建大公司、刘某某提出的因为各方当事人达成了解除合同的一致意见，三方《协议》应予解除的上诉主张，不能成立。

另外，三方《协议》并没有通过约定的方式赋予当事人合同解除权，海安公司提起本案诉讼也不是在诉讼中与其他各方当事人达成新的协议来解除三方《协议》，而是认为建大公司、发发公司构成预期违约进而行使法定解除权。海安公司并没有提供充分的证据证明建大公司、发发公司、刘某某等在其起诉之前，在三方《协议》约定的履行期限届满之前，曾经明确表示或者以自己的行为表明不履行返还投资款4800万元的主要合同义务。因此，海安公司提出的建大公司、发发公司、刘某某等构成预期违约应解除三方《协议》的主张，没有事实依据。

5. 附解除条件的合同,条件成就时,合同解除。

在(2016)最高法民终 90 号案中,二审法院认为:关于案涉合同是否应当解除的问题。吴某某、刘某某认为,本案采矿权证未能办理是因为政策变更,属于不可抗力,故合同不应当解除。法院认为,各方对于采矿权证可能无法如期办理是有预见的。案涉《股权转让协议》约定:"根据甲方(吴某某)提供的青海省国土资源厅会议纪要精神和规划文件,青海省国土资源厅同意将青海省门源县号塔寺煤矿采矿权办理在金鼎公司名下。因此,金鼎公司取得该煤矿采矿权是本协议最终履行的前提条件,如果金鼎公司不能取得该煤矿的采矿权,则本股权转让协议无实际履行之必要。"同时约定:"在股权变更登记后 240 个工作日内,甲方(吴某某)将门源县号塔寺煤矿采煤证办理完毕(出现不可抗力情况除外),否则甲方(吴某某)应在上述约定日期到期后的五个工作日退还乙方(王某某)已支付股权价款及费用并另赔偿乙方(王某某)所投入总额的 20%。"吴某某、刘某某称无法取得采矿权证是不能预见、不能避免、不能克服的情况,没有事实和法律依据。原审判决认定案涉合同属于附解除条件的合同,解除合同的条件已经成就,依法判决解除合同,并无不当。

【参照买卖合同规定】

1. 股权转让合同可以参照分期付款买卖合同的相关规定予以解除。

在(2016)鲁 04 民终 1132 号案中,二审法院认为:案涉《股权转让协议》约定,标的物先行交付、价款分期给付,其本质是一个分期付款合同。宋某某应当支付股权转让款总计 929 万元,实际支付股权转让款 6636417.25 元,到期未支付股权转让款 2653582.75 元,未支付股权转让款的数额已经超过股权转让款总额的 1/5,一审判决解除《股权转让协议》并无不当。二审法院维持原判。

2. 分期付款股权转让合同中受让方违约,导致股权转让合同目的不能实现的,并未排除出让人依法解除合同的权利。

在(2018)最高法民终 874 号案中,二审法院认为:案涉股权转让方涉及多个主体,实际属多份股权转让合同的组合,也即周某某与朱某某的股权转让合同具有独立性。作为股权交易,与一般货物买卖相比虽确实存在特殊性,但是否解除合同,需结合具体个案的履行情况依法予以认定。本案中,周某某作为整体收购人,对朱某某的股权予以收购,从约定的 7512.48 万元收购价款看,其仅支付了 1000 万元,虽多次承诺,但仍较长时间未按约给付剩余转让款,可以认定其已构成根本违约。同时,本案股权并未变更登记,周某某亦无证据证明已对案涉公司进行了经营和管理。退一步讲,即使周某某已经对其他主体的股权成功予以了收购并对目标公司进行实际经营管理,朱某某的该部分股权转让亦有独立处理的意义,且并不实际影响周某某对其他股权收购的进行。周某某提供的最高人民法院第67号指导案例虽认为有限责任公司的股权分期付款存在违约等情形,不适用《合同法》第167条的规定,但该指导案例并未排除出让人依法解除的权利,原审结合实际情况,认定双方的股权转让合同已解除,有事实和法律依据,予以维持。

3. 有限责任公司的股权分期支付转让款中发生股权受让人延迟或者拒付等违约情形,股权转让人要求解除双方签订的股权转让合同的,不适用买卖合同关于分期付款买卖规定中的合同解除权。

在(2015)民申字第2532号案中,再审法院认为:关于周某某是否享有合同解除权。法律规定,分期付款的买受人未支付到期价款的金额达到全部价款的1/5的,出卖人可以要求买受人支付全部价款或解除合同。《买卖合同司法解释》第38条规定,分期付款系指买受人将应付的总价款在一定期间内至少分三次向出卖人支付。本案系有限责任公司股东将股权转让给公司股东之外的其他人,尽管案涉股权的转让形式也是分期付款,但由于本案的买卖标的物是股权,因此具有与以消费为目的的一般买卖不同的特点:一是汤某龙受让股权是为参与公司经营管理并获取经济利益,并非满足生活消费;二是周某某作为有限责任公司的股权出让人,基于其所持股权一直存在于目标公司中的特点,其因分期回收股权转让款而承担的风险,与一般以消费为目的的分期付款买卖中出卖人收回价款的风险并不等同;三是双方解除股权转让合同,也不存在向受让人要求支付标的物使用费的情况。综上,股权转让分期付款合同,与一般以消费为目的的分期付款买卖合同有较大区别,对案涉《股权转让资金分期付款协议》不宜简单适用分期付款买卖规定中的合同解除权。

第三节　实务指南

一、合同解除的分类及注意事项

《民法典》第562条规定了合同协商解除的类型,也称协议解除,是指就解除原合同事宜签订一份新的协议供双方遵守。

《民法典》第563条规定了合同法定解除的类型,是指在发生了法律规定的情形时,当事人一方依法行使解除权解除合同,终止合同关系。

《民法典》第 564 条规定了合同约定解除的类型,是指基于当事人的意思自治,当约定的解除条件成就时,当事人根据合同约定行使解除权解除合同。

在股权转让纠纷案中,当双方都同意解除合同,但法院认为解除权不成立,是否可以认定合同解除? 这里需要区分几种情形:

其一,当事人一方主张行使法律规定或者合同约定的解除权,对方也同意解除,但主张行使解除权的一方实质上不享有解除权。在此情形下,依据《民法典合同编通则司法解释》第 52 条第 2 款第 1 项"有下列情形之一的,除当事人一方另有意思表示外,人民法院可以认定合同解除:(一)当事人一方主张行使法律规定或者合同约定的解除权,经审理认为不符合解除权行使条件但是对方同意解除……"之规定,法院可以认定合同解除。

其二,双方均不符合解除权的行使条件,但双方均同意解除合同。此情形下,依据《民法典合同编通则司法解释》第 52 条第 2 款第 2 项"有下列情形之一的,除当事人一方另有意思表示外,人民法院可以认定合同解除:……(二)双方当事人均不符合解除权行使的条件但是均主张解除合同……"之规定,法院可以认定合同解除。

在判断是否解除合同时,当事人是否享有合同解除权是首要考虑的问题。如果双方都享有解除权且都主张解除合同的,这属于协商解除合同的类型,以最先解除的通知到达对方之日为合同解除的时间;如果双方都不享有解除权,双方也同意解除合同,或者一方没有解除权却主张解除合同,另一方享有解除权最终也同意解除合同,则同样是属于协商解除合同的类型,合同自双方达成解除合意之日(即后到达的解除通知之日)起解除;如果享有解除权的一方主张解除合同,对方没有解除权而却同意解除合同,这种单方行使解除权的表现并不属于协商解除合同的类型,而属于行使法定解除权或约定解除权的类型。

二、合同解除时间的确定

前面一小节已提到了合同解除的时间问题,是从合同解除的类型这一角度来区分的。本小节所提的合同解除的时间,是从合同解除权行使的方式来区分的。

《民法典》第 565 条规定:"当事人一方依法主张解除合同的,应当通知对方。合同自通知到达对方时解除;通知载明债务人在一定期限内不履行债务则合同自动解除,债务人在该期限内未履行债务的,合同自通知载明的期限届满时解除。对方对解除合同有异议的,任何一方当事人均可以请求人民法院或者仲裁机构确认解除行为的效力。当事人一方未通知对方,直接以提起诉讼或者申请仲裁的方式依法主张解除合同,人民法院或者仲裁机构确认该主张的,合同自起诉状副本或者仲裁申请书副本送达对方时解除。"可见,合同解除权的行使方式,有通知解除和司法解除两大类。

在通知解除的方式中,确定合同解除的时间点应注意如下问题:

(1) 采通知达到主义。《民法典》第137条规定:"以对话方式作出的意思表示,相对人知道其内容时生效。以非对话方式作出的意思表示,到达相对人时生效。以非对话方式作出的采用数据电文形式的意思表示,相对人指定特定系统接收数据电文的,该数据电文进入该特定系统时生效;未指定特定系统的,相对人知道或者应当知道该数据电文进入其系统时生效。当事人对采用数据电文形式的意思表示的生效时间另有约定的,按照其约定。"这也与上述第565条规定的"合同自通知到达对方时解除"相一致。由于合同解除权是形成权,解除合同的意思表示到达对方即产生合同解除的效果。

(2) 通知载明债务人在一定期限内不履行债务则合同自动解除,债务人在该期限内未履行债务的,合同自通知载明的期限届满时解除。

(3) 以司法解除方式解除合同的,合同自起诉状副本或者仲裁申请书副本送达对方时解除。

(4)《民法典合同编通则司法解释》第54条还特别规定了撤诉后再次起诉解除合同的问题,即当事人一方未通知对方,直接以提起诉讼的方式主张解除合同,撤诉后再次起诉主张解除合同,人民法院经审理支持该主张的,合同自再次起诉的起诉状副本送达对方时解除。但是,当事人一方撤诉后又通知对方解除合同且该通知已经到达对方的除外。

第十三章 股权转让的违约责任

第一节 请求权基础规范

一、《民法典》规定

第179条 承担民事责任的方式主要有:(一)停止侵害;(二)排除妨碍;(三)消除危险;(四)返还财产;(五)恢复原状;(六)修理、重作、更换;(七)继续履行;(八)赔偿损失;(九)支付违约金;(十)消除影响、恢复名誉;(十一)赔礼道歉。

法律规定惩罚性赔偿的,依照其规定。

本条规定的承担民事责任的方式,可以单独适用,也可以合并适用。

第577条 当事人一方不履行合同义务或者履行合同义务不符合约定的,应当承担继续履行、采取补救措施或者赔偿损失等违约责任。

第578条 当事人一方明确表示或者以自己的行为表明不履行合同义务的,对方可以在履行期限届满前请求其承担违约责任。

第579条 当事人一方未支付价款、报酬、租金、利息,或者不履行其他金钱债务的,对方可以请求其支付。

第580条 当事人一方不履行非金钱债务或者履行非金钱债务不符合约定的,对方可以请求履行,但是有下列情形之一的除外:(一)法律上或者事实上不能履行;(二)债务的标的不适于强制履行或者履行费用过高;(三)债权人在合理期限内未请求履行。

有前款规定的除外情形之一,致使不能实现合同目的的,人民法院或者仲裁机构可以根据当事人的请求终止合同权利义务关系,但是不影响违约责任的承担。

第582条 履行不符合约定的,应当按照当事人的约定承担违约责任。对违约责任没有约定或者约定不明确,依据本法第五百一十条的规定仍不能确定的,受损害方根据标的的性质以及损失的大小,可以合理选择请求对方承担修理、重作、更换、退货、减少价款或者报酬等违约责任。

第 583 条 当事人一方不履行合同义务或者履行合同义务不符合约定的,在履行义务或者采取补救措施后,对方还有其他损失的,应当赔偿损失。

第 584 条 当事人一方不履行合同义务或者履行合同义务不符合约定,造成对方损失的,损失赔偿额应当相当于因违约所造成的损失,包括合同履行后可以获得的利益;但是,不得超过违约一方订立合同时预见到或者应当预见到的因违约可能造成的损失。

第 585 条 当事人可以约定一方违约时应当根据违约情况向对方支付一定数额的违约金,也可以约定因违约产生的损失赔偿额的计算方法。

约定的违约金低于造成的损失的,人民法院或者仲裁机构可以根据当事人的请求予以增加;约定的违约金过分高于造成的损失的,人民法院或者仲裁机构可以根据当事人的请求予以适当减少。

当事人就迟延履行约定违约金的,违约方支付违约金后,还应当履行债务。

第 586 条 当事人可以约定一方向对方给付定金作为债权的担保。定金合同自实际交付定金时成立。

定金的数额由当事人约定;但是,不得超过主合同标的额的百分之二十,超过部分不产生定金的效力。实际交付的定金数额多于或者少于约定数额的,视为变更约定的定金数额。

第 587 条 债务人履行债务的,定金应当抵作价款或者收回。给付定金的一方不履行债务或者履行债务不符合约定,致使不能实现合同目的的,无权请求返还定金;收受定金的一方不履行债务或者履行债务不符合约定,致使不能实现合同目的的,应当双倍返还定金。

第 588 条 当事人既约定违约金,又约定定金的,一方违约时,对方可以选择适用违约金或者定金条款。

定金不足以弥补一方违约造成的损失的,对方可以请求赔偿超过定金数额的损失。

第 590 条 当事人一方因不可抗力不能履行合同的,根据不可抗力的影响,部分或者全部免除责任,但是法律另有规定的除外。因不可抗力不能履行合同的,应当及时通知对方,以减轻可能给对方造成的损失,并应当在合理期限内提供证明。

当事人迟延履行后发生不可抗力的,不免除其违约责任。

第 591 条 当事人一方违约后,对方应当采取适当措施防止损失的扩大;没有采取适当措施致使损失扩大的,不得就扩大的损失请求赔偿。

当事人因防止损失扩大而支出的合理费用,由违约方负担。

第 592 条　当事人都违反合同的,应当各自承担相应的责任。

当事人一方违约造成对方损失,对方对损失的发生有过错的,可以减少相应的损失赔偿额。

二、其他法律规定

(一)合同编层面

【可得利益】

《民法典合同编通则司法解释》

第 60 条　人民法院依据民法典第五百八十四条的规定确定合同履行后可以获得的利益时,可以在扣除非违约方为订立、履行合同支出的费用等合理成本后,按照非违约方能够获得的生产利润、经营利润或者转售利润等计算。

非违约方依法行使合同解除权并实施了替代交易,主张按照替代交易价格与合同价格的差额确定合同履行后可以获得的利益的,人民法院依法予以支持;替代交易价格明显偏离替代交易发生时当地的市场价格,违约方主张按照市场价格与合同价格的差额确定合同履行后可以获得的利益的,人民法院应予支持。

非违约方依法行使合同解除权但是未实施替代交易,主张按照违约行为发生后合理期间内合同履行地的市场价格与合同价格的差额确定合同履行后可以获得的利益的,人民法院应予支持。①

第 61 条　在以持续履行的债务为内容的定期合同中,一方不履行支付价款、租金等金钱债务,对方请求解除合同,人民法院经审理认为合同应当依法解除的,可以根据当事人的主张,参考合同主体、交易类型、市场价格变化、剩余履行期限等因素确定非违约方寻找替代交易的合理期限,并按照该期限对应的价款、租金等扣除非违约方应当支付的相应履约成本确定合同履行后可以获得的利益。

非违约方主张按照合同解除后剩余履行期限相应的价款、租金等扣除履约成本确定合同履行后可以获得的利益的,人民法院不予支持。但是,剩余履行期限少于寻找替代交易的合理期限的除外。②

第 62 条　非违约方在合同履行后可以获得的利益难以根据本解释第六十条、第六十一条的规定予以确定的,人民法院可以综合考虑违约方因违约获得的利益、

---

① 可得利益损失的计算。
② 持续性定期合同中可得利益的赔偿。

违约方的过错程度、其他违约情节等因素,遵循公平原则和诚信原则确定。①

【违约金】

《民法典合同编通则司法解释》

第 63 条 在认定民法典第五百八十四条规定的"违约一方订立合同时预见到或者应当预见到的因违约可能造成的损失"时,人民法院应当根据当事人订立合同的目的,综合考虑合同主体、合同内容、交易类型、交易习惯、磋商过程等因素,按照与违约方处于相同或者类似情况的民事主体在订立合同时预见到或者应当预见到的损失予以确定。

除合同履行后可以获得的利益外,非违约方主张还有其向第三人承担违约责任应当支出的额外费用等其他因违约所造成的损失,并请求违约方赔偿,经审理认为该损失系违约一方订立合同时预见到或者应当预见到的,人民法院应予支持。

在确定违约损失赔偿额时,违约方主张扣除非违约方未采取适当措施导致的扩大损失、非违约方也有过错造成的相应损失、非违约方因违约获得的额外利益或者减少的必要支出的,人民法院依法予以支持。②

第 64 条 当事人一方通过反诉或者抗辩的方式,请求调整违约金的,人民法院依法予以支持。

违约方主张约定的违约金过分高于违约造成的损失,请求予以适当减少的,应当承担举证责任。非违约方主张约定的违约金合理的,也应当提供相应的证据。

当事人仅以合同约定不得对违约金进行调整为由主张不予调整违约金的,人民法院不予支持。③

第 65 条 当事人主张约定的违约金过分高于违约造成的损失,请求予以适当减少的,人民法院应当以民法典第五百八十四条规定的损失为基础,兼顾合同主体、交易类型、合同的履行情况、当事人的过错程度、履约背景等因素,遵循公平原则和诚信原则进行衡量,并作出裁判。

约定的违约金超过造成损失的百分之三十的,人民法院一般可以认定为过分高于造成的损失。

恶意违约的当事人一方请求减少违约金的,人民法院一般不予支持。④

---

① 无法确定可得利益时的赔偿。
② 违约损失赔偿额的确定。
③ 请求调整违约金的方式与举证责任。
④ 违约金的司法酌减。

第 66 条 当事人一方请求对方支付违约金,对方以合同不成立、无效、被撤销、确定不发生效力、不构成违约或者非违约方不存在损失等为由抗辩,未主张调整过高的违约金的,人民法院应当就若不支持该抗辩,当事人是否请求调整违约金进行释明。第一审人民法院认为抗辩成立且未予释明,第二审人民法院认为应当判决支付违约金的,可以直接释明,并根据当事人的请求,在当事人就是否应当调整违约金充分举证、质证、辩论后,依法判决适当减少违约金。

被告因客观原因在第一审程序中未到庭参加诉讼,但是在第二审程序中到庭参加诉讼并请求减少违约金的,第二审人民法院可以在当事人就是否应当调整违约金充分举证、质证、辩论后,依法判决适当减少违约金。①

【定金】

《民法典合同编通则司法解释》

第 67 条 当事人交付留置金、担保金、保证金、订约金、押金或者订金等,但是没有约定定金性质,一方主张适用民法典第五百八十七条规定的定金罚则的,人民法院不予支持。当事人约定了定金性质,但是未约定定金类型或者约定不明,一方主张为违约定金的,人民法院应予支持。

当事人约定以交付定金作为订立合同的担保,一方拒绝订立合同或者在磋商订立合同时违背诚信原则导致未能订立合同,对方主张适用民法典第五百八十七条规定的定金罚则的,人民法院应予支持。

当事人约定以交付定金作为合同成立或者生效条件,应当交付定金的一方未交付定金,但是合同主要义务已经履行完毕并为对方所接受的,人民法院应当认定合同在对方接受履行时已经成立或者生效。

当事人约定定金性质为解约定金,交付定金的一方主张以丧失定金为代价解除合同的,或者收受定金的一方主张以双倍返还定金为代价解除合同的,人民法院应予支持。②

第 68 条 双方当事人均具有致使不能实现合同目的的违约行为,其中一方请求适用定金罚则的,人民法院不予支持。当事人一方仅有轻微违约,对方具有致使不能实现合同目的的违约行为,轻微违约方主张适用定金罚则,对方以轻微违约方也构成违约为由抗辩的,人民法院对该抗辩不予支持。

当事人一方已经部分履行合同,对方接受并主张按照未履行部分所占比例适

---

① 违约金调整的释明与改判。
② 定金规则。

用定金罚则的,人民法院应予支持。对方主张按照合同整体适用定金罚则的,人民法院不予支持,但是部分未履行致使不能实现合同目的的除外。

因不可抗力致使合同不能履行,非违约方主张适用定金罚则的,人民法院不予支持。①

(二)买卖合同层面

《买卖合同司法解释》

第 18 条 买卖合同对付款期限作出的变更,不影响当事人关于逾期付款违约金的约定,但该违约金的起算点应当随之变更。

买卖合同约定逾期付款违约金,买受人以出卖人接受价款时未主张逾期付款违约金为由拒绝支付该违约金的,人民法院不予支持。

买卖合同约定逾期付款违约金,但对账单、还款协议等未涉及逾期付款责任,出卖人根据对账单、还款协议等主张欠款时请求买受人依约支付逾期付款违约金的,人民法院应予支持,但对账单、还款协议等明确载有本金及逾期付款利息数额或者已经变更买卖合同中关于本金、利息等约定内容的除外。

买卖合同没有约定逾期付款违约金或者该违约金的计算方法,出卖人以买受人违约为由主张赔偿逾期付款损失,违约行为发生在 2019 年 8 月 19 日之前的,人民法院可以中国人民银行同期同类人民币贷款基准利率为基础,参照逾期罚息利率标准计算;违约行为发生在 2019 年 8 月 20 日之后的,人民法院可以违约行为发生时中国人民银行授权全国银行间同业拆借中心公布的一年期贷款市场报价利率(LPR)标准为基础,加计 30%—50% 计算逾期付款损失。②

第 20 条 买卖合同因违约而解除后,守约方主张继续适用违约金条款的,人民法院应予支持;但约定的违约金过分高于造成的损失的,人民法院可以参照民法典第五百八十五条第二款的规定处理。③

第 21 条 买卖合同当事人一方以对方违约为由主张支付违约金,对方以合同不成立、合同未生效、合同无效或者不构成违约等为由进行免责抗辩而未主张调整过高的违约金的,人民法院应当就法院若不支持免责抗辩,当事人是否需要主张调整违约金进行释明。

一审法院认为免责抗辩成立且未予释明,二审法院认为应当判决支付违约金

---

① 定金罚则的法律适用。
② 逾期付款违约金。
③ 违约解除与违约金条款。

的,可以直接释明并改判。①

第22条　买卖合同当事人一方违约造成对方损失,对方主张赔偿可得利益损失的,人民法院在确定违约责任范围时,应当根据当事人的主张,依据民法典第五百八十四条、第五百九十一条、第五百九十二条、本解释第二十三条等规定进行认定。②

第23条　买卖合同当事人一方因对方违约而获有利益,违约方主张从损失赔偿额中扣除该部分利益的,人民法院应予支持。③

第32条　法律或者行政法规对债权转让、股权转让等权利转让合同有规定的,依照其规定;没有规定的,人民法院可以根据民法典第四百六十七条和第六百四十六条的规定,参照适用买卖合同的有关规定。

权利转让或者其他有偿合同参照适用买卖合同的有关规定的,人民法院应当首先引用民法典第六百四十六条的规定,再引用买卖合同的有关规定。④

（三）其他

→附录参考:司法政策文件《民法典工作会议纪要》

10. 当事人一方违反民法典第五百五十八条规定的通知、协助、保密、旧物回收等义务,给对方当事人造成损失,对方当事人请求赔偿实际损失的,人民法院应当支持。

11. 民法典第五百八十五条第二款规定的损失范围应当按照民法典第五百八十四条规定确定,包括合同履行后可以获得的利益,但不得超过违约一方订立合同时预见到或者应当预见到的因违约可能造成的损失。

当事人请求人民法院增加违约金的,增加后的违约金数额以不超过民法典第五百八十四条规定的损失为限。增加违约金以后,当事人又请求对方赔偿损失的,人民法院不予支持。

当事人请求人民法院减少违约金的,人民法院应当以民法典第五百八十四条规定的损失为基础,兼顾合同的履行情况、当事人的过错程度等综合因素,根据公平原则和诚信原则予以衡量,并作出裁判。约定的违约金超过根据民法典第五百八十四条规定确定的损失的百分之三十的,一般可以认定为民法典第五百八十五条第二款规定的

---

① 调整违约金的释明权。
② 可得利益损失之赔偿。
③ 损益相抵规则。
④ 权利转让等有偿合同之参照适用。

"过分高于造成的损失"。当事人主张约定的违约金过高请求予以适当减少的,应当承担举证责任;相对人主张违约金约定合理的,也应提供相应的证据。

→附录参考:司法政策文件《九民会议纪要》

50.【违约金过高标准及举证责任】认定约定违约金是否过高,一般应当以《合同法》第113条规定的损失为基础进行判断,这里的损失包括合同履行后可以获得的利益。除借款合同外的双务合同,作为对价的价款或者报酬给付之债,并非借款合同项下的还款义务,不能以受法律保护的民间借贷利率上限作为判断违约金是否过高的标准,而应当兼顾合同履行情况、当事人过错程度以及预期利益等因素综合确定。主张违约金过高的违约方应当对违约金是否过高承担举证责任。

→附录参考:司法政策文件《民商事合同指导意见》

5. 现阶段由于国内宏观经济环境的变化和影响,民商事合同履行过程中违约现象比较突出。对于双方当事人在合同中所约定的过分高于违约造成损失的违约金或者极具惩罚性的违约金条款,人民法院应根据合同法第一百一十四条第二款和最高人民法院《关于适用中华人民共和国合同法若干问题的解释(二)》(以下简称《合同法解释(二)》)第二十九条等关于调整过高违约金的规定内容和精神,合理调整违约金数额,公平解决违约责任问题。

6. 在当前企业经营状况普遍较为困难的情况下,对于违约金数额过分高于违约造成损失的,应当根据合同法规定的诚实信用原则、公平原则,坚持以补偿性为主、以惩罚性为辅的违约金性质,合理调整裁量幅度,切实防止以意思自治为由而完全放任当事人约定过高的违约金。

7. 人民法院根据合同法第一百一十四条第二款调整过高违约金时,应当根据案件的具体情形,以违约造成的损失为基准,综合衡量合同履行程度、当事人的过错、预期利益、当事人缔约地位强弱、是否适用格式合同或条款等多项因素,根据公平原则和诚实信用原则予以综合权衡,避免简单地采用固定比例等"一刀切"的做法,防止机械司法而可能造成的实质不公平。

8. 为减轻当事人诉累,妥当解决违约金纠纷,违约方以合同不成立、合同未生效、合同无效或者不构成违约进行免责抗辩而未提出违约金调整请求的,人民法院可以就当事人是否需要主张违约金过高问题进行释明。人民法院要正确确定举证责任,违约方对于违约金约定过高的主张承担举证责任,非违约方主张违约金约定合理的,亦应提供相应的证据。合同解除后,当事人主张违约金条款继续有效的,人民法院可以根据合同法第九十八条的规定进行处理。

9. 在当前市场主体违约情形比较突出的情况下，违约行为通常导致可得利益损失。根据交易的性质、合同的目的等因素，可得利益损失主要分为生产利润损失、经营利润损失和转售利润损失等类型。生产设备和原材料等买卖合同违约中，因出卖人违约而造成买受人的可得利益损失通常属于生产利润损失。承包经营、租赁经营合同以及提供服务或劳务的合同中，因一方违约造成的可得利益损失通常属于经营利润损失。先后系列买卖合同中，因原合同出卖方违约而造成其后的转售合同出售方的可得利益损失通常属于转售利润损失。

10. 人民法院在计算和认定可得利益损失时，应当综合运用可预见规则、减损规则、损益相抵规则以及过失相抵规则等，从非违约方主张的可得利益赔偿总额中扣除违约方不可预见的损失、非违约方不当扩大的损失、非违约方因违约获得的利益、非违约方亦有过失所造成的损失以及必要的交易成本。存在合同法第一百一十三条第二款规定的欺诈经营、合同法第一百一十四条第一款规定的当事人约定损害赔偿的计算方法以及因违约导致人身伤亡、精神损害等情形的，不宜适用可得利益损失赔偿规则。

11. 人民法院认定可得利益损失时应当合理分配举证责任。违约方一般应当承担非违约方没有采取合理减损措施而导致损失扩大、非违约方因违约而获得利益以及非违约方亦有过失的举证责任；非违约方应当承担其遭受的可得利益损失总额、必要的交易成本的举证责任。对于可以预见的损失，既可以由非违约方举证，也可以由人民法院根据具体情况予以裁量。

第二节　裁判精要

一、违约损失

（一）实际损失

1. 虽然协议约定缔约过程中支付的交易费，交易不成功不予退还，并实际给予了扣除，但交易不成功是基于对方的原因，交易费属于守约方实际财产的减损，属于直接损失。对于交纳保证金的利息，作为股权交易中的商事主体，无论是否以自有资金支付保证金，均因保证金的支付产生财务成本，故支付保证金的相应利息也属于直接损失。

在（2016）最高法民终802号案中，二审法院认为：鞍山财政局对标榜公司的直接损失应予赔偿。鞍山财政局违反诚实信用原则,存在缔约过失。标榜公司在缔约过程中支付交易费及保证金的利息,属于标榜公司的直接损失,应由鞍山财政局承担赔偿责任。首先,关于交易费及利息的问题。标榜公司于2012年3月30日向沈交所交付了案涉交易费用,鞍山财政局退还的保证金亦扣除了交易费,该费用系标榜公司在合同签订过程中实际财产的减损,该费用及相应利息均应由鞍山财政局予以赔偿。标榜公司已向沈交所保证无论交易成功与否均不退还交易费,故在交易不成功的情况下,该笔交易费已经构成其损失,且是因鞍山财政局不诚信的行为所导致。因此,鞍山财政局主张其不应赔偿的上诉理由不能成立。其次,关于保证金利息的问题。鞍山财政局虽已将标榜公司支付的保证金予以返还,但标榜公司作为商事主体,无论是否以自有资金支付保证金,均因保证金的支付产生财务成本。因此,标榜公司所支付保证金的相应利息属于直接损失,应当由鞍山财政局予以赔偿。最后,关于利息计算标准的问题。原审判决以人民银行同期贷款利率作为计算上述交易费及保证金利息的标准,符合通常的计算标准,并无不当。

2. 实际获得的收益应从损失赔偿额中扣除,该所得即为实际损失。

在(2020)最高法民终1219号案中,二审法院认为:关于娄某某的损失数额应如何认定的问题。娄某某在一审中提出反诉请求主张的损失数额为2860万元,即《购买股权协议》《补充协议》的可得利益为5000万元、整合德鑫煤矿的欠付款为1800万元,扣除转让悦阳煤矿产能和资产的收益为2940万元。其中5000万元可得利益中,第三笔转让款2000万元并不满足实现条件,亦与田某贵未完成补充勘探工作之间不具有直接的因果关系,娄某某关于该笔转让款的可得利益损失,不能成立。关于整合德鑫煤矿1800万元的欠付款,一审判决以此款未实际发生为由未予认定,娄某某未就此提出上诉,予以维持,故娄某某的损失应认定为3000万元。同时,根据《买卖合同司法解释》第31条关于"买卖合同当事人一方因对方违约而获有利益,违约方主张从损失赔偿额中扣除该部分利益的,人民法院应予支持"的规定,娄某某转让悦阳煤矿产能和资产获得的2940万元收益应从3000万元损失赔偿额中扣除,田某贵向娄某某实际赔偿损失应为60万元(即3000万元-2940万元)。

3. 违约损失包括合同履行利益,合同履行利益是指依照合同约定全部履行完毕可以得到的利益。实际损失与可得利益损失会出现同一的情况。

在(2019)最高法民终686号案中,二审法院认为:关于烨扬公司应否支付及如何支付剩余股权转让款5838.16万元及逾期付款利息、违约金的问题。因案涉《股权转让协议》继续履行,烨扬公司应依据协议约定,继续支付剩余股权转让款5838.16万元。烨扬公司逾期付款构成违约,应承担违约责任。虽然《股权转让协议》约定,"逾期付款延迟支付部分按每日万分之五计算罚息,且按转让总金额的百分之十承担违约责任",但在烨扬公司提出调减主张的情况下,人民法院有权以实际损失为基础,兼顾合同的履行情况、当事人的过错程度以及预期利益等综合因素,根据公平原则和诚实信用原则予以衡量。

本案中,如《股权转让协议》按期履行,章某某可获得的利益是烨扬公司支付的全额股权转让款。章某某在本案中的实际损失与可得利益损失同一,这与其提交的本院案例关于违约损失包括合同履行利益的裁判精神并不矛盾。考虑到章某某在和源公司的股权至今仍登记在其名下,股东权益仍由其享有等因素,一审法院将烨扬公司的逾期付款罚息及违约金酌情调减为以欠付股权转让款为基数,按同期人民币贷款利率,自双方约定的烨扬公司应付而未付股权转让款次日起计算资金占用费,符合本案案情与法律规定。烨扬公司主张,即使判令其承担资金占用费,也应自章某某取得和源公司其他股东对其转让股权的同意时开始计算。如前所述,和源公司其他股东从未向烨扬公司主张过优先购买权,烨扬公司对此并不存在先履行抗辩权,烨扬公司的此项主张不能成立。

章某某主张其损失应包括因偿还和源公司贷款而对外举债的高额利息。如上所述,案涉合同的目的是股权转让,既与目标公司是否上市无直接关系,也与目标公司的经营无直接关系。章某某对外借款不论是否用于和源公司还贷,因此产生的利息都不能视为因烨扬公司违约所致。

4. 双方约定了资金占用损失的总数额,应从约定。

在(2015)民二终字第310号案中,二审法院认为:《补充协议书》约定,8700万元股权及不动产转让款的资金占用损失计算至2014年5月31日止,双方确认资金占用损失合计900万元且对此均不持任何异议,甲方有权从乙方已支付款项中优先扣回上述资金占用损失。同时约定"在乙方履行本补充协议第一条约定的前提下,剩余4000万元股权及不动产转让款,乙方承诺至迟于2014年9月30日前清偿完毕"。甘某某出具了《900万元资金占用损失费的计算方法》,认为按同期银行贷款计算利息只是损失的一部分,因为资金使用的机会成本以及利润损失属于商业判断规则的范围,况且当事人并没有把这部分损失约定为利息损失。资金占用损失的约定系双方自愿协商达成,甘某某认为应当按同期银行贷款计算利息作为损失没有合同和法律依据。

5. 当事人自愿放弃相关的赔偿,系其处分权利的行为,再主张赔偿没有依据;如何筹集股权转让款是股权受让人自身的行为,资金的来源有多种,股权转让人可以预见的合理损失应是其实际占有资金期间的利息损失,而不应包括股权受让人对外融资所产生的实际费用,该部分损失可以以股权转让人实际占有资金的时间、金额,按照中国人民银行存款利率计算;为履行合同所支付的咨询费、审计费、财务顾问费、人员工资等,是为实现合同目的,诚意履约而实际支付或必须对外支付的款项,应认定为合同不能履行所产生的损失。

在(2003)民二终字第143号案中,二审法院认为:关于终止履行股权转让协议所造成损失的计算问题。

第一,关于新奥特集团支付2亿元股权转让款损失的问题。《协议书(二)》明确约定,如华融公司在仲裁案件中败诉,造成转让的股权不能过户,股权转让协议不能继续履行时,新奥特集团不得追究华融公司应当或可能负有地对2亿元资金所产生的利息、融资成本、可预期利益、赔偿等相关责任。该约定是双方当事人的真实意思表示,不违反相关法律、行政法规,应为有效。该约定免责的前提是华融公司在仲裁中败诉,而非新奥特集团主张的在华融公司败诉的情况下,还应让新奥特集团及电子公司再行竞价。新奥特集团在华融公司仲裁败诉后即收回2亿元资金的行为也说明其不存在再行竞价的意愿。新奥特集团自愿放弃与2亿元相关的赔偿,系其处分权利的行为。故新奥特集团上诉提出华融公司应赔偿其因支付2亿元股权转让款而造成6435750元损失的请求,不予支持。

第二,关于新奥特集团因支付1亿元股权转让款所产生的损失问题。如何筹集股权转让款是新奥特集团自身的行为,资金的来源有多种,华融公司可以预见的合理损失应是其实际占有资金期间的利息损失,而不应包括新奥特集团对外融资所产生的实际费用,故该部分损失应以华融公司实际占有资金的时间、金额,按照中国人民银行半年定期存款利率计算。

第三,新奥特集团为履行合同所支付的咨询费、审计费、财务顾问费、人员工资等,是其为实现合同目的,诚意履约而实际支付或必须对外支付的款项,应认定为合同不能履行所产生的损失。其中咨询费已付200万元,但根据新奥特集团与完善管理有限公司的合同,新奥特集团有权要求完善管理有限公司退还100万元,故咨询费的实际损失应认定为100万元。人员工资损失应按照实际从事股权收购的人员、时间计算,即386490元。审计费按实际支付金额55000元计算。财务顾问费按新奥特集团被追索的2248265.75元计算。上述咨询费、审计费、财务顾问费、人员工资损失共计 3689755.75 元,由华融公司承担 50%,即 1844877.88 元。新奥特集团主张的股权收益 459 万元,因证据不足,不予支持。

(二) 可得利益损失

1. 交易机会的损失为可得利益损失。

在(2016)最高法民终 802 号案中,二审法院认为:鞍山财政局对标榜公司所主张的可得利益损失应予适当赔偿。首先,鞍山财政局恶意阻止合同生效的过错明显。其次,标榜公司存在客观合理的交易机会损失。一般而言,在交易磋商阶段,合同是否能够签订以及合同签订所带来的交易机会能否最终实现均属未知,故此时交易机会尚不具有可能性。但如果双方已经达成合意并签订合同,在合同生效要件具备前,双方相互信赖,因信赖对方会诚实守信地履行相关义务因而获取特定利益的机会也具有相当的可能性。此时,如一方当事人不诚实守信履行报批义务,其应当预见对方将因此而遭受损失。

案涉《股份转让合同书》签订后,虽须经有权机关批准方能生效,但双方已就标榜公司购买鞍山银行的股权达成合意,在无证据证明该合同不能获得有权机关批准的情况下,标榜公司有合理理由信赖鞍山财政局应恪守承诺,及时妥善地履行报批手续,从而使案涉合同的效力得到确定,进而通过合同的实际履行取得案涉股权,获取相关利益。因此,标榜公司获得案涉股权的可能性现实存在。但因鞍山财政局拒不将案涉合同报批,继而将案涉股权另行高价出售,其不诚信的行为直接导致标榜公司获得案涉股权的可能性完全丧失,导致标榜公司因此而获得相关利益的现实性完全丧失。最后,鞍山财政局对标榜公司损失交易机会承担赔偿责任是维护公平正义和市场交易秩序的需要。

关于标榜公司损失交易机会的数额认定问题。对标榜公司因合同未生效导致交易机会损失的数额,综合考虑各种因素,酌定按鞍山财政局转售案涉股权价差的 10% 予以确定,以案涉股权转售价每股 2.5 元减去案涉股权转让合同价每股 2 元乘以 22500 万股再乘以 10% 计算,即 1125 万元,该损失应由鞍山财政局予以赔偿。

2. 合同履行后可以获得的利益既包括直接损失,亦包括间接损失,且应当是以违约方可预见的损失为前提。

在(2009)民提字第 45 号案中,再审法院认为:关于鞠某某、鞠某 2 是否应当赔偿雷某某所受损失及损失数额如何确定的问题。法律规定,合同履行后可以获得的利益既包括直接损失,亦包括间接损失,且应当是以违约方可预见的损失为前提。本案中,按照鞠某某、鞠某 2 与雷某某的《股权转让协议》约定,雷某某若要成为金马公司的股东,持股比例应为60%。《项目申请报告》中载明,该项目预计利润总额为500.7万元,其60%为300.42万元。这是当事人双方而非单方在转让股权之前所预算到的、所追求的最低利润。鞠某某、鞠某2在签订该协议前应当预见到雷某某一旦受让股权不成,将可能损失约300万元。另外,鞠某某、鞠某2约定将股权转让给雷某某,后又转让给案外人李某美,两次给付的对价之差达480余万元。鉴于上述因素,雷某某一审诉请200万元损失及违约金100万元,总数额均在上述预期利益与可得利益范围内,不违反违约赔偿损失的立法精神,予以维持。

3. 因无法划分双方违约责任的大小,一方的资产闲置和生产经营中断,损失难以量化,可以将支付股权转让款和预分红款的利息作为损失依据。

在(2019)最高法民终310号案中,二审法院认为:关于应否给付利息及给付期间的问题。荣恩公司上诉主张支付股权转让款、预分红款的资金占用利息的起算日期应为款项实际支付钮瑞西公司之日,并请求计息的截止日期为钮瑞西公司实际付清之日。对此,法院认为,合同解除后,返还股权转让款和预分红款的资金占用利息的起算日期应为款项实际收到之日,但荣恩公司自取得顶峰公司70%的股权后,并未实际开展生产经营活动,在客观上亦造成顶峰公司的资产闲置和生产经营中断,对顶峰公司股权的实际价值及收益产生一定影响,而该影响又难以量化。且他案生效民事判决认定双方对《合作协议》的解除均有责任,双方责任大小亦无法量化,一审法院判决钮瑞西公司自《合作协议》解除之次日起按中国人民银行同期贷款利率给付股权转让款和预分红款的利息,基本衡平了双方利益,并无明显不当。对荣恩公司关于钮瑞西公司应支付利息的起算时间点应为款项给付之日的上诉请求,不予支持。荣恩公司一审诉请返还股权转让款和预分红款资金占用利息的截止日期为钮瑞西公司实际付清之日,一审法院自行确定为一审开庭之日即2018年9月17日,明显错误。对于荣恩公司关于计息的截止时间的上诉请求,予以支持,即钮瑞西公司对应返还荣恩公司的6783万元自2017年9月28日起按中国人民银行同期贷款利率即年利率6.15%支付资金占用利息至实际付清之日止。

4. 因股权受让方违约,没有在约定期限内支付股款,股权转让方另行与第三人签订股权转让协议,约定了新的股权转让价格。但该价格并非鉴定机构作出的关于股权真实的估值,且新的股权转让协议并未实际履行,新的受让人并未实际支付股款,股权转让人不能以新约定的股权价格与之前协议约定的股权价格之差价,作为向原股权受让人主张赔偿损失的依据。

在(2019)琼97民初7号案中,一审法院认为:关于解除《股权转让协议》后,李某某应否向刘某某赔偿损失及具体数额的问题。本案中,李某某未按合同约定履行义务,构成违约,若给刘某某造成损失,应当赔偿。刘某某主张在两年履行期届满后,刘某某以 4675 万元的价格另行转让其股权,导致价格落差 6325 万元,主张李某某赔偿其损失 2000 万元。因刘某某提供的证据仅为刘某某与吉林和信公司签订的《股权转让协议》,该协议载明的转让价格虽为 4675 万元,但该价格为双方协商的价格,而不是评估鉴定机构作出的市场价格。

而从李某某在工商部门调取的材料,同日富冠公司与吉林和信公司签订的《股权转让协议书》中,富冠公司将其所占南宏公司 15% 的股权以零价格转让给吉林和信公司,故协议书上双方约定的价格受较多因素影响,不能据此认定股权的真实价值或双方的真实转让价格。且南宏公司的主要资产为 3200 亩的农业出让地,从刘某某与李某某签订《股权转让协议》到刘某某与吉林和信公司签订《股权转让协议》,没有证据证明南宏公司的资产减少,亦没有证据证明其债务增加,在土地价值逐年增长的外部环境下,刘某某将其股权以落差 6325 万元的价格进行转让不合常理。故刘某某仅以与吉林和信公司签订的《股权转让协议》向李某某主张损失 2000 万元,证据明显不足,刘某某应承担举证不能的不利后果。

5. 当事人在诉请中可以主张:一是尚未支付的合同价款滞纳金及利息损失,二是合同解除后将股权另行转让给他人形成的价差损失,三是交易拖延形成的财务成本损失。因影响股权转让价格的因素复杂多样,与第三方约定的交易价格是否客观公允,除非有直接证据支持,否则不宜在案件中作出判断。

在(2018)最高法民终 1150 号案中,二审法院认为:因星昊公司没有履行《框架协议》及《补充协议》,没有与星译公司签订正式股权转让合同,没有履行付款义务,双方又签订《补充协议 2》,对星昊公司的付款方式再次作出调整,但星昊公司此后仍未能按照《补充协议 2》的约定正确履行付款义务。星译公司行使合同解除权单方解除本案合同,并通过项目公司付清剩余土地款,至此产生了相应的滞纳金及利息 4086 万余元,应认定该款为因星昊公司违约而给星译公司造成的损失。

合同约定,若星昊公司违约,则应向星译公司支付违约金 4000 万元。现星译公司请求星昊公司支付 4000 万元违约金,存在合同和事实依据,应予支持。星译公司陈述其损失共三部分,一是上述 4086 万余元的滞纳金及利息损失,二是在案涉合同解除后将股权另行转让给龙报公司形成的价差损失 2000 余万元,三是案涉交易拖延形成的财务成本损失。就其所述的股权转让价差损失而言,因影响股权转让价格的因素复杂多样,且星译公司与龙报公司约定的交易价格是否客观公允,均不宜在本案中作出判断。

6. 逾期支付股款的违约金,一般可以考虑按中国人民银行同期贷款利率、全国银行间同业拆借中心公布的同期贷款市场报价利率一定倍数之标准来计算;自支付股款之日到合同解除之日这一期间的资金占用损失,按中国人民银行同期贷款利率、全国银行间同业拆借中心公布的同期贷款市场报价利率来计算,一般可以得到支持;预期利益损失与逾期支付股款的违约金若有重复之处,难以得到支持;融资成本损失,没有证据证明其与案件有直接关系的,难以得到支持;为实现债权产生的各种费用,要考虑双方合同是否有约定,也要考虑费用是否有必要、是否合理,存在部分费用项目获得支持的可能。

在(2021)最高法民终544号案中,二审法院认为:关于华策公司主张的损失及违约金。

(1)逾期还款违约金。张某芬逾期返还华策公司支付的股权转让款,构成违约,依约应承担相应的违约责任。《股权转让协议》约定了逾期还款时违约金的计算方法,张某芬等提出约定的违约金标准过高,请求予以减少。鉴于此,综合考虑张某芬在华策公司行使合同解除权之前并无违约行为,华策公司因张某芬逾期还款所产生的损失等实际情况,酌情调整为按中国人民银行同期贷款利率、全国银行间同业拆借中心公布的同期贷款市场报价利率的1.3倍计算。(2)从付款之日到合同解除之日这一期间的资金占用损失。华策公司在行使合同解除权后,有权要求恢复原状和赔偿损失。华策公司通过珠海华策集团分别支付5000万元、2.2亿元、4.05亿元,华策公司主张自其付款之日起至合同解除之日,按中国人民银行同期贷款利率计算资金占用损失,属于法定孳息,应予支持。(3)预期利益损失。华策公司主张的预期利益损失并非因张某芬逾期返还股权转让款所造成,华策公司以张某芬违约为由主张向其赔偿预期利益损失,缺乏事实和法律依据。(4)融资成本损失。华策公司主张其依据《债权收购暨债务重组协议》《债权收购暨债务重组协议》向信达广东分公司支付的融资利息损失应由张某芬承担,但是未能提交证据证明其所主张的融资利息损失与本案具有关联性,且系因张某芬逾期返还6.75亿元股权转让款所造成,因此,对融资利息损失不予支持。(5)为实现债权所支付的费用。《股权转让协议》并未就公证费、认证费、翻译费的承担问题作出明确约定,且华策公司提交的《收条》《公证书》《报价单》等证据亦不足以证明该公司为本案诉讼实际支付了公证费、认证费港币13860元、英镑650元及翻译费3630元,请求张红芬承担上述费用缺乏事实依据。至于诉讼财产保全责任保险费用35万元,并非华策公司为实现本案债权所必需支出的费用,且双方对此费用的承担也未作出明确约定,不予支持。

二、违约金

(一)违约金的司法酌减

1. 对违约金的调减,以实际损失为基础,兼顾合同的履行情况、当事人的过错程度以及预期利益等综合因素,根据公平原则和诚实信用原则予以衡量。在股权转让合同中,股权转让方的实际损失可以为股权受让方逾期支付转让价款所造成的资金占用损失。如果违约金数额已过分高于实际损失,违约金可参照中国人民银行规定的金融机构计收逾期贷款利息的标准计算。

在(2015)民二终字第63号案中,二审法院认为:关于违约金数额是否过高的问题。法律规定,违约金是否过高,应当以实际损失为基础,兼顾合同的履行情况、当事人的过错程度以及预期利益等综合因素,根据公平原则和诚实信用原则予以衡量。关于实际损失,因双方均未提交相应证据,故应根据本案的实际情况予以认定。本案系企业整体转让纠纷,作为出让方,其实际损失为受让方逾期支付转让价款所造成的资金占用损失。考虑到云南联恒和昭通联恒支付的转让价款已超过总转让价款的一半,且已按合同约定代中翔公司和旺立达公司承担了近700万元的债务,根据合同履行情况、云南联恒和昭通联恒的过错程度以及公平原则,法院认为以合同约定为标准计算违约金数额,已过分高于中翔公司和旺立达公司的实际损失,违约金应参照中国人民银行规定的金融机构计收逾期贷款利息的标准计算,即按中国人民银行规定的同期贷款基准利率上浮50%的利率进行计算。

2. 双方均存在违约行为,未能举证证明实际损失,由法官根据案情酌定违约金是否过高。

在(2019)最高法民终1866号案中,二审法院认为:虽然吉优公司构成违约,但华宇公司也存在迟延付款的情形,考虑到协议还会继续履行,华宇公司已支付的股权转让款仅为7200万元,还有大部分股权转让款未支付,华宇公司也未就其实际损失举证证明等因素,华宇公司依据《股权转让协议》的约定要求吉优公司以总价款3.6亿元每日万分之二向华宇公司承担违约责任,明显过高,一审法院酌情调整为由吉优公司依据已付款7200万元的日万分之二承担资金占用损失为宜,即从最后一次付款日2018年8月22日计算至起诉之日2018年12月12日,为158.4万元。

3. 一方已就支出的费用、合同履行后的可得利益损失进行了举证,以证明违约金不高于损失,对方并未就违约金约定过高提供相应证据予以证明,应承担不利后果。

在(2019)最高法民终838号案中,二审法院认为:中航福田基金已就其履行协议支出的费用、合同履行后的可得利益损失进行了举证,以证明违约金不高于损失,而潘某顺等四人并未就违约金约定过高提供相应证据予以证明,应当承担不利后果。而中航福田基金、中航产业管理企业提供的证据虽未达到高度盖然性的程度,但较之对方,其证明力较大;根据举证责任分配和优势证据规则,潘某顺等四人关于调减违约金的主张,理据不足,不予支持。

4. 一方没有提供违约金过高的证据,对违约金不予调整。违约金是对预期损失的约定,是双方合意的结果,真实有效,应以约定的违约金数额作为损失数额。

在(2013)民申字第2005号案中,再审法院认为:《项目合作合同》约定:"因任何一方违约造成合同解除或终止的,违约方应向守约方支付5000万元违约金。"国野公司有权依照《项目合作合同》的约定,要求黄某某承担违约责任。当事人对自己提出的诉讼请求所依据的事实或者反驳对方诉讼请求所依据的事实有责任提供证据加以证明,没有证据或者证据不足以证明当事人的事实主张的,由负有举证责任的当事人承担不利后果。黄某某主张《项目合作合同》约定的5000万元违约金过分高于所造成的损失,但并没有提供违约金过高的证据。违约金是对预期损失的约定,是合同双方合意的结果,真实有效。而因违约所造成的损失,包括合同履行后可以获得的利益。一、二审法院综合考虑中联环公司的注册资本、合同总价款、所涉地块面积等因素,参考旧改项目可行性研究报告的内容,认定《项目合作合同》约定的5000万元违约金并不过分高于国野公司在合同履行后可以获得的利益,对黄某某关于违约金过高的请求不予支持,并无不当。

5. 除非合同明确约定以银行同期贷款利率作为计算违约金的依据,否则将以"约定的违约金超过造成损失的百分之三十"作为判断违约金是否过高的标准,按照年利率24%标准计算违约金显然没有过高。

在(2019)浙02民终3109号案中,二审法院认为:《股权转让协议》明确约定孙某某应于2017年3月30日前支付股权转让的尾款200万元。经协商,许某新方同意孙某某延期支付尾款至2017年9月13日,但这是许某新方给予孙某某的履行宽限期,如果孙某某在宽限期内履行尾款支付义务,2017年3月30日至9月13日期间的违约损失,许某新不再追究,但孙某某在宽限期内仍未履行付款义务,其违约损失应当从2017年3月31日起算,孙某某上诉主张从2017年9月14日起计算没有依据。同时,在《股权转让协议》明确约定违约金条款的情况下,孙某某主张违约金过高,因而应当调整违约金,但以银行同期贷款利率作为标准显然没有依据,如果以年利率24%为标准计算违约金时,双方合同约定的违约金140万元也没有明显过高,没有调整必要。

6. 法院可以综合各种因素酌情将约定的违约金数额调低至目前的另一固定金额,该调整并未改变固定违约金的性质。当事人请求将固定违约金改变为以时间来计算数额不确定的违约金,不会得到法院支持。

在(2015)民二终字第231号案中,二审法院认为:《股权转让协议》约定,如宝士力公司超过约定90天仍不能完成全部拆迁,宝士力公司应向威如公司承担违约金2.25亿元。宝士力公司超过上述期限未能按约定完成全部拆迁处置任务的,应承担相应的违约责任。本案中,《股权转让协议》约定的违约金为固定数额,并非根据迟延交付诉争地块的时间进行计算,原审判决对违约金数额的调整亦非以诉争地块实际迟延交付的时间来确定,而是综合考虑合同的履行情况、当事人的过错程度、实际损失数额以及诉争地块的现状等因素,通过一定的计算方式,酌情将约定数额调低至目前的另一固定金额,该调整没有从根本上改变本案中固定违约金的性质,并无不当。威如公司关于违约金应当计算至宝士力公司实际交付符合约定的地块之日止的上诉请求,实质是将固定数额的违约金改变为以时间来计算的数额不确定的违约金,有违双方的在先约定,本院不予支持。

（二）约定违约金调减权的效力

【无效】

1. 关于违约金的约定系双方认真协商确定的,违约金、赔偿金均不存在过高和过低,法院亦可对违约金进行调整。

在(2019)渝民终2164号案中,二审法院认为:我国法律规定的违约金制度以补偿为主、以惩罚为辅,违约金制度以赔偿非违约方的损失为主要功能,而不是旨在严厉惩罚违约方,使违约金制度成为一方获取暴利的工具。因此,当合同当事人约定的违约金标准过分高于一方实际遭受的损失时,即使合同约定不得调整,另一方仍有请求人民法院予以调整的权利,这才符合我国法律关于违约金制度的立法宗旨。在本案中,尽管双方明确约定协议约定的违约金金额系双方认真协商确定,违约金、赔偿金均不存在过高和过低的问题,但并不能因此而认定双方当事人均不能再对违约金进行调整,是否应当调整应当结合违约金标准是否明显高于一方的违约行为对另一方造成的损失情况予以判断。

斯为美房地产公司在本案中的违约行为主要体现在未将经开区开发公司支付的安置房回购款、退回的征地费转入公共账户，按照约定斯为美房地产公司应当承担实际发生金额3倍的违约责任，该条约定明显与优雅房地产公司因此而可能遭受的损失不相符。尽管优雅房地产公司在一审中仅主张支付实际发生金额1倍的违约金，但该违约金仍与优雅房地产公司可能遭受的损失不相符，斯为美房地产公司在二审中请求参照优雅房地产公司实际遭受的损失予以调整符合法律规定，法院予以支持。

2. 各方在协议中均承诺放弃请求对方或司法机关减少违约金金额的权利，法院亦可对违约金调整。

在（2019）浙民终1641号案中，二审法院认为：爱尔妮公司等认为合同约定的2000万元违约金明显过高，请求法院根据实际损失予以调低；而前海公司则认为各方在协议中均承诺放弃请求对方或司法机关减少违约金金额的权利。原审法院认为违约金并不是为了体现惩罚功能；法律规定约定的违约金过分高于造成的损失，当事人可以请求人民法院予以适当减少，而案涉约定的违约金明显高于前海公司的实际损失；虽然爱尔妮公司、鼎特公司、宸和公司存在违约行为，但前海公司的合同履行行为也存在一定瑕疵，从平衡双方当事人利益的角度出发，依其自由裁量权酌情判决爱尔妮公司、鼎特公司、宸和公司承担的违约金数额，没有明显不当。

3. 放弃调整违约金的约定系格式条款，且明显排除了对方的权利，条款无效。

在（2020）粤13民终7634号案中，一审法院认为：虽然双方在合同中约定违约方自愿放弃因违约金过高要求调整的权利，但该条款系格式条款，且明显排除了对方的权利，也不符合法律关于"当事人可以约定一方违约时应当根据违约情况向对方支付一定数额的违约金，也可以约定因违约产生的损失赔偿额的计算方法。约定的违约金低于造成的损失的，当事人可以请求人民法院或者仲裁机构予以增加；约定的违约金过分高于造成的损失的，当事人可以请求人民法院或者仲裁机构予以适当减少"的规定，应当认定该条款为无效条款。二审法院持相同观点。

4. 放弃调整违约金的约定不利于社会经济秩序的，条款无效。

在（2020）闽05民终4560号案中，一审法院认为：案涉《合同书》《补充协议》均记载着"各方一致认同：上述违约责任是各方自愿商定的结果，任何一方均不得再行根据任何法律条款或理由主张上述违约责任条款无效、终止、解除或主张撤销、变更上述违约责任条款"的约定,该约定违反了法律关于当事人可主张调整违约金的规定,且不利于社会经济秩序,故上述条款无效。二审法院判决驳回上诉,维持原判。

【有效】

1. 应尊重当事人预先放弃调整违约金的约定,该约定有效,法院不再对案涉违约金进行调减。

在(2019)最高法民申 3344 号案中,再审法院认为:合同双方当事人放弃调整违约金的约定属于当事人的意思自治。当事人签订协议时已经明确表明放弃调整违约金。即无论损失是多少,违约金均按人民币 500 万元计算。依法成立的合同,对当事人具有法律约束力。当事人应当按照约定履行自己的义务,不得擅自变更或者解除合同,人民法院应尊重当事人在本案中预先放弃调整违约金的约定。

在(2020)苏 07 民终 417 号案中,二审法院认为:双方约定以应付而未付的金额为本金,月利率 20%计算违约金,且均明确放弃违约金约定"过高"的抗辩权,该约定并不违反法律规定。

(三)逾期付款的利息、罚金

1. 关于逾期支付股权转让价款而产生利息的约定,实质系违约金条款,民间借贷利息计付上限的标准对调整违约金时具有参考作用。违约方负有证明因违约给守约方造成的实际损失及约定的违约金过分高于该实际损失的举证责任。

在(2021)最高法民终 637 号案中,一审法院认为:关于逾期付款的利息的认定问题。第一,比克电池公司、李某某就提出的调整违约金的请求,依法负有证明因违约方违约给守约方造成的实际损失及约定的违约金过分高于该实际损失的举证责任。本案中,比克电池公司、李某某并未举示任何证据,其应承担举证不能的不利后果。

第二,逾期付款的违约责任与民间借贷利息的计付标准,二者性质不同。《民间借贷司法解释》中,关于支持利息上限之相关规定在法院裁量是否应调整违约金时具有参考作用。当事人约定自 2019 年 1 月 1 日起对未付股权转让价款按年利率 18%计付利息的标准较司法解释的规定相比并不属于约定过高。故,比克电池公司、李某某提出的请求调整违约金的答辩意见因其举证不能,且无事实和法律依据而不能成立。对成都鼎量主张自 2018 年 10 月 19 日起暂计至 2020 年 3 月 2 日止的逾期付款利息 3267.48 万元,因有事实和合同依据,应予支持(计算公式:1.3225 亿元×18%年利率÷365 天×501 天)。自 2020 年 3 月 3 日起至实际支付完毕股权转让价款之日止这一期间的逾期付款利息,浩泽公司仍应据上述公式计付。

2. 罚金具有违约金的性质,既约定了罚金又约定了违约金的,可将两者合并考虑后判断违约金是否过高而予以调减。

在(2017)最高法民终 840 号案中,二审法院认为:《转让合同》对牟某某违约既有每逾期 1 日,按逾期款项金额 1.3‰支付逾期罚金的约定,又同时约定了 1000 万元违约金。两者均属违约金的性质。一审判决认定上述约定的违约金过分高于所造成的损失,根据当事人的请求予以调减,符合法律规定。

3. 双方对股权变更登记均存在过错的,约定的罚金支付条件不成就,一方请求支付罚金没有依据。

在(2017)最高法民终 641 号案中,二审法院认为:签订《备忘录》《备忘录(二)》后,工商学院的法定代表人唐某未能在约定期限内支付 4000 万元款项,直至 2013 年 4 月 22 日方才收到赛伯乐公司出具的 4000 万元收据。对于唐某在支付上述 4000 万元后的 1 个月内,赛伯乐公司、经济学院是否有意不将海睿教育公司的股权予以变更,唐某并未提交证据加以证实。从赛伯乐公司、经济学院于唐某违约支付上述 4000 万元款项前即已委托评估有限公司对海睿教育公司的全部资产及负债情况进行评估等事实看,赛伯乐公司、经济学院已依约履行关于海睿教育公司的股权变更事宜,不存在有意不办理股权变更登记的情形。而且,唐某已于 2012 年接管该公司并担任海睿教育公司的法定代表人,该公司于 2014 年完成股权变更登记。因而公司的股权未按照最先约定的时间完成变更登记,双方均有原因,《备忘录》约定的 1.1 亿元罚金支付条件并未成就,唐某主张赛伯乐公司、经济学院逾期办理股权变更登记并要求向其支付 1.1 亿元的罚金,无事实依据。

4. 根据合同约定,违约之日为违约金的起算时间点。

在(2016)最高法民终 481 号案中,二审法院认为:关于违约金的起算时间问题。从《补充协议(三)》约定看,华电公司至迟在 2012 年 2 月 29 日即应支付第三笔股权转让款 1 亿元到双方共管账户,华电公司的支付义务是无条件的,其未及时将该款项支付到共管账户即已构成违约,此时即为违约金的起算时间。赵某、洪某主张自 2012 年 8 月 7 日目标公司 45 万吨产能优化改造获批之日来计算华电公司的违约金,是对其违约金请求权的部分放弃,原审判决按其诉请确定违约金的起算时间并无不妥。华电公司关于应自第二个付款条件成就的时间即 2015 年 3 月 30 日纳税申报完成之后计算违约金的上诉主张,亦缺乏合同依据和事实依据。

5. 在当事人有明确约定的前提下,违约金和赔偿损失(逾期付款利息)可以并用。

在(2016)川民终1164号案中,二审法院认为:关于马某某、程某某同时承担合同约定的违约金及逾期利息是否恰当的问题。案涉《股权转让协议书》约定,马某某应当在合同签订后180天之内一次性支付完毕剩余的1000万元股权转让款,而马某某并未按约履行付款义务,构成违约,应承担逾期付款的违约责任。《股权转让协议书》约定,若一方违约,由违约方赔付守约方500万元违约金,并赔偿相应的实际经济损失。该条款虽约定了违约时违约方应支付违约金的具体数额,但同时又约定对守约方的实际损失应予赔偿,表明双方一致认可违约赔偿应以守约方的实际损失为依据,若约定的违约金不足以弥补守约方的实际损失的,守约方可要求增加赔偿。

本案中,宏铭公司提出诉请明确要求马某某在承担违约金500万元的同时,承担1000万元欠款的逾期利息,实质是认为约定的违约金不足以弥补实际损失,申请人民法院在支持违约金的同时,另行支持其相应的资金占用损失,以弥补其因马某某逾期付款的行为而遭受的损失。按照约定的履行期限,马某某应于2013年12月20日前支付剩余的1000万元股权转让款,而马某某并未依约支付,且本案纠纷至今仍未解决,宏铭公司遭受的损失仍在持续扩大,一审法院在支持宏铭公司提出的违约金诉请的同时,判令马某某承担自宏铭公司起诉之日,即2014年7月16日起的逾期付款利息,并无不当。同时,一审法院按照中国人民银行同期贷款基准利率计算资金占用损失的实体处理并不会导致双方利益失衡,符合民法的公平原则,对此予以确认。

6. 资金占用损失并非违约金,双方对此作了约定,则从约定。

在(2015)民二终字第310号案中,二审法院认为:关于甘某某既支付资金占用利息又支付违约金是否妥当的问题。第一,自2014年6月1日起,按月息27.5‰计算资金占用损失系董某博、翟某梅、刘某田与甘某某、星湖湾公司、彦海公司等多个商事主体于2014年5月13日在案涉第二份《补充协议书》中达成的合意,符合法律规定。第二,尽管原审法院在裁判文书中对计算这笔损失赔偿额的公式表述有误,但计算结果5864854.92元是正确的,双方当事人对此没有异议。第三,上述资金占用损失只计算至2014年11月4日。第四,对于双方当事人之间约定过高的违约金,原审法院已经根据甘某某的要求进行较大幅度调整,从起初当事人双方约定的2910万元减少至775232.87元。第五,双方约定的资金占用损失并非违约金,只要不违反法律规定,人民法院不宜随意行使自由裁量权。

三、定金规则

(一)定金及利息的返还

1. 股权转让属于股权的继受取得,增资入股则属于股权的原始取得。当事人之间约定将取得股权的方式由股权转让变更为增资入股后,原股权转让合同即被其后签订的增资入股合同所更替而终止。定金罚则的适用以存在定金担保为前提,如果定金担保并未设立,也就不存在因违约而适用定金罚则。定金具有担保性、从属性,股权转让合同消灭后,定金合同亦相应消灭,当事人有权要求返还已经支付的定金。

在(2015)民二终字第191号案中,二审法院认为:定金罚则的适用以定金担保的存在为前提。如果定金担保未设立,也就不存在适用定金罚则的问题。案涉《股权转让意向书》约定杨某某将其持有的愉景公司35%的股权转让给孙某某,孙某某向杨某某支付3000万元定金。该定金条款为《股权转让意向书》的从合同,目的在于保障意向书的履行,属于定金,具有担保性、从属性。

在《投资入股协议书》中,约定孙某某通过增资入股的方式取得愉景公司35%的股权。作为股权取得的两种方式,股权转让与增资入股具有根本差异。股权转让属于股权的继受取得;增资入股则是通过向公司出资,认购公司增加的注册资本而成为股东,属于股权的原始取得。签订《投资入股协议书》后,孙某某取得愉景公司35%股权的方式由先前的股权转让变更为增资入股,《股权转让意向书》亦被《投资入股协议书》代替而归于消灭。

根据定金的从属性特征,《股权转让意向书》消灭后,前述的定金合同亦相应消灭,孙某某有权要求杨某某返还已经支付的定金。但本案中,孙某某并未要求杨某某返还定金,而是将其作为《投资入股协议书》中的投资款计算在付款总额中,杨某某也作了同样处理。因此,双方就以先前的定金抵作《投资入股协议书》项下的投资款形成了一致的意思表示。法律规定,定金应当以书面形式约定。《投资入股协议书》中未约定定金担保,杨某某与孙某某也没有另外签订书面的定金合同,孙某某更未在投资款之外向杨某某支付担保《投资入股协议书》履行的定金。因此孙某某与杨某某并未为《投资入股协议书》附设定金担保合同,本案不存在因当事人违反《投资入股协议书》而适用定金罚则的前提,故杨某某上诉主张因孙某某违反《投资入股协议书》而不返还2800万元定金,不予支持;原审判决杨某某双倍返还定金,亦有所不当,予以纠正。

2. 当事人双方均违约,应当各自承担相应的责任,且不适用定金罚则。在合同解除的情况下,应返还所收取的定金。

在(2016)最高法民终10号案中,二审法院认为:案涉《股权转让协议》《补充协议》等协议签订的目的在于通过股权转让的方式,使原股东弘毅投资公司、饶某某、章某某、杨某某完全退出目标公司,新股东浏阳鑫达公司对目标公司进行全面接管和控制,并对目标公司的项目继续进行建设、经营和管理。在实际履行过程中,浏阳鑫达公司向弘毅投资公司的账户汇入第一笔付款500万元后,未按上述协议的约定支付后续转让款,构成违约。

与此同时,《股权转让协议》约定,在过渡期内,弘毅投资公司等转让方应保证全面配合浏阳鑫达公司的接管行动;浏阳鑫达公司在支付上述第一笔付款之后,转让方应在2个工作日内将公章、财务专用章等各项档案资料交由双方共管,在5日内转让方应向浏阳鑫达公司提交各项档案资料清单。本案中,弘毅投资公司、饶某某、章某某和杨某某虽然提交了部分证据证明浏阳鑫达公司向兴海尕曲水电开发有限公司、青海省兴海莫多水电有限责任公司派驻了部分管理人员并且双方在银行开立了共管账户,但并未提供充分证据证明其已按约定将党村水电公司的公章、财务专用章等各项档案资料清单以及对公司经营管理产生决定性影响的事项交由双方共管。并且,浏阳鑫达公司在支付部分股权转让款之后,曾向弘毅投资公司等转让方发函对未能实现共管的事宜提出异议,弘毅投资公司等转让方在回函中并未否认浏阳鑫达公司的异议,只是主张其异议不是拒绝付款的理由。据此可以认定,弘毅投资公司、饶某某、章某某和杨某某作为转让方亦未按照《股权转让协议》的约定履行交付相关档案资料,实现共管的义务,同样构成违约。

虽然《股权转让协议》约定了双方履行义务的时间,但并未约定受让方支付股权转让款的合同义务和转让方接受配合共管的合同义务互为履行的前提条件,且合同目的的达成应建立在各方均履行各自义务的基础上,故一方违约并不能被认定为系行使对另一方违约行为的履行抗辩权。鉴于双方在履行《股权转让协议》中均存在违约行为,应当各自承担相应的责任,且不适用定金罚则。故双方互相要求对方应根据定金罚则承担相应的违约责任,以及弘毅投资公司、饶某某、章某某和杨某某要求浏阳鑫达公司支付1200万元迟延付款违约金的主张,均不予支持。一审判决《股权转让协议》已于2013年9月29日解除,弘毅投资公司、饶某某、章某某、杨某某连带返还浏阳鑫达公司支付的定金500万元是正确的。

3. 支付定金的一方非因主观原因未能签订股权转让合同，不适用定金罚则，基于公平原则，退还一半的定金。

在(2016)最高法民申2437号案中，再审法院认为：关于曾某某交付200万元的定金之后，拒绝签订股权转让合同的问题。从二审查明的事实来看，吴某某、贺某某与曾某某协商转让长沙先飞实业有限公司(以下简称"先飞公司")的股权并收取定金时，双方并未约定签订股权转让合同的时间。吴某某、贺某某收取定金后多次催告曾某某签订股权转让合同，曾某某在吴某某、贺某某催告后的合理期间内未能与吴某某、贺某某签订股权转让合同，其主要原因是自2012年6月26日至8月27日这一期间曾某某的人身自由受到限制，未能对吴某某、贺某某所提交的合同文本及相关资料予以审核确认。在此期间，曾某某并未表示不愿签订股权转让合同，也未拖延履行股权转让合同的签订事宜，而是委托其胞兄曾某龙处理股权转让合同的签订事宜。只是受其委托的曾某龙提出合同条款需要曾某某本人审定，而吴某某、贺某某因自身原因迫切需要对先飞公司的股权予以处置，以致在曾某某恢复人身自由之前，吴某某、贺某某将股权转让给他人。因此，二审判决认为尚不能得出曾某某有拒绝签订股权转让合同的主观故意的结论，具有事实依据。二审判决进一步认为双方均无拒绝签订股权转让合同的故意，股权转让合同之所以未能签订，系因客观上的障碍所导致，与法律有关适用定金罚则的情形不符，并基于公平原则，由吴某某、贺某某退还曾某某100万元，适用法律并无不当。

4. 名为"定金"，实为"订金"，系履行股权转让合同约定的行为，属预付的部分股权转让款。未能证明对方存在恶意磋商、故意隐瞒重要事实、提供虚假情况等违背诚实信用原则的行为，即便支付订金的一方有利息损失，也不能请求对方从付款之日起请求赔偿利息。

在(2013)闸民二(商)初字第342号案中，一审法院认为：关于300万元的性质。原告主张300万元系原告为签订股权转让协议而支付的订金，是诚意金；三被告则主张300万元系原告支付的定金，是立约定金。虽然双方未就300万元款项的性质签订书面合同，但被告高某某已经书写收条确认该300万元是订金。即使如被告所述在支付300万元当日，原告与被告高某某在短信中陈述"定金300万元"，双方通过电子邮件对签订定金协议进行协商及原告曾表示"打定金给你"，上述事实也仅表明双方曾经协商300万元为定金和原告单方陈述300万元为定金，不足以推翻被告高某某在协商之后出具的书面收条。鉴于原告与三被告均确认300万元是为签订股权转让协议而支付的款项，现双方并未签订股权转让协议，也再无签订股权转让协议的可能,原告要求当时的收款人被告高某某返还300万元,于法有据,予以支持。

关于订金利息的承担。原告为了签署股权转让协议支付了300万元,如前所述,在股权转让协议无签订协议时原告有权要求返还。但原告在庭审中坚称原告从未明确表示不签署股权转让协议,双方一直在协商,被告也表示愿意与原告签订股权转让协议,在此情况下,支付300万元系原告履行双方约定的行为,原告要求被告从付款之日起支付利息,显属不当。而且原告也未提供充足有效的证据证明被告存在恶意磋商、故意隐瞒重要事实、提供虚假情况等违背诚实信用原则的行为,即使原告有利息损失,被告也不应承担责任。

5. 股权受让人支付的款项被认定为履约保证金,该款项的性质在协议中未作约定,则不能视该款项为定金。在具体处理上,扣除违约损害赔偿后履约保证金还有剩余的,应将剩余款项全部退还。但因违约损害赔偿以实际损失为基础,在没有证据证明存在实际损失时,则应将支付的履约保证金全部退还给当事人。

在(2016)川民终1156号案中,二审法院认为:关于神通公司所支付的300万元的性质。根据《补充协议》约定,结合神通公司支付300万元后,中胜公司出具收据载明"收购坤鼎车业公司履约保证金头笔款",且神通公司并未提出异议的事实来看,神通公司所支付的案涉300万元的性质应当是基于《补充协议》的约定支付的履约保证金。《补充协议》关于该履约保证金的约定,并未明确其具有定金的性质。法律规定,当事人交付留置金、担保金、保证金、订约金、押金或者订金等,但没有约定定金性质的,当事人主张定金权利的,人民法院不予支持。故300万元履约保证金不具有定金的性质,中胜公司不能基于神通公司未履行合同约定直接扣除全部履约保证金。

履约保证金是合同当事人一方为担保合同的履行,而给付另一方当事人一定的金钱作为债权的担保。其功能在于为合同履行提供一种担保,根据债的担保的性质,履约保证金的性质为补偿性,即当交纳履约保证金的一方当事人未履行合同约定的义务时,收取履约保证金的一方当事人可以从该保证金中扣除因对方未履行合同约定而给己方所造成的损失。如果在扣除违约损害赔偿后履约保证金还有剩余,应当在合同履行完毕或合同解除后,将剩余的履约保证金退还给对方当事人。

本案中,当神通公司与中胜公司、南瑞公司同意解除《股权转让协议》及《补充协议》时,两份协议即告解除。神通公司并未履行《补充协议》所约定的各项义务,也并未获得坤鼎车业公司的股权,但《补充协议》并未就违约责任进行约定,此时神通公司所承担的违约损害赔偿责任应当以实际损失为基础。而中胜公司、南瑞公司在本案中并未提交证据证明神通公司未履行《补充协议》的约定给其造成的实际损失。故根据本案现有证据,中胜公司应当将案涉300万元履约保证金退还给神通公司。

6. 根据股权转让协议判断支付的款项,应注意其是立约定金、履约定金还是解约定金,或者兼而有之。同时注意定金占整个合同的交易比例是否超过法定比例,在超过法定比例的情形下,如果只是简单诉请不需返还收取的定金,这本身就是否定性的诉请内容,该诉请不会得到法院支持。

在(2017)青02民终474号案中,二审法院认为:关于400万元是否退还的问题。案涉《公司转让协议书》约定"乙方未能在2014年6月20日前支付甲方本合同本条第3、4、5款规定的七百七十五万元转让款,甲方有权终止该转让合同,且乙方支付的四百万元定金甲方将不再退还乙方。甲方之前交付王某鹏5%的股份由甲方收回。"及"如因乙方原因导致本合同无法履行或乙方不履行合同的约定,则无权要求返还定金",因此双方所约定的定金属于履约定金或解约定金。因约定的定金数额不得超过主合同标的额的20%,《公司转让协议书》中所约定的股权转让总价款为1475万元,但是协议书中约定的定金400万元已经超出了1475万元的20%(295万元)。

上诉人在请求解除《公司转让协议书》的同时,仅要求对被上诉人已支付的400万元不予退还,而对于已支付的股权转让款155万元未提出退还被上诉人,以及对于超出法律规定的定金部分(105万元)不进行退还,均不符合相关法律规定。而且,上诉人请求对被上诉人已支付的400万元不予退还之诉求,系消极否定的内容,其该否定性诉讼请求不能成立。上诉人要求解除《公司转让协议书》的诉讼请求不能成立,也就不存在退还定金的问题。故,上诉人请求对被上诉人已支付的400万元不予退还的诉讼请求亦不能成立,不予支持。

(二)定金罚则的适用

1. 股权转让方接受定金后,因其根本违约导致协议无法继续履行,应向股权受让方双倍返还已收取的定金。

在(2019)最高法民终608号案中,二审法院认为:案涉《股权转让协议书》约定天都公司由薛某某100%控股,股权过户完成后,合创公司持有天都公司100%的股权。在签订该《股权转让协议书》之前,薛某某与薛某2签订《拆迁补偿协议书》,约定薛某某购买薛某2的网点房,薛某2协助薛某某将居委会在天都公司48%的股权变更登记至薛某某名下,并将天都公司的公章、用地规划许可证及相关文件交给薛某某。虽然在签订案涉《股权转让协议书》时,合创公司知悉居委会持有天都公司48%的股权,但在薛某某承诺将天都公司的股权全部过户给合创公司,双方达成合意,该约定有效的情形下,薛某某应依约履行合同义务并承担相应法律责任。在其因居委会主张行使优先购买权而未能履行协议,造成合同目的落空的情形,薛某某构成根本违约。《股权转让协议书》约定,任何一方中途擅自解除协议或严重违约造成本协议无法继续履行,均视为单方违约。如薛某某构成本款约定的单方违约,则合创公司已付定金双倍返还给合创公司。因薛某某违约导致案涉协议无法继续履行,薛某某双倍返还合创公司已支付的定金,具有事实和法律依据。

2. 双方并未就双倍返还定金即可解除合同作出明确约定,一方双倍返还定金,但并不必然导致合同的解除。

在(2019)最高法民终120号案中,二审法院认为:锐鸿公司、国升公司主张案涉定金是解约定金,其已向绿地公司双倍返还定金,《股权转让框架合同》即解除。对此,法院认为,案涉《股权转让框架合同》约定,一方未按本协议履行导致另一方无法实现合同目的的,适用定金罚则,对于另一方遭受的实际损失,违约方承担赔偿责任;如非绿地公司自身拖沓、不积极等不作为因素,锐鸿公司、国升公司未按本合同履行应尽义务的(包括但不限于绿地公司未能如期取得项目公司100%的股权、取得《建设工程规划许可证》、配合办理外滩中心二期地块预售许可证),锐鸿公司、国升公司应向绿地公司双倍返还定金。从合同的内容看,双方并未就收取定金一方双倍返还定金即可解除合同作出明确约定。锐鸿公司、国升公司主张本案定金的性质是解约定金,缺乏事实和法律依据,锐鸿公司、国升公司关于其已向绿地公司双倍返还定金、合同已实际解除的主张不予支持。

3. 双方当事人在履行股权转让合同的过程中,均存在未严格按照约定履行合同的情况,但双方均未提出异议,继续履行合同,直至协商解除股权转让合同,此情形不适用定金罚则。

在(2016)最高法民申336号案中,再审法院认为:李某某与张某签订《股权转让协议》后,张某支付了500万元,双方当事人对永兴兰炭公司、白杨沟煤炭公司的"六证一照"进行核实,并签订《证明》。事实表明,李某某一方并未完全按照约定履行交付证件资料、核实有关证照的义务,张某对此没有提出异议。在《证明》签订后,张某也未按照《股权转让协议》约定,在核实有关证照真实性后的五个工作日内,支付股权价款的40%,对此,李某某一方也未提出异议。因此,双方当事人都以实际行为继续履行合同,不存在李某某、李某德、薛某年主张的张某未按约支付股权转让款的情形。张某出具《授权书》,表示因个人原因放弃与李某某等人签订《股权转让协议》,李某某给张某发出《解除协议通知》和《答复函》,同意解除双方的《股权转让协议》。由此看出,双方当事人在履行合同过程中均存在未严格按照约定履行合同的情况,但均未提出异议,继续履行合同,直至双方通过协商解除了合同。在此情况下,本案不适用定金罚则。

4. 股权转让协议签订后,接受定金的一方不存在违约行为,支付定金的一方存在违约行为致使股权转让合同无法继续履行,适用定金罚则,收取的定金全部不予退还。

在(2015)民申字第946号案中,再审法院认为:依据《股权转让协议》关于"于2013年5月待工商变更及所有手续办理完成,乙方支付剩余3000万元"的约定,支付3000万元股权转让款的条件有两个,一是时间应在2013年5月31日之前,二是股权转让的工商变更登记手续必须完成。而办理股权转让的工商变更登记手续,转让方应持有公司的相关文件前去办理,同时,受让方也必须持有有效身份证件等到工商管理部门签字办理。因此,必须同时前去工商管理部门办理工商变更手续,转让方与受让方负有同等合同义务,而非单方合同义务。本案中,祁某某提供了钰腾公司致张某的两份《履行合同催告函》,内容虽然仅有催促张某及时给付剩余转让款项的内容,但该函件本身充分表明了祁某某、卢某积极履行合同的意思表示;张某未提供已向祁某某、卢某提交了相关身份证件或曾要求祁某某、卢某及时办理工商变更手续而遭拒绝的相应证据;诉讼中,祁某某、卢某仍表示愿意办理上述手续,但张某予以拒绝,故二审判决认定祁某某、卢某不存在违约行为,张某单方不履行合同导致合同解除构成违约,并依据合同法规定的定金罚则,判令张某承担相应的违约责任,具有事实与法律依据,并无不当。

第三节 实务指南

一、如何确定股权转让合同终止的时间

(一)合同解除时间与合同终止时间的关系

合同的权利义务可以基于如下法定原因终止:

《民法典》第 557 条规定:"有下列情形之一的,债权债务终止:(一)债务已经履行;(二)债务相互抵销;(三)债务人依法将标的物提存;(四)债权人免除债务;(五)债权债务同归于一人;(六)法律规定或者当事人约定终止的其他情形。合同解除的,该合同的权利义务关系终止。"该条规定了债权债务终止的几种法定情形,该条第 2 款明确规定,合同解除也属于合同权利义务终止的情形。而司法终止则属于该条第 1 款第 6 项规定的"其他情形"。

如何理解法院判决终止合同,则需要结合合同解除的时间来分析。

《民法典》第 565 条规定:"当事人一方依法主张解除合同的,应当通知对方。合同自通知到达对方时解除;通知载明债务人在一定期限内不履行债务则合同自动解除,债务人在该期限内未履行债务的,合同自通知载明的期限届满时解除。对方对解除合同有异议的,任何一方当事人均可以请求人民法院或者仲裁机构确认解除行为的效力。当事人一方未通知对方,直接以提起诉讼或者申请仲裁的方式依法主张解除合同,人民法院或者仲裁机构确认该主张的,合同自起诉状副本或者仲裁申请书副本送达对方时解除。"

该条规定了行使合同解除权的两种方式,一是通知解除,二是起诉解除。前者是指基于解除权具有形成权的性质,以通知方式解除,通知到达对方时合同解除。双方对合同解除有争议的,诉请法院确认合同解除的效力,产生确认之诉。后者是指非违约方直接以诉讼的方式主张解除合同,则合同自起诉状副本或者仲裁申请书副本送达对方时产生解除的效力。

上述关于合同解除时间的标准,往往也是合同终止时间的标准。

另外,情势变更原则与合同终止的关系密切,在以司法裁判的方式确定合同终止的时间时,往往参照情势变更原则,根据案情的实际情况确定合同解除的时间点。

合同解除权与合同终止权的区别在于,前者受到除斥期间的限制,在此期间不行使解除权的,解除权消灭。对此,《民法典》第 564 条规定:"法律规定或者当事人约定解除权行使期限,期限届满当事人不行使的,该权利消灭。法律没有规定或者当事人没有约定解除权行使期限,自解除权人知道或者应当知道解除事由之日起一年内不行使,或者经对方催告后在合理期限内不行使的,该权利消灭。"合同终止权不受除斥期间的限制,在非违约方丧失了合同解除权的情形下,仍然可以通过行使合同终止权达到目的。

(二)违约方是否享有合同解除权

一般来说,非违约方才享有合同解除权,其可以根据《民法典》第 562 条关于

"当事人协商一致,可以解除合同。当事人可以约定一方解除合同的事由。解除合同的事由发生时,解除权人可以解除合同"之规定,第563条关于"有下列情形之一的,当事人可以解除合同:(一)因不可抗力致使不能实现合同目的;(二)在履行期限届满前,当事人一方明确表示或者以自己的行为表明不履行主要债务;(三)当事人一方迟延履行主要债务,经催告后在合理期限内仍未履行;(四)当事人一方迟延履行债务或者有其他违约行为致使不能实现合同目的;(五)法律规定的其他情形"之规定来行使合同解除权。

依据《民法典》第580条的规定:"当事人一方不履行非金钱债务或者履行非金钱债务不符合约定的,对方可以请求履行,但是有下列情形之一的除外:(一)法律上或者事实上不能履行;(二)债务的标的不适于强制履行或者履行费用过高;(三)债权人在合理期限内未请求履行。有前款规定的除外情形之一,致使不能实现合同目的的,人民法院或者仲裁机构可以根据当事人的请求终止合同权利义务关系,但是不影响违约责任的承担。"如果非违约方要求终止合同的,实质也是在行使合同解除权。

特殊情形下,违约方也可以申请合同解除或合同终止。上述《民法典》第580条是关于合同僵局的情形中司法终止制度的规定,该条没有排除违约方申请司法终止合同的权利。实际上,在违约方不具备行使合同解除权的情形下,行使合同终止权是其唯一的救济途径。

司法实践中,对违约方行使合同解除权或合同终止权的条件作了严格限制,主要体现在《九民会议纪要》第48条的规定上,该条规定:"违约方不享有单方解除合同的权利。但是,在一些长期性合同如房屋租赁合同履行过程中,双方形成合同僵局,一概不允许违约方通过起诉的方式解除合同,有时对双方都不利。在此前提下,符合下列条件,违约方起诉请求解除合同的,人民法院依法予以支持:(1)违约方不存在恶意违约的情形;(2)违约方继续履行合同,对其显失公平;(3)守约方拒绝解除合同,违反诚实信用原则。人民法院判决解除合同的,违约方本应当承担的违约责任不能因解除合同而减少或者免除。"

(三)合同终止时间的确定

实践中,有几种确定合同终止时间的标准:

第一,合同自判决生效时终止。

第二,在判决中依据案件的实际情况确定合同终止时间。通过这种方式确定合同终止时间,往往考虑了这些因素:双方当事人协商处理合同解除或合同终止的情况,双方是否都具有终止合同的意思表示,其意思表示是否出现了变更;合同终止是否给对方造成了损失,损失大小能否确定。因为合同终止时间点的确定直接关系到损失大小的计算范围;双方在合同中是否约定了合同终止时间;双方在合同中是否约定了各自履行义务的期间,该期间是否届满等。

第三,以申请司法终止为目的的起诉状副本送达对方时作为合同终止的时间点。这与前述合同解除的情形中,以起诉状副本送达对方时作为合同解除的时间点一致,但两者存在区别,在司法终止合同时,并非取决于当事人的意思表示,而是法院综合各种因素作出的方案。

综上,确定合同终止时间点与确定合同解除时间点,都具有重要意义。在股权转让合同的场合,合同终止时间点的确定,直接影响到股权转让关系中双方当事人的义务是否应当继续履行,赔偿范围和损失大小的界定问题。在股权交易前后,注意保留协商交易的各种记录,一旦出现合同无法继续履行的突发情况,为解除合同、终止合同作好充分准备。

二、如何确定股权转让中的可得利益

(一)损失赔偿与可得利益

在主张违约责任时,赔偿项目的名称表述、性质、规则运用是难点问题。基于股权转让的场合,本部分提及可得利益,必须与损失赔偿相联系。

《民法典》第584条规定:"当事人一方不履行合同义务或者履行合同义务不符合约定,造成对方损失的,损失赔偿额应当相当于因违约所造成的损失,包括合同履行后可以获得的利益;但是,不得超过违约一方订立合同时预见到或者应当预见到的因违约可能造成的损失。"该条规定,违约损失包括实际损失和可得利益损失两部分,实际损失是指现实存在利益的确定减少,也称积极损失;可得利益损失是指假设合同正常履行可以获得的、但因违约行为却无法获得的利益损失,具有期待特点,也称消极损失。

学理上,损失赔偿细分为直接损失和间接损失两大类,前者是指财产上的直接损减(对应上述的实际损失),后者是指预期能够取得利益的损失(对应上述的可得利益损失),这与我们此处讲的可得利益直接关联,可得利益损失就属于间接损失的一部分。

依据《民商事合同指导意见》第9条规定:"在当前市场主体违约情形比较突出的情况下,违约行为通常导致可得利益损失。根据交易的性质、合同的目的等因素，可得利益损失主要分为生产利润损失、经营利润损失和转售利润损失等类型。生产设备和原材料等买卖合同违约中，因出卖人违约而造成买受人的可得利益损失通常属于生产利润损失。承包经营、租赁经营合同以及提供服务或劳务的合同中，因一方违约造成的可得利益损失通常属于经营利润损失。先后系列买卖合同中，因原合同出卖方违约而造成其后的转售合同出售方的可得利益损失通常属于转售利润损失。"可得利益又细分为：生产利润损失、经营利润损失、转售利润损失等类型。

股权转让中基于违约产生赔偿问题，在诉讼请求的撰写中，既可以依据《民法典》第584条表述为"实际损失""可得利益损失"，也可以依据学理表述为"直接损失""间接损失"。

（二）可得利益的通行计算方法

【利润法】

《民法典合同编通则司法解释》第60条第1款规定："人民法院依据民法典第五百八十四条的规定确定合同履行后可以获得的利益时，可以在扣除非违约方为订立、履行合同支出的费用等合理成本后，按照非违约方能够获得的生产利润、经营利润或者转售利润等计算。"该项规定即为确定可得利益损失的利润法。

利润法要求扣除合同履行中的成本与费用后，参考守约方上一年度或近几年的平均利润，或者同类、同行业、同区域的经营者所能够获得的净利润作为标准进行计算。对于股权转让而言，较少使用利润法来确定可得利益损失，因为合同指向的标的为股权，并非通常所说的商品、物品或服务，不存在所谓的平均利润问题。

【替代交易法】

《民法典合同编通则司法解释》第60条第2款规定："非违约方依法行使合同解除权并实施了替代交易，主张按照替代交易价格与合同价格的差额确定合同履行后可以获得的利益的，人民法院依法予以支持；替代交易价格明显偏离替代交易发生时当地的市场价格，违约方主张按照市场价格与合同价格的差额确定合同履行后可以获得的利益的，人民法院应予支持。"该项规定即为确定可得利益损失的替代交易法。

所谓的替代交易，是守约方基于对方违约，不得不通过另外的交易取代原合同的交易。替代交易法的适用存在条件限制：一是一方违约并导致合同解除。如果一方发生根本违约的情形，虽然没有启动合同解除的程序，但实质已触发了合同解除的条件,也可以进行替代交易;二是以合同标的物为种类物、可替代物作为前提;三是存在根本违约导致合同解除的情形。

在股权转让中,股权受让人违约不支付股款或不完全支付股款,股权转让人不得不另寻买家签订新的股权转让合同,或者股权转让人违约不愿意转让股权,股权受让人不得不另寻卖家签订新的股权转让合同。理论上,这两种情形都属于替代交易,但实际上,股权转让中也难以适用替代交易法,因为合同指向的标的股权不是种类物、可替代物,恰恰相反,它是特定物、不可替代物。每个股东持有的股权都是独一无二的,公司经营状况不同,股权估值不同,无法通过替代交易来进行可得利益损失的计算,因为其股权与其他人的股权并无可比性。

【差额法】

《民法典合同编通则司法解释》第 60 条第 3 款规定:"非违约方依法行使合同解除权但是未实施替代交易,主张按照违约行为发生后合理期间内合同履行地的市场价格与合同价格的差额确定合同履行后可以获得的利益的,人民法院应予支持。"该项规定即为确定可得利益损失的差额法。

所谓的差额,就是指市场价格与合同价格的差额。差额法的适用,应确定市场价格与合同价格差额的时间点、地点。依据上述规定,时间点应在违约行为发生后的合理期间内,地点应处于合同履行地。在股权转让中,也难以存在差额法的适用空间,因为股权不像具体的商品或物品一样,有所谓的市场价格,如果说有市场价格,那也是指合同约定的价格或者股权评估价格,主要是指股权评估价格,但并非在此类场合中运用,也不存在股权放在不同地方而价格有所不同的情况,差额不具有实际意义,也没有可操作性。

(三)逾期付款损失的计算方法

前述利润法、替代交易法、差额法在股权转让中均难以有适用空间,但股权转让中确实存在着可得利益损失,需要寻找对应的法律依据。

《民法典合同编通则司法解释》第 62 条规定:"非违约方在合同履行后可以获得的利益难以根据本解释第六十条、第六十一条的规定予以确定的,人民法院可以综合考虑违约方因违约获得的利益、违约方的过错程度、其他违约情节等因素,遵循公平原则和诚信原则确定。"也就是说,依据前述通行的标准仍无法确定可得利益损失的,法官可以综合考虑违约方因违约获得的利益、违约方的过错程度、其他违约情节等因素,遵循公平原则和诚信原则确定。该条款为兜底条款,在运用《民法典合同编通则司法解释》第 60 条、第 61 条均无法计算出可得利益损失时,才应适用本条酌情确定可得利益损失。

可得利益损失中最常见的损失,是金钱债务迟延履行的违约损失,也叫逾期付款损失。这又与合同不成立、无效、被撤销、确定不发生效力情形下的资金占用费有很大相似。

对于逾期付款损失的计算标准,可以参照《买卖合同司法解释》第18条规定:"买卖合同对付款期限作出的变更,不影响当事人关于逾期付款违约金的约定,但该违约金的起算点应当随之变更。买卖合同约定逾期付款违约金,买受人以出卖人接受价款时未主张逾期付款违约金为由拒绝支付该违约金的,人民法院不予支持。买卖合同约定逾期付款违约金,但对账单、还款协议等未涉及逾期付款责任,出卖人根据对账单、还款协议等主张欠款时请求买受人依约支付逾期付款违约金的,人民法院应予支持,但对账单、还款协议等明确载有本金及逾期付款利息数额或者已经变更买卖合同中关于本金、利息等约定内容的除外。买卖合同没有约定逾期付款违约金或者该违约金的计算方法,出卖人以买受人违约为由主张赔偿逾期付款损失,违约行为发生在2019年8月19日之前的,人民法院可以中国人民银行同期同类人民币贷款基准利率为基础,参照逾期罚息利率标准计算;违约行为发生在2019年8月20日之后的,人民法院可以违约行为发生时中国人民银行授权全国银行间同业拆借中心公布的一年期贷款市场报价利率(LPR)标准为基础,加计30—50%计算逾期付款损失。"

双方当事人对逾期付款损失有约定时,从约定。约定的逾期付款损失过高时(比如约定每迟延一日按照逾期款项数额的5‰计算损失),可以依法调整减少,因为逾期付款损失本质上属于迟延付款违约金,没有约定时,一般以中国人民银行授权全国银行间同业拆借中心公布的一年期贷款市场报价利率(LPR)标准为基础来计算。

在股权转让合同中,常因一方违约导致合同无法履行而占用了已付股权转让款,或者没有在指定时间内支付对价,产生大量逾期付款损失的计算问题。

另外,学理上关于损失赔偿,还存在这些名词:信赖利益是指一方当事人信赖某种法律行为而遭受的损失,包括所受损失与所失利益,前者指财产积极损失,类似于实际损失、直接损失,如为订约、履约支出的成本费用;后者指财产消极损失,比如交易机会的丧失所造成的损失,类似于间接损失、可得利益损失。

至此,可以总结出关于损失赔偿的不同名称项目的关联关系,这对我们准确撰写诉讼请求具有相当重要的作用:

表2　关于损失赔偿在法律术语与学理术语上的对照

法律法规指向的术语	存在关联的学理上的术语
实际损失	直接损失
可得利益损失	间接损失
实际损失+可得利益损失	信赖利益
逾期付款损失、逾期付款违约金	金钱债务迟延履行违约损失、间接损失

第十四章 股权转让纠纷案的诉讼时效

第一节 请求权基础规范

一、《民法典》规定

第188条 向人民法院请求保护民事权利的诉讼时效期间为三年。法律另有规定的,依照其规定。

诉讼时效期间自权利人知道或者应当知道权利受到损害以及义务人之日起计算。法律另有规定的,依照其规定。但是,自权利受到损害之日起超过二十年的,人民法院不予保护,有特殊情况的,人民法院可以根据权利人的申请决定延长。

第196条 下列请求权不适用诉讼时效的规定:(一)请求停止侵害、排除妨碍、消除危险;(二)不动产物权和登记的动产物权的权利人请求返还财产;(三)请求支付抚养费、赡养费或者扶养费;(四)依法不适用诉讼时效的其他请求权。

二、其他法律规定

1. 《诉讼时效司法解释》

第1条 当事人可以对债权请求权提出诉讼时效抗辩,但对下列债权请求权提出诉讼时效抗辩的,人民法院不予支持:(一)支付存款本金及利息请求权;(二)兑付国债、金融债券以及向不特定对象发行的企业债券本息请求权;(三)基于投资关系产生的缴付出资请求权;(四)其他依法不适用诉讼时效规定的债权请求权。

2. 《公司法司法解释(三)》

第19条 公司股东未履行或者未全面履行出资义务或者抽逃出资,公司或者其他股东请求其向公司全面履行出资义务或者返还出资,被告股东以诉讼时效为由进行抗辩的,人民法院不予支持。

公司债权人的债权未过诉讼时效期间,其依照本规定第十三条第二款、第十四条第二款的规定请求未履行或者未全面履行出资义务或者抽逃出资的股东承担赔偿责任,被告股东以出资义务或者返还出资义务超过诉讼时效期间为由进行抗辩的,人民法院不予支持。

3.《企业破产法司法解释(二)》

第 19 条 债务人对外享有债权的诉讼时效,自人民法院受理破产申请之日起中断。

债务人无正当理由未对其到期债权及时行使权利,导致其对外债权在破产申请受理前一年内超过诉讼时效期间的,人民法院受理破产申请之日起重新计算上述债权的诉讼时效期间。

第 20 条第 1 款 管理人代表债务人提起诉讼,主张出资人向债务人依法缴付未履行的出资或者返还抽逃的出资本息,出资人以认缴出资尚未届至公司章程规定的缴纳期限或者违反出资义务已经超过诉讼时效为由抗辩的,人民法院不予支持。

→附录参考:司法政策文件《九民会议纪要》

16.【诉讼时效期间】公司债权人请求股东对公司债务承担连带清偿责任,股东以公司债权人对公司的债权已经超过诉讼时效期间为由抗辩,经查证属实的,人民法院依法予以支持。

公司债权人以公司法司法解释(二)第 18 条第 2 款为依据,请求有限责任公司的股东对公司债务承担连带清偿责任的,诉讼时效期间自公司债权人知道或者应当知道公司无法进行清算之日起计算。

第二节 裁判精要

(一)未过诉讼时效

1. 约定支付股权转让款以获得公司分红为条件的,如果公司不具备分红条件或从未分红,随时可以请求支付股权转让款;如果知道公司有利润而故意不分红,自知道该事实之日起计算诉讼时效;约定股权转让款的付款期限可相应推迟,并未限定必须付清款项的期限,股权转让方权利被损害的具体时限并不明确,双方对付款期限的约定不明,亦不存在超过诉讼时效的问题。

在(2019)最高法民再 273 号案中,再审法院认为:关于蔡某主张支付股权转让款的权利是否超过诉讼时效的问题。首先,如前所述,肖某某、孙某某支付剩余股权转让款的条件为从港岛公司获得利润,原审已查明港岛公司自2008年开始即存在净利润,但港岛公司一直未进行利润分配,即尚不具备支付剩余转让款的条件,因此,蔡某未向肖某某、孙某某主张支付该款项,并未超过诉讼时效。

其次,从蔡某主张其知道权利被损害的时间来看,蔡某自2006年以后,未参加港岛公司的股东会或董事会,而肖某某、孙某某作为港岛公司的控股股东,亦未提交证据证明其告知过蔡某关于公司的收入及利润情况,更未对公司股东进行过分红。而蔡某作为股权出让方,其于2014年已起诉孙某某支付股权转让款并要求确认协议中付款条件的条款无效,且在此后因港岛公司未召开股东会、未分配利润而起诉要求解散公司,可知蔡某作为小股东并不知晓港岛公司的实际经营情况,并不能因其为公司股东就由此推断其应当知道港岛公司存在收入和利润。在蔡某要求解散公司的情况下,其到工商管理部门调取相关证据,获知港岛公司存在利润而故意不予分配,要求肖某某、孙某某支付剩余股权转让款并未超过诉讼时效。

最后,协议条款约定"现金收入如不足付款可相应推迟支付款",明确约定付款期限可相应推迟,并未限定必须付清款项的期限,蔡某权利被损害的具体时限并不明确,双方对付款期限的约定不明,肖某某、孙某某实际也未支付剩余股权转让款,亦不存在超过诉讼时效的问题。因此,二审法院直接以蔡某的起诉超过诉讼时效为由,驳回蔡某要求支付剩余股权转让款的请求,适用法律错误,应当予以纠正。

2. 以诉讼的方式请求支付股份转让款,构成诉讼时效中断。

在(2019)京03民终9876号案中,二审法院认为:九江九鼎中心以起诉的方式通知谢某履行支付股份转让款的义务,并未违反法律规定及当事人约定,其于2018年5月23日向法院提起诉讼,主张本案项下的股份转让款时,符合中断事由,该中心于2018年8月9日另外提起本案诉讼,其权利主张亦未超过诉讼时效。

3. 诉讼时效从股权转让合同解除之日起计算,双方对资产的清点交接之日可以作为合同解除之日,且以守约方享有合同解除权为前提。

在(2020)最高法民申6517号案中,再审法院认为:《股权转让协议》约定陈某某应于2014年11月30日前支付全部的股权转让款合计7400万元整,但截至诉讼之日,陈某某仅支付2600万元,构成根本违约,缪某某、王某享有合同解除权。当事人行使解除权解除《股权转让协议》的,合同应从解除通知到达对方之日起解除。2016年9月7日,陈某某聘请的工作人员与缪某某、王某对资产、场地、资料、原矿石、铁精粉等资产进行了清点交接,认定该交接行为即为缪某某、王某解除合同的意思表示,确认《股权转让协议》于2016年9月7日解除,存在合理性。据此,《股权转让协议》于2016年9月7日解除,本案于2019年7月4日起诉,未超出诉讼时效期间。

4. 一方一直通过各种途径向对方主张股权转让合同的相关权利,且没有证据证明对方曾拒绝履行股权转让合同的义务,一方的诉请未超过法定诉讼时效期间。

在(2015)民四终字第16号案中,二审法院认为:香港全通公司、福建全通公司认为,根据漳州市台商投资协会于2011年9月5日出具的证明函,该会于2008年初即向各方当事人表示不再主持调解工作,而万威公司直到2011年12月27日才向福建全通公司寄出"关于及时处理投入资金所涉股权争议的通知",因此,万威公司的诉请已经超过了法定的诉讼时效期间,依法应驳回万威公司的诉讼请求,但香港全通公司、福建全通公司提出以2008年年初作为诉讼时效的起算点并不合理。漳州市台商投资协会的上述证明函表明,该会自2002年接受了香港全通公司、万威公司及向艺公司三方的委托进行调解,调解工作至2008年年初不再进行。从常理上讲,作为债权人,万威公司不可能在多年调解未收回投资款的情况下放弃自己的合法权利,香港全通公司、福建全通公司也未举证证明其曾书面通知万威公司拒绝返还投资款项,故万威公司一直通过各种途径向香港全通公司、福建全通公司主张权利,其诉请未超过法定诉讼时效期间的理由具有合理性。一审判决有关本案诉请未过诉讼时效期间的认定并无不当。

5. 当事人在其他民事案件中已经提出对本案所涉股权转让款的主张,构成本案诉讼时效的中断。

在(2016)最高法民申1971号案中,再审法院认为:2012年8月24日,谢某某与吴某、王某签订《补充协议》,就双方之间的借款及股权转让款的履行均作了约定。后吴某自2012年9月28日至2014年9月18日期间,向谢某某还款740万元,双方对所还款项740万元系偿还借款还是股权转让款未作明确约定。在谢某某起诉吴某、王某要求还款的其他生效民事案件中,吴某、王某并未提出诉讼时效的抗辩,该案判决在事实查明部分载明"关于《补充协议》所约定的谢某某将青海天合矿业有限公司所持有的59%股权以出资的投资价款134万元转让给吴某、王某,其中涉及给付谢某某股权收购款134万元的问题,诉讼中谢某某与吴某、王某均表示该争议另案解决"。据此,谢某某在该案中已经提出对本案134万元股权转让款的主张,但因双方同意股权转让争议另案处理,该案判决将吴某向谢某某所还740万元作为清偿借款本息予以认定。故本案诉讼时效存在中断的情形,谢某某的起诉未超过诉讼时效。

6. 股权受让方在其他民事案中提出的股权转让方构成根本违约的抗辩,改变了其怠于行使权利的状态,属于与提起诉讼具有同等诉讼时效中断效力的事项,在本案中产生诉讼时效中断的效力。

在(2017)最高法民终46号案中,二审法院认为:2012年3月29日,陈某某、汲某某以张某某、蒋某某、张氏集团、万通公司为被告,向青海省高级人民法院提起诉讼,请求判令张某某、蒋某某支付股权转让款及违约金,张氏集团、万通公司承担连带保证责任。在该案中,张某某、蒋某某抗辩主张,陈某某、汲某某逾期交付东方美公司有关印章的手续,构成根本性违约,张某某、蒋某某可以相应迟延履行给付义务。张某某、蒋某某提出的该项抗辩,改变了张某某、蒋某某怠于行使权利的状态,是其主张权利的一种方式,属于《诉讼时效司法解释》第13条第9项规定中的"其他与提起诉讼具有同等诉讼时效中断效力"的事项,应当认定与提起诉讼具有同等诉讼时效中断的效力。陈某某、汲某某关于张某某、蒋某某在另案中提出抗辩不能产生诉讼时效中断效力的上诉理由不能成立。

7. 股权转让合同无效的诉讼属于确认之诉,不存在诉讼时效的问题,依据该确认之诉生效后提起的股权相关请求权,应受诉讼时效的规制。

在(2013)粤高法民二终字第17号案中,二审法院认为:西区公司起诉是要求确认合同的效力,不涉及给付,不存在适用诉讼时效的问题。西区公司的返还股权之诉,是在本案确认合同是否生效并确定相应的权利义务之后才产生的请求权,本案的起诉主张没有超过诉讼时效。

8. 权利人对同一债权中的部分债权主张权利,诉讼时效中断的效力及于剩余债权,但权利人明确表示放弃剩余债权的情形除外。

在(2017)辽01民终13035号案中,二审法院认为:付某及住宅公司在本案中所主张的992031元赔偿款与已经进入执行程序的2217268.4元赔偿款属同一性质的债权,付某与住宅公司在民事诉讼中曾经对上述债权共同向一审法院主张,故该两笔款项应视为同一债权。在本案起诉时,他案民事判决正在执行阶段,且大部分款项处于未执行状态,故该案的起诉与执行程序依法可引起本案诉讼时效的中断。被上诉人未举证证明付某和住宅公司存在明确表示放弃本案赔偿款的情形,故本案诉讼时效没有超过法定期间。

（二）已过诉讼时效

1. 债务人享有的债权，其诉讼时效自人民法院受理债务人的破产申请之日起中断，清算组应在成立后接管破产企业并及时通过发出书面通知的方式要求其债务人成功控股公司清偿债务，诉讼时效制度并未因异议裁决方式的不同而排除适用。

在（2012）民提字第138号案中，再审法院认为：关于湘泉集团主张权利是否已超过诉讼时效的问题。根据规定，债务人享有的债权，其诉讼时效自人民法院受理债务人的破产申请之日起中断。湘西市中级人民法院于2005年5月24日裁定受理破产申请，构成诉讼时效的中断，诉讼时效应当自中断之日起重新起算，即从2005年5月24日受理之日起计算至2007年5月24日止。湘泉集团破产清算组在上述2005年5月24日至2007年5月24日止的期限内一直未向成功控股公司主张权利，而是直至2008年5月20日才向成功控股公司送达《偿还债务通知书》，此时已超过上述期间，且成功控股公司对该通知书提出了超过诉讼时效的异议。原审法院以随着湘西市中级人民法院对湘泉集团宣告破产，诉讼时效中断的法定事由一直处于延续状态为由，认定成功控股公司提起本案诉讼，未超过诉讼时效，属适用法律错误，予以纠正。湘泉集团清算组均应在成立后接管破产企业并及时通过发出书面通知的方式要求其债务人成功控股公司清偿债务，诉讼时效制度并未因异议裁决方式的不同而排除适用。

2. 股权转让人请求支付股权转让款的，从协议中确定的股权转让款之日为诉讼时效的起算时间点，除非有证据证明该股权转让款尚未明确具体金额。

在（2020）最高法民申1275号案中，再审法院认为：根据《股权转让协议》的约定，陈某某最迟应当在2009年6月3日将全部股权转让款支付给白某某，故白某某应在将誉鑫公司45%的股权过户登记至陈某某名下之日，即2009年6月3日就应当知道其受领股权转让价款的权利被损害，诉讼时效应当自2009年6月4日起算。白某某虽主张案涉股权转让价款尚未确定，但并未提供充分证据证明，亦不能举证证明存在诉讼时效中止、中断的情形。白某某于2018年9月20日提起诉讼，已超过法律规定的诉讼时效期间。

3. 一审期间未提出诉讼时效抗辩而在再审期间提出的，法院不予支持。

在（2020）最高法民申3039号案中，再审法院认为：银亿公司未提交证据证明其在原审中依法提出过诉讼时效抗辩，其以聚源公司、聚丰公司于2016年11月30日提起的起诉超过了法定诉讼时效期间为由申请再审，不予支持。

4. 根据案情从退股之日起开始计算诉讼时效。

在(2022)辽01民初89号案中,一审法院认为:原告沈西燃气公司于2012年2月10日、1月23日作出股东会决议,决定股东放弃自沈西燃气公司成立时至2012年12月31日止的沈西燃气公司除燃气销售利润之外的权益、收益。被告于2013年6月20日将持有的原告沈西燃气公司的全部股权转让,2013年7月4日从原告沈西燃气公司退出。因此,如被告取得了自沈西燃气公司成立时至2012年12月31日止的沈西燃气公司除燃气销售利润之外的权益、收益,那么从被告退出原告沈西燃气公司时起,原告的权利已经被侵害,应从被告退出原告公司时即2013年7月4日起开始计算诉讼时效期间,原告的起诉已经超过诉讼时效期间。

(三)不受诉讼时效的限制

1. 因股权转让后请求确认股东资格的诉讼,属于确认之诉,该权利为形成权,不受诉讼时效的限制。

在(2022)鲁民终2629号案中,二审法院认为:诉讼时效的客体为请求权,与实体法上的请求权相对应的诉为给付之诉。本案系原告针对其股东资格提起的确认之诉,确认之诉所对应的实体法上的权利是形成权。且原告申请确认的系被告公司的股东资格,而非无锡某公司的股东资格。被告关于应按照无锡某公司股权转让或无锡某公司注销的时间计算诉讼时效的抗辩不能成立。

2. 请求确认股权转让合同无效的诉讼,属于确认之诉,不受诉讼时效的限制。

在(2019)最高法民申2502号案中,再审法院认为:本案为确认合同无效之诉,请求确认合同无效的权利行使不需要合同另一方的同意或给付,经权利人单方主张并由法院确认即可实现,其法律性质属于形成权,而诉讼时效适用于债权请求权,因此本案诉讼不受诉讼时效的限制。

第三节 实务指南

一、新《公司法》连带责任全梳理

(一)连带责任

1. 公司纵向人格否认中的连带责任

新《公司法》第23条第1款规定:"公司股东滥用公司法人独立地位和股东有

限责任,逃避债务,严重损害公司债权人利益的,应当对公司债务承担连带责任。"

2. 公司横向人格否认中的连带责任

新《公司法》第23条第2款规定:"股东利用其控制的两个以上公司实施前款规定行为的,各公司应当对任一公司的债务承担连带责任。"

3. 一人公司人格否认中的连带责任

新《公司法》第23条第3款规定:"只有一个股东的公司,股东不能证明公司财产独立于股东自己的财产的,应当对公司债务承担连带责任。"

4. 公司设立失败时发起人的连带责任

新《公司法》第44条第2款规定:"公司未成立的,其法律后果由公司设立时的股东承受;设立时的股东为二人以上的,享有连带债权,承担连带债务。"

新《公司法》第107条规定:"本法第四十四条、第四十九条第三款、第五十一条、第五十二条、第五十三条的规定,适用于股份有限公司。"

《公司法司法解释(三)》第4条第1款规定:"公司因故未成立,债权人请求全体或者部分发起人对设立公司行为所产生的费用和债务承担连带清偿责任的,人民法院应予支持。"

《公司法司法解释(三)》第5条第1款规定:"发起人因履行公司设立职责造成他人损害,公司成立后受害人请求公司承担侵权赔偿责任的,人民法院应予支持;公司未成立,受害人请求全体发起人承担连带赔偿责任的,人民法院应予支持。"

5. 公司股东出资不足时发起人的连带责任

新《公司法》第50条规定:"有限责任公司设立时,股东未按照公司章程规定实际缴纳出资,或者实际出资的非货币财产的实际价额显著低于所认缴的出资额的,设立时的其他股东与该股东在出资不足的范围内承担连带责任。"

新《公司法》第99条规定:"发起人不按照其认购的股份缴纳股款,或者作为出资的非货币财产的实际价额显著低于所认购的股份的,其他发起人与该发起人在出资不足的范围内承担连带责任。"

《公司法司法解释(二)》第22条第2款规定:"公司财产不足以清偿债务时,债权人主张未缴出资股东,以及公司设立时的其他股东或者发起人在未缴出资范围内对公司债务承担连带清偿责任的,人民法院应依法予以支持。"

6. 董事、监事、高级管理人员对股东抽逃出资的连带责任

新《公司法》第53条规定:"公司成立后,股东不得抽逃出资。违反前款规定的,股东应当返还抽逃的出资;给公司造成损失的,负有责任的董事、监事、高级管

理人员应当与该股东承担连带赔偿责任。"

新《公司法》第 107 条规定:"本法第四十四条、第四十九条第三款、第五十一条、第五十二条、第五十三条的规定,适用于股份有限公司。"

《公司法司法解释(三)》第 14 条规定:"股东抽逃出资,公司或者其他股东请求其向公司返还出资本息、协助抽逃出资的其他股东、董事、高级管理人员或者实际控制人对此承担连带责任的,人民法院应予支持。公司债权人请求抽逃出资的股东在抽逃出资本息范围内对公司债务不能清偿的部分承担补充赔偿责任、协助抽逃出资的其他股东、董事、高级管理人员或者实际控制人对此承担连带责任的,人民法院应予支持;抽逃出资的股东已经承担上述责任,其他债权人提出相同请求的,人民法院不予支持。"

7. 有限责任公司瑕疵股权转让中的连带责任

新《公司法》第 88 条第 2 款规定:"未按照公司章程规定的出资日期缴纳出资或者作为出资的非货币财产的实际价额显著低于所认缴的出资额的股东转让股权的,转让人与受让人在出资不足的范围内承担连带责任;受让人不知道且不应当知道存在上述情形的,由转让人承担责任。"

《公司法司法解释(三)》第 18 条第 1 款规定:"有限责任公司的股东未履行或者未全面履行出资义务即转让股权,受让人对此知道或者应当知道,公司请求该股东履行出资义务、受让人对此承担连带责任的,人民法院应予支持;公司债权人依照本规定第十三条第二款向该股东提起诉讼,同时请求前述受让人对此承担连带责任的,人民法院应予支持。"

8. 控股股东、实际控制人和董事、高级管理人员的连带责任

新《公司法》第 192 条规定:"公司的控股股东、实际控制人指示董事、高级管理人员从事损害公司或者股东利益的行为的,与该董事、高级管理人员承担连带责任。"

9. 公司分立中的连带责任

新《公司法》第 223 条规定:"公司分立前的债务由分立后的公司承担连带责任。但是,公司在分立前与债权人就债务清偿达成的书面协议另有约定的除外。"

10. 公司通过简易程序注销的连带责任

新《公司法》第 240 条第 1 款规定:"公司在存续期间未产生债务,或者已清偿全部债务的,经全体股东承诺,可以按照规定通过简易程序注销公司登记。"

新《公司法》第 240 条第 3 款规定:"公司通过简易程序注销公司登记,股东对

本条第一款规定的内容承诺不实的,应当对注销登记前的债务承担连带责任。"

11. 股东、董事怠于履行清算义务的连带责任

《公司法司法解释(二)》第 18 条第 2 款规定:"有限责任公司的股东、股份有限公司的董事和控股股东因怠于履行义务,导致公司主要财产、账册、重要文件等灭失,无法进行清算,债权人主张其对公司债务承担连带清偿责任的,人民法院应依法予以支持。"

二、新《公司法》赔偿责任全梳理

1. 股东滥用股东权利的赔偿责任

新《公司法》第 21 条规定:"公司股东应当遵守法律、行政法规和公司章程,依法行使股东权利,不得滥用股东权利损害公司或者其他股东的利益。公司股东滥用股东权利给公司或者其他股东造成损失的,应当承担赔偿责任。"

因滥用股东权利而引发的赔偿责任,实际上是一种侵权责任。股东行使权利的范围应当受到新《公司法》及公司章程的约束,若突破了法律和章程限制实施了滥用股东权利的行为,就会产生赔偿责任的问题。

2. 控股股东、实际控制人利用关联关系损害公司利益的赔偿责任

新《公司法》第 22 条规定:"公司的控股股东、实际控制人、董事、监事、高级管理人员不得利用关联关系损害公司利益。违反前款规定,给公司造成损失的,应当承担赔偿责任。"

3. 股东违反出资义务的赔偿责任

新《公司法》第 49 条规定:"股东应当按期足额缴纳公司章程规定的各自所认缴的出资额。股东以货币出资的,应当将货币出资足额存入有限责任公司在银行开设的账户;以非货币财产出资的,应当依法办理其财产权的转移手续。股东未按期足额缴纳出资的,除应当向公司足额缴纳外,还应当对给公司造成的损失承担赔偿责任。"

4. 违法分配利润的赔偿责任

新《公司法》第 211 条规定:"公司违反本法规定向股东分配利润的,股东应当将违反规定分配的利润退还公司;给公司造成损失的,股东及负有责任的董事、监事、高级管理人员应当承担赔偿责任。"

5. 违法减少注册资本的赔偿责任

新《公司法》第 226 条规定:"违反本法规定减少注册资本的,股东应当退还其

收到的资金,减免股东出资的应当恢复原状;给公司造成损失的,股东及负有责任的董事、监事、高级管理人员应当承担赔偿责任。"

6. 股东作为清算组成员的赔偿责任

新《公司法》第 238 条第 2 款规定:"清算组成员怠于履行清算职责,给公司造成损失的,应当承担赔偿责任;因故意或者重大过失给债权人造成损失的,应当承担赔偿责任。"

《公司法司法解释(二)》第 18 条第 1 款规定:"有限责任公司的股东、股份有限公司的董事和控股股东未在法定期限内成立清算组开始清算,导致公司财产贬值、流失、毁损或者灭失,债权人主张其在造成损失范围内对公司债务承担赔偿责任的,人民法院应依法予以支持。"

7. 发起人因履行公司设立职责造成他人损害的赔偿责任

新《公司法》第 44 条第 4 款规定:"设立时的股东因履行公司设立职责造成他人损害的,公司或者无过错的股东承担赔偿责任后,可以向有过错的股东追偿。"

《公司法司法解释(三)》第 5 条第 1 款规定:"发起人因履行公司设立职责造成他人损害,公司成立后受害人请求公司承担侵权赔偿责任的,人民法院应予支持;公司未成立,受害人请求全体发起人承担连带赔偿责任的,人民法院应予支持。"

8. 董事未履行催缴出资义务的赔偿责任

新《公司法》第 51 条规定:"有限责任公司成立后,董事会应当对股东的出资情况进行核查,发现股东未按期足额缴纳公司章程规定的出资的,应当由公司向该股东发出书面催缴书,催缴出资。未及时履行前款规定的义务,给公司造成损失的,负有责任的董事应当承担赔偿责任。"

9. 董事、监事、高级管理人员对抽逃出资的赔偿责任

新《公司法》第 53 条规定:"公司成立后,股东不得抽逃出资。违反前款规定的,股东应当返还抽逃的出资;给公司造成损失的,负有责任的董事、监事、高级管理人员应当与该股东承担连带赔偿责任。"

10. 董事对董事会决议违法而承担的赔偿责任

新《公司法》第 125 条规定:"董事会会议,应当由董事本人出席;董事因故不能出席,可以书面委托其他董事代为出席,委托书应当载明授权范围。董事应当对董事会的决议承担责任。董事会的决议违反法律、行政法规或者公司章程、股东会决议,给公司造成严重损失的,参与决议的董事对公司负赔偿责任;经证明在表决时曾表明异议并记载于会议记录的,该董事可以免除责任。"

11. 董事、监事、高级管理人员因财务资助不合规而承担的赔偿责任

新《公司法》第163条规定:"公司不得为他人取得本公司或者其母公司的股份提供赠与、借款、担保以及其他财务资助,公司实施员工持股计划的除外。为公司利益,经股东会决议,或者董事会按照公司章程或者股东会的授权作出决议,公司可以为他人取得本公司或者其母公司的股份提供财务资助,但财务资助的累计总额不得超过已发行股本总额的百分之十。董事会作出决议应当经全体董事的三分之二以上通过。违反前两款规定,给公司造成损失的,负有责任的董事、监事、高级管理人员应当承担赔偿责任。"

12. 董事、监事、高级管理人员执行职务给公司造成损失的赔偿责任

新《公司法》第188条规定:"董事、监事、高级管理人员执行职务违反法律、行政法规或者公司章程的规定,给公司造成损失的,应当承担赔偿责任。"

新《公司法》第191条规定:"董事、高级管理人员执行职务,给他人造成损害的,公司应当承担赔偿责任;董事、高级管理人员存在故意或者重大过失的,也应当承担赔偿责任。"

13. 清算义务人未及时履行清算义务的赔偿责任

新《公司法》第232条规定:"公司因本法第二百二十九条第一款第一项、第二项、第四项、第五项规定而解散的,应当清算。董事为公司清算义务人,应当在解散事由出现之日起十五日内组成清算组进行清算。清算组由董事组成,但是公司章程另有规定或者股东会决议另选他人的除外。清算义务人未及时履行清算义务,给公司或者债权人造成损失的,应当承担赔偿责任。"

三、新《公司法》补充责任全梳理

1. 股东转让未届出资期限股权中的补充责任

新《公司法》第88条第1款规定:"股东转让已认缴出资但未届出资期限的股权的,由受让人承担缴纳该出资的义务;受让人未按期足额缴纳出资的,转让人对受让人未按期缴纳的出资承担补充责任。"

2. 股东在抽逃出资本息范围内对公司债务不能清偿的部分承担补充赔偿责任

《公司法司法解释(三)》第14条第2款规定:"公司债权人请求抽逃出资的股东在抽逃出资本息范围内对公司债务不能清偿的部分承担补充赔偿责任、协助抽逃出资的其他股东、董事、高级管理人员或者实际控制人对此承担连带责任的,人民法院应予支持;抽逃出资的股东已经承担上述责任,其他债权人提出相同请求

的,人民法院不予支持。"

3. 股东在未出资本息范围内对公司债务不能清偿的部分承担补充赔偿责任

《公司法司法解释(三)》第13条第2款规定:"公司债权人请求未履行或者未全面履行出资义务的股东在未出资本息范围内对公司债务不能清偿的部分承担补充赔偿责任的,人民法院应予支持;未履行或者未全面履行出资义务的股东已经承担上述责任,其他债权人提出相同请求的,人民法院不予支持。"